汽车维修职业技术基础教材

汽车市场营销

主　编　胡欣怡　戚叔林
副主编　陈思远
参　编　谢忠辉　罗婉庆

机械工业出版社

本书基于汽车市场营销的相关理论与实务知识，较系统地探讨和分析了营销管理方面的最新理论，重点阐述如何运用最新的营销理论向顾客传递汽车产品和相关服务的信息。在销售模式上，着重培养和提高营销人员的营销创新和实践能力；注重内容的现实性、超前性，知识体系的系统性、针对性；强调学习培训的务实性和实效性。本书以"前沿、务实、深刻"为基点，强化营销知识在汽车产品销售方面的运用。

本书可作为高职高专院校汽车技术服务与营销专业、汽车检测与维修专业、市场营销专业、工商管理专业、电子商务专业的教材使用，也可供相关专业及从事汽车营销、汽车售后服务、二手车交易、汽车技术的人员参考。

图书在版编目（CIP）数据

汽车市场营销 / 胡欣怡，戚叔林主编. —北京：机械工业出版社，2021.7（2023.8 重印）
汽车维修职业技术基础教材
ISBN 978-7-111-68444-2

Ⅰ. ①汽… Ⅱ. ①胡… ②戚… Ⅲ. ①汽车—市场营销学—高等职业教育—教材 Ⅳ. ①F766

中国版本图书馆 CIP 数据核字（2021）第 112541 号

机械工业出版社（北京市百万庄大街 22 号　邮政编码 100037）
策划编辑：王　婕　　　　　责任编辑：赵海青　王　婕
责任校对：赵　燕　史静怡　封面设计：王　旭
责任印制：李　昂
北京中科印刷有限公司印刷
2023 年 8 月第 1 版第 2 次印刷
184mm×260mm・15.75 印张・368 千字
标准书号：ISBN 978-7-111-68444-2
定价：59.90 元

电话服务　　　　　　　　　网络服务
客服电话：010-88361066　　机　工　官　网：www.cmpbook.com
　　　　　010-88379833　　机　工　官　博：weibo.com/cmp1952
　　　　　010-68326294　　金　书　网：www.golden-book.com
封底无防伪标均为盗版　　　机工教育服务网：www.cmpedu.com

前言
PREFACE

国家统计局发布，截止到 2019 年底，我国汽车保有量已超 2.6 亿辆，民用轿车保有量 14644 万辆。随着汽车产量的进一步增加，企业间的竞争加剧，专业人才短缺的现象已经越来越受到重视。未来，随着人们个性化需求的不断提升，汽车销售模式将逐渐由大众同质化向个性化转变，这对汽车营销人员提出了新的挑战。

正因为如此，"汽车营销"成为中、高职院校市场营销、汽车营销及汽车相关专业的一门核心课程。本书基于汽车市场营销的相关理论与实务知识，内容包括绪论、汽车市场与用户购买行为分析、汽车市场营销环境分析、汽车产品策略、汽车产品价格策略、汽车产品分销渠道策略、汽车产品促销策略和汽车整车营销 8 章。本书内容涵盖互联网背景下汽车行业发展现状及趋势，并充分考虑我国高职教育改革发展最新动态。每一章的开头部分设有"知识目标"和"能力目标"，结尾设置了经典的"营销案例"以及"复习思考题"。目的在于培养学生的学习能力、实践能力、创新能力和职业意识。

本书可作为高职高专汽车技术服务与营销专业、汽车检测与维修专业、市场营销专业、工商管理专业、电子商务专业的教材使用，也可供相关专业及从事汽车营销、汽车售后服务、二手车交易、汽车技术的人员参考。

本书由胡欣怡和戚叔林担任主编，陈思远担任副主编，谢忠辉、罗婉庆参加编写。其中，胡欣怡编写第三、四、六、八章；陈思远编写第一、五章；谢忠辉编写第七章；罗婉庆编写第二章，全书由戚叔林统稿。本书在编写过程中参考了大量国内外专家学者的研究成果、相关文献及各网站的相关资料，并得到了广汽菲亚特克莱斯勒汽车有限公司、机械工业出版社及各职业院校汽车营销和市场营销教师的大力支持，在此表示感谢。

本书配备教学课件，选用本书作为教材的教师可在机械工业出版社教育服务网（www.cmpedu.com）注册后免费下载；或添加客服人员微信获取（微信号码：13070116286）。

由于编者水平和经验有限，书中难免有欠妥和错误之处，恳请读者批评指正。

编　者

前言
第一章 绪论 ··· 1
第一节 市场与市场营销 ·· 1
一、市场的概念 ··· 1
二、市场营销 ··· 2
第二节 市场营销观念的转变 ·· 3
一、生产观念 ··· 3
二、产品观念 ··· 3
三、推销观念 ··· 4
四、市场营销观念 ·· 4
五、社会营销观念 ·· 5
六、当代营销观念的创新 ··· 6
第三节 我国汽车营销的特点及营销方式 ·· 9
一、我国汽车营销的特点 ··· 9
二、我国汽车营销的方式 ·· 10
第四节 汽车营销人员的基本要求 ·· 13
一、具备良好的职业道德 ·· 13
二、具备全面的业务知识 ·· 14
三、具备良好的心理素质 ·· 14
营销案例 ··· 14
复习思考题 ·· 15
第二章 汽车市场与用户购买行为分析 ··· 16
第一节 汽车市场 ·· 16
一、市场的分类 ·· 16
二、汽车市场的特点 ··· 17
三、汽车市场用户的类型 ·· 17
第二节 汽车用户购买行为及动机 ·· 18
一、汽车用户购买行为的类型 ··· 18
二、汽车用户购买动机及分类 ··· 20
第三节 影响汽车用户购买的因素 ·· 21
一、文化因素 ·· 22
二、社会因素 ·· 22

       三、个人因素 ··· 24
       四、心理因素 ··· 27
   第四节　汽车消费用户购买决策过程 ··· 30
       一、汽车消费用户的购买决策内容 ·· 30
       二、汽车消费用户购买决策的过程 ·· 33
   营销案例 ··· 37
   复习思考题 ·· 39

第三章　汽车市场营销环境分析 ·· 40
   第一节　汽车市场营销环境概述 ·· 40
       一、市场营销环境的含义 ··· 40
       二、汽车市场营销环境的特点 ·· 41
       三、分析市场营销环境的意义 ·· 42
   第二节　汽车市场营销的微观环境 ··· 43
       一、生产企业 ··· 44
       二、供应商 ·· 44
       三、营销中介单位 ·· 46
       四、顾客 ··· 47
       五、竞争者 ·· 48
       六、公众 ··· 50
   第三节　汽车市场营销的宏观环境 ··· 51
       一、人口环境 ··· 51
       二、自然环境 ··· 52
       三、使用环境 ··· 53
       四、科技环境 ··· 54
       五、经济环境 ··· 55
       六、政治法律环境 ·· 57
       七、社会文化环境 ·· 58
   第四节　汽车市场营销环境分析 ·· 60
       一、SWOT 环境分析法 ·· 60
       二、波士顿矩阵分析法 ··· 62
   第五节　汽车企业适应环境变化的策略 ··· 65
       一、企业对抗环境变化的策略 ·· 65
       二、企业调节市场需求的策略 ·· 66
       三、企业适应营销环境变化的措施 ·· 68
   营销案例 ··· 68
   复习思考题 ·· 69

第四章　汽车产品策略 ··· 70
   第一节　产品的特性与分类 ··· 70

  一、产品的层次 …………………………………………………………… 70
  二、产品的分类 …………………………………………………………… 72
 第二节 汽车产品组合策略 …………………………………………………… 75
  一、汽车产品组合的概念 ………………………………………………… 75
  二、汽车产品组合的类型 ………………………………………………… 75
  三、汽车产品组合的策略 ………………………………………………… 76
 第三节 汽车产品的生命周期及策略 ………………………………………… 79
  一、汽车产品的生命周期理论概述 ……………………………………… 79
  二、汽车产品生命周期各阶段的营销策略 ……………………………… 82
 第四节 汽车新产品开发策略 ………………………………………………… 85
  一、新产品开发概述 ……………………………………………………… 85
  二、新产品开发的过程 …………………………………………………… 89
 第五节 汽车产品的品牌策略 ………………………………………………… 93
  一、品牌概述 ……………………………………………………………… 93
  二、汽车的品牌策略 ……………………………………………………… 95
 营销案例 ……………………………………………………………………… 98
 复习思考题 …………………………………………………………………… 100

第五章 汽车产品价格策略

 第一节 汽车产品定价概述 …………………………………………………… 101
  一、汽车产品的定价 ……………………………………………………… 101
  二、影响汽车产品定价的主要因素 ……………………………………… 103
  三、汽车产品的定价目标 ………………………………………………… 106
 第二节 汽车产品价格构成与定价程序 ……………………………………… 109
  一、汽车产品价格的构成 ………………………………………………… 109
  二、汽车产品定价的程序 ………………………………………………… 111
 第三节 汽车产品的基本定价方法 …………………………………………… 113
  一、汽车成本导向定价法 ………………………………………………… 113
  二、市场需求导向定价法 ………………………………………………… 116
  三、汽车竞争导向定价法 ………………………………………………… 118
 第四节 汽车产品的价格策略 ………………………………………………… 119
  一、新产品定价策略 ……………………………………………………… 119
  二、产品组合定价策略 …………………………………………………… 121
  三、折扣和折让定价策略 ………………………………………………… 122
  四、心理定价策略 ………………………………………………………… 124
  五、地区定价策略 ………………………………………………………… 126
 第五节 价格调整策略 ………………………………………………………… 127
  一、企业调价的原因 ……………………………………………………… 127
  二、各方对价格变化的反应 ……………………………………………… 130

三、企业应对调价的对策 ·· 131
　营销案例 ··· 134
　复习思考题 ··· 134

第六章　汽车产品分销渠道策略 ··· 135
　第一节　汽车产品的分销渠道 ·· 135
　　　一、汽车分销渠道的含义 ·· 135
　　　二、汽车分销渠道的作用 ·· 135
　　　三、汽车分销渠道的功能 ·· 136
　　　四、汽车分销渠道的类型 ·· 137
　第二节　汽车销售渠道中的中间商 ·· 140
　　　一、汽车销售渠道中间商的功能 ··· 140
　　　二、汽车销售渠道中间商的类型 ··· 140
　第三节　汽车分销渠道的设计与管理 ·· 142
　　　一、汽车分销渠道设计的影响因素 ··· 142
　　　二、汽车分销渠道设计的基本流程 ··· 143
　　　三、汽车分销渠道成员与管理 ·· 146
　第四节　我国汽车的销售方式 ·· 150
　　　一、我国乘用车销售体制的发展 ··· 150
　　　二、我国乘用车的销售模式 ·· 151
　营销案例 ··· 156
　复习思考题 ··· 159

第七章　汽车产品促销策略 ··· 160
　第一节　促销及促销组合的概念 ·· 160
　　　一、促销的含义和作用 ·· 160
　　　二、促销组合策略 ··· 163
　第二节　人员促销 ··· 166
　　　一、人员促销概述 ··· 166
　　　二、人员促销的流程 ··· 168
　　　三、促销人员的管理 ··· 170
　　　四、人员促销的策略与技巧 ·· 172
　第三节　营业推广 ··· 177
　　　一、营业推广概述 ··· 177
　　　二、营业推广策略 ··· 178
　　　三、营业推广设计应注意的事项 ··· 180
　第四节　广告宣传 ··· 181
　　　一、广告宣传概述 ··· 181
　　　二、广告媒体及选择 ··· 183
　　　三、广告的设计与效果评价 ·· 187

第五节　公共关系 190
　　　一、公共关系概述 190
　　　二、公共关系的手段和策略 191
　　　三、公共关系促销决策的过程 195
　　　四、公共关系的评价 196
　营销案例 197
　复习思考题 198

第八章　汽车整车营销 199
　第一节　汽车整车销售流程 199
　　　一、汽车销售流程 199
　　　二、汽车销售顾问在汽车销售中的作用 199
　第二节　客户开发 200
　　　一、客户的含义 200
　　　二、客户开发前的准备工作 200
　　　三、评估客户的 MAN 法则 201
　　　四、客户开发方法 202
　第三节　客户接待 203
　　　一、客户接待的原则 203
　　　二、准备工作 204
　　　三、接待礼仪 205
　　　四、展厅接待 206
　第四节　需求分析 209
　　　一、客户需求 209
　　　二、需求分析的内容 209
　　　三、需求分析方法 210
　第五节　整车介绍 213
　　　一、FAB 法则 214
　　　二、六方位绕车介绍法 215
　第六节　试乘试驾 217
　　　一、试乘试驾的作用 217
　　　二、试乘试驾流程与注意事项 218
　　　三、试乘试驾过程 219
　第七节　异议处理 221
　　　一、顾客异议的概念 221
　　　二、顾客异议的类型 221
　　　三、处理顾客异议的原则 223
　　　四、处理顾客异议的方法 224
　第八节　签约成交 226

一、促成交易的信号 …………………………………………………… 226
　　　二、促成交易的方法 …………………………………………………… 227
　　　三、价格协商的方法 …………………………………………………… 230
　　第九节　交车服务 …………………………………………………………… 231
　　　一、交车前的准备 ……………………………………………………… 231
　　　二、交车流程 …………………………………………………………… 232
　　　三、送别客户 …………………………………………………………… 233
　　第十节　售后跟踪服务 ……………………………………………………… 234
　　　一、客户回访 …………………………………………………………… 234
　　　二、客户投诉 …………………………………………………………… 235
　　营销案例 ……………………………………………………………………… 237
　　复习思考题 …………………………………………………………………… 240
参考文献 …………………………………………………………………………… 241

第一章

绪 论

知识目标

了解市场的概念,理解市场的三要素及特点。
了解市场的观念及转变。
了解我国汽车市场的特点及营销方式。

能力目标

能运用市场概念分析汽车营销市场。
初步具有市场意识、服务意识以及营销职业情感。

第一节 市场与市场营销

一、市场的概念

市场是商品经济的产物,哪里有商品生产和商品交换,哪里就有市场。而市场的概念并不是一成不变的,在不同的历史时期、不同的使用场合,市场的含义也不尽相同。

经济学站在一个宏观的视角上,看到的是市场的全貌,它看到市场上有买方,有卖方,有买卖双方。

狭义的市场是指商品交换的场所,即买卖双方于一定的时间聚集在一起进行交易的场所,是一个时间和空间上的概念。

广义的市场是指商品交换关系的总和,是体现供给与需求之间矛盾的统一体。营销学是站在企业这个微观主体的立场上来认识市场的。从营销学角度来看,"市场"是指某种商品所有现实的和潜在的购买者的需求总和,而不是交易的场所。

1. 市场是商品交换的场所

在商品经济初期,商品交换不发达,人们总是在某个时间、某个地点聚集在一起进行商品交换,市场更多地强调交换空间与地理的含义。因而,市场被看作买卖双方进行商品交换的场所,如建材市场、农贸市场、汽车交易市场等,这样的理解目前仍然十分普遍。

2. 市场是商品交换关系的总和

市场的作用在于使产品转换为商品,促进商品的交换,它反映着商品的供求关系。实际上,商品交换关系如买卖双方、卖方与卖方、买方与买方、买卖双方与各自的中间商、中间

商与中间商之间等关系已经渗透到了社会生活的各个方面。市场代表着各种商品交换关系的总和，反映着商品交换关系和商品供求关系。

3．市场是消费者对商品的总需求

随着社会生产力的发展，商品日益丰富，更多的商品处于供大于求的状态。在商品交换关系中，买方的需求成为商品交换的决定性因素，在商品交换关系中居于主导地位。因此，更为重要的是研究企业如何通过整体市场营销活动，适应并满足消费者的需求，以促进商品的交换，进而实现经营目标。市场营销就是在这个意义上来理解和运用市场概念的。

因此，市场是对某种商品具有需求和支付能力的人或组织。市场就是指消费者对某种商品的总需求，包括现实购买者与潜在购买者需求的总和。市场包含3个要素：有某种需要的人、为满足这种需要的购买力和购买欲望，即

市场＝人口＋购买力＋购买欲望

市场中的这3个要素是相互制约的，三者结合起来才能决定市场的规模与容量。比如，尽管一个国家或地区人口总数大，但人均收入低，购买能力有限，则不能构成大容量的市场；或是虽然人均收入高，平均购买能力很大，但人口少，同样也不能构成大容量的市场；只有人口基数大，收入高，平均购买能力强，才能成为一个具有较大潜力的市场。但是，如果产品不能引起广大消费者的注意，不能激发他们的购买欲望，对于企业来说，仍然不能成为现实需求的市场。所以，市场是人口、购买力和购买欲望3个要素的统一。

二、市场营销

1．市场营销的概念

市场营销（Marketing）又称为市场学、市场行销或行销学。它包含两种含义：一种是动词理解，指企业的具体活动或行为，这时称之为市场营销或市场经营；另一种是名词理解，指研究企业的市场营销活动或行为的学科，称之为市场营销学、营销学或市场学等。市场营销是企业为了满足消费者现实和潜在的需要及实现企业目标，通过市场达成交易所展开的综合性商务活动过程。

在市场营销产生的一个较长的时期内，很多人都认为市场营销主要是指"推销"，这在我国甚至市场营销非常活跃的美国，仍有很多人持这种看法。其实，"市场营销"早已不是"推销"的同义语了，美国著名市场营销学者 Philip Kotler 认为："市场营销最主要的不是推销，推销只是市场营销的一个职能。因为准确地识别出消费者的需要，开发适销对路的产品，搞好定价、分销和实施有效的促销活动，产品就会很容易地销售出去。"其研究的对象和主要内容是"识别目前未满足的需要和欲望，估量和确定需要量的大小，选择和决定企业能最好地为它服务的目标市场，并且决定适当的产品、服务和计划（方案），以便为目标市场服务。"

2．市场营销的含义

在对市场营销概念的讨论中可以看出，所谓市场营销，就是在变化的市场环境中，企业或其他组织以满足消费者需要为中心进行的一系列营销活动，包括市场调研、选择目标市场、产品开发、产品定价、渠道选择、产品促销、产品储存和运输、产品销售以及提供服务等一

系列与市场有关的企业经营活动。市场营销学则是系统地研究市场营销活动规律性的一门科学。可以从以下几个方面理解市场营销的含义。

1）市场营销分为宏观和微观两个层次。宏观市场营销是反映社会的经济活动，其目的是满足社会需要，实现社会目标。微观市场营销是一种企业的经济活动过程，它是根据目标顾客的要求，生产适销对路的产品，从生产者流转到目标顾客，其目的在于满足目标顾客的需要，实现企业的目标。

2）市场营销是一个系统的管理过程。市场营销与推销、销售的含义不同。市场营销包括市场研究、产品开发、定价、促销、服务等一系列经营活动。而推销、销售仅是企业营销活动的一个环节或部分，是市场营销的职能之一，且不是最重要的职能。

3）市场营销是一种满足人们需要的行为。消费者的各种需要和欲望是企业营销工作的出发点。因此，企业必须对市场进行调研，了解市场，研究并掌握消费者的需要和欲望，从而确定市场需求量的大小。

4）市场营销活动的核心是交换，但其范围不仅限于商品交换的流通过程，还包括产前和产后的活动。

第二节　市场营销观念的转变

一、生产观念

生产观念是一种最古老的经营思想，20世纪20年代，生产观念在西方发达国家占支配地位。当时由于生产效率还很低下，产品供不应求，基本上是"卖方市场"。例如，当时轿车产量很少，价格昂贵。企业不关心市场需求问题，而把营销管理的重点放在抓生产、抓货源上，争取获得更多利润，即以生产观念为导向。

生产观念（Production Concept）也称为生产导向。这种观念认为企业的一切经营活动应以生产为中心，企业生产什么市场就卖什么，即所谓"以产定销"。

在这一经营观念指导下，企业经营要解决的中心课题是生产问题，表现之一就是如何增加产品数量和降低产品成本。其基本经营理念是：产量扩大，成本和价格就会下降，于是顾客就会增多，从而又支持产量增加，形成良性循环。这种观念似乎很有道理，但不能脱离具体条件，如果某种商品的确因生产规模小、价格高而影响销路，企业坚持这种观念就一定会取得成功。反之如果价格不是影响顾客购买的主要因素，产品的用途、功能不能满足顾客需要，即便是免费派送也未必能够赢得顾客。应当看到的是，随着现代社会生产力的提高，以从事传统产业为主的各企业的实力越来越接近，市场竞争日益加剧，企业在规模和成本上的竞争空间已越来越小（受最小极限成本制约），因而这种以生产观念作为指导企业经营的普遍观念已逐步退出历史舞台。

二、产品观念

如果生产观念是注重以量取胜，那么产品观念（Product Concept）则表现为以质取胜。

其基本理念是：企业经营的中心工作是抓产品的质量，只要产品质量过硬，经久耐用，就会顾客盈门，企业就会立于不败之地。这种观念同样不能脱离具体条件，如果产品确实有市场，但因质量太差而影响销路，企业坚持这种观念就会大有作为。否则，如果其他因素不能满足顾客需要，即使质量再好的产品也不会畅销。在现代市场经济高度发达的条件下，这种生产观念也是不适宜的。因为现代市场需求的层次是不断提高的，能够更好地满足市场需求的产品层出不穷，如果企业的产品不能及时满足市场的更高要求，质量再好的老产品也不可能持久地占领市场。

三、推销观念

推销观念（Selling Concept）产生于 20 世纪 30 年代初期，此时西方主要工业国家经济持续发展，使大批产品供过于求，销售困难，卖方竞争加剧，生产企业面临的问题不是如何扩大生产规模和提高生产率，而是产品销路的问题。因而推销技术特别受到企业的重视，并逐步形成了一种推销经营哲学。其基本理念是：企业经营中的工作不再是生产问题，而是销售问题。抓销售就必须大力施展推销和促销技术，激发顾客的购买兴趣，强化购买欲望，努力扩大销售。促销的基本手段就是广告和人员推销。

推销观念以推销为重点，通过开拓市场，扩大销售来获利。从生产观念转变为推销观念在指导思想上前进了一大步。但它基本上仍没有脱离以生产为中心，"以产定销"的范畴。因为它只是注重对既定产品的推销，至于顾客需要什么，购买产品后是否满意等问题，则未给予足够的重视。因此，在经济进一步发展，产品更加丰富、竞争更加激烈的条件下，推销观念就不合时宜了。但推销观念为后来市场营销观念的形成奠定了基础，正是由于推销人员和营销管理人员发现只是针对既定产品的推销，其效果越来越有限，才转入对市场需要予以足够重视和加以研究，并将营销活动视为企业经营的综合活动（不是单项活动）。

四、市场营销观念

生产力与科学技术的迅速发展，缩短了产品更新换代的周期，市场产品日新月异，供应量大大增加；人民生活水平提高，使市场需求变化日益加快；产品供大于求，市场由卖方市场变为买方市场；企业的产品由以往的地区性销售发展到全国，甚至国际性行销，国内外企业的市场竞争更加激烈，不少企业的产品虽经推销，销量仍在下降，失去其市场份额，影响企业的生存和发展。因此，很多企业在形势逼迫下逐渐领悟到企业的生产必须适应环境的变化，满足顾客需求，以增强企业在市场上的竞争力，求得企业的生存和发展。从而使企业不得不改变过去的营销观念，转变和接受市场营销观念。

市场营销观念（Marketing Concept）或市场主导观念，是一种全新的经营哲学，它是一种以顾客需要为导向、"一切从顾客出发"的观念。它把企业的生产经营活动看成是一个努力理解和不断满足顾客需要的过程，而不仅仅是生产或销售产品的过程；是"发现需要并设法满足之"，而不是"将产品制造出来并设法推销之"的过程；是"制造适销对路的产品"，而不是"推销已经制造出来的产品"的过程。因此，"顾客至上""顾客是上帝""顾客永远正确"等口号，才成为现代企业的座右铭。

市场营销观念是企业经营思想上的根本性的变革，而这种观念是近几十年才形成的新的先进观念，它引起了企业组织、管理方法和程序上的一系列变革。在市场营销观念指导下的企业应该明确以下几个方面：

1）不是以生产为中心，而是以顾客为中心，确定企业的经营方向。

2）企业的宗旨：满足目标顾客的需求和欲望是企业的责任；口号是"以需定产""顾客至上""顾客第一"。

3）企业中各部门与营销（或销售）部门的管理活动协调一致，开展整体营销活动——生产适销对路的产品；制定适宜的价格；采用适当的促销方式和手段；利用适合的分销渠道。达到在满足顾客需求和利益的基础上，获取企业的合法利润的目的。

4）企业营销部门已不是单纯地在产品制成后从事销售性事务，而是参与到企业经营管理活动的全过程，是企业经营管理的重要组成部分。

市场营销观念主要有四个支柱：市场中心、整体营销、顾客满意和盈利率。它从选定的市场出发，通过整体营销活动，实现顾客满意，从而提高盈利率。市场营销观念的产生及其被广泛应用以及技术进步的作用为资本主义经济的发展做出了不可估量的贡献。市场营销观念对企业营销实践具有重大的指导意义。国际上一些大公司如国际商业机器公司（IBM）、克莱斯勒公司、国际收割机公司等的成功就是很好的例子。

五、社会营销观念

近20年来，随着社会经济的发展和人口不断增加，能源短缺、生态环境遭到破坏、环境污染、通货膨胀、忽视社会服务等，严重威胁着社会公众的利益和消费者的长远利益，威胁着人类生活水准和福利的进一步提高，也威胁着经济的可持续发展。这种情况表明，现代市场营销活动有很多副作用，而市场营销观念又不能将其抑制或消除。因为只要企业从顾客需要出发，产品适销对路，就是符合市场营销观念。这就要求修正市场营销观念，从而产生了人类观念、理性消费观念、生态消费观念等，其共同点就是注重社会公众利益，因此统称为社会营销观念。

市场营销观念摆正了企业与顾客的关系，但在实际执行过程中，企业往往在满足顾客需求时，不自觉地与社会公众利益发生矛盾，导致损害社会利益。例如，氟利昂的生产，满足了家电行业的需要，但它破坏臭氧层，危害人类健康。因此，要求修正市场营销观念，提出了社会市场营销观念，以重视社会公共利益。

社会市场营销观念是以顾客需求和社会利益为重点，采取整体营销活动，在满足顾客需要和欲望的同时，考虑到消费者自身和整个社会公众的长远利益，达到谋求企业利润的目的。所以，社会市场营销观念的实质是在市场营销观念的基础上，综合考虑顾客、企业、社会三者利益的统一，达到最佳营销。

以上五种观念的形成和发展，都是与社会经济发展水平、市场供求和竞争等情况相适应的，是在商品经济不断发展和市场营销实践经验不断积累的基础上逐步发展、完善起来的。企业应本着本国经济发展的具体情况适当应用。

随着商品经济和科学技术的进一步发展，市场营销观念不能停留在片面、被动地满足顾

客需求的认识上,而应该有所发展。这主要表现在以下两方面:

1)不能片面强调满足顾客需求而忽视企业自身的资源和能力。企业要以有限的资源满足顾客无限的需求,这是不可能的。企业要充分利用自己的优势,扬长避短,生产既是顾客所需要的又是企业所擅长的产品,以提高企业的经营效益。

2)不能被动地满足顾客需求,而应主动地善于创造需求,引导消费。一方面是由于企业为适应需要,始终跟着市场跑,不利于发挥企业的优势与专长;另一方面顾客的需求往往是模糊的,不明朗的,这就要求企业去创新、开发新需求,引导新消费,创造新市场。例如,传真机、电视机、汽车、电话、手机、录像机、静电复印机、洗衣机等的出现,在市场中创造出新的天地,将消费引导到一个新的层次。

六、当代营销观念的创新

随着人类社会进入 21 世纪,世界经济正以势不可挡的趋势向着全球经济一体化、企业生存数字化、商业竞争国际化、竞争对手扩大化等方向发展。国际互联网、知识经济、高新技术特征明显,企业的经营进一步打破了地域的限制,如何在全球贸易体系中占有一席之地,如何赢得更大的市场份额和更广阔的市场前景,如何开发客户资源和保持相对稳定的客户队伍,已成为影响企业生存和发展的关键问题。在这样的背景下,新型营销理念层出不穷,例如,基于健康发展的绿色营销,基于整合各种营销要素的整合营销,基于协调各种营销关系的关系营销,基于客户关系管理的营销(如一对一营销、直接营销等),以及基于现代网络技术的网络营销、电子商务等。总的来看,这些理念是对现代营销观念及其指导下的营销方法的继承和发展,其中心仍然是围绕顾客满意度,并注重营销道德。

1)顾客满意。通过满足需求达到顾客满意,最终实现包括利润在内的企业目标,是现代市场营销的基本精神。然而在具体的实践工作中,真正落实顾客满意却并非易事,还需要不断强化利润是"顾客感到满意而给予企业的回报"的观念。

顾客满意既是顾客本人再购买的基础,也是影响其他顾客购买的要素。对企业来说,前者关系到能否保持老顾客,后者关系到能否吸引新顾客。使顾客满意是企业赢得顾客、占领和扩大市场、提高经济效益的关键。研究还表明,吸引新顾客要比维系老顾客花费的成本高,因此企业必须十分重视提高顾客的满意度,争取更多高度满意的顾客,建立高度的顾客忠诚度。

顾客满意是顾客的一种主观感觉状态,是顾客对企业的产品和服务满足其需要程度的体验和综合评估。影响顾客满意的主要因素是顾客购买后实际感受到的价值是否与其期望得到的价值相符,或者说是顾客得到的总价值与其付出的各种成本相比是否令人满意,通常可以用客户的让渡价值研究顾客的满意问题。

客户让渡价值是指客户与企业的交往过程中,客户从企业那里获得的总价值与客户支付的总成本的差额。客户获得的总价值是指客户购买企业的产品或服务所期望获得的一组利益,它包括产品价值(产品的功效价值)、服务价值(产品的附加价值)、人员价值(营销和服务人员的素质和工作质量带给顾客的价值)、形象价值(产品的精神价值)等。客户支付的总成本是指客户为购买企业的产品或服务所支付的货币资金、耗费的时间、精力以及体力等成本的总和。

企业为了争取更多的顾客，战胜竞争对手，巩固或提高企业产品的市场占有率，往往采取客户让渡价值最大化策略。但追求客户让渡价值最大化常常会增加成本，减少利润。因此，在市场营销实践中，企业应掌握一个合理的度，而不是片面强调客户让渡价值最大化，以确保实现客户让渡价值所带来的利益超过因此而增加的成本费用。换言之，客户让渡价值的大小应以能够实现企业的经营目标为原则。

2）绿色营销。绿色营销具有广义和狭义两个概念。广义的绿色营销是指企业营销活动中体现的社会价值观、伦理道德观，它充分考虑社会效益，既自觉维护自然生态平衡，又自觉抵制各种有害营销。狭义的绿色营销主要是指企业在市场营销活动中，谋求消费者利益、企业利益与人类环境利益的协调。实施绿色营销的企业，对产品的创意、设计和生产，以及定价与促销的策划和实施都要以保护生态环境为前提，力求减少环境污染，保护和节约自然资源，维护人类社会的长远利益，实现经济的可持续发展。

3）整合营销。整合营销是一种更注重营销要素整体作用的观念。它比营销组合观念更强调营销因素的整体作用，要求各种营销因素方向一致，形成合力，共同为企业的营销目标服务。整合营销观念改变了将营销活动作为企业经营管理的一项职能的观点，它要求企业把所有的活动都整合和协调起来，努力为顾客的利益服务。同时，强调企业与市场之间互动的关系和影响，努力发现潜在顾客和创造新市场，注重企业、顾客和社会的共同利益。

整合营销除了具有整体性特征外，还具有动态性特征和顾客关怀特征。企业把与顾客交流、对话、沟通放在特别重要的地位，并形成以顾客为中心的新的"4C营销组合"（Consumer，客户；Cost，成本；Convenience，便利；Communication，沟通）。

4）关系营销。关系营销是指企业在主要合作伙伴间——如供应商、客户、经销商和员工等之间，构筑、发展和维护长期的有成本效益的交换，从而谋求共同发展。关系营销是将建立与发展同所有利益相关者之间的关系作为企业营销的关键变量，把正确处理这些关系作为企业营销的核心。因而企业经营管理的对象也就不仅仅是内部可控因素，其范围扩展到外部环境的相关成员。企业和这些相关成员的关系包括与竞争者的关系并不是完全对立的，其所追求的目标存在相当多的一致性。关系营销的目标在于建立和发展企业和相关个人及组织的关系，取消对立，成为一个相互依赖的事业共同体。

关系营销是以协同和沟通为基础，是一种双向的信息沟通过程，是以双赢互利为出发点的。它更为注重的是维系现有顾客，认为丧失现有顾客无异于失去市场，失去利润的来源。有的企业推行"零顾客背离"（Zero Defection）计划，其目的是让顾客没有离去的机会。这就要求企业要及时掌握顾客的信息，随时与顾客保持联系，并追踪顾客的动态。因此，仅仅维持较高的顾客满意度和忠诚度仍不够，还必须分析顾客产生满意感和忠诚度的根本原因。只有找出顾客满意的真实原因，才能有针对性地采取措施来维系顾客。满意的顾客会对产品、品牌乃至公司保持忠诚，忠诚的顾客会重复购买某一产品或服务，不为其他品牌所动摇，且不会购买其他企业的产品；同时，顾客的口头宣传，有助于企业树立的良好形象。此外，满意的顾客还会参与和介入企业的营销活动过程，为企业提供广泛的信息、意见和建议。

5）客户关系营销。客户关系营销又被称为客户关系管理（Customer Relationship Management，CRM）。它源于关系营销，但又不同于关系营销。CRM认为客户是企业最重要的资源,在激烈的市场竞争中,高质量的客户关系正在成为企业唯一重要的竞争优势。所以 CRM 比关系营销更注重企业与客户的关系,它借助现代数据库和管理信息系统等手段,以客户价值(客户对企业的价值)和客户让渡价值为核心,通过完善的客户服务和深入的客户分析满足客户的需求,在使客户让渡价值最大化的同时,实现企业的价值。这是一种基于现代"双赢原则"的营销理念。

CRM 既是一种营销管理思想,又是一套管理企业与客户关系的运作方法体系。一方面,CRM 要求以"客户为中心"构架企业,追求信息共享,完善对客户需求的快速响应机制,优化以客户服务为核心的工作流程,搭建新型管理系统;另一方面,CRM 实施于企业与客户相关的所有业务领域,使企业与客户保持一种卓有成效的"一对一"关系,建立客户驱动的产品/服务设计和向客户提供更快捷、更周到的优质服务,以吸引和保持更多的客户资源。所以,CRM 是新型的商业驱动器,是信息社会中厂商的竞争利器,它与企业资源计划(Enterprise Resources Planning,ERP)、供应链管理(Supply Chain Management,SCM)并称为现代企业提高竞争力的三大法宝。

6)网络营销与电子商务。随着数字社会和电子商务时代的到来,网络技术已渗入当今社会和经济的各个方面,电子商务、虚拟现实等网络技术已经走向实际应用。网络营销(Outline Marketing 或 Cyber Marketing)是企业营销实践与现代信息通信技术、计算机网络技术相结合的产物,是指企业以电子信息技术为基础,以互联网(Internet)为媒介进行的各种营销活动的总称。这些营销活动包括网络调研、网络广告、电子商场、网络新产品开发、网上定价、网络促销、网络分销、网络服务等。

网络营销符合顾客主导、成本低廉、使用方便、充分沟通的要求,也可以使企业的营销活动始终和三个流动要素(信息流、资金流和物流)结合并流畅运行,形成企业生产经营的良性循环。

电子商务(e-Commerce,EC 或 e-Business,EB),主要是指将销售业务借助计算机网络系统完成商品交易的形式。其中计算机网络系统包括企业网络门和互联网络门,网上完成的商务内容包括网上商品资源查找、网上定价、在线谈判、网上签约、网上支付等具体与商品销售环节相关的手续。电子商务不能等同于网络营销,电子商务虽然在形式上有时依靠互联网络,但它只是网络营销的部分业务。无论是网络营销还是电子商务,都需要物流配送的支持,才能最终完成有形商品的实物交割。

网络营销和电子商务丰富了营销或销售的形式,其主要意义不在于营销观念的变革,而在于它们促进了营销方式和手段的创新。

7)营销道德。营销道德是调整企业与所有利益相关者之间关系的行为规范的总和,是客观经济规律及法制以外的约束。目前,我国的营销道德问题应引起重视,应当减少或消除经济生活中的不公平、不真实现象,例如,资源过分浪费、强制推销、污染环境、不正当竞争等现象。

树立良好的营销道德虽不是朝夕之功,但离不开政府、司法和广大消费者,特别是广大企业的参与。企业界要切实以先进的营销观念为指导,自觉端正企业的经营态度和营销行为。同时也要加强法制建设,建立健全法制体系,完善消费者权益保护机构,加大消费者权益保护的力度,认真解决信息不对称问题,提高消费者在商品交易中的地位。

第三节　我国汽车营销的特点及营销方式

一、我国汽车营销的特点

1. 营销体系不断完善

1994年以前，汽车作为"一类物资"由国家按计划生产、定向分配，汽车的产销完全受政府的计划控制，不参与市场竞争，也没有所谓的营销体系。1994年，国务院颁布了《汽车工业产业政策》，明确指出："鼓励汽车工业企业按照国际上通行的原则和模式自行建立产品销售系统和售后服务系统"。从此，我国汽车开始参与市场竞争，价格战也在随后的激烈竞争中逐渐拉开帷幕。

经历了多年的市场洗礼，我国汽车产业正茁壮成长，汽车生产企业的营销体系也不断强大。到目前为止，传统的汽车营销模式已逐渐被4S店、代理制、汽车有形市场为主和分期付款、租赁、汽车超市、网络销售等多种营销模式所取代。二手车的市场交易也打破垄断格局，引入竞争机制，实现经营主体多元化，汽车配件流通领域也采取了特许、连锁经营的方式，向规模化、品种化、品牌化、网络化的方向发展。另外，汽车企业不断探索后市场诸如信贷、租赁、拆解等领域，汽车营销体系不断完善。

2. 营销方式多样化

近年来，随着消费者需求的个性化，汽车的营销方式也随之变化，展现出多样化特征。一些汽车企业为了谋求竞争优势，取得更多的市场份额，纷纷采取各种营销方式。例如，郑州日产征战达喀尔，借用大赛平台，巧妙地将文化宣传与产品推广相结合，充分展现了其产品的越野能力、舒适性、节油性等特点，完美地演绎了品牌的内涵，成为脍炙人口的营销案例。众多汽车企业也纷纷从折扣降价等简单的促销手段中迅速拓展，公益事业、试乘试驾、汽车赛事、评选活动、时尚概念、品牌顶级技术概念、车主团体等宣传营销手段层出不穷，让人们应接不暇。2005年，汽车界兴起了娱乐营销，与时尚结合、与娱乐"联姻"等新的营销方式，逐步被一些汽车企业所采用。如一汽丰田在北京东苑戏楼为皇冠量身打造颇具古典风格的品牌主题音乐，恰当地演绎出了言语无法表达的意境，使得皇冠的品牌内涵获得了深刻的诠释。2008年，东风雪铁龙在成都国际车展上正式启动了"活力车手"选拔赛，该活动与中汽联、新浪网站联手，并在国内的娱乐平台湖南卫视上推出。东风雪铁龙的这场大众普及性的汽车赛事娱乐营销，意义相当深刻，具有一定的探索价值。

3. 发展中存在诸多问题

我国汽车行业经过多年的发展已经取得了丰硕的成果，但是也存在诸多问题。首先是盲目扩张，近几年，集销售、零配件、服务、信息反馈于一体的汽车4S店在全国各地如雨后春笋般出现，但是由于市场秩序欠缺规范化、自身专业水平较低等种种原因，导致其运营艰难，4S店在我国的存在已呈现出弊端；其次是营销水平较低，价格战、产品战、广告战、公关战等营销方式层出不穷，最终导致市场竞争混乱无序，给生产企业和商家带来了很大的利益损失；最后是售后服务不到位、不规范。很多经销商对用户的定期提醒、主动询问和投诉处理都做得不到位，这使得厂家品牌与经销商品牌美誉度受到一定程度的损害。在消费行为越来越理性的现在，售后服务不到位可能会使厂商在市场竞争中处于劣势；另外，由于缺乏售后维修换件收费的统一标准，导致消费者抱怨四起。随着汽车行业的竞争愈加激烈，以及消费者个性化、理性化的消费趋势，汽车企业不得不重新审视自身的营销模式。如何突破传统思维的禁锢，创造出适合市场需求的新营销模式是每个汽车企业的当下课题，而关系导向的营销模式无疑为企业指明了营销创新的方向。

二、我国汽车营销的方式

1. 一般方式

1）批发与零售交易。汽车生产厂商将产品出售给汽车经销商或商业组织，这种交易为批发交易。而汽车经销商或商业组织将产品出售给消费者，即为零售交易。在商品流通过程中，从生产商到消费者之间需要经过多次交易，交易的次数越多，最后到消费者手中的商品价格就越高。如何减少商品流通的中间环节，降低商品的零售价格，是营销渠道研究的一个很重要的问题。

汽车批发市场有综合性批发市场、专业性批发市场等。批发市场在经济活动中具有连接产需、集散商品、向外辐射、调剂余缺等功能。它是城乡之间、地区之间商品流通和经济联系的纽带，是沟通产销、连接生产企业与零售企业之间的桥梁，是调节市场供求、保证产需平衡的"蓄水池"。

汽车营销中的批发与零售形式大致有以下3种。

① 批发为主，兼营零售。如中国汽车贸易总公司及其各地的汽车贸易分公司，中国汽车销售总公司及其各地的分公司以及大型汽车集团的销售公司。上述这些单位基本上以批发业务为主，也兼营零售业务。

② 批零兼营。即批发交易与零售并举。如生产资料公司、农机总公司。它们批发交易的汽车数量不少，零售交易也很活跃，销售额也很可观。

③ 以零售为主，兼营批发。这样的公司有汽车配件公司，兼营汽车；还有大城市专门设立的大型零售市场。这些单位主要从事零售交易，也进行批发。

批发交易与零售交易，一般使用一手交款一手提货的办法，但有的批发交易也可以先付定金，货到后付款。对于平销车和滞销车，有时实行售后付款或分期付款。

2）地区总代理与代购代销。汽车生产厂商为了大规模占领市场，在一些地区选择某公司作为该地区的汽车营销总代理。生产企业与总代理公司事先签订合同，在供货价格、付款方式、供货数量和供货时间上给予种种优惠。总代理在该地区建立销售网，及时将运来的汽车批发到各销售网点。地区有了总代理，生产企业一般不再自设销售公司，全权委托总代理销售。但有时在国内几个特大城市，如北京、上海，生产企业除委托总代理之外，仍在该市设立专营该厂汽车的销售公司。

代购代销是受生产厂家或批发商的委托，从事某些汽车产品的交易业务，但对汽车产品不具有所有权的营销商。一般在新产品投放市场时，客户对该产品还不太熟悉，常采用代购代销的方式。另外，为打开某些平销车或滞销车的销路，厂家也会先把汽车发往营销单位，预先订好协议，待汽车售出后再付款，即采用代购代销方式。代购代销协议最重要的是规定利润分成的形式及比例，通常有3种形式：一是利益分成，即规定最低价，售出后扣除税费，利润按协议规定的比例分成。二是多赚多得，即规定每辆车售出后付给厂家多少钱，高于此进价的部分为代理商所得利润，销售中多赚多得。三是定额报酬，即只按规定价格出售，每辆车付给定额酬金。

3）销售集团与联营销售。为了密切产销关系，一些汽车生产厂家为了适应市场经济发展需要，组织汽车营销集团，其对象是各地的汽车营销单位。集团制定章程，各营销单位事先交付一定的储备金，供货时保证一个最低限度的基数，提供给集团成员营销汽车时作为周转车用。这种营销集团是专业性的，营销对象是该厂生产的各种汽车。生产厂家对集团成员在数量、价格、付款方式、维修服务、配件供应等方面按不同情况实行不同程度的优惠。

此外，还有一种类似于销售集团的形式，是由地区实力较强的汽车营销公司牵头，组织本地区汽车销售单位和主要用户的主管部门组成营销网络，凡是有资源的主办单位都可在本销售网内营销；在资源分配上常采用"组车"分配方式，也称为捆绑式销售，即对于紧俏车、滞销车与平销车，按一定比例搭配，主营单位对各成员在供货数量、付款方式等方面实行优惠政策。这种方式不叫销售集团，而是称为销售网络。

联营销售是在一个地区重点推销一个厂家生产的某几种汽车，通常是生产厂家与有关地区的汽车营销单位之间合作，建立起紧密关系，设立汽车经营销售部。厂家可派常驻代表到该经营公司，双方订立合作协议，规定厂家供货的计划、优惠办法、结算方式、利润分配比例等。联营销售的原则是利益共享，风险共担。

4）区域性汽车交易市场。为了适应汽车贸易大流通、大市场发展的需要，搞活流通领域，国内一些大型城市建立了区域性汽车交易市场，集中经营展销，方便顾客选购车辆，搞好售后服务。这种汽车交易市场内有面积较大的存车广场，存放各种品牌待售车辆，品种规格多，便于顾客挑选。每个营销单位在场内设立窗口，开展营销活动，并有一套方便顾客的"一条龙"服务机构，包括市场代办工商验证、临时牌照、车辆移动证、保险、养路费等多种业务。

交易市场收费低，一般存放展销车辆不收费，成交一辆汽车买卖双方交纳的管理费占车价的比例为1%～1.5%。这类市场规模大、服务好、汽车成交额大。

2．特别方式

1）特许专卖。特许专卖有利于汽车生产厂家的管理，也可强化售前、售后服务工作的开展，还可保证零配件的供应。

近年来，我国的汽车市场由特许专卖引申出了品牌专卖。品牌专卖对代理商要求很严格，精选规模大、实力强、业绩优的代理商，并对专卖店实行统一风格、统一标准、统一价格、统一服务规范等管理。品牌专卖店的建设投资较大，所获利润也十分丰厚。

对于一些陌生的汽车品牌，必须首先让消费者认识它、了解它，而专卖店正是消费者了解其品牌的窗口。因此，专卖店的战略意义远大于其销售功能，这正是品牌专卖店注重汽车文化与品牌理念传播的原因所在。

品牌专卖店风格一致，服务到位，一般是汽车生产厂商根据地区人口分布情况来布点的。

品牌专卖店的区域性很强,规模不大,但是先进的服务意识却是它们的本质。所以国内兴起的品牌专卖店,应注意学习先进的服务理念与服务意识,不可盲目追求豪华的装饰、高额的投入,否则,会导致生产成本与流通成本的提高,从而使汽车的价格提高,令产品失去竞争优势。

2)买断销售。买断销售是指销售商和生产厂家就某种产品在一定区域内达成协议,以非常优惠的价格从厂家批量采购产品,然后以低于市场价的价格对外销售,从而实现短期内大批量销售该产品的一种营销方式。买断销售的实质就是一种变相的价格战,只不过价格战的发动者由厂家转换成了某些经销商。买断销售可以帮助经销商俘获商家、俘获消费者。尽管买断销售风险巨大,但为了占领市场,"买断"销售模式是经销渠道从完全依附厂家走向独立的重要标志。

经销商买断车型后自由定价,把最大的利润空间让给消费者。这样,厂家消化了大量库存,经销商完成任务赚到了钱,消费者也能买到心仪已久的车型,这表面看起来是一件"三赢"的好事。但买断销售可能使经销商的阵营出现两极分化,有资金实力的经销商通过买断销售稳赚不亏,而那些没有资金实力的经销商,很可能最终被这些有实力的经销商"买断"。买断销售是我国汽车经销领域发展的一个突破,经销商通过买断销售能够迅速地积累客户,为售后服务带来更多的客源,很可能在经销领域造就汽车销售"巨无霸",这也标志着国内汽车经销商正在摆脱和厂家之间的依附地位。买断销售给消费者带来的是实惠和好处,既能便宜几万元买到新车,又能摆脱价格战的困扰,而且,优胜劣汰出的精华经销商在售后服务上又能提供更多的保障。更重要的是,买断销售对于汽车销售的刺激作用给了人们一个良好的信号,因此,出现更多厂家采用买断销售这种方式将是消费者乐意看到的。

买断销售存在着5大风险:①价格多变的风险;②卖不出去的风险;③威胁新车销售的风险;④资金链断裂的风险;⑤买断价格不可控的风险。此外,买断销售对经销商资本运作能力的考验在于:使用自有资金很有可能会降低公司的抗风险能力,而银行贷款势必增加其项目成本。为此,经销商要准确地把握资金回笼时间性、周转率、融资方式的选择、资金链条等情况,就算一个小小的偏差,都会让经销商处于骑虎难下的窘境。

在买断销售的"危与机"面前,经销商如何取舍显得至关重要。这实际上是经销商开始尝试用巨资买断车型来重构其在销售市场的版图——经销商买断那些在市场上表现波澜不惊却暗藏机会的车型,以此击败竞争对手。

3)汽车租赁。在日益激烈的竞争形势下,各地的汽车销售公司纷纷推出汽车租赁业务,有的销售公司甚至联营成立租赁有限公司。这些公司根据客户需要,采用灵活的租车方式,私人或单位租车,一般只出示户口本或单位营业执照,本人驾驶证、身份证或介绍信,并交纳一定的押金,就可以租到一辆适用的车辆,然后按照租期的天数,交付一定的租金。如果客户方没有人能驾驶,又急于用车,公司还可派专人随车为用户服务,这种情况就不收或少收押金,只计算租用期间的费用。

目前在汽车市场上还出现了汽车租售业务,并逐渐成为汽车销售的新热点。汽车租售是介于分期付款和租赁之间的一种新的售车形式,它把租赁和销售巧妙地结合起来。消费者只需通过出示身份证、驾驶证并交纳一定的押金,再买一份汽车保险,就可以向汽车销售商"租"一辆新车,以后再按月交纳一定的租金,就拥有这辆车的使用权和"准"所有权了。平时,汽车的常规保养由销售商负责，消费者只管开车。到租用期满，消费者如果想买下来，就可将以前的租金抵作购车款，再补足余额，即可成为这辆车的合法拥有者，如果不想购买，则把车退回即可。

在一般情况下，汽车租售需要消费者与汽车经销商签订一份租赁合同，规定租用期限（一般为4年）、每月交纳的租金（1年大约是整车价的1/5）、每年限定使用的里程数（一般为2万千米以内），以免双方发生纠纷。汽车租售与分期付款相比，每月租金支出明显减少，而租赁使用期要长得多，更诱人的是最后还可以得到汽车所有权，一举两得。在一些国家，汽车租售业务已占到整个汽车市场销售业务的1/3。

4）以旧换新。近年来，二手汽车交易日趋活跃。为把旧车市场纳入有序轨道并通过二手车的置换来拓展新车市场，进而推动全国汽车市场的全面发展，一些汽车集团纷纷成立车辆置换公司。以旧换新加快了现有车辆的更新速度，满足了不同层次消费者的购车需求。

5）分期付款。分期付款的售车形式是由国有银行为主体，多种金融机构参与的汽车金融组织体系。金融服务功能近几年有较快发展，特别是与汽车分期付款相关的汇总结算等金融服务已比较成熟。分期付款可以促进汽车销售，完善汽车销售流通体制。

6）降价补偿。为了取得消费者的信任，在买车的时候，消费者会得到一些经销商的保值承诺——所购车型在约定的某段时间内，若是生产厂家下调所购车型的指导价，经销商将补偿这个差价。

降价补偿无疑是为了刺激消费者的购买欲，特别是那些持币待购的消费者。如果消费者相中某一款车而又打算持币观望，唯恐到手之后价格也随之下调，那么商家这种降价补偿行为对这些持币待购的消费者将会是一个很大的诱惑。降价补偿让老用户的损失得以弥补，让潜在用户的担心得以消除，有助于建立起客户与企业之间的信任关系。

7）动态营销。动态营销是把传统的静态营销展示到公共场所中，让消费者在现实中体验、在运动中感知，以实际感受向用户传递品牌文化。动态展示将文化、服务和创新等手段有机地结合起来。

动态营销增加了顾客的到店率并提升了整体销量，但是其目的和意义远不止于此。它对潜在目标客户的了解和把握，对提升品牌的影响力具有重大的意义，通过组织潜在客户进行试乘与试驾，以及推广驾驶技巧课程等互动性活动，消费者即使不买车，也可借此了解更多的相关知识和驾车技巧，从而做出适合自己实际需要的购买判断，这无论对消费者还是厂家，都是一个良性的互动。

第四节　汽车营销人员的基本要求

一、具备良好的职业道德

职业道德是人们在一定的职业活动中所遵循的、具有职业特点的公共准则和规范。从事汽车营销的人员必须具有良好的职业道德。汽车营销人员应清醒地认识到：推介汽车或相关产品的过程，既涉及汽车产品的性能特点，也涉及国家和地方有关政策法规。因此，汽车营销人员应具有敏感的政策观念，养成收集、分析政策法规的习惯，掌握其对经济影响的规律

性,保证推介活动符合政策法规的要求。这也是汽车营销人员在整体上长期取得理想业绩的前提。

汽车营销人员在从事经营活动时,所必须遵循的准则与规范如下。
1)遵守国家法律法规,遵守公平竞争、公平交易的市场规则。
2)讲求商业信誉,诚实守信,抵制假冒伪劣产品,合法经营。
3)维护企业与客户的正当利益,不损人利己,不损公肥私。
4)耐心周到,热情服务,平等待人,文明经商。
5)有市场开拓精神,工作认真负责,严于律己,能吃苦耐劳。

二、具备全面的业务知识

(1)汽车营销人员必须熟练掌握的知识
1)所经营汽车产品的相关知识,包括生产厂家、品牌特色、经济技术数据和基本配置以及使用和养护应注意事项等。
2)汽车交易及办证落户的相关手续和程序,包括车贷、购车、缴税、上牌和保险等。
3)营销学和心理学知识以及促销技巧和经验。
4)具有良好的沟通技能。
5)正确的人生哲学和职业道德规范。
(2)汽车营销人员必须具备的业务能力
1)能全面地了解汽车产品的相关内容。
2)能准确地解说所经销汽车的品牌特色及其与其他品牌的区别。
3)能流利地回答顾客的各种问题,树立良好的顾问形象。
4)能熟练地帮助用户办理购车、缴税、落户和保险等事项。

三、具备良好的心理素质

1)自信心。汽车营销人员的自信心是知识和能力的表现,是良好的工作心态,是取信于顾客的前提,是取得业绩的保证。
2)用情感激励情绪。情绪是情感的表现形式,积极的情绪往往来自于情感的激励,俗称"动之以情"。恰当地运用情感因素,可以大大提高汽车营销人员的工作成效。
3)富有激情的外向型性格。汽车营销人员对顾客的感染力、影响力和说服力与业绩的好坏有很大的关系,而这又与营销人员的个性有很大的关系。常言道:"要推销商品,就得先推销自己。"优秀营销人员的个性应该是热情开朗,善于交际,沟通能力强,富有激情,具有感染力,敢于承担责任的外向型性格,让顾客感觉到一种亲和力和吸引力。

营销案例

福特和他的"T型车"

在世界汽车工业的发展史上,亨利·福特(1863—1947)是一位叱咤风云的大人物。他发明的汽车生产流水线使得寻常百姓买得起汽车，他的生产实践推动了人们对生产管理的研究，为早期管理科学的发展奠定了基础。

福特汽车公司创办于1903年，第一批福特汽车因实用、优质和价格合理，生意一开始就非常兴隆。1906年，福特面向富有阶层推出豪华汽车，结果大众都买不起，福特车的销售量直线下降。1907年，福特总结了过去的经验教训，及时调整了经营指导思想和经营战略，实行"薄利多销"，于是销量又魔术般回升。当时，美国经济衰退已初露头角，许多企业纷纷倒闭，唯独福特汽车公司生意兴隆。到1908年初，福特按照当时百姓（尤其是农场主）的需要，做出了明智的战略性决策：从此致力于生产规格统一、品种单一、价格低廉、大众需要的"T型车"，并且在实行产品标准化的基础上组织大规模生产。此后十余年，由于福特汽车适销对路，销售量迅速增加，产品供不应求，获得了巨大的商业成功。到1925年，福特汽车公司一天就能造出9109辆T型车，平均每10s生产一辆。在20世纪20年代前几年，福特汽车公司的年利润竟高达6亿美元，成为当时世界最大的汽车公司。到20世纪20年代中期，随着美国经济增长，人们收入及生活水平提高，形势又发生了变化，由于公路的改善及消费者追求时髦，简陋而千篇一律的T型车虽然价格低廉，但已不能招徕顾客，因此福特T型车销量开始下降。

面对现实，福特仍自以为是，一意孤行，坚持其以生产为中心的观念，置顾客需要的变化于不顾，诚如他宣称："无论你需要什么颜色的汽车，我福特只有黑色的。"1922年，他在公司全体推销员年会上听到关于T型车需要根本性改进的呼吁后，静坐了两个小时，然后说："先生们，据我看，福特车的唯一缺点是我们生产得还不够快。"就在福特固守他那种陈旧观念和廉价战略的时候，通用汽车公司（GM）却时时刻刻注视着市场的动向，并发现了良机，意识到有机可乘，及时地做出了适当的战略性决策：适应市场需要，坚持不断创新，增加一些新的颜色和式样的汽车（即使因此需相应提高销售价格）上市。于是雪佛兰车开始排挤T型车。1926年，T型车销量陡降。到1927年5月，福特不得不停止生产T型车，改产A型车。这次改产，福特公司不仅耗资1亿美元，而且这期间通用汽车公司乘虚而入，占领了福特汽车市场的大量份额，致使福特汽车公司的生意陷入低谷。后来，福特汽车公司虽力挽狂澜，走出了困境，但福特汽车公司从此失去了车坛霸主地位，通用汽车公司占据了车坛首席宝座。

从福特身上可以看到，一个企业家纵然他曾是多么成功，如果不能高瞻远瞩，洞察事物发展的客观规律，不能与时俱进，制定正确的发展战略，他也终将失败。但对身处一线的企业家来说，要做到这些不是那么容易，而这正是企业家的"天才"和智慧所在。

复习思考题

1. 什么是市场和市场营销，两者有何关系？
2. 试述市场营销观念的演变和发展过程。
3. 现代市场营销观念是如何确立的？

第二章
汽车市场与用户购买行为分析

知识目标

了解消费者需要的概念及特征。
了解汽车用户的购买行为及动机的内涵。
了解汽车用户购买行为的主要影响因素。
掌握汽车用户购买决策的内容与过程。

能力目标

能利用汽车购买行为的主要影响因素及购买决策的内容与过程分析如何做好汽车营销工作。

第一节 汽车市场

一、市场的分类

汽车市场就是针对拥有汽车或有欲望拥有汽车的特定市场。要了解这个特定市场的特殊需求规律和营销特点,就必须了解具有共同的需求规律和营销特点的属于同种类型的一般市场。整体市场可划分为具有共同属性的不同类型的一般市场,可以从不同的角度进行划分。在市场营销的范畴里,主要有以下两种分类方法:

1)按购买者及其购买目的的不同,可将市场划分为消费者市场、生产用户市场、中间商市场和政府市场。其优点是可深入地分别研究不同市场的特点,更好地体现以用户为中心的经营思想。例如,汽车既可供个体消费,也可供运输生产,还可供转卖等,不同的购买者有不同的需求欲望,营销人员应分别加以研究,可更好地满足不同的需要。

2)按市场买卖的对象不同,市场可划分为消费资料市场、生产资料市场、资金市场、技术市场、信息市场、劳务市场等,所有这些构成完整的市场体系,这是社会化大生产和商品经济发展的必要条件。这种分类方法,便于了解不同类型的产品或劳务本身在产、供、销等方面的一系列特点,从而有利于研究专业化的经营。根据汽车产品的特征,采用第一种划分方法进行分析。

用户从需要产生到得以满足,其间要经历一个复杂的购买过程。企业如果重视对购买者购买过程的研究,掌握其中的规律和特点,有利于企业实施有效的营销组合策略,提高市场营销的效率，在满足各类用户需要的前提下实现企业的发展目标。本章将对几类主要的汽车购买者的购买行为进行研究。

二、汽车市场的特点

汽车市场有如下特点：

1）需求具有伸缩性。一方面，汽车的个人消费需求具有较强的需求价格弹性，即价格的变动对汽车的个人需求影响很大；另一方面，这种需求的结构可变。当客观条件限制了这种需求的实现时，它可以被抑制，或被转化为其他需求，或最终被放弃。反之，当条件允许时，个人消费需求不仅会得以实现，甚至会发展成为流行性消费。

2）需求具有多样性。由于消费者在个人收入和文化观念上的差别，以及在年龄、职业、兴趣、爱好等方面的差异，会形成不同的消费需要，从而使个人购买者的需求表现出多层次性或多样性。就这种意义而言，汽车企业如果能够为消费者提供多种多样的汽车产品，满足消费者多样化的需求，无疑会为企业争取更多的营销机会。如20世纪90年代中期，当时人们都认为我国的"家用轿车"应当是某种经济实用型的。但一项调查表明并非如此，人们对家用轿车的需求是多样化的，从高档轿车到微型轿车都有自己的消费者。

3）需求具有可诱导性。对大多数个人购买者而言，他们对汽车缺乏足够的专门知识，往往会受到周围环境、消费风气、人际关系、宣传等因素的影响，对某种特定的车型产生强烈的需求。因此，企业应注意引导、调节和培养某些被细分后的个人购买市场，强化广告和促销手段的应用，提高企业的市场占有率。

4）需求具有替代性。个人购买者在面临多种选择时，往往只对能够满足自己需要的商品进行比较、鉴别，只有那些对个人购买者吸引力强、引起的需求强度高的汽车产品才会让消费者做出最终购买决策。也就是说，同时能够满足消费者需要的不同品牌之间具有竞争性，需求表现出相互替代的特性。

5）需求具有发展性。个人购买需求一般从简单到复杂、由低级向高级发展。在现代社会中，各种消费方式、消费观念、消费结构的变化总是与需求的发展和时代息息相关的。所以汽车产品个人购买需求的发展也会永无止境，例如，在不过分增加购买负担的前提下，消费者对汽车的安全、节能和环保等性能的要求越来越高。

6）需求具有集中性和广泛性。一方面，由于私人汽车消费与个人经济实力关系密切，在特定时期内，经济发达地区的消费者或者收入相对较高的社会阶层，对汽车（或某种车型）的消费比较明显，需求表现出一定的集中性；另一方面，高收入者各地都有（尽管数量上的差异可能较大），而且随着经济发展会不断增多，所以需求又具有地理上的广泛性。

三、汽车市场用户的类型

汽车市场用户有明显的广泛性。依据各种用户在购买模式或购买行为上的共同性和差异性，汽车用户可以分为如下几种类型：

1）个人消费者。指的是通过购买汽车作为个人或家庭的消费品使用，满足个人在工作、生活上需要的消费群体。在当今世界范围内，这种类型的汽车消费者人数众多，对汽车的需

求量十分强劲,占据了每年世界汽车用户的绝大部分。目前,这一市场也是我国汽车市场增长最快的一个细分市场,其重要性已经逐渐引起各汽车厂商的关注。

2)集团消费者。是指各类企业单位、事业单位、政府机构、司法机关、各种社团组织因为企业运转的需要,将汽车作为集团消费性物品使用,他们构成汽车的集团消费市场。主要包括公务用车市场和商务用车市场。这一市场在我国汽车市场属于比较重要的一个细分市场。因为是集团购买,比起个人消费者来说具有需求规模大的特点,同时这类消费对全社会的汽车消费起着示范性作用。

3)运输营运者。是指以营运为基本特征,将汽车作为生产资料使用,满足生产、经营需要的组织和个人。他们构成汽车的经营用户市场,在经营用车中主要有高档公路运输客车、旅游客车、中轻型客车、城市公交车、出租车以及旅游用车等,目前,这一市场在我国汽车市场中也占有重要位置。首先,是国家鼓励城市公共交通的发展,大家多使用公共交通出行,提高了能源的使用效率。根据社会需求状况和经营效益来确定规模,是这个市场的突出特点。例如出租车行业讲究成本、利润,因此经济实惠的车型目前成为这个市场的主导车型,不过我们也应该看到变化的趋势,为了体现城市形象,很多城市对出租车的档次要求在提高。

4)其他直接或间接用户。其他直接或间接用户是指除以上用户以外的各种汽车用户及其代表,主要包括以进一步生产为目的的各种再生产型购买者,以进一步转卖为目的的各种汽车中间商,他们都是间接用户。由这类购买者构成的市场,对于汽车零部件企业或以中间性产品(如汽车的二、三、四类底盘)为主的企业而言,是非常重要的。

以上各类汽车用户,从总体上可以大体分为消费者个人和集团组织两大类,前者构成汽车的消费者市场,后者构成汽车的组织市场。也就是说,组织市场是指工商企业为从事社会生产或建设等业务活动,以及政府部门和非营利性组织为履行职责而购买汽车产品所构成的市场,即组织市场是以某种组织为购买单位的购买者所形成的市场,是消费者市场的对称。就卖方而言,消费者市场是"个人"市场,组织市场是"法人"市场。

各类不同的汽车用户,对汽车的需求及其购买行为有着不同的表现,有必要对汽车用户进行分门别类的研究。

第二节 汽车用户购买行为及动机

一、汽车用户购买行为的类型

汽车用户的购买行为有多种类型,可从不同角度做相应的分类,但较为普遍的分类方法是以购买态度为基本标准。因为购买态度是影响个人购买行为的主要因素。汽车销售人员要善于揣摩顾客的心理,但顾客心理是比较深藏和难以准确分辨的,因此销售人员还要认真观察顾客的行为,根据顾客已经表现出来的行为特征来分析和判断顾客大致性格,从而有针对性地进行服务。

不同性格的顾客在进行挑选和购买的时候,会表现出不同的行为特点,按照这种标准划分,汽车消费用户购买行为可分为习惯型、理智型、冲动型、经济型和情感型等几种。

1. 习惯型

这类汽车消费用户可能有过使用某种或某几种品牌的经验,形成了固定的品牌偏好,也就是我们讲的在买东西时只认某种牌子。这种偏好将指导他们形成固定的购买行为。他们在购买汽车时,习惯按照自己的想法进行购买,较少受广告宣传和时尚的影响,也不需要到处寻找、收集有关汽车产品信息,而是按习惯重复购买同一品牌。对习惯性购买行为的主要营销策略是:一是利用汽车的价格与销售手段吸引消费用户;二是开展大量重复性广告加深用户印象;三是增加汽车消费用户的购买介入程度和品牌差异。

2. 理智型

这类消费者善于观察、分析和比较,他们的思维方式比较冷静,是以理智指导购买行为的人。在购买汽车前他们通常要经过广泛的信息收集和比较,充分了解和学习汽车的相关知识,通过网络、媒体、熟人或者销售人员等多种渠道对不同品牌的汽车及品种进行充分的调查和评估。在实际购买时,他们表现得理智和谨慎,不容易受到销售人员和商家广告的影响,在挑选产品时仔细认真,经常对比多个品牌和销售商,非常有耐心。也就是说,这类消费用户的购买行为比较复杂,在整个购买过程中保持高度的自主。目前,我国的汽车消费用户多属于这种类型,他们很多都是第一次购买,由于汽车产品结构复杂,专业性强而且要花费很大一笔资金,在购买中他们表现出高度投入,会充分比较,反复权衡后慎重做出决定。

对于这类用户,汽车企业营销人员应制订相应的营销策略,帮助用户了解更多的有关汽车方面的知识和信息,借助各种渠道宣传其产品,采取多种营销手段简化用户购买过程。

3. 冲动型

这类汽车用户对外界的刺激很敏感,心理反应活跃,在购买时,他们一般不会进行具体的比较,而是依靠直觉诱发购买行为。年轻、时尚而且资金实力强的客户容易表现出这种冲动。他们在购买时常常受到各种汽车广告、媒体推荐、推销员介绍、朋友劝导的影响。通常新的、时尚车型最能吸引他们。这种需求的实现过程较短,客户较少占用太多的时间进行反复比较。但是这类消费用户常常在购买后会认为自己所买的汽车可能存在某些不足之处或不如其他同类汽车产品的性价比高而产生失落感,从而怀疑自己购买决策的正确性。对于这类购买行为,汽车企业应提供完善的售后服务,并通过各种途径经常向用户提供有利于本企业和产品的信息,使用户相信自己的购买行为是正确的。

4. 经济型

这类消费者对商品的价格非常敏感。具有这类购买态度的个人,往往以汽车价格作为决定购买决策的首要标准。以价格高低评价商品的消费者一般表现出两种不同的类型:一种是选高价行为,消费用户往往认为价格高的商品质量高,价格越高越积极购买,比如那些高档、豪华轿车的购买者多是这种购买行为;另一种是选低价行为,即消费用户更注重选择价格低廉的汽车,以经济、节约成本为主要出发点。这类消费用户的购买力较低,对购买行为约束较大。目前市场上多数工薪阶层的汽车用户以及旧机动车的消费用户主要是这种购买行为。

5. 情感型

这类消费者感情丰富，想象力也比较丰富，容易兴奋。持有这类购买态度的汽车消费用户的情感体验较为深刻，购买时容易受感情的支配，易于受促销宣传和情感的诱导，对汽车的选型、色彩及品牌都极为敏感，他们多以汽车是否符合个人的情感需要作为购买决策的标准。很多女性汽车用户被奇瑞QQ、甲壳虫、大众POLO等小轿车可爱、时尚的外形吸引而成为它们的客户。

对于购买行为类型不同的消费者，销售人员应制订不同的营销策略，实现营销目标。

二、汽车用户购买动机及分类

消费者需要与刺激因素的多样性，决定了消费者购买动机的复杂性。各种动机按照不同的方式组合和交织在一起，相互联系、相互制约，推动着人们沿着一定的方向行动。目前，可将我国汽车消费动机分为以下9类。

1. 情感动机

情感动机就是由人的情感需要而引发的购买欲望。目前，越来越多的父母将汽车作为生日礼物、嫁妆等送给孩子。

2. 求实购买动机

求实购买动机是指消费者以追求商品或服务的使用价值为主导倾向的购买动机。消费者是出于"实惠""实用"等动机产生购车欲望，在这种动机驱使下，消费者选购汽车时特别注重功能、质量和实际效用，不过分强调车辆的型号、配置等，并且几乎不考虑商品的品牌、外形及内饰等非实用价值因素。这类消费者利用汽车装货或家庭外出旅游等，就会选择空间大、性能稳定、故障率低的汽车，而不会选择高档豪华汽车。

3. 求新购买动机

求新购买动机是指消费者以追求商品或服务的时尚、奇特、新颖为主导倾向的购买动机。消费者以追求汽车的新潮为主要特征，这类消费者的动机核心是"时髦"和"奇特"。如车型时髦的Cross POLO深受消费者的青睐，能满足一部分追求时尚、新潮的消费者的心理需求，就是因为它的设计融合了多种类型汽车的特征，并成为一种时尚。

4. 求名购买动机

求名购买动机是指消费者以追求名牌、高档商品，借以显示或提高自己的身份、地位而形成的购买动机。具有求名购买动机的消费者比较重视商品的商标、品牌、档次及象征意义，几乎不考虑车辆的价格和实际使用价值，只是通过消费来显示自己的生活水平和社会地位，以达到宣传自我，甚至是夸耀自己的目的。

5. 求优购买动机

具有求优购买动机的消费者以追求车辆的质量优良为主要特征。这类消费者选购汽车时注重内在质量，对外观式样及价格等不会过多考虑。

6. 求美购买动机

求美购买动机是指消费者以追求商品的美感和艺术价值为主导倾向的购买动机。这类消费者在选购汽车时最为关注的是汽车的审美价值和装饰效果,注重汽车的造型、色彩、图案等,汽车的实际使用价值是次要的。女性,尤其是年轻女性就是典型的这类消费者,她们对时尚都有很敏感的触觉。类似大众甲壳虫这样的汽车融入了时尚元素,且具有靓丽鲜艳的颜色、灵巧可爱的造型、温馨的内饰,会引发她们强烈的购买欲望。

7. 求廉购买动机

求廉购买动机是指消费者以追求商品价格低廉为主导倾向的购买动机。这类消费者在选购车辆时最注重的是价格,对汽车的式样、外观及质量等不过分计较,喜欢购买由于某种特殊原因而折价处理的车辆。当汽车价格连续下降时,此类消费者就会因车价相对低廉而迅速行动。例如,2005 年的车市连续降价,引起全国汽车销量出现突增。

8. 嗜好购买动机

少数消费者选购汽车是为了满足个人的兴趣爱好。例如,有的消费者喜爱收藏赛车,而有的消费者则钟情于某一款汽车。

9. 从众购买动机

从众购买动机是指消费者以效仿他人、追求社会潮流为主要特征的购买动机。具有从众购买动机的消费者,在选购商品时,以相关群体大多数成员的行为为准则,自觉不自觉地模仿他人的购买行为。

以上消费者的具体购买动机并不是彼此孤立地存在于汽车消费者的购买行为中,而是相互交错、相互制约的。在汽车消费者的购买活动中,起作用的通常不只是一种购买动机,而是多种购买动机同时起作用。因此,了解汽车消费者的购买动机,有助于企业生产出适应消费者需求的产品。

第三节 影响汽车用户购买的因素

汽车消费用户虽然处于复杂的社会环境中,其购买行为主要还是取决于用户需求,而汽车消费需求受到诸多因素的影响,有来自消费者自身的,也有来自外部环境的,要透彻地把握消费者的行为,有效地开展市场营销活动,必须分析与消费者行为有关的因素,这些因素主要有文化因素、社会因素、个人因素和心理因素四大类,如图 2-1 所示。

图 2-1 与消费者行为有关的因素

各类因素的影响机理是:文化因素通过影响社会因素,进而影响消费用户个人及其心理活动的特征,从而形成消费者个人的购买行为。

影响消费用户购买行为的因素有以下几方面。

一、文化因素

　　文化是指人类从生活实践中建立起来的文学、艺术、教育、信仰、法律、宗教、科学等的总和。文化因素包括核心文化和亚文化因素影响。在影响消费者心理与行为的各种社会环境因素中，文化环境占有极为重要的地位，每个消费者都是在一定的文化环境中成长和生活的，其价值观念、生活方式、消费心理、购买行为等必然受到文化环境的深刻影响。在现实当中，许多企业由于理解和顺应了消费者的文化环境特性而获得成功，提高了产品在市场上的地位；有些企业则因低估了文化环境的影响力而导致经营失败。因此，我们必须对文化环境的影响作用予以高度重视。

　　对于消费用户行为而言，文化因素的影响力既广又深，文化是用户欲望与行为的基本决定因素。社会文化对个人的影响在于：文化为人们提供了看待事物、解决问题的基本观点、标准和方法；文化使人们建立起是非标准和行为规范，诸如在不同的场合应该做什么、不应该做什么、怎样做等。社会规范以成文或不成文的形式规定和制约着人们的社会行为。一个人如果遵循了社会文化的各种规范，就会受到社会的赞赏和鼓励；而如果违背了文化规范，就会受到否定、惩罚或者排挤。

　　文化因素之所以影响购买者行为，有以下三方面原因：一是文化的存在可以指导购买者的学习和社会行为，从而为购买行为提供目标、方向和选择标准；二是文化的渗透性可以在新的区域中创造出新的需求；三是文化自身所具有的广泛性和普及性使消费用户个人的购买行为具有攀比性和模仿性。因此，营销人员在选择目标市场和制订营销方案时，必须了解各种不同的文化和亚文化群的特点，针对这些特点推出汽车新产品，增设新服务以吸引消费者。

二、社会因素

　　在社会生活中，人与人形成各种各样的关系，这些关系对人的消费行为产生了很大的影响。影响汽车消费用户行为的社会因素大体上有4类，它们分别是社会阶层、相关群体、家庭和角色地位。

1. 社会阶层

　　在市场营销学上，社会阶层是具有相同或类似社会地位的成员组成的相对持久的社会群体，是社会学家依据其职业、收入来源、受教育程度和价值及居住区域等对他们按层次进行排列的一种社会分类。同一阶层的消费者在价值、观念、消费行为上具有较高的同质性，不同的社会阶层中的消费者具有不同的经济地位、价值观念、生活习惯和心理状态，并最终造成他们有不同的消费活动方式和购买方式。研究消费者的社会阶层对购买行为的影响，对深入了解消费者的购买行为有很重要的意义。汽车企业的营销者通过对汽车市场进行细分，并制订有针对性的市场营销组合策略，可以帮助汽车企业集中主要力量为某些特定阶层的目标市场服务，而不是满足所有阶层的客户需求，将取得事半功倍的效果。

　　随着中国汽车市场的成熟，市场不断细分，新车型不断涌现，汽车无可否认地成了识别使用者身份、喜好、个性、价值观的一种文化载体。在发达国家，汽车的阶层划分已经约定俗成。对中国来说，汽车阶层尽管还没有那样明显，但中国的汽车用户已经显现出分化，不同身份、阶层的人尝试购买不同的车。

2. 相关群体

相关群体是指人们通过某些社会关系结合起来进行共同活动的社会单位，这种群体在他们自己和别人的心目中都能被意识到。我们这里说的相关群体是指能够影响汽车购买者购买行为并与之相互作用的个人或团体。任何社会群体都会对与之有关或所属的消费者心理产生一定的影响。这种影响往往是通过集体的信念、价值观和群体规范对消费者形成一种无形的压力，我们把这种压力称为群体压力。相关群体一般分为所属群体和参照群体。

所属群体：一种是由具有共同或相似的信念、价值观、审美观的个体所构成的群体；另一种是由于各种社会和自然因素的制约所形成的群体。前者是个体的自愿结合，比如和购买者个人关系密切、接触频繁、影响最大的群体，如家庭、邻里、同事、朋友等，这些群体往往对购买者行为产生直接影响。后者是与购买者关系一般、接触不太密切、但仍有一定影响的群体，如个人所参加的学会和其他社会团体等，他们往往对购买者的购买行为产生间接影响。

参照群体：即指消费者心理向往的群体，这种群体的标准和规范会成为消费者行为的指南，成为消费者希望努力达到的标准。消费者会把自己的行为与这种群体的标准进行对照，以改变自己不符合标准的某些行为。这类群体的成员可以是自己周围的人，比如自己的上司、认识的成功人士，也可能是社会名流，如文艺体育明星、政界要人、学术名流等。这类群体影响面广，但就对个人购买行为的影响强度略小。

相关群体对消费用户购买行为的影响是潜移默化的。因为人类出生就具有趋同性和归属感，往往要根据相关群体的标准来评价自我行为，力图使自己在消费、工作、娱乐等方面同一定的团体保持一致。比如某人本来准备买一辆日系车，可是他的同事都偏爱德系车，每天都称赞德系车的好而且举出日系车的缺点，那么这个人最后可能改变初衷买了德系车。原因可能是，他在服从心理的支配下，转而购买德系汽车，因为担心不遵从群体标准和价值观会受到嘲讽、讥笑、议论等心理压力或心理处罚；也可能是出于对群体的信任，他也不会再去考察德系车为什么比日系车好。

在这种意义上，相关群体对汽车产品消费用户购买行为的影响主要表现为三个方面：第一，示范性，即相关群体的消费行为和生活方式为消费用户提供了可供选择的模式；第二，仿效性，即相关群体的消费行为引起人们仿效的欲望，影响人们的商品选择；第三，一致性，即由于仿效而使消费行为趋于一致。相关群体对购买行为的影响程度视产品类别而定。研究表明，汽车消费用户的购买行为容易受到相关群体的影响。

3. 家庭

家庭是指建立在婚姻关系、血缘关系或收养关系基础上，由夫妻和一定范围的亲属结合而成的亲密合作、共同生活的人类社会生活的基本单位。家庭是消费者参与的第一个社会群体，又是现代社会生活的细胞。父母、子女是家庭的基本成员，家庭关系对消费群体的购买决策有极大影响。

  一个家庭由组建开始到解体、消亡的过程称为家庭的生命周期，消费者在其家庭处于不同时期，购买心理和购买行为有着明显的差异。在我国，家庭收入一般相对固定，日常开支和各项支出也相对均衡。此外，中国传统的道德观念使大多数的家庭能维系一种紧密、稳定的家庭婚姻关系。所以，消费者在以个人或家庭为单位购买汽车时，家庭成员和其他有关人员在购买中往往起着不同作用并且相互影响，如消费用户的价值观、审美情趣、个人爱好、消费习惯等，大多是在家庭成员的影响与熏陶下形成的。在汽车消费用户购买决策的参与者中，家庭成员的影响作用是首位的。

  与西方人相比，东方人更注重人与人之间的和谐关系，往往很重视他人对自己言行的反应，这使东方人更多地受到周围人群的影响。而在中国人的圈子里，亲密的家庭成员无疑是最具影响力的人群之一。在现代营销中，企业和市场研究人员也越来越关注家庭对消费者的影响，因为不仅大部分家庭消费品常常在家庭成员的影响下购买，很多纯粹的个人消费品在消费决策中也会在很大程度上受到家庭成员的影响。这使得家庭消费模式对于营销人员来说显得尤为重要。在家庭的购买行为中，由于家庭自然分工倾向的影响，其角色位置可以做如下划分：①倡议者，即首先提出或想要购买某种商品或劳务的家庭成员。②影响者，即对最终购买决策有直接或间接影响的家庭成员。③决定者，即最终决策购买与否的家庭成员。④购买者，即实际从事对商品或劳务购买的家庭成员。⑤使用者，即消费或使用某种商品的家庭成员。比如一个家庭想要购买汽车可能是丈夫先提出来；妻子、父母、孩子都会提出购买意见，是影响者；最终是否购买由妻子和丈夫共同决定，并且丈夫出钱；使用者就是家庭的所有成员。

  一般情况下，在各项消费品的购买决策中，房子、汽车等大件消费品及其他耐用消费品均由丈夫主导决策，而妻子则在家庭日用品的购买决策中居主导地位。零点调查 2002 年的房地产研究也充分表明，无论是购买家庭的第一处还是第二处住宅，都有接近七成的家庭主要由丈夫最终决定。同样，2002 年的家用轿车研究也发现，在购买家庭轿车的决策过程中，39%以上的妻子认为"丈夫在买车的这件事情上影响最大"。

  家庭基本上可以分为 4 类：丈夫决策型、妻子决策型、协商决策型和自主决策型。个人汽车的购买，在买与不买的决策上，一般是夫妻共同协商决策型或丈夫决策型。从营销观点来看，了解家庭的购买行为类型，有利于营销者明确自己的促销对象。

三、个人因素

  在文化因素、社会因素等各方面情况大致相同的情况下，仍然存在着汽车消费用户购买行为差异极大的现象，其中的主要原因就在于消费用户之间还存在个体差异，表现在年龄、职业、收入、生活方式和个性等方面的差异。其中个性和自我观念对消费用户购买行为的影响最大。

1. 年龄和生命周期的阶段性

  人们不仅会在不同的年龄阶段有不同的消费心理和购买行为，而且还会随着年龄的增长而不断改变其购买行为，这是年龄对于消费用户购买决策的直接影响。间接影响则是它还往往会影响社会的婚姻家庭状况，从而使家庭也具有了生命周期。西方学术界通常把家庭生命周期划分为6个阶段：①青年单身时期，指已经长大，但尚未结婚的人。②已婚无子女时期，指已经结婚但尚未养育子女的青年夫妻家庭。③青年夫妻子女较小时期，指自子女出生至上中学时期。④子女长大尚未独立时期，指子女在大学、中学读书或较早参加工作的家庭。⑤老年夫妻子女独立时期，这个时期子女已建立自己的小家庭，开始独立生活，夫妻已进入老年，即将退休或已退休。⑥家庭逐步解体时期，多以夫妻双方一方去世或生活自理能力极大下降为前提，转为对子女的依靠。处于不同阶段的家庭，其需求特点是不同的，企业在进行营销时只有明确目标顾客所处的生命周期阶段，才能拟定适当的营销计划。

对于不同年龄层次的人们而言，汽车又有它们自己独特的意义。年龄在20岁以下的人购车用户，32.7%是纯粹地热爱汽车，喜欢汽车生活，22.4%认为汽车能够体现出一个人的地位。此类消费人群属于冲动型消费者，他们尚未完全融入社会，消费比较稚嫩，所以他们渴望高档次的品牌汽车来彰显他们的地位，但是由于年龄在20岁以下的年轻人没有雄厚的经济实力，所以购买高档车对于他们来说仍然只是一个梦想而已。年龄在20～29岁的人购车时，他们的消费更加理性化。这个年龄段的人们正处于人生创业阶段，所以他们的购车原因比较集中，33.7%的人购车是因为外出办事情比较方便，与年龄在20岁以下的消费者相比，这个年龄阶段的人们并不是特别在意汽车是否能体现个人的地位。年龄在30～39岁区间的人们生活已经基本上稳定下来，事业已经不再是其生活的主要重心，此时家庭在人们的心目中更显现其重要性。这个时候，购车能让家人更舒适的重要性已经超过了购车外出办事情更加方便的重要性，同时在这个年龄阶段的人们已经有了一定的经济实力，所以他们对汽车能体现个人地位的需求也有所提升。年龄在20～29岁区间的人们与年龄在30～39岁之间的人们购车考虑因素比较相似。他们购车的时候更多地考虑汽车品牌、价格以及质量，确保其购车的实用性。同时此年龄段的人们对汽车的安全性以及汽车的用车成本有一定要求，他们不再像20岁以下的人们那样对汽车的操控性以及汽车的外观有较高的需求。但是年龄相对较低的20～29岁的人群对汽车操控性和外观的需求明显高于30～39岁之间的人们。由此可以发现，厂商所针对的目标消费群体越年轻，其相应的产品就越要突出产品的时尚外观以及良好的操控性。40～49岁之间的人们与20～39岁的人们相比，购车时除了重点考虑汽车的品牌，安全性是其仅次于品牌后第二重点考虑的因素，再次考虑的因素则是汽车的质量。此年龄段的购车者在经济实力上相对来说比前面几个年龄阶段的购车者更加雄厚，所以价格则在他们考虑时放在较次要的位置上。面向40～49岁的消费人群，汽车厂商在重点打造产品的品牌的同时，汽车的安全性以及汽车的质量也是需要重点突出的特性。

2. 职业

职业状况对于人们的需求和兴趣有着重大影响。通常，汽车企业在制订营销计划时，必须分析营销所面对的消费用户的职业状况，在产品细分许可的条件下，注意开发适合于特定职业消费需要的汽车品种。

在市场逐渐细分的过程中，汽车和职业的关系也越来越紧密。虽然大多数汽车厂商在定位一款新车时希望自己的车能被更多的目标消费者所接受，但在实际销售中，经销商却发现了一个有意思的现象——调查本品牌汽车的消费群，发现占销量大头的客户居然有着相似的

职业特征！"物以类聚，人以群分"在选车上也表现得十分突出。仔细分析起来，当某一车型所具有的特性恰好与某一职业人群的兴趣点"门当户对"时，两者的"联姻"也就水到渠成了。

3. 经济状况

经济状况是决定汽车消费用户购买行为的首要因素，对购买行为有直接影响。中国正在进入一个耐用消费品生产和消费时代，人们的生存需要早已得到满足，开始追求更高层次的需要，住房、汽车、高档电器等开始进入人们的消费视野。随着人们收入水平的不断提高，轿车已经进入老百姓的家庭。研究消费者和家庭的经济状况对于汽车企业营销的重要性在于，有助于了解消费用户的可支配收入变化情况、个人和家庭的购买能力，以及人们对消费和储蓄的态度等。当消费者准备买车时，他们会先做好充分核算，除了备足购车的款项，一两年之内的养车费用也应做出合理的支出计划。否则，今日潇洒买车，明日艰难度日，买车也就失去了提高生活质量的意义。经济实力较强的，可能一步到位，选购档次较高、性能较先进、安全系统完备的车型；收入中等而无法一步到位的，可能选择一些中低档次的过渡车型，这样既可享受用车之便，又不增加太多的负担。汽车企业要不断注意经济发展趋势对消费用户的经济状况的影响，应针对不同的实际经济发展状况来调整营销策略，如重新设计产品、调整价格，或者减少产量和存货，或者采取一些其他应变措施，以便继续吸引目标消费者。

4. 生活方式

生活方式是指人们在生活中表现出来的支配时间、金钱以及精力的方式。"一辆车定义一种生活"，每个人都有各自不同的生活方式，消费者通过购买不同的汽车定义着属于他们的生活。近年来，生活方式对消费行为的影响力越来越大。不同的生活方式群体对产品和品牌有不同的消费需求。人们可能会因为喜欢一样的车而成为挚友，每个人都会在现有的生活状态下选择一款适合自己的车。开 QQ 的人绝不会因为它是一款小车价格便宜觉得没面子，他们天生乐观，心平气和；选捷达桑塔纳一族讲究稳重务实，具有生活感；喜欢标致一族天生追求品质时尚。营销人员应设法从多种角度区分不同生活方式的群体。在汽车企业与消费用户的买卖关系中，一方面消费用户要按照自己的爱好选择汽车，以符合其生活方式；另一方面汽车企业也要尽可能提供合适的汽车产品，使其能够满足消费用户生活方式的需要。

5. 个性和自我观念

个性是影响消费用户购买行为的另一个重要因素。它所指的是个人的心理特征，主要由个人的气质、性格、兴趣和经验所构成。一个人的个性影响着他的汽车消费需求和对市场营销因素的反应。事实上，汽车消费用户越来越多地用不同风格汽车产品来展示自己的个性和表现自己。如今，汽车不仅仅是一种交通工具，汽车被赋予了更多的含义，如身份、地位、品位、文化特征等，因此，每个人的爱好需求不同，希望在大批量推出统一产品的基础上，同时能够体现自我意识，体现个性，要与众不同，而这些要求正是日趋成熟的消费者的追求。车友们通常进行改装项目，包括前脸、尾翼、大包围、贴纸、后视镜、强光灯、轮胎、轮毂、防晒膜、高位制动灯、保险杠等项目。在安全和舒适性方面的改装还有中高档音响、CD、电视、车载电话、真皮座椅、桃木内饰、天窗、电动车窗、电动后视镜、倒车雷达、防盗报警器等。随着新交通法规对汽车外观的"解冻",许多喜欢个性化的车友迫不及待地武装自己的爱车。各式各样的贴纸、徽标和五颜六色的车身使他们的爱车异常醒目,路人欣赏的目光令他们怡然自得,不满足于千篇一律是他们的唯一宗旨,彰显个性是他们的追求。对于汽车企业营销来说,了解消费用户的个性特征,可以帮助企业确立正确的符合目标消费者个性特征的汽车品牌形象。

四、心理因素

汽车消费用户购买行为通常还要受心理过程的影响,它是决定购买行为的最直接因素,包括动机的形成、感知、学习、观念和态度,这些因素各自在购买过程中具有不同作用。

1. 动机的形成

动机定义为引发和维持个体行为并导向一定目标的心理动力。动机是一种内在的驱动力量,当个体采取某种行动时,总是受到某些迫切需要实现的意愿、希望、要求的驱使,而这些内在的意愿能够激发和驱动特定行为的发生。由于行为都是由动机引起和支配的,并通过动机导向预定的目标,因此,人类行为实质是一种动机性行为。消费者所从事的购买行为直接源于各种各样的购买动机。例如,目睹了朋友家所买的汽车给生活带来方便后,就在心理上产生了对汽车的需要等。当人们产生的某种需要未得到满足或受到外界刺激时,就会形成一种内在动机,再由动机促使人们采取满足需要的行为,这就是心理学所指的动机。在这种意义上,动机其实就是指在一定程度上的需要。汽车消费用户的动机所支配的是他们的购买行为,弄清消费者动机生成的机理,对于企业市场营销具有重要意义。但动机是一个很复杂的系统,一种行为常常包含着各种不同的动机,而不同的动机有可能表现出同样的行为,相同的动机也可能有不同的行为。

动机是一种基于需要而由各种刺激引起的心理冲动,其形成要具备一定的条件。首先,动机的产生必须以需要为基础。只有当个体感受到对某种生存或发展条件的需要,并达到足够强度时,才有可能产生采取行动以获取这些条件的动机。动机实际上是需要的具体化,但是,并不是所有的需要都能表现为动机。动机的形成还需要相应的刺激条件。当个体受到某种刺激时,其内在需求会被激活,使内心产生某种不安情绪,形成紧张状态。这种不安情绪和紧张状态会演化为一种动力,由此形成动机。此外,需要产生以后,还必须有满足需要的对象和条件,才能形成动机。例如,某个消费者有安全和便利的需要,但是,只有当生活工作繁忙,交通不便时,消费者感到生理紧张,并在市场上发现代步的汽车销售时,才会产生购买汽车的强烈动机。在消费者动机的形成过程中,上述三个方面的条件缺一不可,其中尤以外部刺激更为重要。因为在通常情况下,消费者的需求处于潜伏或抑制状态,需要外部刺激加以刺激,比如汽车销售员有技巧的推销,同事刚好买了一辆汽车,电视上的广告等都是外部的刺激,而且外部刺激越强,需求转化为动机的可能性就越大。否则,需求将维持原状。因此,如何给消费者以更多的外部刺激,是推动其购买动机形成乃至实现购买行为的重要前提。

2. 动机的功能及与行为的关系

动机在激励人的行为活动方面具有下列功能。

1）发动和终止行为的功能。动机作为行为的直接动因，其重要功能之一就是能够引发和终止行为。消费者购买汽车的行为就是由购买动机的发动而进行的，而当动机指向的目标达成，买到自己想要的车型后，即需要得到满足之后，该购买汽车的动机会自动消失，相应的行为活动也告终止。

2）指引和选择行为方向的功能。动机不仅能够引发行为，还能将行为导向特定的方向。这一功能在消费者行为中，首先表现为在多种消费需求中确认基本的需求，如安全、社交、成就等；其次表现为促使基本需求具体化，成为对某种商品或劳务的具体购买意愿，在指向特定商品或劳务的同时，动机还势必影响消费者对选择标准或评价要素的确定。通过上述过程动机使消费行为指向特定的目标或对象，与此同时，比如，某消费者购买汽车有安全、便利、社交、身份、经济等各方面的需要，但是这些需求中间存在冲突，不能全部满足。动机还可以促使消费者在多种需求的冲突中进行选择，使购买行为朝需求最强烈、最迫切的方向进行，从而求得消费行为效用的最大化。

3）维持与强化行为的功能。动机的作用表现为一个过程。在人们追求实现目标的过程中，动机将贯穿于行为的始终，不断激励人们努力采取行动，直至目标最终实现。比如消费者为了买到满意的汽车会不断收集资料，对不同生产商、品牌、销售商等进行比较。另外，动机对行为还具有重要的强化功能，即由某种动机强化的行为结果对该行为的再生具有加强或减弱的作用。使人满意的动机的结果能够保持和巩固行为，称为正强化；反之则减弱和消退行为，称为负强化。消费者在惠顾动机的驱使下经常对某些信誉良好的商店和商品重复光顾和购买。

动机由需要而生。消费者的购买行为，是消费者解决其需要问题的行为。不同的人有不同的需要，人们在生理上、精神上的需要也就具有广泛性与多样性。每个人的具体情况不同，解决需要问题轻重缓急的顺序自然各异，也就存在一个"需要层次"。急需满足的需要，会激发起强烈的购买动机，需要一旦满足，则失去了对行为的激励作用，即不会有引发行为的动机。

商品的效用是指商品所具有的能够满足用户某种需要的功效。它也是形成动机的根本条件。对于消费者而言，如果一个商品没有效用或者效用不大，即使他具备购买该商品的购买力也不会对商品产生强烈的购买动机。就汽车功效而言，不同车型、不同品种的汽车具有不同的功效。但同样的汽车，对不同的购买者和不同用途来说，其功效也是不同的。例如，对普通家庭来说，汽车的功效在于能够作为家庭成员的日常生活出行工具，这种经济效益是指在汽车使用期内，安全、经济、维护成本低，效用最大，因而低档轿车的功效可能就比中高档轿车大；而对企业的商务活动而言，轿车在商务活动中作为出行工具且应体现企业形象，因而中高档轿车的功效就比低档轿车大。这表明，同样的轿车品种对不同的购买者，具有不同的功效。

通过对消费者的调查发现，超过 90%的普通消费者都表示希望购买或将来购买家庭用车，为什么有如此高的购买欲望？通过分析，消费者购买家庭用车的主要动机有：①作为家庭或个人的交通工具，用于上、下班，接送老人、孩子，出行旅游等。②改变现有的生活方式。有了汽车，消费者的生活范围可以得到更大的空间延伸。在白领阶层这个动机尤其明显。③社会地位的追求。现在社会，人们常将车的档次与人的社会地位、阶级层次相联系，所以消费者愿意通过购买中、高档车来展现经济实力和社会地位就是这个原因。④追求时尚与潮流。尤其现在的年轻人在买车时对于时尚和潮流是非常看重的。在这个充满个性的时代，前卫的人们把时尚从服饰转向了汽车装饰，如一股热流席卷着汽车装饰市场。在城市街头，经常会有一辆辆打扮得极有个性的汽车驶过，令人眼前一亮。

3．感知

消费用户置身于形形色色的商品和服务世界中，每天各种信息都在对消费者形成刺激。消费者必须对外界的信息进行接收、整理、加工、储存，从而形成对商品和劳务的认识，这就是感知。感知是指人们通过自己的身体感觉器官对外界刺激物所做出的反应。感觉和知觉好比是思维的大门，只有通过感知才能获得事物的具体而鲜明的形象，人脑思维又以这些感知材料为基础，通过去伪存真、由表及里、由此及彼的综合分析、抽象概括和比较鉴定，从而得到对事物的正确认识，总结出事物的基本特性和发展规律，从感性认识上升到理性认识。通过调查，消费者在购车过程中，汽车销售公司的展厅环境、客户接待流程、销售人员的服务态度和专业水平，汽车产品的质量、价格、款式、色彩，客户使用过程中的售后服务等，都会让消费者形成良好或者恶劣的消费感知，从而对消费者的购买行为产生直接的影响。

4．学习

学习是某种体验（直接经验、间接经验）所产生的一种相对持久的行为变化，是人们通过神经系统不断接受环境变化信息，获得新的行为模式的过程。人们的购买行为不是先天具备的，而是受后天的经验影响而形成和改变的。在环境条件基本不变的情况下，这种行为模式被固定下来，就是记忆。汽车消费用户在购买和使用汽车的过程中，逐步获得信息、知识和扩大经验，并根据经验调整自己的购买行为。

人们的行为大都来源于学习，由于汽车市场营销环境的变化，新产品不断涌现，汽车消费用户的购买行为，往往需通过多方收集有关信息之后，才能做出购买决策。因此，营销人员应注意发挥消费用户购买行为中"学习"这个内在因素的作用，即通过各种营销活动给消费用户提供本企业的产品信息，吸引消费者的注意，加强诱导，促进消费者的购买行为的发生。在顾客购买汽车后提供完备、周到的售后服务，以形成对销售商的良好印象，使客户购买行为进一步得到加强。

5．观念和态度

态度指人们对某些客观事物或观念等社会现象所持有的心理反应倾向。由于这种倾向，人们对某种事物或观念会做出特定的意见和情绪反应。态度导致人们对某一事物产生或好或坏、满意、支持，或是讨厌、拒绝的感情。消费者的态度是消费者在购买过程中对商品或服务等表现出的心理反应倾向。态度的形成是逐渐的，产生于与产品、企业的接触，其他消费者的影响，个人的生活经历，家庭环境的熏陶。态度一旦形成，不会轻易改变。

消费者态度由认知、情感、行为倾向3种要素构成。

1）认知。认知构成消费者态度的基石，表现为消费者对购买的汽车在质量、价格、外形、服务、品牌声誉等方面的印象、理解和观点。比如说人们普遍认为，欧系车底盘结实、车身坚固，操控精准，发动机强调功率最大化且制造精良，能带来更多的驾驶乐趣；美系车车身安全性不错，底盘沉稳，空间大且乘坐舒适，但美中不足的是油耗相对过高；日韩系车在外形和内饰等方面，不仅颜色鲜艳，而且用材和做工都追求精致，在车身结构上也强调了高刚性，车型的更新换代也较欧美系车快很多，但是日韩系车在力学性能方面较欧美系车稍有不及，特别是高速时的操控、稳定及再加速能力仍有很大的提升空间。汽车厂家和销售人员要避免消费者对自己的产品和服务出现错误认知或偏见、误解，保持公正与准确的认知是端正消费者态度的前提。

2）情感。它表现为消费者对有关汽车产品的质量、品牌、声誉等喜欢、厌恶、欣赏或反感的情绪反应。情感对消费者的态度形成有特殊作用，它往往带有非理性的倾向，在态度基本倾向已经决定的条件下，情感决定了消费者态度的持久性和强度。

3）行为倾向。这是构成消费者态度的准备状态，表现为消费者对有关商品、劳务采取的反应倾向，包括语言和行为。比如，某人向朋友宣传宝马3系的优越性，告诉他们自己打算购买，这就是他态度的最终体现。

消费者的态度是在诸多的影响因素的共同作用下形成的，凡是促成影响因素变化的措施都可以成为改变态度的途径。但是销售人员在试图改变消费者的态度时要注意不能采取强制和压服的方式，而只能通过说服诱导消费者自动放弃原有态度，接受销售人员的意见。

第四节 汽车消费用户购买决策过程

虽然购买汽车是近些年来的消费热点，但是汽车对于普通家庭来说仍然是一个奢侈的消费品，要耗费人们大半的积蓄，所以人们在进行购买决策时显得格外谨慎，深度介入，并产生复杂的购买行为。

汽车消费用户购买过程是消费用户购买动机转化为购买行为的过程。不同消费用户的购买过程有特殊性，也有一般性，对这种一般性加以研究可以有利于汽车企业针对消费用户在购买决策过程各个阶段的思想、行为，采取适当措施，影响他们的购买决策，使他们的购买决策和购买行为有利于实现本企业的营销目标。

消费用户在刺激物的作用下，形成购买动机，实施购买行为。消费用户的购买行为集中表现为购买商品，但他们做出的购买决策并非一种偶然发生的孤立现象。其购买过程在实际购买以前就已经开始，而且延长到实际购买以后。完整的购买决策过程是以购买为中心，包括购前购后的一系列活动在内的复杂的行为过程。这一过程是由相互关联的购买行为的5个动态步骤组成的，即认识需要—收集信息—评估选择—购买决策—购后行为。

一、汽车消费用户的购买决策内容

消费者购买决策过程是消费者为了达到某一预定目标，在两种以上的备选方案中选择最优方案的过程。消费者决策在购买行为活动中占有极为重要的地位，消费者作为决策的主体，为满足这一目标,在购买过程中进行评价、选择、判断、决定等一系列活动。

消费者行为在过程上可分为购前、购中、购后行为,通过市场观察和营销实践,可以总结出汽车消费者购买行为研究结论,消费者一般需要了解的信息有"5W2H"问题。我们首先站在市场调查的角度思考,先描绘出消费者购买行为的轮廓,再据此选择重点进行比较深入的研究,以期能够清晰地了解消费者的心理,并在此基础上考虑相关的策略方案。

1."谁买"(WHO)

谁买实际上是回答两个主要问题:谁是购买者或者用户是谁?谁参与了购买决策?人们在购买决策过程中,可能扮演不同的角色,有时汽车的购买者、使用者和决策者是分离的。

1)谁是我们的主要消费者。了解消费者是营销的首要任务,只有明确知道谁是我们的主要消费者,并且深入了解他们的特性,才能够集中火力,全力进攻。在这里,要运用到人口、心理、地理以及行为变数来进行描绘,以便知所进退。

2)谁参与了购买决策。购买决策是一项复杂的行为,金额越大,复杂度就越高,参与意见的人就越多,决策时间也就越长。汽车作为高档的消费用品在购买的决策过程中时间一般比较长,复杂程度上也比较高,一般要从以下五种角色进行分析。

发起者:首先提议或想到购买特定产品的人。

影响者:看法或建议对最后购买决策具有某种影响力的人。

决策者:对全部或部分购买决策具有决定权的人。

购买者:实际从事购买行为的人。

使用者:实际消费或使用该产品或劳务的人。

2."为什么买"(WHY)

要了解消费用户为什么购买,实质上是要求汽车企业明确用户购买动机或影响因素。

消费者为什么买他选择的产品?这是营销必须解开的谜题。从营销的角度来看,这被称为购买动机(buying motive)。在其中,我们要了解的是,消费者所追求的产品利益点(benefits)究竟是什么?购买的动机往往复杂多变,不一而足,必须搞清楚,才能在营销上重点出击,否则就有可能变成"对牛弹琴",甚至导致商务活动失利,铩羽而归。汽车与人们的生活方式很密切,谁购买汽车?用作什么功用?欧美人选择汽车的判断标准很明确,即根据使用汽车的实际需要以及生活水平购买汽车。无论是实力雄厚的进口品牌如宝马、奔驰,还是不断崛起的自主品牌如奇瑞、吉利,如果要继续扩张市场,就必须了解现有消费者为什么购买,把握消费者的购买动机,从而继续稳定现有消费群,并且以此为基点,开发更有效的卖点,吸纳更广泛的消费群体。

3."买什么"(WHAT)

买什么指的是要了解消费用户想买什么,即购买对象。这是消费决策的核心和首要问题。消费者想买什么样的汽车?汽车的品牌、厂家、款式、价格分别是什么?

在从事购买行为时,汽车消费者一般是从众多的品牌中选择出最适合自己的。在选择过程中,一定会涉及价值判断与比较,这些消费者用以判定品牌优劣的评估标准(一般称之为购买考虑因素)也是营销过程中不能放过的信息。在评估标准上,有些产品的属性非常重要

（重要因素），但在购买决策上却发挥不了影响力（非决定因素）。例如，奇瑞QQ圆润的外形，圆圆的前照灯和呈开口笑状的前脸，非常契合卡通风格的年轻人群的感觉，表现出醒目的时尚和强大的亲和力，正是眼下青年群体的最爱。QQ人群一般心思开放，追求潮流，天性乐观，决不因为自家车小就省略"形象工程"，对爱车呵护备至、花样翻新，什么车贴、玩具、抱枕。这个群体大多是单身，有不断发展的职业生涯，他们显示了中国人群的消费特点，大多在大中城市的市中心范围活动。不过你可别小看了这一群体，看看奇瑞QQ一年的销量就足以肃然起敬了，他们将是未来汽车市场的主流消费者。

4. "在哪里买"（WHERE）

购买地点由多种因素决定，并且和消费者的心理动机有关。汽车销售商要了解目标用户在哪里买车？在何处使用？何处是可能的与最好的销售渠道？如何扩大汽车产品的使用空间？使用的强度、地理环境、气候条件、道路状况不同，对汽车的要求有很大的差别。

就接触品牌/产品信息而言，应该了解消费者的获知途径——电视广告、报纸广告、朋友告知、终端商品直接接触等；就购买地点而言，应该了解消费者在什么地方购买——汽车4S专卖店、汽车超市、汽车工业园还是网络销售等。只有从这两方面全面了解，才可以在信息投放和通路之间确定短长，作为广告投放和通路调配的参考依据。而且必须时刻掌握动向，因为通路结构的变化，会对整个市场结构造成重大影响。

5. "什么时候买"（WHEN）

消费者在什么时候购买，也就是购买时机，也是了解消费者行为的一个重要方面。汽车销售商只有了解且必须了解用户什么时候购买，才能准备和组织货源，在时间上进行更有规律和组织的规划，当然也更有效率。汽车、摩托车的销售要注意季节性和时效性。

受到部分整车厂伏季休产和购买力在入夏前提前释放的影响，每年7月，国内乘用车市场都会经历6月小高峰和"金九银十"间的季节性低谷。2005年7月，国内轿车销售23.8万辆，比6月26.5万辆的历史纪录环比下降约10%。虽然主流厂家在"金九银十"前有跟进降价的可能，但这种"降价"更多是战术性地对终端售价"翻牌"，行业利润的整体下滑导致没有厂家有进攻性大幅降低终端售价的底气。

6. "怎样买"（HOW）

在消费者的购买过程中，如何购买（购买方式）也是一个很重要的环节，只有清晰地了解了，才能使整个营销模式最切合消费者的需要，并且这点也与销售渠道、配送流程、终端选择有很大的关系。汽车经销商要了解消费用户购买行为的类型、付款方式等。随着汽车市场逐步成熟，很多大型的汽车销售服务中心也不约而同地推出了购车一条龙服务，包括贷款、买车险、上牌照等一系列手续都可以在短时间内一次性完成，为买车的消费者节约了大量的时间，提高效率，得到消费者的大力认可。

7. 购买的频率如何（HOW OFEN）

了解了购买时机之后，还必须清楚消费者多久才购买一次（购买频率）。对于汽车经销商来说，了解客户在什么时候可能有购买新车的需要以及什么时候出现更新换代的要求才是最重要的。

消费者购买决策是消费者购买活动中的核心环节，起着支配和决定其他要素的关键作用。对它的研究构成营销决策的基础，这与企业市场的营销活动是密不可分的，对于提高营销决策水平，增强营销策略的有效性有着很重要的意义。购买决策可以为以下各方面的研究提供支持。

1）品牌形象以及品牌管理。
2）产品定位。
3）市场细分。
4）新产品开发。
5）产品定价。
6）分销渠道的选择。
7）广告和促销策略的决定。

二、汽车消费用户购买决策的过程

汽车消费者的购买决策是在特定的心理机制驱动下，按照一定程序发生的心理和行为活动的过程。这个过程一般包括五个阶段：认识需要、收集信息、评估选择、购买决策、购后行为，如图 2-2 所示。通过这个过程可以非常清楚地认识到购买过程是在实际购买发生之前就已经开始了，并且购买之后很久还会有持续影响。

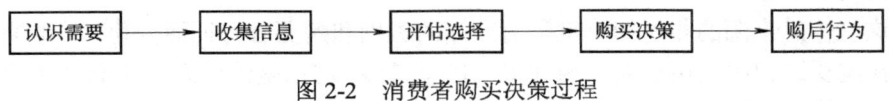

图 2-2　消费者购买决策过程

1. 认识需要

购买过程从消费者对某一问题或需要的认识开始，认识需要是指消费者意识到他的实际情况和现实状态之间的差异，自己有尚未满足的需要，这是购买过程的起点。需要可由内在刺激或外在刺激唤起，前者比如说某人由于饥饿产生购买食物的动机和行为，后者比如说某人看到电视广告产生购买最新款手机的冲动。需要被唤起后可能逐步增强，进而产生寻找满足需要的方法、途径的动机，最终驱使人们采取购买行动，也可能逐步减弱甚至消失。

汽车企业营销人员必须去识别引起消费者购买需要的某种环境。比如说某人购买汽车的想法是在上下班长时间的路途和频繁的转乘公交车过程中产生的，这个时候他的同事可能刚好买了一辆汽车，这样勾起了他对自己也购买一辆汽车的需要和欲望。在这个阶段，汽车销售商和营销人员可以拟定引起消费者兴趣的各种营销战略，采取措施唤起或强化消费用户的需要。首先，了解与本企业产品有关的消费者现实和潜在的需要。比如消费者如果想买一辆家庭用车会上网查询、阅读有关信息和广告，或者直接到专卖店向销售人员询问有关情况，这是"显性需求"。但是大多数初次购买的客户经常无法确切知道或具体说出自己真正的需求，这就是"潜在需求"。往往在价格和质量等因素既定的条件下，一种产品如果能够满足消费用户多种需要或潜在的需要就能吸引更多的购买行为。此外，了解消费用户需要随时间推移以及外界刺激强弱而波动的规律性，以便设计诱因，增强刺激，唤起需要，最终

唤起他们采取购买行动，为消费用户提供满足需要的可能，如汽车降价，以分期付款方式购买汽车等。

2．收集信息

一个被唤起需求的消费者，受满足需求的动机驱使，往往会去寻找各种解决问题的信息，作为决策依据。为了使决策方案更加充分和可靠，消费者开始广泛收集信息。由于汽车商品的特征，消费者在购买过程中卷入程度非常高，对信息的搜集相对其他商品将更加注重，所耗费的时间也会比较长。消费者在广泛搜集信息的基础上对所获信息进行适当的筛选，整理加工，建立解决问题的多种方案。对于汽车企业营销人员来说，最感兴趣的是汽车消费者需要的各种主要信息来源，以及每种信息对消费者今后购买决策的相对影响度。消费用户的信息来源主要途径有以下4方面。

1）经验来源。指汽车消费用户对产品的认识。包括自己的购买和使用经验，对汽车的检验和处置。

2）个人来源。指汽车消费用户在做购买决策时从家庭成员、朋友、邻居、同事和其他熟人那里所得到的商品相关信息。

3）公共来源。指社会公众传播的信息，如新闻媒体、消费者权益保护组织、政府部门、其他消费者和大众传播的信息等。

4）商业来源。指汽车厂商、营销机构等提供的信息，如汽车商品广告、汽车展销会、汽车销售人员的介绍等。

以上这些信息来源的相对影响度随着产品的类别和购买者特征而变化。一般来说，汽车消费用户在购买过程中经由商业来源获得的信息最多，这也是营销人员和商家最能控制的来源，其次是公共来源和个人来源，最后是经验来源。但不同信息来源对消费者的影响效果是不一样的，消费用户对经验来源和个人来源的信息的信任程度最高，其次是公共来源，最后是商业来源，每一种信息来源对消费者购买决策的影响起到某些不同的作用。通过研究可知，商业来源的信息在影响消费用户购买决定时只起"通知"作用，而个人信息来源起着对购买决定是否合理做出评价的作用。汽车消费者通过收集信息了解到市场上同类商品一些竞争品牌和特征，在这些品牌中只有部分品牌符合消费者最初的购买目标，消费者通过收集大量的信息，根据自己的决策评价，从候选的品牌中做出最后的决策。因此，汽车厂商和营销人员应该尽可能地让自己的品牌被消费者所知晓，同时清楚知道哪些竞争品牌也在消费者知晓和选择之列，以求制订有利的竞争策略。同时对于消费者的信息来源，营销人员应该能甄别它作为信息来源各自的重要性以及对消费者的影响程度。除了利用商业来源传播信息外，还要善于利用和刺激公共来源、相关群体和经验来源，或者同时使用多种来源来建立汽车产品与消费用户之间的联系，以加强信息的影响力或有效性。

3．评估选择

汽车消费用户在收集了足够的商品信息后，会根据个人的兴趣爱好、经济实力、产品效用满足程度，对目标产品做出分析评价，对比不同品牌的优、缺点进行淘汰选择，确认最终的购买品牌。这种对比和评价往往是围绕着汽车产品的属性、企业在消费用户心目中的形象或信念及产品的效用展开的。具体地说，汽车消费用户的评价行为涉及以下3个方面。

1）汽车产品属性。产品属性指产品的自然特点，也就是我们通常所说的产品"是什么"。就汽车产品而言它包括两个方面的含义：一是指产品或服务相对来说可观察到的特点，比如汽车的价格、色彩、外形等。二是指产品的性能和技术构成。比如发动机性能和技术、底盘构造、安全配置、油耗等。汽车产品在消费用户心目中表现为一系列基本属性的集合。同等价格的前提下，汽车产品具有更多的属性无疑更能吸引消费用户的购买，但是对企业来说会增加企业的成本，汽车厂商不可能也没有必要追求所有的属性都满足。汽车厂商应该了解消费用户主要对哪些属性感兴趣，哪些属性对于购买决策起到关键性的作用，从而确定本企业汽车产品应具备的属性。

2014年，北京亚运村汽车市场进行了一次"全国汽车消费市场现状网上调查"活动，共计有2858人参加。虽然2014年汽车价格大幅下调，但汽车价格仍是消费者购买汽车最关注的因素，71%的调查者表示在购买汽车时会考虑价格因素。但同2013年的调查相比，收入对其购车的影响大大弱化，比例从54%下降为40%。此次调查显示，购车环境总体满意度比2013年下降了2个百分点，反映出消费者对购车环境改善的预期没能实现，消费者对购车环境满意度下降的原因是价外费用过高和地方性限制政策的比例有所上升，价外费用过高达到60%。消费者对售后服务的重视随着价格影响的下降而成为消费者购车时考虑的第一要素。维修日益成为消费者关注的重点，此次调查显示受访者进行车辆维修时首先考虑的是维修质量，其次是维修价格和维修方便性。调查显示，消费者在购买汽车时更加理性，品牌对消费者的购买影响有所下降，但消费者对汽车性能和汽车实用性的考虑大大加强。

2）汽车品牌信念。指消费用户对汽车品牌优劣程度的总的看法。我们知道，构筑一个良好的汽车品牌资产需要五大要素，即品牌知名度、品质认知度、品牌忠诚度、品牌联想和其他资产。这是从消费者的角度去认知评价，若从企业的角度考虑，要构筑一个丰满、鲜活的汽车品牌，必须具有四大要素：安全优良的产品品质、个性化的外观及内饰风格、丰厚的历史人文背景和独特的精神主张（理念），前两者属于产品和物质层面，后两者则属于企业层面或精神层面。

3）对汽车的属性效用要求。指消费用户对汽车产品每一属性的效用功能应当达到何种水准的要求。或者说，该品牌每一效用功能必须达到何种水准他才会接受。

汽车消费者在选择车型和品牌时往往会围绕以上三个方面，根据自己的喜好和一些评价方法对不同的汽车品牌进行评价和选择。

4．购买决策

当消费者对所掌握的商品信息经过分析、评价和筛选之后，就会在所有的候选品牌中形成一种偏好，进入决定购买的阶段。汽车消费用户根据已掌握的汽车产品信息和汽车产品评价形成一种购买意图，但在购买意图和购买决策之间，可能会有一些因素对实际购买产生影响，主要有以下两种因素要引起营销人员的注意。

1）其他人的态度。比如，在家庭里丈夫决定购买某品牌汽车，但是他的妻子不同意，或者妻子有另外的选择目标，那么丈夫的购买意向就有可能会降低。另外一些人的态度对一个人的选择影响力取决于两个因素：其一，他人对购买者所喜好商品持否定态度的强烈程度；其二，购买者对遵从旁人愿望的动机，具体说是他人与消费用户的关系、他人的权威性等。

上述例子中如果丈夫占据绝对主导地位而不愿意考虑妻子的看法，那么妻子的态度对于购买决策就无关紧要了。

2）未预期情况因素的影响。某些突发事件可能会改变消费者的购买初衷。

消费用户如决定实现购买意向就必须做出买与不买、买哪种、买多少、在哪儿买、何时买以及如何支付等的最终决断，这是一个包含许多项目的总抉择。

汽车企业营销人员在这一阶段，不但要向消费用户提供更多、更详细的本企业汽车产品信息，使消费用户消除各种疑虑，还要通过提供各种销售服务，方便消费用户选购，促进他们做出购买本企业产品的决策。

5．购后行为

消费者在购买产品后会体验到某种程度的满意感或不满意感。产品被购买后，汽车营销人员的工作并没有就此结束，而是进入一个很重要的购后时期。营销者必须关注消费者的购后满意度、购后行为、购后产品的使用和处理。

消费用户的购后行为主要有以下两个。

1）购后评价。消费用户购买汽车以后会通过使用汽车过程中的感受来验证购买决策的正确与否，确认自己的满意程度。消费用户的购后评价不仅取决于汽车产品质量和性能发挥状况，而且心理因素也具有重大影响。决定购买者是否对一项购买行为满意的因素是什么？是购买者的满意度。满意度是对购买产品的期望和该产品可见绩效之间的函数。如果产品符合期望，消费者就会满意，就会增加消费用户对该产品及企业的信心，可引起消费用户的重复购买行为；如果超过期望就会非常满意；如果达不到期望就会不满意。全国用户委员会发布的全国轿车用户满意指数测评结果表明，轿车行业 2005 年度用户满意指数为 73.3 分，比 2004 年提高了 1.1 分。专家称，连续 4 年的监测数据表明我国轿车用户满意度水平正稳步提高。专家分析，用户满意指数的提升明显得益于用户感知价值的提升，即轿车价格逐渐趋近国际价格水平给用户带来了价值，拉高了满意度。

消费用户购买汽车产品以后，对汽车产品的评价和满意度直接影响该产品的市场形象，同时这些感觉在顾客再次购买产品时产生不同的结果，并且消费者会将自己的感受告诉其他的人，影响其他消费用户的购买行为。比如，消费用户实施购买行为以后，对汽车产品感到不满意，则会产生失调感，可能自己不会再购买，而且这种失调感往往会通过一定形式表现出来，如向相关群体诉说，或通过大众媒体传播等，从而影响其他消费用户的购买行为，给企业的营销带来重大影响。因此，企业应当采取有效措施减少或消除消费用户的购后失调感。

汽车质量纠纷一直是近年来汽车投诉的主要问题，占汽车投诉总量的一半以上。质量投诉主要涉及以下几方面：一是发动机故障，包括异响、漏油、爆燃、拉缸、支架脱落、行驶中突然熄火、冷车起动困难；二是变速器故障，包括变速器出现沙眼、漏油、换档困难、连杆突然断裂、自动换档失灵等；三是气囊质量纠纷，包括撞击后气囊未爆开和未撞击气囊自动打开；四是制动系统故障，包括制动突然失灵、助力泵损坏等；五是汽车自燃纠纷，包括停放期间发生的自燃和行驶中自燃。此外，涉及难点问题，如仪表板、底盘、电路、油路故障，油漆、轮胎、配件、润滑油质量等问题也十分突出，而且很难得到解决。

从各地方消协上报的情况来看，出现质量问题后经销商和汽车厂商往往不是从解决问题

的角度出发,而是想方设法进行推诿、搪塞,敷衍了事。有些显而易见的质量问题,企业原本可以从生产环节进行有效控制,却没有采取积极的措施进行纠正,任由有质量问题的产品流入市场,把问题推向市场,由消费者承担。面对投诉则一味要求消费者出具证明或去鉴定,在消费者鉴定无门的情况下,不满情绪累积到一定程度后激化,造成双方利益受损,社会稳定受到影响。

2)购后使用和处置。消费用户购买汽车产品后的使用情况也对汽车企业的营销状况有影响,营销人员应该关注购买者是怎样使用和处置购买的产品。

通过上述五个阶段,消费者完成购买行为。汽车企业通过了解和研究消费者购买过程的不同阶段,采取不同的营销手段和策略,促成消费者良性的购买行为。比如,在识别需求阶段,汽车厂商和销售人员可以运用众多的渠道进行广泛宣传,将对消费行为产生诱导作用;收集信息阶段,企业应在宣传的基础上大力展示产品的优势和特点;分析选择阶段要让消费者尽可能对产品有一个亲身体验,引导消费者进行选择购买;决定购买阶段要为消费者提供全方位的优质服务,比如现在很多4S店为客户提供买车、上牌、保险一条龙服务,受到客户欢迎。消费用户购后行为阶段对汽车企业的市场营销有着重要意义。在这一阶段营销人员要做细致的工作,加强与消费用户的信息沟通,及时处理反馈信息,提高汽车产品质量,做好汽车售后服务,将企业在前期所宣传的优质服务落实到位,建立起企业和产品在消费用户心目中的良好形象,形成良好的市场口碑。

了解市场,因势利导

宝马公司是世界驰名的汽车生产企业,同时也被认为是高档汽车生产企业的先导。它创建于1916年,总部设在慕尼黑。多年来,它由最初的一家飞机发动机生产厂发展成为今天生产高档轿车和摩托车的企业集团。宝马公司作为国际汽车市场上的重要成员相当活跃,其业务遍及全世界120多个国家。经过多年艰辛的努力,宝马公司在世界上已经创立了一种轮廓鲜明的形象。不过,创立一种世界驰名的品牌形象是一回事,在某一特定市场上能够成功地销售自己的产品又是另一回事。宝马公司深谙此道,为了获得营销上的成功,他们仔细分析研究各地的市场情况,满足不同地方市场、不同需求的人的要求,采取"品牌全球化,营销地方化"的营销模式。

以在欧洲的市场拓展为例,宝马公司的具体做法是:首先要进行市场研究。市场调研的任务在于决定宝马在欧洲和各地区的理想定位。通过讨论和问卷,宝马公司获得了大量第一手资料。问卷的问题既包括适合所有国家的共同核心内容,也有一系列涉及各个不同国家的内容,以反映不同地方的态度与意见。调查的结果表明,5个国家(即奥地利、意大利、荷兰、法国和瑞士)的顾客要求被分为三大类:对每个国家的所有驾驶人都重要的特性,这些特性在全欧洲有效;对某个国家的所有驾驶人都重要的标准,这些标准构成了国别差异;对所有国家中某些特定驾驶人都重要的要求,这些要求带来了与目标群体有关的差异。

全欧洲一致的要求有可靠性、安全性、质量和先进技术。宝马公司把这些标准称为基本要求，始终如一地贯穿于整个汽车的研发和制造过程。各国不同的标准有：例如，在荷兰，人们更注重精工细琢的内部配置；在奥地利，汽车应该展示个人的自信和个性，"车如其人"的观念在这里比其他任何国家都强；在意大利，人们十分希望车能符合驾驶人的个人风格，他们对设计和审美品质以及行驶中的动力表现都有特别的要求。

宝马公司把不同国家的、具有某种相同或相似要求的人，看成宝马公司细分市场中的目标群体，并将其分为若干类，如"名誉型驾车者""运动型驾车者""普通型汽车爱好者""传统型"和"说不清楚型"等。这些人在不同的国家比例明显不同，显然需要"营销地方化"。

研究发现顾客的跨国相似性简而言之就是：驾驶宝马车的人要求上乘的式样、卓越的行驶表现、现代的技术和独特的个性。一方面，不同国家宝马车驾驶者的这些共同要求为宝马公司的全球战略提供了出发点。另一方面，不同国家的轿车驾驶者之间的差异，要求宝马公司要恰当地面对目标群体，营销实行地方化。

根据"品牌全球化，营销地方化"的营销战略，宝马公司突破了宝马品牌传统上所强调以技术与运动风格为核心的形象，扩展至包容了情感因素、审美价值、风格雅致、构思精巧、独特超群和个性鲜明等新的方面，由此大大增加了扩展品牌的途径。

宝马公司建立在科学的市场调研基础上的"品牌全球化，营销地方化"的营销战略，为处理品牌与产品、品牌与沟通、产品与环境的关系提供了坚实的基础，使全球性公司的总部与以各国为基地的分公司之间在营销方面确立了良性通畅的关系，从而大大提高了品牌的战略地位，加强了公司的竞争力。

在20世纪70年代的美国，宝马根据当地市场的变化，进行过一次品牌再定位，获得了巨大成功。

1974年前，宝马汽车公司就在美国设立了分公司，但其知名度却一直很低，甚至当时有不少美国消费者误认为宝马汽车是英国的产品。

1974年，为了拓展宝马汽车在美国的潜在市场，宝马汽车公司投下巨资，在美国收购建立自己的销售渠道，并同时开展大量的广告活动。当时在美国市场上，凯迪拉克牌（Cadillac）汽车的销售量为150000辆，林肯牌（LINCOLN）汽车的销售量为90000辆，奔驰牌（Benz）汽车的销售量为40000辆。宝马汽车要在美国市场上获得成功，势必要从这些竞争对手中夺取市场。为测试宝马汽车在消费者心目中的形象和地位，宝马进行了一项调查活动。活动中，广告公司把一辆宝马汽车与凯迪拉克、林肯等品牌汽车停放在一起，试探人们的反应。调查结果表明，几乎所有的人对宝马汽车均无好感。他们嘲笑宝马汽车的外形笨拙得像个铁盒，轮轴露在外面有损雅观。他们为自己的车有电动车窗、真皮座椅、镀铬车身而自豪，而宝马汽车在这些方面却一样都没有提供。宝马汽车优异的驾驶性能和精心的内部设计没有引起人们的注意。

面对这种情况，宝马决定把目标市场定位于新一代人身上。这一代出生于美国的生育高峰期，与习惯于坐凯迪拉克汽车的父辈相比，他们有自己的个性、追求和偏好，他们渴求有一种新的品牌来标志他们的价值观。宝马汽车优异的驾驶性能和精心的内部设计正好吻合新一代热情好动、追求刺激的消费心理。因此，在这个新的市场上，宝马汽车要充分利用其优异的驾驶性能，而不是简单地在电动车窗、真皮座椅、镀铬车身上和其他品牌竞争。当时的年轻人曾抱怨现有的轿车没有一辆称得上真正的豪华轿车。由于过分追求舒适，现有的轿车几乎变成了起居室的等价物，使人们完全失去了驾车的感受。

正是抓住了这一市场特点，宝马在定位上突出了其驾驶乐趣。他们的广告主题是"驾驶极品车（The Ultimate Driving Machine）"，这个定位取得了巨大成功，与其他强调"坐车享受"的豪华轿车完全区分开来，突出了宝马汽车的差异和优势；吸引了极具活力的新一代；强调了宝马汽车独一无二的卖点，即一辆真正的豪华轿车必须具备优异的驾驶性能。

针对新一代的标新立异、追求刺激的心理，宝马汽车公司在广告中全力宣传其领先的技术和优异的驾驶性能，并在此基础上把宝马树立成为代表最新潮的豪华轿车。为进一步拓展目标市场，扩大销售，1977年，宝马汽车的广告开始在电视屏幕上露面，主题仍然是宣传其优异的驾驶性能。宝马汽车的销售量开始迅速上升。1978年，宝马汽车的销售量直逼奔驰，达31439辆。如今，"宝马"已经成为一种显示身份、地位的品牌。

复习思考题

1. 汽车市场的用户有哪些类型？
2. 汽车用户的购买行为特点是什么？
3. 汽车用户购买行为的类型有哪些？
4. 汽车用户具体的购买动机有哪些？
5. 影响汽车用户购买行为的主要因素有哪些？

第三章

汽车市场营销环境分析

知识目标

了解汽车市场营销环境的含义及其构成。
了解汽车市场营销宏观和微观环境的内容。
掌握市场营销环境的分析方法——SWOT分析法。

能力目标

初步具有环境意识、服务意识以及营销职业情感。
能应用SWOT分析法分析我国汽车市场的营销环境。

第一节 汽车市场营销环境概述

市场营销环境是指能对企业营销活动产生影响的外部的和内部的力量因素。企业作为社会的经济细胞，总是在一定的环境条件下开展市场营销活动的，而这些环境条件是不断变化的，它既可能给企业带来新的市场机会，又可能给企业带来某种威胁。随着市场经济的不断发展和对外开放的逐步深入，企业的外部环境发生了巨大变化，市场竞争日益激烈。企业为了更好地生存和发展，必须顺应市场环境的变化，分析研究市场环境变化的趋势，捕捉市场机遇，发现并避免市场环境的威胁，及时调整营销策略，才能确保企业在激烈的市场竞争中立于不败之地。

一、市场营销环境的含义

汽车市场营销环境是指影响汽车企业营销活动和营销目标实现，与汽车企业营销活动有关系的各种因素和条件，包括宏观环境和微观环境，如图3-1所示。汽车企业在一定的市场环境中进行营销活动，并受外界环境的制约，因此汽车企业必须重视对环境的调查预测与分析，以发现市场机会，避免环境威胁，及时对环境中不利于汽车企业营销的趋势采取应变措施，使营销决策具有科学依据。

根据营销环境中各种力量对企业市场营销的影响，可以把市场营销环境分为微观环境和宏观环境两大类。

1. 微观环境

微观环境是指与企业紧密相连，直接影响企业为目标市场顾客服务的能力和效率的各种参与者，包括企业内部环境、供应商、中间商、竞争者、公众和目标顾客。通过对市场营销环境的分析，企业可以识别由于环境变化而造成的主要机会和威胁，及时采取适当的措施，使其经营管理与市场营销环境的发展变化相适应。

2. 宏观环境

宏观环境是指作用于直接营销环境，并因而创造市场机会或造成环境威胁的主要社会力量，包括人口、自然、经济、科技、政治法律、社会文化和使用环境等企业不可控的宏观因素。宏观环境的影响虽然是间接的，但是它反映的是社会和经济

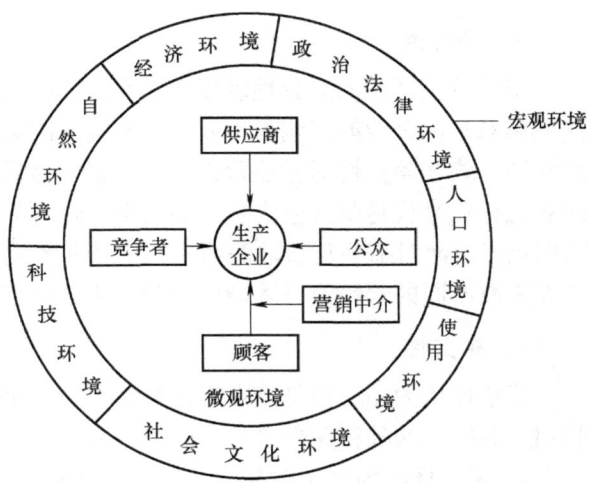

图 3-1 汽车市场营销环境

发展的大趋势，是不可阻挡和不可轻易改变的潮流，能顺应潮流并能抓住机会的企业就能够得到发展，否则将遭受毁灭性的打击。

大量营销实践说明：即使在经济衰退时期，企业也常常可以捕获到一些新的市场机会，其中还有相当一部分企业通过自己出色的营销活动，创造了不同寻常的业绩。在经济繁荣时期，市场环境也可能给企业带来一些新的威胁，仍有一些企业难以摆脱倒闭的厄运。也就是说，不断变化的市场环境，既给企业的市场营销提供机会，也可能带来威胁。同一环境的变化，对某些企业是机会，对另一些企业则可能是威胁。营销管理者的任务就在于了解和把握市场营销环境的变化趋势，适应环境的变化，提高应变市场的能力，趋利避害地开展市场营销活动，使企业更好地生存和发展。

二、汽车市场营销环境的特点

汽车市场营销环境是一个多因素、多层次而且不断变化的综合体，其特点主要表现在以下几个方面。

1. 客观性

营销环境是外界的、客观的，不以消费者的意志为转移而客观地存在着，有着自己的运行规律和发展趋势，单个企业不能控制它，只能适应它。例如，一个国家的政治法律制度、人口增长以及一些社会文化习俗等，企业不可能随意改变。企业总是在特定的社会经济和其他外界环境条件下生存、发展的，不管承认与否，企业只要从事市场营销活动，就不可能不面对这样或那样的环境条件，也不可能不受到各种各样环境因素的影响和制约。企业的营销活动应该主动适应和利用客观环境，而不能改变或违背客观规律。主观臆断营销环境及发展趋势，必然会导致营销决策的盲目与失误，造成营销活动的失败。因此，企业决策者必须清醒地认识到这一点，要及早做好充分的思想准备，随时应对企业面临的各种环境的挑战。

2. 差异性

市场营销环境的差异性表现在两个方面：①不同的企业受不同环境的影响；②环境因素的变化对不同企业的影响是不同的。不同的国家或地区，人口、经济、政治、文化存在很大差异性，这些差异性对企业营销活动的影响显然是不同的。例如，国际石油市场大的波动，对石化行业来说是带来巨大利润的机会，对消费石油产品的企业来说却是增加成本、减少利润的灾难，而对那些与石油关系不大的企业影响则较小。由于外界环境因素的差异性，企业必须采取不同的营销策略才能应对和适应这种情况。

3. 相关性

营销环境的相关性是指在市场营销环境这个系统中，各环境因素间相互依存、相互影响和相互制约。这种相关性表现在两个方面。

1）某一环境因素是与其他环境因素紧密相连的。例如，我国汽车市场需求在2008年出现大幅滑坡，需要政府推出相关政策来促进消费。但是，世界环境又存在气候恶化和资源紧张等现象，因此无论从整个世界的角度，还是从我国自身的可持续发展考虑，节能减排是未来若干年内我国政府的重大任务之一。很显然，我国汽车行业的发展在某种程度上与节能减排目标相冲突。

2）企业市场营销活动受多种环境因素的共同制约。如企业的产品开发，就要受制于国家环保政策、技术标准、消费者需求、竞争者产品、替代品等多种因素的制约。相关性表明市场营销环境各因素都不是孤立的，而是相互联系、相互渗透、相互作用的。

4. 动态性

营销环境是企业营销活动的基础和条件，但这并不意味着营销环境是一成不变的、静止的。恰恰相反，营销环境总是处在一个不断变化的过程中，是一个动态的概念。环境的动态性主要指两个方面：①由于相关性影响，一种环境因素的变化会导致另一种环境因素随之变化；②每个环境内部的子因素（如文化环境中的宗教文化）变化也会导致环境因素的变化。例如，我国消费者的消费倾向已从追求物质的数量化为主流向追求物质的质量及个性化转变，也就是说，消费者的消费心理正趋于成熟。当然，市场营销环境的变化是有快慢大小之分的，有的变化快一些，有的则变化慢一些；有的变化大一些，有的则变化小一些。例如，科技、经济等因素的变化相对快而大，因而对企业营销活动的影响相对短且跳跃性大；而人口、社会文化、自然因素等相对变化较慢、较小，对企业营销活动的影响相对时间长而稳定。因此，企业的营销活动必须适应环境的变化，不断地调整和修正自己的营销策略，否则将会使其丧失市场机会。

三、分析市场营销环境的意义

不断变化的市场环境，既会给企业的市场营销提供机会，也可能带来威胁。营销管理者的任务就在于了解和把握营销环境的变化趋势，适应环境的变化，提高市场应变能力，趋利避害地开展市场营销活动，使企业更好地生存和发展。分析市场营销环境的意义在于以下几点。

1. 市场营销环境分析是企业市场营销活动的立足点和根本前提

企业市场营销活动所需的各种资源，如资金、信息、人才等都是由环境来提供的。企业生产经营的产品或服务需要哪些资源、需要多少资源、从哪里获取资源，必须分析研究营销环境因素，以获取最优的营销资源来满足企业经营的需要，实现营销目标。开展市场营销活动，一方面是为了更好地满足人们不断增长的物质和文化生活需要，另一方面是为了使企业获得最好的经济效益和社会效益。只有深入细致地对企业市场营销环境进行调查研究和分析，才能准确而及时地把握消费者需求，才能认清本企业所处环境中的优势和劣势，扬长补短。否则，企业不可能很好地实现其满足社会需求和创造好的经济效益和社会效益的目的，甚至陷入困境，被兼并或被淘汰。许多企业的实践都充分证明，市场营销环境分析是企业市场营销活动的立足点和根本前提，成功的企业无一不是十分重视市场营销环境分析的。

2. 市场营销环境分析有利于企业发现新的市场机会

同一环境的变化，对某些企业是机会，对另一些企业则可能是威胁。新的经营机会可以使企业取得竞争优势和差别利益或扭转所处的不利地位。好的机会如果没有把握住，优势就可能变成劣势，而威胁（即不利因素）也可能转化为有利因素，从而使企业获得新生。企业要善于细致地分析市场营销环境，善于抓住机会，及时预见环境威胁，将危机减小到最低程度，甚至化解威胁，使企业在竞争中求生存、在变化中谋稳定、在经营中创效益，充分把握未来。对于汽车制造、销售企业来说，油价的飞涨会导致汽车消费门槛的提高。危机产生了，研究节油技术、增加对刺激需求的营销投入都是应对的方法。同样，油价高涨的威胁对长期从事汽车混合动力研究的企业来说是难得的机会。

3. 市场营销环境分析是企业制订营销策略的依据

企业营销活动受制于客观环境因素，必须与所处的市场营销环境相适应。但是，企业在环境面前绝不是无能为力、束手无策的，它能够发挥主观能动性，制订有效的营销策略去影响环境，在市场竞争中处于主动，占领更大的市场。企业经营决策的前提是市场调查，市场调查的主要内容是要对企业的市场营销环境进行调查、整理分类、研究和分析，并提出初步结论和建议，以供决策者进行经营决策时作为依据。市场营销环境分析的正确与否，直接关系到企业决策层对企业投资方向、投资规模、技术改造、产品组合、广告策略、公共关系等一系列生产经营活动的成败。对企业来讲，环境机会是开拓经营新局面的重要基础。

第二节　汽车市场营销的微观环境

企业营销管理人员所采取的各种策略和措施的最终目的是满足目标市场的需要，从而获得利润。在这一过程中，企业要同各种组织和个人打交道，首先需要从供应商那里获得各种原材料或其他物资，然后经过企业内部各职能部门和车间的协作生产出产品，最后这些产品要通过各层中间商才能最终到达消费者手中。由于向某一目标市场提供产品或服务的企业不止一个，企业必须在众多竞争者的包围和进攻下开展市场营销活动。同时，社会公众对某些

产品和营销活动的态度也深刻制约着企业的行为,这些个人、群体和组织构成了企业营销的微观环境。

一、生产企业

生产企业自身的环境,是指企业的类型、组织模式、组织机构及企业文化等因素。企业内部环境对市场营销的工作效率和效果具有十分重要的影响。因此,企业管理者应加强企业管理,为市场营销创造良好的营销内部环境。

一般而言,企业内部基本的组织机构包括高层管理部门、财务部门、研究与发展部门、采购部门、生产部门和营销部门。营销部门必须与其他部门密切合作;营销计划必须经高层管理者同意方可实施;财务部门负责寻找和使用实施营销计划所需的资金并核算收入与成本,以便管理部门了解是否实现了预期目标;研究与发展部门研制适销对路的产品;生产部门负责高效、节约地进行生产;营销部门根据产品自身的特点,细分消费市场,采用适当的方法将产品销售出去。了解企业自身环境是企业提高市场营销工作效率和效果的基础。因此,企业管理者应强化企业管理,为市场营销创造良好的营销环境。

二、供应商

供应商是指向企业及其竞争者提供生产产品和服务所需资源的组织或个人。供应商所提供的资源主要包括原材料、设备、能源、劳务、资金等,它是影响企业营销的微观环境的重要因素之一。供应商的供应能力包括供应成本的高低和供应的及时性,这些因素对企业的市场营销有实质性的影响,直接关系企业产品的质量、数量和成本,短期将影响销售的数额,长期将影响顾客的满意度。因此,营销管理人员必须比较全面地了解和透彻地分析供应商的情况。一般说来,按照与供应商的对抗程度,可以把供应商分为两类:作为竞争对手的供应商(寄生关系)和作为合作伙伴的供应商(共生关系)。

对供应商进行管理的目的就是确定在哪些条件下对哪些原材料可以通过自行生产的方式来解决,哪些原料需要通过外购的方式来解决。

1. 作为竞争对手的供应商

一般说来,对供应商的管理意味着实现输入成本的最优化,也就是说,企业主要关心原料的价格和数量并设法维持一种与供应商讨价还价的能力。例如,当一个企业在做是自行生产还是在开放的原料市场上购买所需资源的决策时,它实际上关心的是以哪种形式投资更能获利。

因此,把供应商作为竞争对手的观念实际上倡导这样一种原则:即尽可能地减弱供应商的讨价还价能力,以获得更大的收益。在这种情况下,下列一些做法可能有利于企业维持与供应商的关系并能保证原材料的有效供应。

1)寻找和开发其他备选的供应来源,以尽量减少对任何一个供应商的过分依赖和降低其原料成为企业单位产品成本的重要部分的可能性。

2)如果企业仅有一两个供应商,可以通过积极寻找具有替代性的供应商而减弱他们与企业讨价还价的能力（如用塑料容器代替玻璃容器）。

3）向供应商表明企业有能力实现后向一体化，也就是说，企业有潜力成为供应商的竞争者而不仅仅是一般顾客。另外，如果企业具有自我生产的经验，那么就有助于了解供应商的制造过程和原材料成本方面的信息，从而使企业在讨价还价中处于有利地位。

4）选择一些相对较小的供应商，使企业的购买量在其总产量中占较大比重，即增加供应商对企业的依赖性。

2. 作为合作伙伴的供应商

企业把供应商作为竞争对手，往往会引起一些消极的后果。为了获得稳定的原材料或者其他物资，维持质量的一致性，保持与供应商长期而灵活的关系，企业最好把供应商作为自己的合作伙伴，并在此基础上考虑自己的营销活动。这种合作模式首先产生于日本，它的主要特点是企业在管理供应商的过程中更多地采用谈判形式，而不是讨价还价，力图维持与供应商长期和互利的关系。为了实现上述目标，可以考虑以下几种方案。

1）与供应商签署长期合同而不是采用间断式的购买方式从供应商那里获得原料，这对稳定将来的供应关系有很大的作用，它所带来的优势是使供应商拒绝向竞争者提供货物。在许多情况下，供应商也喜欢签署长期合同。签署长期合同并不一定像人们抱怨的那样会使企业丧失灵活性。事实上，一个经过充分准备的长期合同需要考虑将来发生的偶然事件（如需求变化、产品线扩张等），以及在这些偶发事件中合同双方各自的期望。此外，签署长期合同也有助于企业更好地对库存、运输、供货的数量、组合以及供应商的地位进行规划，而这些正是战略思维所要考虑的问题。

2）说服供应商积极地接近顾客，尤其是当企业处于下游生产过程，也就是更接近于终端用户时，帮助供应商了解顾客可能是有益的，它有助于供应商更有效地为企业提供服务。

3）分担供应商的风险。例如，企业可以与供应商密切协作以改进原料制造工艺和质量，这样做有可能降低供应商的成本。在特殊情况下，企业甚至应向供应商投资以促进其对新技术的采用和生产能力的扩大。在必要的情况下，企业也可以与供应商联合或组成合资企业，并通过共同研究和开发来进入新的市场。

虽然上述三种方案对于帮助我们认识不同的供应商是有益的，但在实际情况下，可能并没有哪一家供应商的行为完全与其中某一种模式相吻合，但无论对于哪种类型的供应商，营销管理人员都应该培养一种对供应商进行理智性分析的能力。应该指出：尽管目前营销人员在顾客和市场研究方面已变得相当成熟，同时关于竞争者和竞争态势的分析也已逐步流行，但对供应商的分析仍处于起步阶段。在对供应商进行分析时，主要应该了解以下信息。

1）备选供应品的来源、组合、适用性以及确定可接受替代品供应商的可能性。

2）了解企业所购物品在供应商收入中所占的百分比，它是企业对供应商重要性的一种度量。

3）供应商与企业目前所在行业前向一体化的兴趣、能力和成为竞争对手的可能性。

4）供应商与竞争对手协议的项目及条件。

只有在全面了解和深入分析供应商的基础上，企业才能做出适当的购买决策。

三、营销中介单位

大多数情况下,企业的产品要经过营销中介单位(营销中介)才到达目标顾客。营销中介,是指协助汽车企业从事市场营销的组织或个人,包括有关中间商、实体分销公司、营销服务机构(广告、咨询、调研、经纪商、代理商等)和财务中间机构(如银行、财务公司、保险等)。营销中介对企业市场营销的影响很大,关系到企业的市场覆盖面、营销效率、经营风险、资金融通等。例如,生产集中与消费分散的矛盾,就必须通过中间商的分销来解决;资金周转不灵,则须求助于银行或信托机构等。正因为有了营销中介所提供的服务,才使得企业的产品能够顺利地到达目标顾客手中。随着市场经济的发展,社会分工越来越细,这些中介机构的影响和作用也会越来越大。因此,企业在市场营销过程中,必须重视中介机构对企业市场营销活动的影响,并要处理好同它们的合作关系。

1. 中间商

中间商在企业的营销活动中起着十分重要的作用,它帮助企业寻找顾客或直接与顾客进行交易。中间商可分为两类:代理中间商和买卖中间商。代理中间商有代理商、经纪人和生产商代表。他们专门介绍顾客或与顾客磋商交易合同,但并不拥有商品所有权。买卖中间商又称经销中间商,主要有批发商、零售商和其他再售商。他们购买商品,拥有商品所有权,再售出商品。中间商对企业产品从生产领域流向消费领域具有极其重要的影响。中间商由于与目标顾客直接打交道,因而它的销售效率和服务质量会直接影响企业的产品销售。因此,必须选择合适的中间商。在与中间商建立合作关系后,要随时了解和掌握其经营活动,并采取一些激励性合作措施,推动其业务活动的开展,而一旦中间商不能履行其职责或市场环境发生变化,企业应及时解除与中间商的合作关系。

2. 实体分配公司

实体分配公司主要是指仓储公司,它是协助生产企业储存货物并把货物从产地运送到目的地的专业企业。仓储公司提供的服务可以针对生产出来的产品,也可以针对原材料及零部件。一般情况下,企业只有在建立自己的销售渠道时,才会依靠仓储公司。在委托中间商销售产品的场合,仓储服务往往由中间商去承担,仓储公司储存并保管要运送到下一站的货物。运输公司包括铁路、道路、航空、货轮等货运公司,生产企业主要通过权衡成本、速度和安全等因素,来选择成本效益最佳的货运方式。因此,仓储公司的作用在于帮助企业创造时空效益。

3. 营销服务机构

营销服务机构主要有营销调研公司、广告公司、传播媒介公司和营销咨询公司等,范围比较广泛,他们帮助生产企业推出和促销其产品到恰当的市场。在现代,大多数企业都要借助这些服务机构来开展营销活动,如请广告公司制作产品广告,依靠传播媒介传播信息等。企业选择这些服务机构时,须对他们所提供的服务、质量、创造力等方面进行评估,并定期考核其业绩,及时替换那些不具有预期服务水平和效果的机构,这样才能提高经济效益。

4．财务中间机构

财务中间机构包括银行、信用公司、保险公司和其他协助融资或保障货物的购买与销售风险的公司。在现代经济生活中，企业与金融机构有着不可分割的联系，如企业间的财务往来要通过银行账户进行结算；企业财产和货物要通过保险公司进行保险等。而银行的贷款利率上升或是保险公司的保险费用上升，都会使企业的营销活动受到影响；信贷来源受到限制会使企业处于困境。诸如此类的情况都将直接影响企业的日常运转。因此，企业必须与财务中间机构建立密切的关系，以保证企业资金需要的渠道畅通。

四、顾客

顾客是企业产品或劳务的购买者，是企业服务的对象。顾客可以是个人、家庭，也可以是组织机构（包括其他企业和转售商）和政府部门。他们可能与企业同在一个国家，也可能在其他国家和地区。

对于一个企业来说，最令其不安的莫过于顾客采取了企业所不期望的行为，如顾客突然开始购买竞争者的产品，要求企业提供更好的服务或更低的价格等。那么，在上述情况下，企业应做出怎样的反应以避免失去顾客的风险呢？答案自然是做一个妥善的计划以赢回失去的顾客和满足他们的要求。

顾客分析的目的在于了解顾客为什么选择企业的产品或服务？是因为价格低、质量高、快速送货、可靠的服务、有趣的广告，还是因为推销人员有能力？如果企业不能准确地知道哪些因素能吸引顾客以及他们的选择将来可能如何变化，那么最终将失去市场上的优势地位。有效的顾客分析应包括下列几个步骤。

第一，要收集有关顾客的全面信息，并仔细地加以研究。

1）企业的顾客是个人、家庭还是组织。
2）购买本企业产品的目的。
3）选择本企业产品的原因。
4）产品对顾客的最终适用性（如技术上的要求是否适合顾客的产品或工艺）。
5）要求特性（服务、质量和功能）。
6）顾客的统计学特点。
7）顾客的购买方法。
8）地理位置。

第二，明确企业需要在哪些方面增进对顾客的了解。一旦初步选定了所要服务的顾客群体，下一步就是仔细考察企业在对顾客的认识上仍存在哪些空白，它们往往成为随后数据收集和分析的焦点。包括：

1）产品满足了顾客的哪些需求。
2）顾客还有哪些需求未得到满足。
3）顾客对企业产品和技术的熟悉程度如何。
4）谁是购买决定者和参与者。
5）顾客的购买标准是什么。

6）顾客群体的范围和增长程度。

第三，决定由谁和如何来分析所收集的信息。在这一过程中，至关重要的是将有关信息在企业各部门内广泛交流，同时要求市场、销售和研究开发部门的管理人员明确顾客分析的特殊意义，以及他们各自应采取哪些新的行动。企业高层管理人员应该判断企业的计划是否真正符合顾客的需要。总之，顾客分析的目的在于帮助企业做一些实际的决策，而不是将一大堆数据和报告束之高阁。

五、竞争者

任何企业的市场营销活动都要受到其竞争者的挑战，这是市场营销的又一重要微观环境。

迈克尔·波特是哈佛商学院著名教授，是当今世界上极有影响的管理学家之一。迈克尔·波特获得的崇高地位缘于他于1980年在其著作《竞争战略》中所提出的"五种竞争力量"和"三种竞争战略"这一理论观点。波特的竞争五力模型，真正将竞争战略理论提升到了一个新的高度，如图3-2所示。

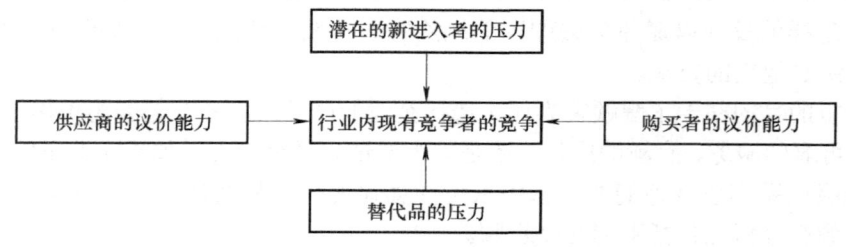

图3-2　波特的竞争五力模型

决定企业获利能力的首要因素是"产业吸引力"。企业在拟定竞争战略时，必须深入了解决定产业吸引力的竞争法则。波特认为，一个产业内部的竞争状态取决于五种基本竞争力的相互作用，即潜在的新进入者的压力、替代品的压力、购买者的议价能力、供应商的议价能力和行业内现有竞争者的竞争。

1. 供应商的议价能力

供应商主要通过提高投入要素价格与降低单位价值质量的能力，来影响行业中现有企业的盈利能力与产品竞争力。供应商力量的强弱主要取决于他们提供给买主的是什么投入要素，当供应商所提供的投入要素价值占买主产品总成本的较大比例、对买主产品生产过程非常重要或者严重影响买主产品的质量时，供应商对于买主的潜在讨价还价能力就大大增强。

一般来说，满足以下条件的供应商会具有比较强的议价能力。

1）供应商行业为一些具有比较稳固市场地位而不受市场激烈竞争困扰的企业所控制，其产品的买主很多，以致每一单个买主都不可能成为供应商的重要顾客。

2）供应商的产品各具有一定特色，以致买主难以转换或转换成本太高，或者很难找到可与供应商产品相竞争的替代品。

3）供应商能够方便地实行前向联合或一体化，而买主难以进行后向联合或一体化。

2. 购买者的议价能力

购买者主要通过压价与要求提供较高的产品或服务质量的能力，来影响行业中现有企业的盈利能力。一般来说，满足以下条件的购买者可能具有较强的议价力量。

1）购买者的总数较少，而每个购买者的购买量较大，占了卖方销售量的很大比例。
2）卖方行业由大量相对规模较小的企业所组成。
3）购买者所购买的基本上是一种标准化产品，同时向多个卖主购买产品在经济上也完全可行。
4）购买者有能力实现后向一体化，而卖主不可能前向一体化。

3. 潜在的新进入者的压力

潜在的新进入者在给行业带来新生产能力、新资源的同时，希望在已被现有企业瓜分完毕的市场中获得一席之地，这就有可能会与现有企业发生原材料与市场份额的竞争，最终导致行业中现有企业盈利水平降低，严重的话还有可能危及这些企业的生存。威胁的严重程度取决于两方面的因素，即进入新领域的障碍大小，以及预期现有企业对于进入者的反应情况。

进入障碍主要包括规模经济、产品差异、资本需要、转换成本、销售渠道开拓、政府行为与政策（如国家综合平衡统一建设的石化企业）、不受规模支配的成本劣势（如商业秘密、产供销关系、学习与经验曲线效应等）、自然资源（如冶金业对矿产的拥有）、地理环境（如造船厂只能建在海滨城市）等方面，这其中有些障碍是很难借助复制或仿造的方式来突破的。预期现有企业对进入者的反应情况，主要是采取报复行动的可能性大小，这取决于有关厂商的财力情况、报复记录、固定资产规模、行业增长速度等。总之，新企业进入一个行业的可能性大小，取决于进入者主观估计进入所能带来的潜在利益、所需花费的代价与所要承担的风险这三者的情况。

4. 替代品的压力

两个处于不同行业的企业，可能会由于所生产的产品互为替代品，而在彼此之间产生相互竞争行为。这种源自于替代品的竞争会以各种形式影响行业中现有企业的竞争战略。首先，现有企业产品售价以及获利潜力的提高，将由于存在着能被顾客方便接受的替代品而受到限制；第二，由于替代品生产者的进入，使得现有企业必须提高产品质量，或者通过降低成本来降低售价，或者使其产品具有特色，否则其销量与利润增长的目标就有可能受挫；第三，源自替代品生产者的竞争强度，受产品买主转换成本高低的影响。总之，替代品价格越低、质量越好，顾客转换成本越低，其所能产生的竞争压力就越强；而这种来自替代品生产者的竞争压力，可以具体通过考察替代品销售增长率、替代品厂家生产能力与盈利扩张情况来加以描述。

5. 行业内现有竞争者的竞争

大部分行业中的企业，相互之间的利益都是紧密联系在一起的，作为企业整体战略一部分的各企业竞争战略，其目标都在于使自己的企业获得相对于竞争对手的优势，所以在实施中就必然会产生冲突与对抗现象，这些冲突与对抗就构成了现有企业之间的竞争。现有企业之间的竞争常常表现在价格、广告、产品介绍、售后服务等方面，其竞争强度与许多因素有关。

一般来说，出现下述情况将意味着行业中现有企业之间竞争的加剧：行业进入障碍较低，势均力敌竞争对手较多，竞争参与者范围广泛；市场趋于成熟，产品需求增长缓慢；竞争者企图采用降价等手段促销；竞争者提供几乎相同的产品或服务，用户转换成本很低；一个战略行动如果取得成功，其收入相当可观；行业外部实力强大的公司在接收了行业中实力薄弱的企业后，发起进攻性行动，结果使得刚被接收的企业成为市场的主要竞争者；退出障碍较高，即退出竞争要比继续参与竞争的代价更高。在这里，退出障碍主要受经济、战略、感情以及社会政治关系等方面的影响，具体包括资产的专用性、退出的固定费用、战略上的相互牵制、情绪上的难以接受、政府和社会的各种限制等。

行业中的每一个企业或多或少都必须应对以上各种力量构成的威胁，而且必须面对行业中每一个竞争者的举动。除非认为正面交锋有必要而且有益处，如要求得到很大的市场份额，否则企业可以通过设置进入壁垒，包括差异化和转换成本来保护自己。当一个企业确定了其优势和劣势时（参见后述的SWOT分析），就必须进行定位，以便因势利导，而不是被预料到的环境因素变化所损害，如产品生命周期、行业增长速度等，然后保护自己并做好准备，以便有效地对其他企业的举动做出反应。

根据上面对于五种竞争力量的讨论，企业可以采取尽可能地将自身的经营与竞争力量隔绝开来、努力从自身利益需要出发影响行业竞争规则、先占领有利的市场地位再发起进攻性竞争行动等手段来应对这五种竞争力量，以增强自己的市场地位与竞争实力。

六、公众

公众是指对企业的营销活动有实际和潜在利害关系影响力的团体和个人，包括媒介公众、金融公众、政府公众、公民行动公众和地方公众。公众对企业市场营销的活动规范、产品的信念有实质性影响。这就要求企业采取有效措施与公众保持良好的关系，树立企业形象。

1．媒介公众

媒介公众是指那些联系企业和外界的大众媒介，包括报纸、杂志、电视台、电台等，它们对消费者具有导向作用。

2．金融公众

金融公众是指那些关心和影响企业取得资金能力的集团，包括银行、投资公司、证券公司、保险公司等。它们影响一个公司获得资金的能力。

3．政府公众

政府公众是指负责企业的业务、经营活动的政府机构和企业的主管部门，如主管有关经济立法及经济政策、产品设计、定价、广告及销售方法的机构。政府公众决定有关政策的动态。

4．公民行动公众

公民行动公众是指有权指责企业经营活动破坏环境质量、企业生产的产品损害消费者利益、企业经营的产品不符合民族需求特点的团体和组织，包括消费者协会和保护环境团体等。

5. 地方公众

地方公众主要指企业周围居民和团体组织，他们对企业的态度会影响企业的营销活动。公众对企业的生存和发展有巨大的影响，公众可能有增强企业实现其目标的能力，也可能会产生妨碍企业实现其目标的能力。所以，企业必须采取积极适当的措施，主动处理好同公众的关系，树立企业的良好形象，促进市场营销活动的顺利开展。

第三节 汽车市场营销的宏观环境

宏观环境是指能够影响整个微观环境和企业营销活动的广泛性因素——人口环境、自然环境、使用环境、经济环境、科技环境、政策法律环境以及社会文化环境。宏观环境因素对企业的营销活动具有强制性、不确定性和不可控制性等特点。一般来说，企业对宏观环境因素只能适应，不能改变。企业只能自我调整并尽量适应它。

一、人口环境

人口环境是指一个国家和地区的人口数量、人口质量、家庭结构、人口年龄分布及地域分布等因素的现状及其变化趋势。

人口是构成市场的第一因素，因为市场是由那些想购买商品同时又具有购买力的人构成的。人口的多少直接决定市场的潜在容量，人口越多，市场规模就越大。此外，人口环境也对产品的品种结构、档次以及用户购买行为等市场特征具有决定性影响。

人口数量的增长并不意味着消费需求的增长，并不表示市场容量的扩大，除非这些人口具有充足的购买力和购买欲望。

同时，不同国家和地区的人口组成也各不相同。一般按年龄将人口分成六个群体：学龄前儿童（7岁前）、学龄儿童（7~12岁）、少年（13~19岁）、青年（20~39岁）、中年（40~60岁）、老年（60岁以上）。墨西哥是一个年轻人占很大比例的国家，而日本则是世界上老龄人口比例最大的国家。在老龄化的社会，方便、安全、舒适的汽车更容易赢得市场，而在年轻化的国家，高速、时尚、个性化的汽车更容易受到青睐。

根据国家统计局关于我国内地城市家庭财产人口分布统计，汽车企业可以根据自身产品特点和价格定位，找到最具有消费潜力的我国家庭分布人群。

我国内地城市家庭财产的人口分布特点如下：

户主年龄在35~40岁的家庭财产最多，户均财产为28.20万元。户主年龄在40~45岁的家庭，户均财产为25.87万元；户主年龄在45~50岁的家庭，户均财产为26.83万元；户主年龄在50~55岁的家庭，其户均财产为19.37万元；户主年龄在55~60岁的家庭，户均财产为22.94万元；户主年龄在60~70岁的家庭，其户均财产为16.23万元；户主年龄在70岁以上的家庭，户均财产最少，为15.65万元。

户主文化程度越高、受教育年限越长，家庭财产就越多。户主文化程度为硕士及以上的家庭其家庭财产最多，户均财产为49.94万元；户主文化程度为大学本科的家庭，户均财产为37.29万元；户主文化程度为中专的家庭，户均财产为21.21万元；户主文化程度为高中

的家庭，户均财产为 18.71 万元；户主文化程度为初中的家庭，户均财产为 15.28 万元；户主文化程度为小学的家庭，户均财产为 14.39 万元。

另外，由于人种和性别的差异，不同民族、不同性别的人会在身高、臂长等人体结构上有各种各样的差别。在设计汽车时，如何更好地从人机工程学的角度出发，在近似成本的情况下，真正做到顾客满意的最大化和最优化，是每个营销管理者不能忽视的。例如，亚洲人和欧洲人的身材特点就有很大的区别，可能适合东方人的汽车对德国人来说车内空间就显得太狭小；男性和女性对车的基本要求也不同。

国内中级轿车市场凸显女性用车市场的空缺，不少颇具实力的中青年成功女性抱怨，找不到适合她们的专用座驾。她们认为现在市面上的中档车基本都定位于男性，女性车基本上都是入门级微型车和经济型车，不适合有一定社会地位的人。

汽车市场营销人员在分析研究人口环境时，应当注重区别人口环境对国际、国内两个汽车市场的不同影响。如对西方发达国家而言，由于汽车，尤其是轿车已经作为耐用消费品广泛地进入家庭，因此营销者应更加重视研究目标市场的人口环境特点，以便展开正确的营销活动。对国内汽车市场而言，由于汽车尚未广泛进入家庭，因此营销者在进行家用轿车市场的人口环境分析时，应着重分析高收入阶层的人口数量、职业特点、地理分布等因素的现状及其发展变化。同时，营销者还必须注意到我国人口众多，生活水平日益提高，汽车特别是轿车作为耐用消费品广泛进入中国家庭已经起步，人们对交通的需求量迅速增加。因而，汽车企业应加强对我国人口环境因素具体特点的研究，充分做好各项营销准备，以抓住不断增加的营销机会。

二、自然环境

自然环境是指影响社会生产的自然因素，主要包括自然资源和地理环境。

1. 自然资源

自然资源是指人类可以从自然界得到的各种形式的物质财富，如矿产资源、森林资源、土地资源和水力资源等。自然资源是进行商品生产和实现经济繁荣的基础，与人类社会的经济活动有密切的关系。自然资源的分布具有偶然性，企业在营销过程中，必须了解当地具体的状况。自然资源对汽车企业市场营销的影响主要有两点：自然资源的减少和生态环境的恶化。

1) 自然资源的减少对汽车企业的市场营销活动构成一个长期的约束条件。自然资源短缺是不可回避的事实，它将使企业生产成本大幅度上升。由于汽车生产和使用需要消耗大量的自然资源，汽车工业越发达，汽车普及程度越高，汽车生产消耗的自然资源也就越多，而自然资源总的变化趋势是日益短缺。因此，企业必须积极从事研究开发，尽力寻求新的资源替代品。

2) 生态环境的恶化对汽车的性能提出了更高的要求。环境污染一方面限制了汽车行业的发展，另一方面也为汽车企业创造了两种营销机会：一是为治理污染的技术和设备提供了一个大市场；二是为不破坏生态环境的新技术创造了营销机会。因此，生态环境的恶化既给企业带来了危机，也提供了新产品开发的机会。

2. 地理环境

地理环境是指一个国家或地区的地形地貌和气候，对市场营销有一系列影响。气候（温度、湿度等）与地形地貌（山地、丘陵等）会影响产品和设备的性能和使用。例如，气候对汽车使用时的冷却、润滑、起动、充气效率、制动等性能以及对汽车机件的正常工作和使用寿命都会产生直接影响。因而汽车企业在市场营销的过程中，应向目标市场推出适合当地气候特点的汽车，并做好相应的技术服务，以使顾客科学地使用本企业的产品和及时解除顾客的使用困难。企业要避免由自然地理环境带来的威胁，最大限度利用环境变化可能带来的市场营销机会，就应不断地分析和认识自然地理环境变化的趋势，根据不同的环境情况来设计、生产和销售产品。

汽车企业要想适应自然环境的变化，应该依靠科技进步，发展新材料，提高资源的综合利用率，节约自然资源；积极主动地开发汽车新产品，加强对汽车节能、改进排放等新技术的研究与应用。

三、使用环境

汽车使用环境是指影响汽车使用过程中的各种客观因素。主要包括车用燃料、道路交通等。

1. 车用燃料

车用燃料包括汽油和柴油等。它对汽车企业营销活动的影响有以下几方面。

1）车用燃料受世界石油资源不断减少的影响，对传统燃油汽车的发展产生制约作用。例如，20世纪两次石油危机期间，全球汽车产销量大幅度下降。

2）车用燃油中，汽油和柴油的供给比例影响汽车工业的产品结构，进而影响到具体汽车企业的产品结构。例如，柴油短缺对发展柴油汽车就具有明显的制约作用。

3）燃料品质的高低对汽车企业的产品决策具有重要影响。比如，随着燃料品质的不断提高，汽车产品的燃烧性能也应不断提高。

车用燃料是汽车使用环境的重要因素，汽车企业应善于洞察这一因素的变化，并及时采取相应的营销策略。例如，日本各汽车企业在20世纪70年代就成功地把握住了世界石油供给的变化趋势，大力开发小型、轻型、经济型汽车，在两次石油危机中赢得了营销主动，为日本一跃成为世界汽车工业强国奠定了基础。而欧美等国的汽车企业因没有把握好这一因素的变化，以致形成日后竞争被动的局面。

2. 道路交通

道路交通是指一个国家或地区公路运输的作用，各等级公路的里程及比例，道路质量，道路交通量及紧张程度，道路网布局，主要附属设施（如停车场、维修网、加油站）及道路沿线附属设施等因素的现状及其变化。

道路交通对汽车营销的影响有两方面。

1）良好的道路交通条件有利于提高汽车运输在交通运输体系中的地位。道路交通条件好，有利于提高汽车运输的工作效率，提高汽车使用的经济性等，从而有利于汽车的普及；

反之，道路交通条件差，则会减少汽车的使用。

2）汽车的普及程度提高也有利于改善道路交通条件，从而为企业的市场营销创造更为宽松的道路交通使用环境。

经过多年的建设，我国道路交通条件已极大改善，道路里程大幅度增加，道路等级大幅度提高，路面状况大大改善，道路网密度日趋合理。2020年，我国将建成"国家公路主干线快速系统"。该系统总规模35000km，全部由高速公路、一级公路、二级汽车专用公路组成。这一系统以"五纵七横"12条路线连接首都、各省省会、直辖市、中心城市、主要交通枢纽和重要口岸，通过全国200多个城市，覆盖全国近一半的人口，可实现400～500km范围内汽车当日往返，800～1000km范围内可当日到达。因而，我国汽车企业面临更好的汽车使用环境。

3．城市道路交通

城市道路交通是汽车尤其是轿车使用环境的又一重要因素，它包括城市的道路面积占城市总面积的比例、城市交通体系及结构、道路质量、道路交通流量、立体交通、车均道路密度以及车辆使用附属设施等因素的现状及其变化。这一使用环境对汽车市场营销的影响，与前述道路交通基本一致。但由于我国城市的布局刚性较大，城市布局形态一经形成，改造和调整的困难就很大，加上人们对交通工具选择的变化，引发了对汽车需求的增加，城市道路交通的发展面临巨大的压力。因而该使用环境对汽车市场营销的约束作用就更为明显。有关方面现正着手考虑通过建立现代化的城市交通管理系统、增加快速反应能力和强化全民交通意识等手段，提高城市交通管理水平。同时，国家和各城市也将更加重视对城市交通基础设施的建设，改善城市道路交通的硬件条件。随着我国城市道路交通软、硬件条件的改善，城市道路交通对我国汽车市场营销的约束作用将得以缓解。

四、科技环境

科技环境是指一个国家和地区整体科技水平的现状及其变化。科学与技术的发展对一个国家的经济发展具有非常重要的作用。

科技环境对市场营销的影响如下：

1）科技进步促进综合实力的增强，国民购买能力的提高给企业带来更多的营销机会。

2）科学技术在汽车生产中的应用，改善了产品的性能，降低了产品的成本，提高了汽车产品的市场竞争能力。现今，世界各大汽车公司为了满足日益明显的差异化需求，汽车生产的柔性多品种乃至大批量定制现象日益明显，这都是现代组装自动化、柔性加工、计算机网络技术发展和应用的结果。再从汽车产品看，汽车在科技进步作用的推动下，已经经历了原始、初级和完善提高等几个发展阶段，汽车产品在性能、质量和外观设计等方面获得了长足的进步。

3）科技进步促进了汽车企业市场营销手段的现代化，推动了市场营销手段和营销方式的变革，极大地提高了汽车企业的市场营销能力。企业市场营销信息系统、营销环境监测系统及预警系统等手段的应用，提高了汽车企业把握市场变化的能力；现代设计技术、测试技术及试验技术，加快了汽车新产品开发的步伐；现代通信技术、办公自动化技术及电子商务，提高了企业市场营销的工作效率和效果。

例如，轿车虚拟开发技术；作为现代汽车工业开发技术的创新工程。在轿车的整个开发过程中，全面采用计算机辅助技术，将轿车开发的造型、设计、计算、试验直至制模、冲压、焊装、总装等各个环节中的计算机模拟技术联为一体。采用虚拟开发技术，将一代样车在计算机中成型，可以省去许多费时耗工的实体样车制造和试验过程，及早发现解决样车性能和生产工艺过程中的问题。虚拟开发技术是对传统开发技术的重大革命，它在降低开发成本、缩短开发周期、提高开发质量方面具有极大的优势和潜力，是汽车工业竞争取胜的关键技术。

五、经济环境

经济环境是指能够影响消费者购买力和消费方式的经济因素。市场不仅需要人口，还需要购买力。经济环境包括消费者现实居民收入、商品价格、居民储蓄及消费者的支出模式等。

1. 消费者实际收入状况

消费者收入是产生市场和影响市场大小的主要因素。消费者收入低，直接导致购买力低下。消费者收入包括工资、奖金、退休金、红利、租金、赠予性收入等，但由于受通货膨胀、风险储备、个人税负等因素的影响，实际收入经常低于货币收入。实际收入是货币收入扣除通货膨胀、风险储备、税收因素影响后的收入。可能成为市场购买力的消费者收入还有个人可支配收入与可任意支配收入。因此，企业市场营销人员必须注意经常分析消费者收入的变动状况以及消费者对其收入的分配情况。一般情况下，可任意支配收入主要用于对奢侈品的需求。

（1）人均国民生产总值

研究消费者收入，常用的指标之一是人均国民生产总值，即人均 GDP。它是指一个国家或地区的常住人口在一定时期内，按人口平均所生产的全部货物和服务的价值超出同期投入的全部非固定资产货物和服务价值的差额。一个地区的人均 GDP，从总体上影响着该地区的消费结构和消费水平。2019 年，我国人均 GDP 达到 10261 美元，总体上已经进入小康居民消费阶段，住房和汽车等大额家庭消费开始进入普及阶段。

（2）个人收入

个人收入是指城乡居民从各种来源所得的收入。一般而言，个人收入是以工资、红利、租金形式以及从其他来源所获得的总收入。个人收入决定了消费者个人和家庭购买力的总量。在个人收入这个指标上，我国城乡居民的差距不断扩大，城乡消费者的购买力也显现出高低不等的态势。

（3）个人可支配收入

个人可支配收入是指扣除由消费者个人直接缴纳的各种税款（所得税等）和其他非商业性开支（学费、罚款等）后，用于个人消费和储蓄的那部分个人收入，这是影响消费者购买力和消费者支出的决定性因素。在许多国家，少部分人的收入大大高于全国平均数，而大部分人则低于这个平均数。在这些国家中，人均收入会引起一定的误解。在这种情况下，营销人员就必须做具体分析，而不能过分依赖人均收入这个指标。我国的个人可支配收入，城乡差距就非常明显。2016 年，我国收入最高的前 20%居民的人均可支配收入为 59259.5 元，远远领先于其他 80%的人口；第二梯队中上收入群体，2016 年的人均可支配收入仅仅略高于

高收入群体的一半；同年，收入最低20%的人口的人均可支配收入不到高收入人口的1/10，贫富悬殊依然很大。这为高档汽车市场提供了很好的市场空间。

（4）可任意支配收入

可任意支配收入是指在个人可支配收入中去除维持生活必需的支出（食物、衣服等）和固定支出（房租、保险费、分期付款、抵押借款等）后的那部分剩余的收入。这部分收入才是消费者真正可任意支配的。这部分收入的高低直接影响消费者的生活质量和储蓄的多少。消费者用来购买车辆的货币就是这一部分收入。

2. 消费者储蓄与信贷状况

在消费者实际收入既定的前提下，其购买力的大小还受储蓄与信贷的直接影响。从动态的观点来看，消费者储蓄是一种潜在的购买力。在现代市场经济中，消费者的储蓄形式有银行存款、债券、股票、不动产等，它往往被视为现代家庭的"流动资产"，因为它们大都可以随时转化为现实的购买力。在正常状况下，居民储蓄同国民收入成正比，但在超过一定限度的通货膨胀的情况下，消费者储蓄向实际购买力的转变就极易成为现实。消费者信贷是指消费者以个人信用为保证先取得商品的使用权，然后分期归还贷款的商品购买行为。它广泛存在于西方发达国家，是影响消费者购买力和消费支出的另一个重要因素。在西方国家，消费者信贷主要有四种形式：①短期赊销；②购买住宅，分期付款；③购买昂贵的消费品，分期付款；④信用卡信贷。因此，研究消费者的信贷状况与了解消费者储蓄状况一样，都是现代企业市场营销的重要环节。

3. 消费者支出模式的变化

消费者支出模式是指消费者收入变动与需求结构变动之间的关系。用于考察消费支出和消费收入之间关系最著名的定律就是恩格尔定律。恩格尔定律的表述如下：①随着家庭收入增加，用于购买食品的支出占家庭收入的比重就会下降；②随着家庭收入增加，用于住宅建筑和家务经营的支出占家庭收入的比重大体不变；③随着家庭收入的增加，用于其他方面的支出和储蓄占家庭收入的比重就会上升。

消费者支出模式还受以下两个因素的影响：①家庭生命周期的阶段；②消费者家庭所在地点。显然，同样的年轻人，没有孩子的家庭与普通家庭的消费方式差异较大。家庭所处的位置也会构成家庭支出结构的差异，居住在农村与居住在城市的家庭，其各自用于住宅、交通及食品等方面的支出情况也必然不同。从经济学的角度来看，居民收入、生活费用、利率、储蓄和借贷形式都是经济发展中的主要变量，它们直接影响着市场运行的具体情况。因此，注意研究消费者支出模式的变动走势，对于企业市场营销来说，具有重大意义，它不仅有助于企业未来时期内避免经营上的被动，而且便于企业制订适当的发展战略。

当一个国家人均GDP由800美元向3000美元过渡时，这个国家的经济发展将步入一个高速增长阶段，外在表现为汽车、房地产及服务业等行业的快速持续增长。我国的一些城市，这个指标早已被突破。2020年上海、深圳的人均GDP已接近或超过15万元人民币（23000多美元）。有关方面的调查资料显示，当前我国城市家庭年收入在10万元人民币以上的已经一半拥有汽车，而年收入在5万元人民币以下的家庭拥有汽车的不足50%，汽车的主要消费对象是收入在5万元以上的家庭，而这样收入水平的家庭占城市总家庭的6.1%。值得注意的是，这一比例目前仍在不断地增大。

随着我国城市居民收入的快速增长，居民消费能力也随之不断升级，从十几年前的"拾元级""百元级""千元级"到近几年的"万元级""十万元级"，消费品的档次越来越高，消费周期越来越短，折旧越来越快。

企业市场营销的重要任务之一，就是要把握市场的动态变化。市场是由购买力、人口两种因素共同构成的。因而了解购买力的分布、发展和投向，是企业宏观营销环境的重要内容。

六、政治法律环境

营销学中的政治与法律环境，又叫政治环境，是指能够影响企业市场营销的相关政策、法律以及制定它们的权力组织。市场经济并不是完全自由竞争的市场，从一定意义上说，市场经济本质上属于法律经济。因而在企业的宏观管理上主要靠经济手段和法律手段。政治与法律环境正越来越多地影响着企业的市场营销。

1. 政治环境

政治环境是指企业营销所处的国家或地区的政治稳定状况。汽车经销商必须关注一个国家的政治局势、社会矛盾及与邻国的关系等现状及其变化。国家政局稳定，经济发展，人民才能安居乐业，才能使企业置于良好的营销环境之中。相反，政局不稳，社会矛盾尖锐，秩序混乱，就难免会出现内战、暴乱、罢工、政权更替等政治事件，这些都会影响经济发展和人民的购买力，而且对消费心理产生极大的负面影响。中东地区的一些国家，虽然有较大的市场潜力，但由于政局不稳定，国内经常发生宗教冲突、派系冲突，恐怖活动猖獗，国家间战事频繁，这样的市场风险太大。

2. 方针政策

各个国家在不同时期，根据不同需要颁布一些经济政策，制定经济发展方针。这些方针、政策不仅影响本国企业的营销活动，而且影响外国企业在本国市场的营销活动。汽车营销商的营销活动应符合政策规定，并注意其倾向性、稳定性和连续性。人口政策、能源政策、物价政策、财政政策、金融与货币政策等，都给企业研究经济环境、调整自身的营销目标和产品构成提供了依据。目前，世界资源日趋紧张，石油价格时高时低，各个国家都在出台相关政策鼓励开发石油替代能源。这些都会作为政策环境的重要因素影响企业的经营决策。

3. 法律环境

法律是体现统治阶级意志，由国家制定或认可，并以国家强制力保证实施的行为规范的总和。各个国家对企业营销活动的管理和控制主要是通过法律手段。商务立法的目的有三个：一是保护各企业的利益，相互间不容侵犯，支持公平竞争，反对垄断；二是保护消费者权益，对于制造伪劣产品、进行虚假广告宣传等损害消费者利益的企业，必须予以严厉制裁和处罚；三是保护社会公众和消费者的整体利益和长远利益，防止对环境的污染和破坏。

无论法律的具体类型如何，都会对企业的市场营销活动构成某种约束。一般来说，早期的法律重心多为保护竞争，而现代法律的重点则已经转移到了保护消费者。对企业来说，法律是评判企业营销活动的准则，只有依法进行的各种营销活动，才能受到国家法律的有效保

护。把握这一点对于企业开展市场营销业务尤为重要。因此,企业的市场营销人员必须掌握关于环境保护、消费者利益和社会利益方面的法律。

中国在加入 WTO 以后,在承担相应开放市场义务的同时,对国内某些幼稚产业和战略性产业在一定时期内必将实行适当保护。在立法方面,反倾销法、反补贴法、进口保障法、维护公平竞争法、反垄断法等都将逐步出台。

七、社会文化环境

社会文化环境是指一个国家、地区或民族的传统文化(如风俗习惯、伦理道德观念、价值取向等)。它包括核心文化和亚文化。核心文化是人们持久不变的核心信仰和价值观,它具有世代相传、由社会机构(如学校、教会、社团等组织)予以强化和不易改变等待点。亚文化是指按民族、经济、年龄、职业、性别、地理、受教育程度等因素划分的特定群体所具有的文化现象,它植根于核心文化,但比核心文化容易改变。

社会文化环境对市场营销具有多层次、全方位、渗透性的影响,这些影响牵扯到营销的各个方面,并且在很大程度上是通过间接、潜移默化的方式来进行及表现的。它决定了人们独特的生活方式和行为规范;它深刻地影响着人们的思想观念、需求态度、行为取向和消费习惯。我国现阶段存在城市出租车追求高档化以及私车市场存在攀比消费、跟风消费和炫耀消费等现象,这些势必影响汽车消费的发展。

1. 价值观念

价值观念是指人们对社会生活中各种事物的态度、评价和看法。在不同的文化背景下,人们的价值观念差别是很大的,而消费者对商品的需求和购买行为深受其价值观念的影响。不同的价值观念在很大程度上决定着人们的生活方式,从而也决定着人们的消费行为。

对于不同的价值观念,企业营销人员应采取不同的策略:对于乐于变化、喜欢猎奇、富有冒险精神的较激进的消费者,应重点强调产品的新颖和奇特;而对一些注重传统,喜欢沿袭传统消费习惯的消费者,企业在制订促销策略时应把产品与目标市场的文化传统联系起来。例如,东方人将群体、团结放在首位,所以广告宣传往往突出人们对产品的共性认识;而西方人则注重个体和个人的创造精神,所以其产品包装也显示出醒目或标新立异的特点。

2. 教育水平

教育水平是指消费者受教育的程度。一个国家、一个地区的教育水平与经济发展水平往往是一致的。不同的文化修养表现出不同的审美观,购买商品的选择原则和方式也就不同。一般来讲,教育水平高的地区,消费者对商品的鉴别力强,容易接受广告宣传和新产品,购买的理性程度高。因此,教育水平高低影响着消费者心理、消费结构,影响着企业营销组织策略的选取,以及销售推广方式方法的差别。

例如,在文盲率高的地区,用文字形式做广告,难以收到好效果,而用电视、广播和当场示范表演形式,才容易为人们所接受。又如,在教育水平低的地区,适合推广操作使用、维修保养都较简单的产品;在教育水平高的地区,则需要先进、精密、功能多、品质好的产品。因此,企业在进行产品设计和制订产品策略时,应考虑当地的教育水平,使产品的复杂程度、技术性能与之相适应。另外，企业的分销机构和分销人员受教育的程度也会对企业的市场营销产生一定的影响。

3. 语言文字

不同国家、不同民族往往都有自己独特的语言文字；即使同一国家，也可能有多种不同的语言文字；即使语言文字相同，表达和交流的方式也可能不同。语言文字的不同对企业的营销活动有巨大的影响。企业在开展市场营销时，应尽量了解市场国的文化背景，掌握其语言文字的差异，这样才能使营销活动顺利进行。

例如，德国博世（Robert Bosch）公司20世纪90年代刚进入中国时，其产品名称翻译成中文为"波许"，由于不太符合中国文化特点，产品营销情况并不理想。后改为"博世"，其营销情况大为改善。又如，某些性能先进、国际流行款式、深受外国人喜爱的"溜背式"轿车，在推向中国市场时却遇到了销售不畅的麻烦，其原因就在于中国的集团消费者认为它"不气派"，生意人认为其"有头无尾"（不吉祥），结婚者认为其"断后"（断"香火"），等。总之，这种车型被认为"不符国情"，致使有关企业不得不为改变上述文化观念而花费大量促销费用。以上两例从正反两方面说明了社会文化对企业市场营销的重要影响。

4. 宗教信仰

不同的宗教信仰有不同的文化倾向和禁忌，从而影响人们认识事物的方式、价值观念和行为准则，影响着人们的消费行为，带来特殊的市场需求。因此，汽车企业应充分了解不同地区、不同民族、不同消费者的宗教信仰，提倡适合其要求的产品，制订适合其特点的营销策略，否则就会触犯宗教禁忌，失去市场机会。了解和尊重消费者的宗教信仰，对汽车企业营销活动具有重要意义。

5. 审美观

审美观通常是指人们对事物的好坏、美丑、善恶的评价，不同的国家、民族、宗教、阶层和个人，往往因社会文化背景不同，其审美标准也不尽一致，有的以"胖"为美，有的以"瘦"为美，有的以"高"为美，有的则以"矮"为美，不一而足。不同的审美观对消费的影响是不同的，汽车企业应针对不同的审美观所引起的不同消费需求，开展自己的营销活动，特别是要把握不同文化背景下汽车消费者的审美观念及其变化趋势，制订良好的市场营销策略，以适应市场需求的变化。

6. 风俗习惯

风俗习惯是指人们根据自己的生活内容、生活方式和自然环境，在一定的社会物质生产条件下长期形成并世代相袭而成的一种风尚，以及由于重复、练习而巩固下来并变成需要的行动方式等的总称。它在饮食、服饰、居住、婚丧、信仰、节日、人际关系直至汽车购买等方面，都表现出独特的心理特征、伦理道德、行为方式和生活习惯。不同的国家、不同的民族有着不同的风俗习惯，它对消费者的消费嗜好、消费模式、消费行为等具有重要的影响。汽车企业营销者应了解和注意不同国家、民族的消费习惯和爱好，做到"入境随俗"。

综上所述，微观环境直接影响和制约企业的市场营销活动，而宏观环境主要以微观营销环境为媒介间接影响和制约企业的市场营销活动。因此，前者可称为直接营销环境，后者则

称为间接营销环境。两者之间并非并列关系,而是主从关系,即直接营销环境受制于间接营销环境。

第四节 汽车市场营销环境分析

分析市场营销环境是营销战略计划制订工作的起始环节,是一项重要的基础工作。通过分析市场营销环境,企业可以知道当前和未来环境中,存在哪些营销机会和威胁。充分利用机会,有效应对威胁,才能保证企业的生存和持续发展。

一、SWOT 环境分析法

1. SWOT 分析方法含义

SWOT(Strengths Weakness Opportunity Threats)分析方法是一种企业战略分析方法,又称为态势分析法或优劣势分析法,即根据企业自身的既定内在条件进行分析,找出企业的优势、劣势及核心竞争力之所在。其中,"S"代表 strength(优势),"W"代表 weakness(劣势),"O"代表 opportunity(机会),"T"代表 threat(威胁),"S""W"是内部因素,"O""T"是外部因素。按照企业竞争战略的完整概念,战略应是一个企业"能够做的"(即组织的优势和劣势)和"可能做的"(即环境的机会和威胁)之间的有机组合。

从竞争角度看,对成本措施的抉择分析,不仅来自于对企业内部因素的分析判断,还来自于对竞争态势的分析判断。成本的优势-劣势-机会-威胁(SWOT)分析的核心思想是通过对企业外部环境与内部条件的分析,明确企业可利用的机会和可能面临的风险,并将这些机会和风险与企业的优势和劣势结合起来,形成企业成本控制的不同战略措施。

2. SWOT 分析方法的基本步骤

1)分析环境因素。运用各种调查研究方法,分析出企业所处的各种环境因素,即外部环境因素和内部环境因素。外部环境因素包括机会因素和威胁因素,它们是外部环境对企业的发展有直接影响的有利和不利因素,属于客观因素,一般归属为经济的、政治的、社会的、人口的、产品和服务的、技术的、市场的、竞争的等不同范畴;内部环境因素包括优势因素和劣势因素,它们是企业在其发展中自身存在的积极和消极因素,属主动因素,一般归类为管理的、组织的、经营的、财务的、销售的、人力资源的等不同范畴。在调查分析这些因素时,不仅要考虑到企业的历史与现状,而且更要考虑企业的未来发展。

优势是企业的内部因素,具体包括有利的竞争态势,充足的财政来源,良好的企业形象,技术力量,规模经济,产品质量,市场份额,成本优势,广告攻势等。

劣势也是企业的内部因素,具体包括设备老化,管理混乱,缺少关键技术,研究开发落后,资金短缺,经营不善,产品积压,竞争力差等。

机会是企业的外部因素,具体包括新产品,新市场,新需求,外国市场壁垒解除,竞争对手失误等。

威胁也是企业的外部因素,具体包括新的竞争对手,替代产品增多,市场紧缩,行业政策变化，经济衰退，客户偏好改变，突发事件等。

SWOT 方法的优点在于考虑问题全面，是一种系统思维，而且可以把对问式的"诊断"和"开处方"紧密结合在一起，条理清楚，便于检验。

2）构造 SWOT 矩阵。将调查得出的各种因素根据轻重缓急或影响程度等方式排序，构造 SWOT 矩阵。在此过程中，将那些对企业发展有直接的、重要的、大量的、迫切的、久远的影响的因素优先排列出来，而将那些间接的、次要的、少许的、不急的、短暂的影响因素排列在后面。

3）制订战略计划。在完成环境因素分析和 SWOT 矩阵的构造后，便可以制订出相应的战略计划。制订计划的基本思路是：发挥优势因素，克服弱势因素，利用机会因素，化解威胁因素；考虑过去，立足当前，着眼未来。运用系统分析的综合分析方法，将排列与考虑的各种环境因素相互匹配起来加以组合，得出一系列公司未来发展的可选择对策。

3．SWOT 分析方法类型组合

SWOT 分析有 4 种不同类型的组合：优势–机会（SO）组合、劣势–机会（WO）组合、优势–威胁（ST）组合和劣势–威胁（WT）组合，见表 3-1。

表 3-1　SWOT 分析模型

外部环境	内部环境	
	优势—S（S1，S2，S3…）	劣势—W（W1，W2，W3…）
机会—O （O1，O2，O3…）	SO 部分 发挥优势，利用机会	WO 部分 利用机会，克服劣势
威胁—T （T1，T2，T3…）	ST 部分 利用优势，回避威胁	WT 部分 减少劣势，回避威胁

1）优势–机会（SO）组合。优势–机会（SO）战略为积极进取战略，是一种发展企业内部优势与利用外部机会的战略，是一种理想的战略模式。当企业具有特定方面的优势，而外部环境又为发挥这种优势提供有利机会时，可以采取该战略。例如良好的产品市场前景、供应商规模扩大和竞争对手有财务危机等外部条件，配以企业市场份额提高等内在优势可成为企业收购竞争对手、扩大生产规模的有利条件。

2）劣势–机会（WO）组合。弱点–机会（WO）战略为谨慎进入战略，是利用外部机会来弥补内部劣势，使企业改劣势而获取优势的战略。存在外部机会，但由于企业存在一些内部劣势而妨碍其利用机会，可采取措施先克服这些劣势。例如，若企业劣势是原材料供应不足和生产能力不够，从成本角度看，前者会导致开工不足、生产能力闲置、单位成本上升，而加班加点会导致一些附加费用。在产品市场前景看好的前提下，企业可利用供应商扩大规模、新技术使设备降价、竞争对手财务危机等机会，实现纵向整合战略，重构企业价值链，以保证原材料供应，同时可考虑购置生产线来克服生产能力不足及设备老化等劣势。通过克服这些劣势，企业可进一步利用各种外部机会，降低成本，取得成本优势，最终赢得竞争优势。

3）优势–威胁（ST）组合。优势–威胁（ST）战略为积极防御战略，是指企业利用自身优势，回避或减轻外部威胁所造成的影响。如竞争对手利用新技术大幅度降低成本，给企业带来成本压力；同时原材料供应紧张，其价格可能上涨；消费者要求大幅度提高产品质量；企业要支付高额环保成本等，这些都会导致企业成本状况进一步恶化，使之在竞争中处于非常不利的地位。但若企业拥有充足的现金、熟练的技术工人和较强的产品开发能力，便可利用这些优势开发新工艺，简化生产工艺过程，提高原材料利用率，从而降低材料消耗和生产成本。

4）劣势-威胁（WT）组合。劣势-威胁（WT）战略为谨慎防御战略，是一种旨在减少内部劣势，回避外部环境威胁的防御性战略。当企业存在内忧外患时，往往面临生存危机，降低成本也许会成为改变劣势的主要措施。当企业成本状况恶化，原材料供应不足，生产能力不够，无法实现规模效益，且设备老化，使企业在成本方面难以有大作为时，将迫使企业采取目标聚集战略或差异化战略，以回避成本方面的劣势，并回避成本原因带来的威胁。

4. SWOT 分析常见错误

新手在使用 SWOT 分析法时，很容易犯两个常见的错误，会严重误导分析结果。

1）在整体目标尚未明确和获得共识前，就进行 SWOT 分析。整体的企业计划目标都尚未确认就进行 SWOT 分析会导致分析结果七零八落，最后无法落实，因为最主要的目标可能有 3~5 个，甚至不停改变，如此将造成多头马车的状况。此外，有时整体目标已经提出，但每个人理解的状况仅停留在各自脑海，没有经过分享与确认，也容易造成误解。

2）将 SWOT 分析当作可行的策略。SWOT 分析仅是对现况客观的陈述。也许多数人在"优势""劣势"与"威胁"方面都能做到客观的陈述，但在"机会"这一象限，许多人会将策略写进去，而非现象。可以试着将"机会"想成对"理想情况"的描述，会有助于推出下一步的策略。

二、波士顿矩阵分析法

1. 波士顿矩阵模型介绍

波士顿矩阵（BCG）又称市场增长率-相对市场份额矩阵、波士顿咨询集团法、四象限分析法、产品系列结构管理法等，由美国著名的管理学家、波士顿咨询公司创始人布鲁斯·亨德森于 1970 年首创。

波士顿矩阵将组织的每一个战略事业单位（Strategic Business Units，SBU）标在二维的矩阵图上（图 3-3），从而显示出哪个战略事业单位提供高额的潜在收益，哪个战略事业单位是组织资源的漏斗。布鲁斯认为，"公司若要取得成功，就必须拥有增长率和市场份额各不相同的产品组合。组合的构成取决于现金流量的平衡。"

波士顿矩阵通过市场增长率和市场占有率两个维度对业务单位进行分析。

横坐标为相对市场份额，表示各项业务或产品的市场占有率和该市场最大竞争者的市场占有率之比。比值为"1"就表示企业的此项业务是该市场的领先者。

纵坐标为市场增长率，表明各项业务的年销售增长率。具体坐标值可以根据行业的整体增长而定。

图中圆圈表示企业现有的各项不同的业务或产品，圆圈的大小表示它们销售额的大小，圆圈的位置表示它们的市场增长率和相对市场份额所处的地位。

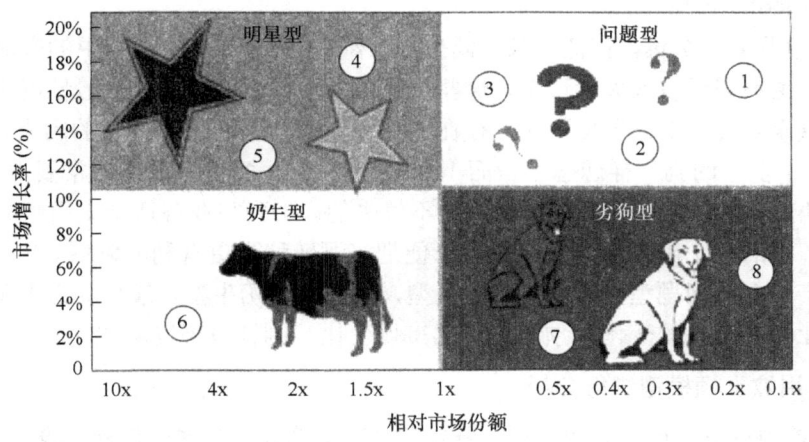

图 3-3 波士顿矩阵模型

通过分析不同业务单位在矩阵中的不同位置,可以将业务单位分解为 4 种业务组合。

1) 问题型业务(Question Marks,指高增长、低市场份额)。处在这个位置中的是一些投机性产品,带有较大的风险。这些产品可能利润率很高,但占有的市场份额很小。这通常是一个公司的新业务,为发展问题业务,公司必须建立工厂,增加设备和人员,以便跟上迅速发展的市场,并超过竞争对手,这些意味着大量的资金投入。"问题"非常贴切地描述了公司对待这类业务的态度,因为这时公司必须慎重回答"是否继续投资,发展该业务?"这个问题。只有那些符合企业发展长远目标、企业具有资源优势、能够增强企业核心竞争力的业务才能得到肯定的回答。得到肯定回答的问题型业务适合采用战略框架中提到的增长战略,目的是扩大市场份额,甚至不惜放弃近期收入来达到这一目标,因为要将问题型业务发展成为明星型业务,其市场份额必须有较大的增长。得到否定回答的问题型业务则适合采用收缩战略。

2) 明星型业务(Stars,指高增长、高市场份额)。这个领域中的产品处于快速增长的市场中并且占有支配地位的市场份额,但也许会也许不会产生正现金流量,这取决于新工厂、设备和产品开发对投资的需要量。明星型业务是由问题型业务继续投资发展起来的,可以视为高速成长市场中的领导者,它将成为公司未来的现金牛业务。但这并不意味着明星业务一定可以给企业带来源源不断的现金流,因为市场还在高速成长,企业必须继续投资,以保持与市场同步增长,并击退竞争对手。企业如果没有明星业务,就失去了希望,但群星闪烁也可能会"闪花"企业高层管理者的眼睛,导致做出错误的决策。这时必须具备识别"行星"和"恒星"的能力,将企业有限的资源投入在能够发展成为现金牛的"恒星"上。同样,明星型业务要发展成为现金牛业务适合采用增长战略。

3) 奶牛型业务(Cash cows,指低增长、高市场份额)。处在这个领域中的产品产生大量的现金,但未来的增长前景是有限的。这是成熟市场中的领导者,它是企业现金的来源。由于市场已经成熟,企业不必大量投资来扩展市场规模,同时作为市场中的领导者,该业务享有规模经济和高边际利润的优势,因而给企业带来大量现金流。企业往往用奶牛型业务来支付账款并支持其他三种需大量现金的业务。奶牛型业务适合采用战略框架中提到的稳定战略，目的是保持市场份额。

4）劣狗型业务（Dogs，指低增长、低市场份额）。这个剩下的领域中的产品既不能产生大量的现金，也不需要投入大量现金，这些产品没有希望改进绩效。一般情况下，这类业务常常是微利甚至是亏损的。劣狗型业务存在的原因更多的是由于感情上的因素，一直微利经营，如同人养了多年的狗一样恋恋不舍而不忍放弃。其实，劣狗型业务通常要占用很多资源，如资金、管理部门的时间等，多数时候是得不偿失的。劣狗型业务适合采用战略框架中提到的收缩战略，目的在于出售或清算业务，以便把资源转移到更有利的领域。

业务或产品多从问题型开始，转向明星型，进而成为奶牛型，最终降为劣狗型。企业必须注意每项业务或产品的变化，预测未来的市场变化，制订投资发展战略。

2．如何用波士顿模型进行分析

1）评价各项业务的前景。波士顿矩阵是用"市场增长率"这一指标来表示发展前景的。这个数据可以从企业的经营分析系统中提取。

2）评价各项业务的竞争地位。波士顿矩阵是用"相对市场份额"这一指标来表示竞争力的。这一步需要做市场调查才能得到相对准确的数据。计算公式是把一单位的收益除以其最大竞争对手的收益。

3）标明各项业务在波士顿矩阵图上的位置。具体方法是以业务在二维坐标上的坐标点为圆心画一个圆圈，用圆圈的大小来表示企业每项业务的销售额。到了这一步，企业就可以诊断自己的业务组合是否健康了。一个失衡的业务组合就是有太多的劣狗型或问题型业务，或太少的明星型和奶牛型业务。例如有三项问题业务，不可能全部投资发展，只能选择其中的一项或两项，集中投资发展；只有一项奶牛型业务，说明财务状况是很脆弱的；有两项劣狗型业务，这是沉重的负担。

4）确定纵坐标"市场增长率"的标准线，从而将"市场增长率"划分为高、低两个区域。比较科学的方法有两种：一是把该行业市场的平均增长率作为分界点，二是把多种产品的市场增长率（加权）平均值作为分界点。需要说明的是，高市场增长定义为销售额至少达到10%的年增长率（扣除通货膨胀因素后）。

5）确定横坐标"相对市场份额"的标准线，从而将"相对市场份额"划分为高、低两个区域。一种比较简单的方法是，高市场份额意味着该项业务是所在行业的领导者的市场份额。需要说明的是，当本企业是市场领导者时，这里的"最大的竞争对手"就是行业内排行第二的企业。

3．波士顿矩阵分析法使用的局限性

企业把波士顿矩阵作为分析工具时，应该注意到它的局限性。

1）在实践中，企业要确定各业务的市场增长率和相对市场占有率是比较困难的。

2）波士顿矩阵过于简单。首先，它用市场增长率和企业相对占有率两个单一指标分别代表产业的吸引力和企业的竞争地位，不能全面反映这两方面的状况；其次，两个坐标各自的划分都只有两个，划分过粗。

3）波士顿矩阵事实上暗含了一个假设：企业的市场份额与投资回报是呈正比的。但在有些情况下这种假设可能是不成立或不全面的。一些市场占有率小的企业如果实施创新、差异化和市场细分等战略，仍能获得很高的利润。

4）波士顿矩阵的另一个条件是，资金是企业的主要资源。但在许多企业内，要进行规划和均衡的重要资源不仅是现金，还有技术、时间和人员的创造力。

5）波士顿矩阵在具体运用中有很多困难。例如，正确地应用组合计划会对企业的不同部分产生不同的目标和要求，这对许多管理人员来说是一个重要的文化变革，而这一文化变革往往是非常艰巨的过程；又如，按波士顿矩阵的安排，"奶牛型"业务要为"问题型"业务和"明星型"业务的发展筹资，但如何保证企业内部的经营机制能够与之配合？谁愿意将自己费力获得的盈余投资到其他业务中去？因此，有些学者提出，与其如此，自由竞争市场可能会更有效地配置资源。

第五节　汽车企业适应环境变化的策略

营销者必须善于分析营销环境的变化，研究相应的对策，提高企业市场营销的应变能力。只有如此，企业才能在"商战如兵战""市场无常势"中立于不败之地。

一、企业对抗环境变化的策略

对企业市场营销来说，最大的挑战莫过于环境变化对企业造成的威胁。而这些威胁的来临，一般又不被企业所控制，因此，企业应做到冷静分析、沉着应对。面对环境威胁，企业可以采取以下三种策略。

1. 对抗策略

这种策略要求尽量限制或扭转不利因素的发展。例如，企业通过各种方式促使或阻止政府或立法机关通过或不通过某项政策或法律，从而赢得较好的政策法律环境。显然企业采用此种策略必须以企业具备足够的影响力为基础，一般只有大型企业才具有采用此种策略的条件。此外，企业采取此种策略时，其主张和所作所为，不能倒行逆施，而应同潮流趋势一致。例如，日美两国贸易摩擦期间，日本生产的汽车、家用电器以轻便、省油、质量可靠而源源不断打入美国市场，而美国的农产品却遭到日本贸易保护主义的威胁，不能自由进入日本。美国政府为了冲破这种环境威胁，向有关国际组织提起诉讼，迫使日本取消对美国农产品的限制，最终实现了农产品对日本出口的自由化。

2. 减轻策略

此种策略适宜于企业不能控制不利因素发展时采用。它是一种尽量减轻营销损失程度的策略。一般而言，环境威胁只对企业市场营销的现状或现行做法构成威胁，并不意味着企业别无他途，俗话说"天无绝人之路""东方不亮西方亮"。企业只要认真分析环境变化的特点，找到新的营销机会，及时调整营销策略，减轻营销损失不仅是可能的，谋求更大的发展也是可能的。例如，美国的列维斯特劳斯公司在20世纪70年代末花费了1200～1400万美元，想通过奥运会将列维服装作为"美国的国服"，并做了大量的广告宣传。但由于美国在苏联出兵阿富汗后拒绝参加1980年在莫斯科举行的奥运会，给列维公司造成了很大的环境威胁。

在这种情况下，列维公司及时改变了营销策略，把大量的费用用于国内市场广告宣传，并改变了广告内容。结果，公司将环境威胁转化为环境机会。

3. 转移策略

这种策略要求企业将面临环境威胁的产品转移到其他市场上去，或者将投资转移到其他更为有利的产业上去，实行多角经营。例如，KD（Knock-Down kit）方式转移生产、产品技术转移等都是转移市场的做法。但转移市场要以地区技术差异为基础，即在甲地受到威胁的产品，在乙地市场仍有发展前景。企业在决定多角经营（跨行业经营）时，必须对企业是否在新的产业上具有经营能力做审慎分析，不可贸然闯入。例如，闻名世界的美国杜邦公司最早生产经营的只是炸药，但随着市场的发展，单一的炸药生产给杜邦公司造成了严重的市场环境威胁。杜邦公司认真地分析了市场情况后，在维持原有炸药生产的基础上，逐渐将生产范围扩大到了化工、电子、医药、精密仪器等领域，产品多达1800多种，使杜邦公司跻身于美国十大跨国公司的行列。

总之，当企业在遇到威胁和挑战时，营销人员，尤其是管理者，应积极寻找对策，率领全体员工努力克服困难，创出光明前景。

二、企业调节市场需求的策略

调节市场需求的水平、时间和特性，使其与供给相协调，是营销管理者的重要任务。现代市场营销理论总结出多种调节市场需求的方法。

1. 扭转性经营

扭转性经营即采取适当的营销措施，改变用户对本企业产品的信念和态度，把否定需求变为肯定需求。此策略适合用户对本企业产品存有偏见或缺乏了解等情况时采用。

2. 刺激性经营

刺激性经营即设法引起用户的注意和兴趣，刺激需求，扩大需求规模。此策略一般适合企业将新产品推向市场时采用。

3. 开发性营销

当用户对现有产品感到不满足，希望能有一种更好的产品替代时，就意味着某种新产品有了潜在需求，企业应尽快推出满足用户需求的新产品，将用户的潜在需求变为现实需求。

4. 维持性营销

当某种产品目前的需求水平与企业期望的需求水平基本吻合，出现更大规模需求的可能性不大时，宜采用此策略，即维持营销现状，不再对此产品做更大的投资。

5. 限制性营销

当产品供不应求时，企业可以通过宣传引导、提价等措施，以抑制部分需求；当产品供过于求时，企业可以加强促销，以扩大需求，必要时还必须减少产品的供给，实行限制性营销。

有人说市场营销管理的实质就是需求管理,这说明了调节市场需求对企业市场营销的重要性,它体现了企业市场营销的高超技艺。

下面看一下日本丰田公司是如何适应和接受营销环境挑战的。

1970年,美国发布了限制汽车排放废气的《马斯基法》,而丰田早在1964年就把省油和净化技术列为自己的技术发展战略,并一直进行相应的技术研究。为了研制废气再循环装置和催化转换器,丰田在7年间投入了1万亿日元的资金和1万人的力量。仅废气处理系统就开发出丰田催化方式、丰田稀薄燃烧方式、丰田触媒方式三种形式,并很快在"追击者"高级轿车上安装了这些装置,从而在这一技术领域把美国人远远甩在了后边。同时,丰田还与其他日本汽车厂家一起开发了节约燃料25%～30%的省油车,以后又开发出防止事故发生和发生事故后保障驾驶人员安全的装置。这对受石油危机冲击后渴望开上既经济又安全轿车的美国人来说,无异于久旱逢甘露。5年间,在其他厂家的汽车销售量直线下滑的情况下,丰田汽车在美国的销售量却增加了2倍。

一位美国汽车业人士事后对照丰田的做法和当时美国汽车公司的反应,发表了这样的看法:

"在1973年中东战争和接着出现的石油危机之后,对一些问题的回答是非常清楚的。整个世界陷于一片混乱之中,针对这种局势我们必须立即做出反应。小型的、节油的、前轮驱动的汽车是今后的趋向"。

"做出这样的推测不必是什么天才,只要看一看对底特律来说最可怕的1974年的销售数字就行了。通用汽车公司的汽车销售总数比上一年下降了150万辆,福特公司的销售总数也减少了50万辆。小型车大多来自日本,而且销路极好"。

"在美国要提高生产小型车的效率是很费钱的事情。但是,有时,你除了做出巨额投资之外,没有任何其他选择。通用汽车公司耗资数十亿美元生产小型汽车,克莱斯勒公司也对节油型的汽车投入了一大笔钱。但是,对亨利(福特的董事长)来说,生产小型车是没有出路的。他最喜欢用的说法:微型汽车,低微利润"。

"你不能靠小型汽车赚钱,这毕竟是对的——至少在美国是这样。这一点,一天天变得正确。但是这并不意味着我们就不应该生产小型汽车,即使不出现第二次石油短缺的情景,我们也必须使我们的经销商保持心情舒畅。如果我们不向他们提供消费者需要的小型车,这些经销商便会与我们分手,另谋出路,甚至去为本田或丰田公司工作"。

"严酷的现实是,我们必须照顾购买力较低的那部分市场。如果再加上爆发石油危机的因素,这种论点就更准确无疑了。我们不提供小型节油的汽车,就像开一家鞋店而告诉顾客:对不起,我们只卖9号以上的鞋子"。

"制造小型汽车已成为亨利不愿谈及的事。但是我坚持我们必须搞一种小型的、前轮驱动型的汽车,至少在欧洲搞这样的汽车。在欧洲,汽油价格要高得多,而且公路也狭窄些,甚至亨利也可以断定在欧洲搞一种小型车的确很有意义"。

"于是派遣我们的高级产品设计师到大西洋彼岸去工作,很快就装配出了一辆崭新的假日型汽车。它是一种前轮驱动和配有横置发动机的小型汽车,简直妙不可言,也很受市场欢迎"。

三、企业适应营销环境变化的措施

为了适应环境变化,企业必须在营销实践中找到一些行之有效的措施。

1. 加强市场营销计划的弹性

富有弹性的市场营销计划,有利于发挥营销计划的先导作用,使企业在实施营销计划时能够适应环境的变化。因此,企业在制订营销计划时应做到:①企业要在制订好市场营销基本计划的基础上,再建立一套或几套应急计划方案;②企业要建立滚动性营销计划;③营销计划指标要有合理的上限和下限幅度。同时,企业在制订计划和决策的早期阶段,应使计划和决策既处于大体形成,又处于实验性状态,以备突发事件来临后游刃有余。

2. 重视后备资源的建设

企业在制订应急计划后,还应落实应急措施和办法,积蓄打赢应急战的力量。

3. 提高控制水平

它包括企业提高对流动资金、生产物资、生产指挥和中间商等市场营销重要因素的控制水平。

4. 建立快速应变的组织保证体系

企业在组织领导体制上要有"统一指挥、个人负责"的指挥系统,完善企业内部的信息流通机制以加强各部门的协调配合,提高整个组织的灵活性和协调性。

造女性专用车——是新兴市场还是哗众取宠

目前,全球汽车厂商所生产的车型除了少数几款针对女性设计之外,大多数都是为男性车主设计的。但随着女性驾车者人数的增多,一些厂商专门针对女性用车进行相关研究,并致力推出女性专用车。

有人说,女性专用车将是一块潜力无穷的新兴市场,但在未经市场检验之前,一切还都是未知数。也有人认为,汽车厂商造女性专用车纯粹是哗众取宠,吸引消费者的目光。

日本富士重工新款轻型轿车 R2 已于 2003 年 12 月 8 日上市。据厂商介绍,该车并不一味追求大尺寸,而是注重个性化设计和合理空间的优势,吸引富有主见的 20~30 岁的年轻女性车主。而国内汽车市场近年来也推出了女性专用车型,2019 年 3 月 31 日,长城汽车旗下欧拉品牌的微型纯电动车型——欧拉 R1 女神版正式上市,该车型是国内首款专为女性消费者打造的智能化电动小车。那么,除了要求合适的车款外,女车主在配备上又有哪些需求呢?

1)驾驶座化妆镜对于女性车主而言,实在是一项不可缺少的配备。除了仅有的几款车型之外,大多数车型几乎都只在前排乘客座设有化妆镜,很明显地表达了男性用车取向的观念。其实安装一个化妆镜,成本并不高,除了女性车主已经不太执着既定"女性车款"之外,即使是男性车主,也需要在与客户洽谈之前梳理打扮,照照镜子。

2）驾驶座鞋盒装置。目前的车款设有鞋盒装置的多是迷你两厢车。鞋盒装置对女车主而言是非常重要的，因为女性上班族通常会穿高跟鞋，坐进车内后会有一种解脱感，希望改穿平底鞋，而且穿平底鞋踩踏板也比较容易施力。但目前设有鞋盒装置的车种其鞋盒装置通常只够装 35 号半的鞋子，没有多少女孩子的脚那么小，因此鞋盒装置最后都被用来放置其他用品。建议以后鞋盒装置的尺寸能够做得再大一些，才能发挥其应有的作用。

3）驾驶座椅高低调整。女性身材通常比较娇小，坐上驾驶座后前窗视野也因身材不一而需要调整座椅。目前的车款都有前后调整设计，但大多数女性通常都认为只有看到车头前端才是安全的，因此高低调整也很必要。

另外，挂衣钩、儿童安全座椅、垃圾桶、面巾纸、化妆箱及首饰盒以及小巧的伞架都是女性用车应该配备的。

女性用车要注意女性的驾驶特点、颜色喜好，以女性为开发基点。在安全上，女性用车将会注意到女性身材相对娇小，对于冲击力的承受能力比男性弱等特点。

复习思考题

1．企业为什么要进行营销环境分析？
2．如何分析企业的宏观营销环境？它由哪些要素组成？
3．如何分析企业的微观营销环境？它由哪些要素组成？
4．如何正确处理汽车企业与营销环境的关系？
5．什么是 SWOT 市场营销环境分析法？

第四章

汽车产品策略

知识目标

了解汽车产品的整体概念。
了解汽车产品组合策略。
了解汽车新产品开发过程及新产品开发策略。
了解汽车产品的生命周期及策略。
了解汽车产品品牌及品牌策略。

能力目标

能在掌握产品整体概念的基础上,针对不同的产品层内容实现顾客价值。
能运用品牌策略进行汽车产品品牌策划。
能根据汽车企业的实际情况进行产品组合策略的分析与选择。

第一节 产品的特性与分类

一、产品的层次

一个家喻户晓并被大家一致认可的品牌,其核心是高质量的产品。产品是满足市场需求最重要的元素。一般来说,在行业中领先的企业往往会向市场提供良好的产品和优质的服务。而产品策略是企业最重要的市场营销要素,是汽车企业市场营销活动的支柱和基石。企业的市场营销活动总是要以一定的产品去占领市场,产品是市场营销的物质条件;产品也是市场营销组合因素中的核心因素,是其他营销组合策略的基石;价格、渠道、促销等组合因素是因产品的存在而存在的,也会因产品的变化而随之变化,进而决定着企业的生存和发展。因此企业必须针对目标市场的需要,加强产品开发和产品投放决策。

传统的观念认为,产品只是实物,其实不然。产品不仅包含有形的实物,而且还包括无形的信息、知识、版权、实施过程以及劳动服务等内容。产品是指能够提供给市场以满足需要和欲望的任何东西。产品在市场中包括实体商品、服务、体验事件、人物、地点、财产、组织、信息和观念。

对产品的思考必须超越有形产品或服务本身,应从顾客的角度来认识和理解产品概念。消费者购买的是"实惠",而不是产品本身,某一行业是让顾客满意的过程,而不是产品生产过程。对汽车产品来讲,顾客需要的是汽车能够满足自己运输或交通的需要,以及满足自己心理和精神上的需要，如身份、地位、舒适等。此外，汽车产品的用户还希望汽车厂家能够提供优质的售后服务，如备件充裕、维修网点多、上门服务、"三包"（即包修、包退、包换）等。

由此可见，现代市场营销产品的概念是一个包含多层次内容的整体概念，产品的不同层次可以体现不同的顾客价值，作为营销者需要考虑组成产品整体概念的五个层次，如图 4-1 所示。每个层次都增加了更多的顾客价值，它们构成了顾客价值体系。

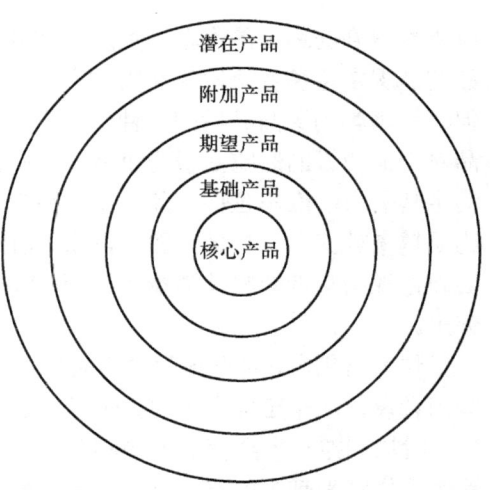

图 4-1　产品的 5 个层次

1. 核心产品

汽车核心产品又称为汽车实质产品，是最基本的层次。它是指向汽车消费者提供能够满足其需要的基本效用或利益，即汽车产品在使用价值方面的基本功能，同时这也是汽车购买者的需求中心。汽车消费者购买某种品牌汽车产品并不是为了占有或获得汽车产品本身，而是为了满足某种需要。例如，为了能运输货物或代替步行，这就是汽车产品的核心内容。在这个营销活动中，汽车产品实体只是产品效用或利益的载体，消费者购买汽车产品的目的不是载体本身，而是通过载体达到某种功效。离开了功效，汽车产品就失去了存在的价值。作为一个汽车营销者，必须认识到自己是利益的提供者。

2. 基础产品

汽车基础产品又称为汽车形式产品，是指汽车核心产品借以实现的基本形式，即汽车产品的外观和特色。例如，一辆家用汽车构成应包括五大部分，动力、安全、舒适性、操控性和美观性。汽车市场营销学将汽车形式产品归结为由四个标志所构成，即质量水平、外观特色、汽车造型、汽车品牌。奔驰轿车就是由其著名的品牌名、精美造型、高质量、合理结构、乘坐舒适感及其他属性巧妙构成的，从而给予消费者一种作为核心利益的满足感受和地位象征。作为一个汽车营销者，应该首先着眼于汽车消费者购买汽车产品时所追求的实际利益，以求更好地满足汽车消费者的需要，然后再去寻求实际利益得以实现的形式，进行汽车产品设计。

3. 期望产品

汽车期望产品是汽车购买者购买汽车时希望和默认得到的与产品密切相关的一组属性和条件。例如，汽车消费者期望得到故障少、服务周到、良好的操控、安全性优良等方面的产品。汽车期望产品主要是消费者购买汽车前对汽车的一种期望，这种期望是否能够得到满足，将影响消费者的购买决策。作为一个汽车营销者，不能仅仅从实质产品出发去进行市场营销，还必须完整地了解消费者的期望。

4. 附加产品

汽车附加产品又称为汽车延伸产品，是指汽车消费者购买汽车形式产品和汽车期望产品时所能得到的增加的汽车附加服务和利益,如服务、装饰、信贷、承诺、保养、维修等。产品的品牌定位和竞争发生在附加产品层次。附加产品表面上和汽车实体产品没有多大关系,但却是顾客购买商品后的一种现实需求,在核心价值和形式都极为相似的情况下,其附加产品对于消费者的影响是极为重要的。只有向汽车消费者提供具有更多实际利益、能更完美地满足其需求的汽车延伸产品,才能在竞争中获胜。随着经济的发展,消费者的购买需求会从物质越来越偏向于精神方面的需求,消费者的需求是一个整体系统,附加产品使得营销人员必须正视购买者的整体消费系统,汽车产品的附加产品所带给消费者的核心利益就会越来越突出。

作为营销者,对汽车附加产品的设计应该注意三点:第一,每个附加利益都会增加成本。营销者设计汽车延伸产品时,应考虑是否有汽车消费者愿意承担由此而产生的额外费用。第二,附加利益马上会变成期望利益。为了提高竞争力,吸引汽车消费者,竞争者会向汽车消费者提供越来越多的汽车延伸产品,营销者应该根据汽车消费者的需要和竞争者的动向,不断改进。第三,竞争者可能反其道而行之。当公司为其附加产品提高价格时,某些竞争者可能会大幅度降低价格,用一个很低的价格为顾客提供一个期望产品,吸引其他细分市场的汽车消费者。例如,与豪华型轿车同时存在的也有经济型轿车,后者以低廉的价格满足汽车消费者最基本的代步需要。

5. 潜在产品

汽车潜在产品是指所有延伸产品在内的现有产品中,可能发展成为未来最终产品的潜在状态的产品。它指出了现有产品可能的演变趋势和前景。例如,普通汽车可以发展为水陆两用的汽车等。汽车延伸产品主要是针对今天的汽车产品,而汽车潜在产品则代表着今天的汽车产品可能的演变。

综上所述,汽车企业必须以核心产品为中心,不断开发出适合消费者需求的新品种,并提高产品质量,以更好地满足消费者的需求;形式产品可以获得顾客的感官印象,对激发消费者的购买欲望具有促进作用;延伸产品可以说是解决了消费者的后顾之忧。企业若能很好地提供形式产品和延伸产品,消费者就会放心地购买,安心地使用该产品,对其他顾客也能起到一种示范和广告的作用。期望产品为企业检查其形式产品或延伸产品是否很好地满足了消费者的期望提供了参考,而潜在产品为企业不断地改进产品,开发新产品提供了方向。

目前,发达国家企业的产品竞争多集中在附加产品层次,而发展中国家企业的产品竞争则主要集中在期望产品层次。在产品的核心功能趋同的情况下,谁能更快、更多、更好地满足消费者的复杂利益整合的需要,谁就能拥有消费者,占领市场,取得竞争优势。如果对产品整体策划得好,就会让企业从起跑线开始领先于竞争对手,企业可以在相当长的一段时间里处于市场的"无竞争"状态。

二、产品的分类

根据传统惯例,营销人员以产品的各种特征为基础将产品分成不同的类型:耐用性、有形性和实用性(消费者或工业用户)。每一种产品类型都应该有与之相适应的营销组合战略。

1．耐用性和有形性

产品可以根据其耐用性和有形性，被分为3组。

1）非耐用品。非耐用品属于有形产品，消费时，它一般具有一种或一些用途，如轮胎和机油等。由于这类产品消费快，购买频率高，合适的营销战略应该是：使消费者能在许多地点购买到这类产品；售价中包含的利润要低；要大力做广告，以吸引消费者做一番尝试，并促其建立偏好。

2）耐用品。耐用品属于有形产品，通常有许多用途，如家用汽车、机床和计算机等。耐用品一般需要较多地采用人员推销和服务的形式，它应当获得较高的利润，需要提供较多的销售保证条件。

3）服务。服务是无形的、不可分离的、可变的和易消失的。作为结果，它们一般要求更多的质量控制、供应者信用能力和适用性。例如，保险、法律咨询和汽车修理。

2．消费品分类

根据消费者购买习惯进行分类，可以分为方便品、选购品、特殊品和非渴求商品。

1）方便品。指顾客经常购买或即刻购买，并几乎不做购买比较和购买努力的商品。这类产品包括汽车用油、馒头和报纸等。方便品可以进一步分类。日用品是消费者经常购买的产品，类似于我们经常说的"柴、米、油、盐、酱、醋、茶"之类的产品。冲动品是消费者没有经过计划或寻找而购买的产品。由于消费者一般不愿专门去选购，这些产品可以到处购得。口香糖和一些巧克力之类的商品经常被放在超市收银台旁边，就是因为顾客在排队付款时可能原来没有想到要购买它们，排队过程中总觉得要做点什么事，这时容易引起冲动性购买。急用品是当消费者的需求十分紧迫时购买的产品，如在下暴雨时购买雨伞，在第一次冬季暴雪时购买靴子和铁铲。生产急用品的厂商将它们放在许多供应网点出售，以便一旦顾客需要这些商品时，不错过销售良机。

2）选购品。指消费者在选购过程中，对产品的适用性、质量、价格和式样等基本方面要做有针对性比较的产品。这类产品包括家具、服装、汽车和重要器械等。选购品可以进一步划分。同质选购品的质量相似，但价格却明显不同，所以有进行选购的必要，比如，一个家庭准备15万元购买汽车，在这个价格区间内有很多可以选择的品牌。异质选购品在特色和服务上的区别比价格更重要：它们的销售者必须备有大量的品种花色，以满足不同的偏好；它们还必须拥有受过良好训练的推销人员，为顾客提供信息和咨询。在汽车制造商中，丰田汽车在这方面走在前面，首先是丰田和雷克萨斯两种不同的选择，其次是在丰田系列中有高中低档的型号供消费者选择。

3）特殊品。指具有独有特征或品牌标记的产品。对这些产品，有相当多的购买者都愿意为此特殊的购买做出努力。这类产品通常包括特殊品牌和特殊式样的商品，如小汽车、高保真元器件、摄影器材以及男式西服。梅赛德斯汽车属于一种特殊品，因为购买者不惜远道去购买它。特殊品不涉及购买者对商品的比较问题；购买者仅需花上一些时间，找到经销商即可。经销商不必考虑销售地点是否方便，但是，他们要让可能的购买者知道购买地点。

4）非渴求商品。指消费者未曾听说过或即使是听说过一般也不想购买的产品。例如，烟尘检测仪和食品加工器械就属于此类产品，消费者通过广告宣传才会了解它们。传统的非渴求商品有人寿保险、墓地、墓碑,以及百科全书。非渴求商品需要广告和推销人员的支持。

3. 工业品分类

工业品可以根据它们进入生产过程的方式和相对成本这两点进行分类。我们可以把工业品分成三组:材料和部件、资本项目,以及供应品与服务。材料和部件指完全要转化为制造商所生产的成品的那类产品。它们可分成两类:原材料、半成品和部件。

1)原材料。其本身又可以分成两个主类:农产品(如小麦、棉花、家畜、水果和蔬菜)、天然产品(如鱼、木材、原油和铁矿石)。农产品由许多生产者所提供,他们将这些产品交给销售中间商,这些中间商对农产品进行集中、分级、储存、运输和销售服务。农产品的易腐性和季节性的特点,决定了对它要采用特殊的营销措施。农产品的特点导致它只需较少的广告宣传和促销活动。商品行业协会经常展开活动,以促进人们对它们的产品(如土豆、奶酪和啤酒)的消费。有些生产商还给其产品标上通用的品牌名称,如都乐(Dole)色拉、莫特(Mott)苹果和金吉达(Chiquita)香蕉。

天然产品的供应是非常有限的。这些产品一般体积大,单位价值低,并且需要大量的运输把它们从生产者手中转移到使用者手中。少数比较大的生产商希望把天然产品直接售给工业品用户。因为这些用户依赖于天然产品,所以它们与供应商之间普遍采用长期合同制。天然产品的同质性从量上限制了创造需求的活动。价格因素和交货可靠性是影响人们选择供应商的主要因素。

2)半成品和部件。可以分为构成材料(如铁、棉纱、水泥、金属线材)与构成部件(如小电动机、车胎、铸件)。构成材料通常需要进一步加工。例如,把生铁加工成钢材,把棉纱织成布。构成材料标准化的性质通常意味着,价格和供应商的可信性是最重要的购买因素。构成部件在不进一步改变其形态的情况下,也完全可以成为最终产品的一部分。如小电动机可直接装入真空吸尘器,轮胎可直接安装到汽车上。大部分半成品和部件是直接售给工业用户的。一般提早一年或在更早些时候即开始预订。营销方面要考虑的主要因素是价格和服务,品牌广告就显得不那么重要了。

4. 资本项目

资本项目指部分地进入产成品中的商品。它们是用于帮助生产或管理的产品,包括两个部分:装备和设备。

1)装备。装备包括建筑物(如厂房和办公室)与固定设备(如发电机、机床、计算机、电梯)。装备属于主要的购置物。用户通常直接从制造商那里购买此类产品。该产品的销售特点是,售前需要经过长期的谈判。制造商需使用一流的销售队伍,其中常常包括销售工程师。制造商不得不设计各种规格的产品和提供售后服务。广告是需要的,但是远不如人员推销那样重要。

2)设备。设备包括轻型制造设备和工具(如手动工具、起重汽车),以及办公设备(如打字机、办公桌),这些设备不会成为最终产品的组成部分。它们在生产过程中仅仅起辅助作用。它们比装备的使用寿命短,但是比作业用品的使用寿命长。尽管有些生产设备的厂家将产品直接销售给用户,但是大部分厂家利用中间商,这是因为市场的地理位置分散,用户众多,订购数量少。质量、特色、价格和服务是用户选择中间商时所要考虑的主要因素。虽然广告是可以有效地加以利用的,但是人员推销比广告重要得多。

5. 供应品与服务

供应品与服务是寿命短的商品和服务项目,它们促进了最终产品的开发和管理。

1) 供应品。可以分为两类:操作用品(如润滑油、煤、打字纸、铅笔)和维修用品(如油漆、钉子、扫帚)。供应品相当于工业领域内的方便品,因为一般来说,重购这些物品十分容易,直接再采购即可。由于顾客人数众多,区域分散,且这些产品的单价低,所以一般都是通过中间商销售这些产品。由于供应品是十足的标准品,顾客对它无强烈的品牌偏爱,所以价格因素和服务就成了要考虑的重要因素。

2) 业务服务。包括维修和修理服务(如清洗窗户、修理打字机)和业务咨询服务(如法律咨询、管理咨询、做广告)。维修和修理服务通常以订立合同的形式提供。维修服务一般由小型单位提供,而修理服务一般由生产该设备的制造商提供。用户通常根据供应商的声誉和人员素质来挑选业务咨询服务供应商。

第二节 汽车产品组合策略

通常情况下,一个汽车企业不可能总是经营单一的汽车产品,更不可能经营所有的汽车产品,企业在经营过程中要考虑产品之间的协调、产品的量与度、产品的结构等问题,这便产生了产品组合的问题。

一、汽车产品组合的概念

汽车产品组合又称产品搭配,是指一个汽车企业生产和销售的所有汽车产品线(产品系列)和汽车产品品种(产品项目)的有机组合方式,即全部汽车产品的结构。

汽车产品组合通常由若干产品线(产品系列)组成。汽车产品线是指产品组合中的某一产品大类,是一组密切相关或相似的产品,通俗地说就是车型系列。汽车产品线(产品系列)又由若干汽车产品项目组成。产品项目,是指一个车型系列中各种不同档次、质量和价格的特定品种。

例如,一汽集团的产品在我国汽车行业中是较多的,它生产重型载货汽车、中型载货汽车、轻型载货汽车、高级轿车、中级轿车、普及型轿车、微型轿车等多个产品系列,即产品组合。每一个系列又有数个,甚至数十个品种(产品项目)。

汽车产品组合策略指汽车企业如何根据消费市场实际,合理地进行产品组合决策。产品组合多,表明产品覆盖面宽;产品组合少,表明产品覆盖面窄。在进行产品组合决策时,常需注意以下三个方面:①企业所拥有的资源条件的限制;②市场基本需求情况的限制;③竞争条件的限制。

二、汽车产品组合的类型

产品组合程度通常可以用产品组合的宽度、产品组合的深度、产品组合的长度、产品组合的相关性来表示。现以广汽菲亚特-克莱斯勒汽车销售有限公司为例理解汽车产品组合的相关概念（表4-1）。

表4-1　广汽菲亚特-克莱斯勒汽车产品组合宽度和产品线深度

产品组合宽度	自由侠1.3T	指南者	自由光	大指挥官	大切诺基	牧马人
产品线深度	220T 标准版	220T 舒适版	2.0T 领先版	2.0T 领先版	3.0L 专业导航版	2.0T Sahara 两门版
	220T 领先版	220T 领先版	2.0T 四驱精英版	2.0T 精英版	3.0L 精英导航版	2.0T Rubicon 两门版
	220T 精英版	220T 精英版	2.0T 四驱夜鹰版	2.0T 四驱精英版	3.6L 精英导航版	2.0T Sahara 四门版
	220T 夜鹰版	220T 夜鹰版	2.0T 四驱豪华版	2.0T 四驱精英增强版	3.6L 豪华导航版	2.0T Sahara 四门炫顶版
	220T 四驱精英版	220T 豪华版	2.0T 四驱高性能旗舰版	2.0T 夜鹰版	3.6L 高性能四驱版	2.0T Sahara 四门电动敞篷版
		220T 四驱精英版		2.0T 四驱豪华版	3.6L 旗舰尊耀版	2.0T Rubicon 四门版
		220T 四驱高性能旗舰版		2.0T 四驱旗舰版		
颜色种类	7	5	5	5	12	10

　　汽车产品组合的宽度是指汽车企业生产经营的汽车产品线（产品系列）的数量。企业产品线越多，宽度就越宽。表4-1中，广汽菲亚特-克莱斯勒汽车销售有限公司有6条汽车产品线，产品组合的宽度为6。

　　汽车产品组合的深度是指每一汽车产品线（产品系列）所包含的汽车品种（产品项目）的多少。品种越多，深度就越深。如广汽菲亚特-克莱斯勒汽车销售有限公司自由侠系列有标准、领先、精英等5个品种。

　　汽车产品组合的长度是指汽车产品组合中的汽车产品品种总数。表4-1中，广汽菲亚特-克莱斯勒汽车销售有限公司一共有36种汽车产品，汽车产品组合的长度为36。

　　汽车产品组合的相关性又称组合相容度，指各条汽车产品线在最终用途、生产条件、细分市场、分销渠道、维修服务或其他方面相互关联的程度，如两个车型系列零部件通用性的程度高低等。不同的组合形式会得到不同相容度。

　　汽车产品组合有宽度性组合和深度性组合两类。如汽车超市和汽车专卖店就体现了这两种不同的组合类型，见表4-2。

表4-2　汽车产品组合类型

组合类型	组合宽度	组合深度	组合长度	组合相容度
汽车超市	宽	浅	长	差
汽车专卖店	窄	深	短	好

三、汽车产品组合的策略

　　对汽车制造厂商来说，需要推出多款车型来满足不同顾客群体的需要，当然希望每一款车型都能赚钱,可是,现实往往事与愿违。这就需要汽车企业进行产品组合。

产品组合策略就是企业根据市场环境、企业能力和企业目标,对产品组合的宽度、深度和相关性进行决策,在多种可能中选择有利于本企业发展的最佳产品组合策略。尽管产品组合的宽度、深度和相容度,与企业的销售量和利润大小不存在必然的比例关系,但是,产品组合策略对企业的营销决策具有非常重要的意义:增加产品组合宽度,扩大经营范围,可以减少车型单一的风险,同时也可以提高企业的竞争能力与适应能力;增加产品组合的长度,可使产品线丰满,同时给每种产品增加更多的变化因素,有利于企业细分市场,满足不同的客户需要,从而提高产品的市场占有率和用户满意度。

汽车产品组合的决策过程应成为优化产品组合的过程,通过这一过程必须使产品组合的方式更有利于企业利润目标的实现。常见的汽车产品组合策略有:

1. 扩大汽车产品组合策略

扩大汽车产品组合策略是指企业为了增加汽车产品的经营范围,满足消费者的需要,从而扩大汽车产品组合的长度和宽度,或者扩展汽车产品组合的深度和一致性的策略。

1)产品线扩展策略也称全线全面型策略。所谓产品线扩展策略是指企业将产品线加长,增加企业的经营档次和范围的策略。当企业发展到一定规模和较成熟的阶段,想继续做强做大,攫取更多的市场份额,或是为了阻止、反击竞争对手时,往往会采用产品延伸策略,利用消费者对现有产品的认知度和认可度,推出新产品,以期通过较短的时间、较低的风险来快速盈利,迅速占领市场。产品线扩展策略具体有以下三种形式:向下延伸策略、向上延伸策略和双向延伸策略。

① 向上延伸策略。向上延伸策略是指企业在原来中低档汽车产品的基础上,开始生产中高档汽车产品。一般来讲,向上扩展可以有效地提升品牌资产价值,改善品牌形象。如浙江吉利集团于 2009 年 7 月在吉利自由舰、金刚金鹰、远景为代表的吉利"新三样"产品线基础上开发出的吉利帝豪,成功进入 B 级车市场,一举获得成功,实现了企业的战略转型;领先的日本汽车公司也在导入高档汽车:丰田推出雷克萨斯(Lexus),日产推出英菲尼迪(Infinity),本田推出讴歌(Accura)。因此,采用向上延伸策略拓展市场会使企业的经营安全性得到加强。

但由于企业并不是独立于其他企业之外,因此向上延伸策略也存在着一定的局限性。首先,在企业品牌的定位过程中,消费者往往在企业经营的过程中就已经给企业品牌定位了,这时如果企业进入高档产品市场,消费者不一定会很快地接受,这个认知的改变过程也许会有相当长的一段时间,这段时间对于企业是具有很大风险的;其次,由于企业是初次进入高档产品市场,无论是在技术上,还是经营管理以及后勤保障上都会存在很大的不足,不利于发挥企业的一贯优势。

② 向下延伸策略。向下延伸策略是指企业在原来高档汽车产品的基础上,通过运用自己品牌价值的优势,而进入中低档汽车产品市场。叱咤风云的广州本田雅阁是一款中高档车,为了实现从中高档轿车向经济型轿车的跨越,2003 年 9 月广州本田推出了三厢飞度,采用的就是产品向下延伸策略。

采用向下延伸策略很明显的特点是,由于产品的中低档化,这些中低档汽车产品也就会具有相应的中低档价格。但我们知道，价格是一把双刃剑。企业在完善产品线的同时，也会因为向下延伸策略而带来负面影响。首先，不利于企业品牌形象的建立。"奔驰"给消费者的感受是永远生产高档车的品牌，给购买者传达的是一种尊贵的身份，如果有一天，该品牌也开始生产家用经济型轿车，那么"奔驰"品牌的原有价值就很有可能会消失。其次，由于中低档汽车的生产厂家过于集中，会导致企业的竞争压力加大。最后，对于一些原先经营高档汽车产品的经销商来说，也会由于中低档车的利润下降，而不愿意合作。

③ 双向延伸策略。双向延伸策略即企业在取得中档汽车产品市场优势以后，决定向上、向下两个方向延伸，一方面增加高档汽车产品，提高企业的整体形象；另一方面进入低档汽车产品市场，扩大企业的市场占有率。采用该策略可以填补自身产品线的空白，扩大产品覆盖面，扩大企业的消费者领域，防止竞争对手的攻击性行为。事实上，很多汽车企业进入市场都定位于中档汽车市场，等迅速占领市场后，则快速采用双向延伸策略来提高销售量以及提升企业整体形象。

2）加深汽车产品组合深度。从总体来看，每个汽车公司的汽车产品线只是该行业整个范围的一部分。如宝马公司的汽车在整个汽车市场上的定价属于中高档范围。加深汽车产品组合的深度，可以占领该行业同类汽车产品更多的细分市场，迎合更广泛的消费者的不同需要和爱好。如：一汽-大众新宝来在宝来轿车基本型的基础上，研发豪华型车和变形车，就是一汽-大众加深汽车产品组合深度的例子；新帕萨特在帕萨特轿车基本型的基础上，研制开发豪华型车和变型车，也是上海大众加深汽车产品组合深度的例子。

3）加强汽车产品组合相容度。一个汽车企业的汽车产品应尽可能地相关配套，如汽车和汽车内饰、汽车涂料等。加强汽车产品组合的相容度，可以提高汽车企业在某一地区、某一行业的声誉。

2. 缩减汽车产品组合策略

缩减汽车产品组合策略也称为市场专业型策略，是指企业为降低经营风险，缩减或取消那些获利小的生产线或产品项目，集中资源生产那些获利多的产品线或产品项目的策略。该策略也同样有缩减汽车产品组合宽度、深度、相容度三种情况。采取缩减策略有以下好处：

1）可集中精力与技术，对少数汽车产品进行品质改进，以降低产品成本。
2）对留存的汽车产品可以进一步改进设计、提高质量，从而增强竞争力。
3）使脱销情况减少至最低限度。
4）使汽车企业的促销目标集中，效果更佳。

在以下情况下，企业应考虑缩减汽车产品组合策略：已进入衰退期的亏损的汽车产品项目；当无力兼顾现有产品项目时，放弃无发展前途的产品项目；当出现市场疲软时，删减一部分次要的产品项目。采取缩减产品组合策略会相应地减少汽车企业产品的市场覆盖率，丧失部分市场，增加汽车企业的经营风险。因此，汽车企业对于某种汽车产品，在决定是否淘汰之前，应慎之又慎。

3. 高档汽车产品策略与低档汽车产品策略

高档汽车产品策略指在一种汽车产品线内增加汽车产品项目，以提高汽车企业现有汽车产品的声望，如上海大众为桑塔纳 2000 配置 ABS、2VQS 发动机、电子防盗等多项先进装置。这样既可增加原汽车产品的销量,又可逐步推动高价汽车产品的销售。

低档汽车产品策略是在高价汽车产品线中增加廉价汽车产品项目,目的是利用高档名牌汽车产品的声誉,吸引购买力较低的消费者,使其慕名来购买廉价汽车产品。如一些汽车品牌车型在原来高档豪华型的基础上,推出普通型或基本型,以满足不同的消费需求。

采取高档汽车产品策略或低档汽车产品策略,都有一定的风险,都可能引起汽车消费者的混淆。例如,采取高档汽车产品策略的汽车企业如果想改变企业在汽车消费者心目中的原有形象,是很不容易的,其新增的高档车可能会失去意义;相反,采用低档汽车产品策略的汽车企业,如果处理不当,会损害企业原有的名牌产品的声誉。

4. 汽车产品异样化和汽车产品细分化策略

汽车产品异样化和汽车产品细分化均属扩大汽车产品组合策略。

汽车产品异样化是指在同质市场上,汽车企业为强调自己的产品与竞争产品有不同的特点,尽可能地显示出与其他产品的区别,避免价格竞争。如两种汽车产品在动力、安全等性能上没有差别,但可采用不同的设计、造型等。应注意,该策略的实质,在于同质汽车产品的"异样化",而不是将同质汽车产品"异质化"。因此,只能使自己的产品与竞争产品稍有异样,不能使自己的产品过于独特,以免失去吸引力,丧失原有的市场。

汽车产品细分化是从消费者需求出发,假定市场上总存在着未满足的需求,因此汽车企业总能对同质市场做进一步细分后,寻找到未满足的需求,进入该市场并为此生产一些有针对性的特色汽车产品。

汽车产品异样化实质上是要求汽车消费者需求服从生产者的意志,而汽车产品细分化则是从汽车消费者的需求出发,而且承认汽车消费者的需求是不同的,它充分体现了现代汽车市场营销的基本观念。

综上所述,产品组合策略的成功取决于消费者的认知或理解。任何事物的发展都是辩证的,对于我国汽车企业来说,在如何正确地运用产品组合策略上,一定要有清醒的认识,要从企业自身实际出发,不能盲目地运用产品组合策略,若处理不好,则必然给企业乃至国家造成很大的损失。

第三节 汽车产品的生命周期及策略

市场营销学认为产品和人类一样有生命,也就是产品具有生命周期。企业对自己产品生命周期发展变化的研究,有助于掌握其市场地位和竞争动态,为制订产品策略提供依据,对增强企业的竞争能力和应变能力也有重要意义。

一、汽车产品的生命周期理论概述

1. 汽车产品生命周期的概念

汽车产品生命周期,指产品从完成试制并投放市场开始,直到最后被淘汰退出市场为止的全部过程所经历的时间。所谓生命,并不是指汽车产品的使用寿命,而是指汽车产品的市场寿命，其长短受汽车消费者需求变化、汽车产品更新换代速度等多种市场因素的影响。产品生命周期就是产品从进入市场到退出市场所经历的市场生命循环过程，进入和退出市场标志着周期的开始和结束。随着科技的飞速发展，企业间的竞争日趋激烈，市场的变化不断加快。对于汽车产品来说，新产品的生命周期从20世纪90年代的5～8年降至目前的3～5年。一般来说，汽车产品从最初投放市场到退出市场，其产品的生命周期可分为4个阶段，即导入期、成长期、成熟期、衰退期，如图4-2所示。

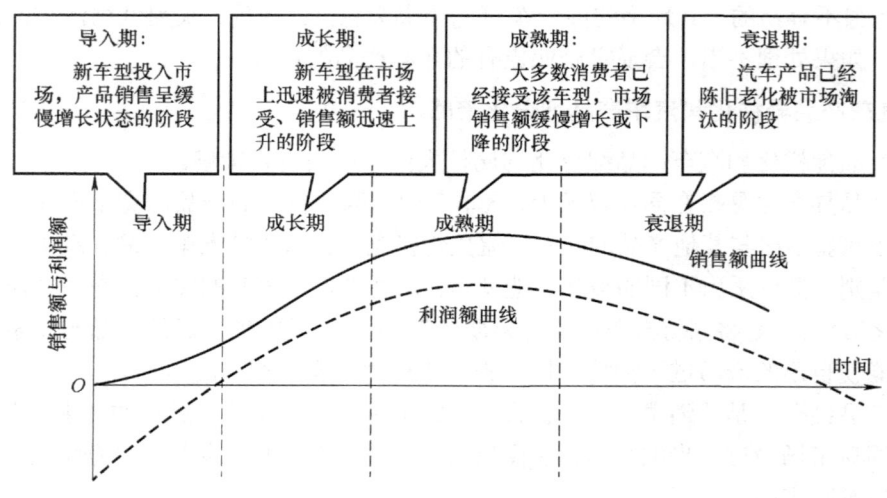

图4-2 汽车产品的生命周期

（1）市场导入期

汽车产品的市场导入期是指汽车产品投入市场试销的初期阶段。在该阶段，汽车知名度还不高，消费者对汽车新产品不够了解，所以生产、销售量低。为打开市场，企业对该产品的促销宣传等费用较大，在此阶段，汽车产品利润低，有时甚至亏损，企业通常无利可图。

（2）市场成长期

汽车产品的市场成长期是指汽车产品经过试销，汽车消费者对汽车新产品有所了解，汽车产品销路打开，销售量迅速增长，利润显著增加的阶段。在该阶段，汽车产品定型，产品的知名度日益扩大，厂商大批量投入生产；分销途径已经疏通，销售增长率迅速增加，成本大幅度降低，利润增长。同时，竞争者也开始加入。

（3）市场成熟期

汽车产品的市场成熟期是指汽车产品的市场销售量已达饱和状态的阶段。该阶段持续的时间一般长于前两个阶段，并使营销管理者面临难度最大的挑战。在该阶段，销售量和利润额达到高峰后开始下降趋势，大部分销售额属于替换性购买；市场竞争加剧；产品成本和价格趋于下降，但在成熟期后期，营销费用开始渐增。大多数产品都处于生命周期的成熟阶段，因此营销管理层大部分处理的正是这些成熟产品。

成熟阶段仍可分成三个期间：成长、稳定和衰退。第一期间是成长中的成熟，此时由于分销饱和而造成销售增长率开始下降。虽然一些落后的购买者还会进入市场，但已没有新的分销渠道可开辟了。第二期间是稳定中的成熟，由于市场已经饱和，销售量增长与人口增长呈同一水平。大多数潜在的消费者都已试用过该产品，而未来的销售正受到人口增长和重置需求的抑制。第三期间是衰退中的成熟，此时销售的绝对水平开始下降，顾客也开始转向其他产品和替代品。

（4）市场衰退期

汽车产品的市场衰退期是指汽车产品已经陈旧老化被市场淘汰，新产品逐渐取代老产品的阶段。在这个阶段，市场竞争激烈；销售增长率为负值，利润渐少，开始出现替代新产品，老产品最后因无利可图而退出市场。在该阶段中，企业因利润太少或无利可图而停止该产品的生产和经营，该产品的市场生命周期也就结束了。

对大多数产品来说，衰退期是不可避免的。

各种档次、各种类型的汽车产品，其生命周期及其经历各阶段的时间长短不同。有些汽车产品生命周期可能只有3~5年，有些汽车产品生命周期可以长达几十年。

每种汽车经历生命周期各阶段的时间也不尽相同。有些汽车产品经过短暂的市场导入期，很快就达到成长、成熟阶段；而有些汽车产品的导入期经历了多年，才逐步被广大汽车消费者所接受。例如，现在有的生产厂家推出的所谓"房车"，即内部食、宿、玩设施一应俱全，适合去各地旅游，因各种营销因素的影响，其导入期非常漫长，广大消费者需要较长时间来接受。

各种汽车产品虽然有生命周期，其形状近似正态分布曲线，这只是反映变化趋势的基本模式。实际上，许多汽车产品需求量开始上升，但后来趋于平衡；有的汽车产品，市场对其性能、造型很敏感，呈现出周期性上下波动。同时并不是所有的汽车产品都一定要经过四个阶段，有的汽车产品一进入市场，处于导入期就被淘汰，成为夭折的"短命"产品；也有某些属于成长期的汽车产品，由于营销失策而未老先衰，还有的汽车产品一进入市场就达到成长阶段等。

产品生命周期是一种理论抽象，虽然各个阶段的转化一般没有具体的数量界限，难以非常具体地去描述，但它又是客观存在的，是可以感知的。通常根据产品销售量、销售增长率和利润等变化曲线的拐点去划分。不同产品的生命周期的长短，以及各个阶段时间的长短，都可能有较大的差别。但总的来说，随着科技进步的加快以及竞争的加剧，产品生命周期有缩短的趋势。

针对产品生命周期的规律，企业应做到：第一，必须为其处于不同发展阶段的产品制订适当的营销策略，即产品的阶段营销策略；第二，必须不断地做好产品改进和新产品的开发工作，不断地向市场推出新产品，以取代那些处于衰退和即将衰退的产品。否则，企业就不可能持久地立足于市场。

2. 汽车产品生命周期所处阶段的判断

能否正确判断产品处在生命周期的哪个阶段，对企业制定相应的营销策略非常重要。企业最常用的判断产品生命周期阶段有下述两种方法：类比法和增长率法。

（1）类比法

该方法是根据以往市场类似产品生命周期变化的资料来判断企业产品所处市场生命周期在哪个阶段。

(2)增长率法

该方法就是以某一时期的销售增长率与时间增长率的比值来判断产品所处市场生命周期阶段的方法,见表4-3。

表4-3 汽车产品生命周期判断方法

比值 K	所处生命周期	比值 K	所处生命周期
$K<0.1$	导入期	$-0.1<K<0.1$	成熟期
$K>0.1$	成长期	$K<-0.1$	衰退期

二、汽车产品生命周期各阶段的营销策略

在产品生命周期的不同阶段,营销策略及利润也不相同。企业可以通过确定其产品所处的阶段或将要进入的阶段制订更好的市场营销计划。

1. 产品导入期的市场特点与营销策略

在这个阶段,为了建立新产品的知名度,企业需要大力促销,广泛宣传,引导和吸引潜在用户,争取打通分销渠道,并占领市场。营销策略要突出一个"准"字,即市场定位和营销组合要准确无误,符合企业和市场的客观实际。

(1)产品导入期市场营销的主要特点

1)汽车产品刚进入市场试销阶段,尚未被用户接受,因此,销售额增加缓慢。

2)生产批量小,试制费用大,制造成本高。

3)为了向市场介绍产品,广告及其他推销费用的支出也很高。

4)由于产量少、成本高,同时生产上的技术问题尚未完全解决,以及广告费用的昂贵,这时期产品的售价常常偏高。

由以上几个特点可知,此时企业的利润往往是负值,产品在这个时期的亏损只能用其他产品的盈利来弥补。

(2)产品导入期的市场营销策略

若把价格与促销两个营销因素综合考虑,各设高低两档,则导入期市场营销策略有以下四种形式。

1)高价快速促销策略。也称快速掠取策略。采取高价格、高促销费用推出新产品,迅速扩大汽车销售量来加速对市场的渗透,以图在竞争者尚未反应时,先声夺人,捞回本钱。这种策略的应用前提是:产品确实有特点,有吸引力,消费者愿意支付高价;市场潜力很大,并且目标用户有较强的支付能力;这种汽车产品具有老产品所没有的特色,适应汽车消费者的某种需求。国内外汽车公司在推出富有特色的中高级轿车时往往采用这种策略。

2)高价低费用策略。也称缓慢掠取策略。此种策略采用高价格、少量的促销费用推出新产品,能带给企业较多利润。这种策略的应用前提是:汽车产品必须具有独创的特点,具有一定的知名度;填补了市场的某项空白,目标用户愿意支付高价;它对汽车消费者来说主要是有无的问题,选择性小,且竞争威胁不大。

3)低价快速促销策略。也称快速渗透策略。采用低价格、高促销费用推出新产品,

以求迅速占领或挤入市场。这种策略适合于：市场容量相当大，汽车消费者对这种汽车新产品不了解，但对价格敏感；潜在竞争激烈，同时要求企业尽力降低成本，以维持较大的促销费用。

4）逐步打入市场策略。也称缓慢渗透策略。采取低价和低促销费用推出汽车新产品，占领新市场。低价的目的在于促使市场尽快接受汽车产品，并有效地阻止竞争对手对市场的渗入。低促销费用的目的在于降低售价，增强竞争力。此策略的应用前提是：市场容量大，汽车消费者对价格敏感，有相当的潜在竞争者。

2．产品成长期的市场特点与营销策略

新产品上市后如果适合市场的需要，即进入成长期。成长阶段的标志是销售量迅速增长，其营销策略的重点应放在一个"好"字上，即保持良好的产品质量和服务质量，切忌因产品销售形势好就急功近利，粗制滥造，片面追求产量和利润。

（1）产品成长期市场营销的主要特点

1）消费者对新产品已经有所了解、熟悉，销售量增长很快。

2）由于大批同类竞争者的加入，市场竞争加剧。

3）产品已定型，技术工艺比较成熟。

4）建立了比较完善的营销渠道。

5）产品的市场价格逐渐下降。

6）为了适应竞争和市场扩张的需要，企业的促销费用水平基本稳定或略有提高，但占销售额的比率下降。

7）由于促销、广告费用分摊到更多销量上，单位生产成本迅速下降，企业利润迅速上升。

（2）产品成长期的市场营销策略

在产品成长阶段，公司为了尽可能长地维持市场增长，可采取如下策略。

1）根据用户需求和其他市场信息，不断提高质量，增加新功能和新特色；发展新款式、新型号，增加配置。

2）积极开拓新的细分市场和增加新的分销渠道。

3）广告宣传的重点，应从建立产品知名度转向促进用户购买，并进一步放在创名牌上。

4）选择适当的时机降低售价，以吸引对价格敏感的、更多的潜在用户购买汽车，抑制竞争。

3．产品成熟期的市场特点与营销策略

产品进入成熟期的标志是销售增长率渐缓，市场趋于稳定，并持续较长时间。由于销售增长率降低，竞争日益加剧，品牌逐渐形成。这个阶段的营销策略，应突出一个"争"字，即争取稳定的市场份额，延长产品的市场寿命。

（1）产品成熟期市场营销的主要特点

产品成熟期可以分为三个时期，各自的特点如下：

1）成长成熟期。此时期各销售渠道基本呈饱和状态，增长率缓慢上升。

2）稳定成熟期。由于市场饱和，消费平衡，产品销售稳定。销售增长率一般只与购买者人数成比例。

3）衰退成熟期。销售水平显著下降，原有用户的兴趣已开始转向其他产品的替代品。全行业产品出现过剩，竞争加剧，一些缺乏竞争能力的企业将渐渐被取代，新加入竞争者少。

(2) 产品成熟期的市场营销策略

企业对处于这个阶段的产品不应满足于保持既得利益和地位，而要积极进取，进攻是最好的防御。该阶段可供选择的基本策略有以下三种。

1）市场改进策略。市场改进策略即寻找新的细分市场和营销机会，特别是要提高产品的地区覆盖率，挖掘更多的新用户。

2）产品改进策略。产品改进策略即企业可以通过改变产品特性，吸引顾客，扩大销售。它又包括两方面的策略，一是提高产品质量，主要是改善产品性能。如提高汽车的动力性、经济性、操纵稳定性、舒适性、制动性和可靠性等，创名牌、保名牌。此种策略适合于企业的产品质量有改善余地，而且多数买主期望提高质量的场合。二是增加产品的功能，即提高产品的使用功效。如提高轿车的观瞻性、舒适性、安全性和动力性等，都有利于增加产品品种，扩大用户选择的余地，使用户得到更多的效用。

3）营销组合改进策略。营销组合改进策略是指通过改变定价、销售渠道及促销方式以刺激销售量，尽可能地延长产品成熟期。如上汽销售总公司为推进桑塔纳的销售，在1999年改变传统的分销渠道，设立地区分销中心，引进了特许经营的销售方式，以改进营销组合。

4．产品衰退期的市场特点与营销策略

产品销售衰退的原因很多，其中包括技术进步、消费者口味的改变、国内外竞争的加剧。所有这些都会导致生产能力过剩、削价竞争增加和利润被侵蚀。这种销售衰退也许是缓慢的，也许很迅速；销售量可能会下降到零，也可能僵持在一个低水平上持续多年。在这个阶段，营销策略应突出一个"转"字，即有计划、有步骤地转产新产品。

(1) 产品衰退期市场营销的主要特点

1）产品的需求量和销量急剧下降，价格已下降到最低水平。

2）多数企业无利可图，被迫退出市场。

3）留在市场上的企业逐渐减少产品附带服务，削减促销预算等，以维持最低水平的经营。

(2) 产品衰退期的市场营销策略

处于衰退期的产品常采取维持策略、缩减策略和撤退策略，但有的企业也常常运用一些方法延长其衰退期。

1）维持策略。维持策略即汽车企业在目标市场、价格、销售渠道和促销等方面维持现状。由于这一阶段很多企业会先行退出市场，因此，对一些有条件的企业来说，并不一定会减少销售量和利润。使用这一策略的汽车企业可配以商品延长寿命的策略。汽车企业延长产品寿命周期的途径是多方面的，最主要的有以下几种方法。

① 通过价值分析，降低生产成本，以利于进一步降低汽车价格。

② 通过科学研究，增加产品功能，开辟新的用途。

③ 加强市场调查研究，开拓新的市场，创造新的内容。

④ 改进汽车设计，以提高产品性能、质量、包装和外观等，从而使产品生命周期不断实现再循环。如捷达轿车每四个月推出一个技术升级版本对产品进行改进，以适应市场的需

要，延长生命周期。

2）缩减策略。缩减策略即汽车企业仍然留在原来的目标市场上继续经营，但是根据市场变动的情况和行业退出的障碍水平在规模上进行适当的收缩。如果把所有的营销力量集中到一个或者少数几个细分市场上，以加强这几个细分市场的营销力量，也可以大幅度降低市场营销的费用，以增加当前的利润。

3）撤退策略。撤退策略即企业决定放弃经营某种商品以撤出该目标市场。在撤出目标市场时，企业应该主动考虑以下几个问题。

① 将进入哪一个新区域，经营哪一种新产品，可以利用以前的哪些资源。

② 品牌及生产设备等残余资源如何转让或者出卖。

③ 保留多少零件存货和服务，以便在今后为过去的顾客服务。

产品生命周期是一个很重要的概念，它和企业制定产品策略以及营销策略有着直接的联系。管理者要想使其产品有一个较长的销售周期，以便赚到足够的利润来补偿在推出该产品时所做出的一切努力和经受的一切风险，就必须认真研究和运用产品的生命周期理论。此外，产品生命周期也是营销人员用来描述产品和市场运作方法的有力工具。通过上面的分析，我们可以将产品生命周期各阶段的基本特点及营销策略总结为表 4-4。

表 4-4 汽车产品生命周期各阶段基本特点和营销策略

项目	阶段			
	导入期	成长期	成熟期	衰退期
销售量	低	迅速上升	最大	下降
销售增长率	缓慢	快速	减慢	负增长
单位成本	高	平均水平	低	回升
价格	高	回落	稳定	回升
销售利润	亏损	提升	最大	减少
顾客	创新者	早期使用者	中间主要接受者	落后者
竞争者	很少	增多	数量稳定并下降	减少
营销策略	建立知名度，鼓励试用	最大限度占领市场	保护市场，争取利润最大化	压缩开支，榨取最后价值

第四节 汽车新产品开发策略

企业没有创新就等于坐以待毙，新产品开发是企业创新的主要表现。新产品开发要坚持"生产一代，试制一代，研究一代和构思一代"的思路，保持产品的持续升级换代，这对企业保持产品优势、开拓新市场、提高经济效益都起着决定性的作用，是企业在激烈竞争中生存和发展的命脉。新产品开发流程的目标是将创新的产品尽快地推向市场。

一、新产品开发概述

1. 新产品的含义

所谓新产品是指在一定地域内从未试制生产过的，具有一定新质的产品。新质是指结构、性能、材质、技术特征等方面有所改进或独创。它包括以下 6 种类型。

（1）全新产品

全新产品主要是指采用新原理、新技术、新材料、新设计、新工艺研制成的具有新结构、新功能的前所未有的汽车产品。这种新产品一般需要经历相当长的开发时间才会出现，是第一次进入市场，它们的出现往往会改变人们的生产方式和生活方式。例如，丰田汽车公司开发出的普锐斯混合动力电动汽车、通用汽车公司开发的自主魔力燃料电池电动汽车、比亚迪汽车公司开发的电动汽车等都属于全新汽车产品。

（2）改进新产品

改进新产品是指使用各种改进技术，对现有汽车产品，改良其性能、结构和外形，提高其质量，以求规格型号的多样性，款式花色的翻新。这种新产品与老产品十分相似，有利于消费者迅速接受，开发也不需要大量的资金，失败的可能性相对较小。例如，宝马公司推出的新 7 系、5 系、3 系宝马轿车，就是在原来的 7 系、5 系、3 系的基础上经过技术改进后推出的改进新产品。宝马新 5 系结合创新技术以及轻量化的车身结构，延承了宝马的运动风格，具有良好的动态特性。在内部空间上，也要比老款 5 系大很多。由于采用新的轻量化全铝合金底盘以及车身结构，使新 5 系比老款轻了 65kg。在装备上，宝马新 5 系配置全铝悬架系统、第 2 代 iDrive 技术、自动前照灯以及主动转向、动态悬架控制和主动巡航（CCS）等。

一般来说，这类汽车新产品与原有汽车产品差别不大，开发比较容易，而且进入市场后，比较容易被汽车消费者接受；但是，较易仿效，竞争激烈。

（3）模仿型新产品

企业对国内外市场已有的汽车进行模仿生产，称为本企业的新产品。相对于自主开发，模仿的风险要小，因为被模仿的产品一般已得到市场的认可。此外，模仿的开发周期短，模仿他人产品的设计最快可以在 3 个月内基本完成，而自主开发设计，最快也要一年左右，具有创造性和突破性的开发，时间更长，还面临政策和资金的问题。

汽车是一个技术复杂的产品，对安全、舒适及可靠性方面的要求相当高。一些消费者对汽车了解有限，有时往往只注重汽车的外观，而忽视了汽车的内在质量和品质。一些模仿的产品外观可以拼凑得像模像样，但其质量却很难保证，整体协调性也较差。

（4）形成系列型新产品

形成系列型新产品是指在原有产品基础上开发的新产品，从而与企业原有产品形成系列，扩大产品线，增加产品的目标市场。例如，在同一车身基础上配置不同排量的发动机；装手动变速器（MT）、自动变速器（AT）、手自一体变速器（AMT）或无级变速器（CVT）；把两厢车改为三厢车或把三厢车改为两厢车等。这种新产品与原有产品的差别不大，开发所需的投资小，技术革新程度也不高。例如，宝来轿车上市时只有 4 款车型，分别是 1.8L 手动变速器、1.8L 自动变速器、1.8T 手动变速器、1.8T 自动变速器。上市半年后，又推出了 1.6L 手动变速器、1.6L 自动变速器两款新车型，与原来 4 款车型组成同一系列，极大地增加了宝来在市场上的竞争优势。

（5）降低成本型新产品

汽车企业通过扩大生产规模、利用新技术、改进生产工艺或提高生产效率，降低了原产品的成本，但保持原有成本不变或将一些新的部件应用于老产品，使其某些性能得到提高的就是降低成本型新产品。本质上说，这种新产品还是老产品，只是价格发生了较大变化。例如，2002年以来，富康、捷达、桑塔纳等老产品都相继提高了一些配置，但价格却不断降低，此类产品可以看作是降低成本的新产品。再如2005年后，老款帕萨特已停产，但为了满足消费者对该车的需求，上海大众又继续生产新款帕萨特2.0L，减少了一些配置，但价格相比以前降低了很多，顾客的需求量很大，深受顾客欢迎。

（6）重新定位型新产品

企业的老产品进入新的市场被称为该市场的新产品。例如，德国大众的高尔夫轿车本身是一个老产品，但首次投放中国市场，在中国市场就是新产品。

以上六类汽车新产品，其"新"只是相对意义上的。这种"新"是由汽车消费者所确认的，只要汽车消费者认为某种汽车产品具有其他汽车产品所没有的特点，能给自己带来某种新的效用或利益，这种汽车就是"新产品"。

任何汽车产品都有生命周期，一种汽车产品长期占领市场，一成不变的现象是十分罕见的。为了延长汽车产品的生命周期或者继续开展经营活动，企业就必须开发汽车新产品。对于一个汽车企业来说，其兴旺发达只有两条途径：一是开发汽车新产品；二是开拓汽车新市场。在科学技术日新月异的今天，激烈的市场竞争使近十几年出现的工业技术有30%已经过时，电子技术有50%已经过时，汽车产品市场生命周期大大缩短。在这种情况下，汽车企业要提高适应能力和竞争能力，最重要的途径是不断开发汽车新产品。在我国，几乎每个汽车新产品的面市均会引起一段时间的热销，市场的反应也大大超过降价的效应。

2．新产品开发的方式

企业根据自身的特点和环境条件可以选择不同的新产品开发方式，一般有以下四种方式可供企业选择。

（1）独立研制

独立研制是指企业完全依靠自己的科研、技术力量研究开发新产品。它是新产品开发的基本形式。这种方式可以密切结合企业的优势和特点，形成一定的产品系列，使企业在某一方面具有领先地位，但需投入大量的人力、财力、物力，有很大的风险。因为企业掌握的信息有限，开发能力有限，风险由企业独自承担，加上现代技术发展变化快，市场风云多变，所以采用这种方式应当慎重，注意取他人之长，集众家智慧，力求新产品开发成功。

（2）技术引进

技术引进是指通过与外商进行技术合作，引进先进技术、购买专利来开发新产品。引进有两种形式：一是引进样品进行仿制；二是引进先进的工艺技术，用于新产品的设计生产。这种方式可以缩短开发时间，节约研制费用，风险也较小，而且可以促进企业技术水平和生产效率乃至产品质量的提高。在企业科研、技术能力有限的情况下，这是一种有效的方式，可以通过加快开发速度，尽快将产品推向市场而获利。但企业引进的技术，通常是已经开发出来的技术，因此有必要对其新的程度和市场容量进行分析，估计自身的竞争能力。从国外引进的技术，要对技术的成熟程度、先进性、适应性及经济性进行充分论证，防止某一方面考虑不周给企业造成不利影响。

(3) 研制与引进相结合

研制与引进相结合是指企业把引进技术与本企业的开发研究结合起来，在引进技术的基础上，根据本国国情和企业技术特点，将引进技术加以消化、吸收再创新，研制出适合本国的具有特色的新产品，来满足消费者的需求。这种方式采取"两条腿走路"的方针，投资少、见效快，产品有一定的先进性和特色，并能促进企业的技术改造和创新，是一种较好的开发方式。

(4) 联合开发

联合开发是指企业之间以及企业和科研、教学单位之间协作进行新产品开发。它有利于充分利用社会的科研能力，弥补企业力量不足，把科技成果转化为生产力，促使其商品化，比较符合我国企业和科研、教学单位的实际需要。

3. 新产品开发的意义

在经济社会迅速发展的今天，企业面临的各种环境条件也在不断发生变化，如不及时开发新产品适应环境，企业就会面临被淘汰的境地，创新已经成为时代发展的主旋律。对企业而言，开发新产品具有十分重要的战略意义，它是企业生存与发展的重要支柱。

(1) 新产品开发是企业发展的生命线

在激烈的市场竞争中，不论是哪家企业，成功或失败都取决于企业能不能用性能更好、质量更高、成本更低、款式更新的产品赢得市场。产品的市场生命周期规律告诉我们，任何产品都有投入期、成长期、成熟期和衰退期，因此企业要成长、要发展，就必须不断地进行新产品的开发。在新知识经济时代，新技术转化为新产品的速度不断加快，产品的市场生命周期越来越短，40年前平均周期是8年，20年前为5年，10年前为3年，所以只有不断开发适合市场需要的新产品才能确保企业的持续发展。

(2) 新产品开发是企业保持其市场竞争优势的重要条件

随着新技术的发展和市场竞争的白热化，产品的生命周期变得越来越短。一个产品、一种型号在市场上畅销几年的时代一去不复返了。因此，只有不断创造出适应市场需要的新产品并持续地强化研究开发能力，才是企业生产力的源泉，才能保持企业竞争的优势。谁开发产品快，谁就能掌握市场的主动权，就能在竞争中处于有利地位。反之，则处于不利地位，面临丧失市场的危险。研究表明，市场先入者凭借先入为主的优势占有市场份额，相对于从竞争对手中抢夺市场份额要容易得多。因此，企业必须重视科研投入，注重新产品的开发，以新产品占领市场、巩固市场，不断提高市场竞争力。

(3) 新产品开发是充分利用企业资源，增强企业活力的条件

开发新产品，打开新的经营领域是企业竞争力的要素之一。企业在单一产品方向上开发新产品和系列产品虽然可以扩大生产规模，但是单一产品的市场容量毕竟有限，这样就会限制企业的发展。因此，需要企业通过开发新的产品进入新的领域，寻求新的发展空间。世界上规模巨大的跨国公司几乎都涉足许多行业。开拓新的经营领域还可以提高企业抵御市场风险的能力。在市场经济中，各种商品的发展程度是不平衡的，并且具有很大的不确定性，有的产品可以有较长时间的稳定需求，而有的产品的市场需求却十分短暂。开发新的产品，进入新的领域，拓宽经营范围，可以降低经营风险。同时，企业不断创造新产品，才会有压力，

才需要新人才、新技术、新工艺、新设备，员工积极性、创造性才能充分发挥，从而激发企业的生机和活力。

（4）新产品开发是提高企业经济效益的重要途径

一个成功的企业，各种产品在其生命周期的各个阶段上应该平衡发展，即当某些产品处在成熟期时，另一些新产品已开始被推向市场；当某些产品开始出现衰退时，另一些产品进入快速成长期，这样的状态能够保持企业经济效益的稳步上升。实现这一目标的保证就是新产品的不断开发。而且，对于创新型的产品来说，先进入市场的企业可以享有制订本行业标准的特权。这种做法等于为竞争对手制造了进入壁垒，延迟业内竞争的到来，使企业获得很大的利益。

综上所述，开发新产品不仅有利于企业的成长、进步和竞争能力的提高，而且也使企业适应社会、自然环境的能力大大提高。因此，要把握未来就要把握先机，开发出好的新产品并且尽快占领市场，只有这样，企业才会在激烈的竞争中永远立于不败之地。

二、新产品开发的过程

新产品开发是一项复杂的系统工程，它涉及面广，科学性强，费用支出大，有时延续的时间还较长，并且对企业的发展有着十分重要的影响。从汽车市场营销观点出发，一个完整的汽车新产品的开发要经历提出创意、创意筛选、概念发展、制订营销战略规划、商业分析、产品研制、市场试销、商品化8个阶段，如图4-3所示。

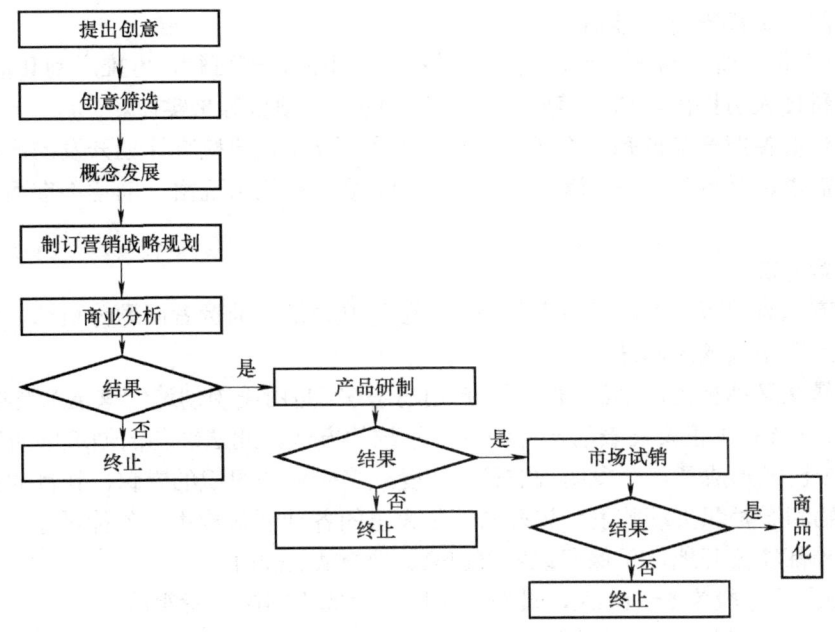

图4-3 汽车新产品开发流程

1. 提出创意阶段

汽车新产品始于构思，构思贵在创新，汽车产品构思是汽车新产品诞生的开始。创新构

思必须源于实际的调研。这一阶段主要解决应该去发展什么样的产品,向顾客提供什么样的消费利益等消费问题。

(1) 创意来源

现代企业越来越感到"闭门造车"这种苦思冥想式的发明创造,已不适应社会经济发展和市场需要的要求。一个汽车新产品应当适应汽车市场的需要,因此汽车企业在进行汽车新产品开发前应当进行充分的市场调查,在实际调研的基础上进行创新性的构思。创意的来源如下:

1) 消费者。顾客是产品的满足对象,汽车消费者的需求是开发汽车新产品的起点和归宿,因此汽车消费者的需求是汽车产品创新构思的重要来源。汽车企业可以通过直接调查、用户座谈会、电话咨询、信函调查等多种途径,搜索、收集汽车消费者的希望和要求。例如,克莱斯勒汽车公司就曾询问汽车购买者对汽车喜欢与不喜欢的意见,应该做什么改进以及对每个改进他们愿意花费的费用等。这种调查将会对产品今后的改进提供大量的创意。

2) 竞争产品。采用逆向思维,从产品出发来研究分析产品的原理,根据竞争对手产品的成功和失败之处,克服其缺点,发扬该产品优势,生产出更优秀的产品。日本通常采用此方法,如本田摩托车的开发。

3) 销售者。销售者包括推销员和中间商。他们直接联系广大汽车消费者,最先感受到汽车消费者的不满与抱怨,也最早感到竞争的压力。他们一方面了解企业,另一方面又了解顾客,所以提出的设想成功率较高。销售者在 20 世纪 50 年代后越来越受到重视,现在许多高层决策部门人员都出身于推销员。

4) 科技人员。新产品本身是在其开发过程中产生的,若可行,再推广到其他的领域中。许多产品由科技人员提出,通过奖励制度、一定的科研项目等来实现。

公司一定要使新产品的每一个项目具有显著的差异,且要检查计划开发的产品项目是否有某种市场需求,而不单单是为满足公司内部的需要,避免出现由于创意不准而带来的不利影响。

(2) 创新方法

创新的方法有很多,如产品属性列举法、强行联系法、消费者问题分析法、头脑风暴法等,这里重点介绍头脑风暴法。

头脑风暴法又称智力激励法、BS 法、自由思考法,是由美国创造学家 A.F.奥斯本于 1939 年首次提出、1953 年正式发表的一种激发性思维的方法。此法经各国创造学研究者的实践和发展,至今已经形成了一个发明技法群,深受众多企业和组织的青睐。其目的在于广开言路,充分鼓励和激励职工动脑筋,想办法,使大家的各种创新构思,各种设想、联想,甚至空想、幻想等都能公开地、无保留地发表出来。具体做法如下:

1) 参加人数一般为 5~10 人,最好由不同专业或不同岗位者组成。

2) 会议时间控制在 1 个小时左右。

3) 设主持人一名,主持人只主持会议,对设想不做评论。

4) 设记录员一两人,要求认真地将与会者的每一设想不论好坏都完整地记录下来。

5) 开会时,让一切设想自由发表,众多的设想被记录下来。

2. 创意筛选

在取得了足够多的创意之后，要对这些创意加以评估，研究其可行性，并挑选出可行性较强的创意，这就是创意筛选。创意筛选的目的就是淘汰那些不可行或可行性较低的创意，使汽车企业有限的资源集中于成功概率较大的创意上。创意筛选应遵循如下标准。

1）汽车市场成功的条件。包括汽车产品的潜在市场成长率、竞争程度及前景、汽车企业能否获得较高的收益。

2）汽车企业内部条件。主要衡量企业的人、财、物资源，企业的技术条件及管理水平是否适合生产这种汽车产品。

3）销售条件。汽车企业现有的销售结构是否适合销售这种汽车产品。

4）利润收益条件。汽车产品是否符合汽车企业的营销目标，其获利水平及新产品对企业原有产品销售的影响。这一阶段的任务是剔除那些明显不适当的产品创意。

筛选新产品创意可通过新产品构思评审表进行。表4-5是一份比较典型的汽车新产品构思评审表。

表4-5 汽车新产品构思评审表

新产品成功的因素	权重	公司能力水平评价											得分 A×B
		0.0	0.1	0.2	0.3	0.4	0.5	0.6	0.7	0.8	0.9	1.0	
公司信誉	0.10									*			0.080
市场开发	0.10							*					0.060
研究开发	0.25										*		0.225
人员	0.25							*					0.150
财务状况	0.15									*			0.120
生产能力	0.05								*				0.035
分销渠道	0.05						*						0.025
采购供应	0.05										*		0.045
总计	1.00												0.740

在表4-5中，第一列是某汽车新产品成功的主要因素；第二列是按照这些条件在进入市场时的重要程度分别给予不同的权重；第三列是对某汽车新产品成功打入市场的能力给予不同的评分；最后汇总，即 A×B，得数相加，表示这个汽车产品投放市场是否符合本企业的目标和战略的综合评分。一般而言，规定分数 0.00～0.40 为"差"，0.41～0.75 为"中"，0.76～1.00 为"良"；可以接受的最低分数为 0.70。表4-5中的汽车新产品处于"中"等。

3. 概念发展

产品创意是公司本身希望提供给市场的一个可能产品的设想，它只是为新产品开发指明了方向，必须把新产品构思转化为新产品概念才能真正指导新产品开发。产品概念是用有意义的消费者术语精确阐述的产品创意，即将新产品创意具体化，描述出新产品的性能、具体用途、形状、优点、外形、价格、名称，提供给消费者的利益等，让消费者能一目了然地识别出新产品的特征。一个产品创意通过思考诸如谁使用该产品，产品提供的主要功能是什么，该产品提供的主要利益是什么，该产品适用于什么场合等问题可能转化为若干产品概念，公

司通常会从中选择一个最有发展潜力的概念,并根据这个概念制订营销战略规划。

4. 制订营销战略规划

对已经形成的新产品概念制订营销战略规划是新产品开发过程的一个重要阶段。该规划将在以后的开发阶段中不断完善。营销战略规划包括三个部分。

1)目标市场的规模大小、结构形式、购买行为,新产品的市场定位,估计前几年新产品的市场占有率、销售额、利润目标等问题。

2)新产品的价格策略、营销策略和第一年的市场营销预算。

3)预计长期销售额、目标利润和产品生命周期不同阶段的市场营销组合。

5. 商业分析

产品概念一旦形成,就可以对产品进行商业分析。在商业分析中,管理层必须复审产品的销售量、成本和利润预计,以确定它们是否满足公司的目标。如果能符合,那么产品概念就能进入产品开发阶段。若不成功,再回到创意阶段。如果有新信息,该商业分析也可做进一步的修订和扩充。

6. 产品研制

如果汽车产品概念通过了商业分析,研究与开发部门及工程技术部门就可以把这种产品概念转变为汽车产品,进入试制阶段。这一阶段应当搞清楚的问题是产品概念能否变为技术上和商业上可行的产品。如果不能,除在全过程中取得一些有用副产品即信息情报外,所耗费的资金则全部付诸东流。产品原型准备好以后,还必须通过一系列严格的功能测试和消费者测试。

根据美国科学基金会调查,新产品研制过程中的产品实体开发阶段所需的投资和时间分别占开发总费用的30%、总时间的40%,且技术要求很高,是最具挑战性的一个阶段。

7. 产品试销

新产品试销的目的是了解市场规模以及消费者和经销商处理、使用、再购买该产品的方式。这是对新产品正式上市前所做的最后一次测试,且该次测试的评价主要是通过消费者的货币来反映。市场试销是对新产品的全面检验,可为新产品是否全面上市提供全面、系统的决策依据,也可为新产品的改进和市场营销策略的完善提供启示,有许多新产品都是通过试销改进后才取得成功的。

当然,并不是所有的汽车产品都必须经过市场试销,有些选择性不大的汽车产品,而且汽车企业对之又抱有成功的信心,就无须进行市场试销。采用试销与否及采用程度如何,一方面取决于投资成本和风险,另一方面取决于时间压力和研究成本。

8. 商品化

汽车新产品一旦定型,就应当不失时机地立刻将其推向市场。汽车产品投产之后,企业应在以下几方面慎重决策:①何时推出新产品?②何地推出新产品?③如何推出新产品?汽车企业必须考虑为之建立完善的营销计划,建设销售网络。需要训练并激励销售人员,安排好广告与促销,所有这些都必须支付庞大的费用。许多正式上市的新产品,其第一年的销售费用有时高达销售收入的一半以上。

通常，汽车产品并不是从开始便向全国市场推出，而是先向主要的地区与市场推出。如果试销的结果充满希望，汽车企业可能尝试以激进的方式全速促销该产品，尤其在竞争者将进入同一市场时，更应如此。如果缺乏足够的信心，以渐进的方式较缓慢地进入市场，固然可以避免损失，但会失去许多机会。

第五节 汽车产品的品牌策略

成功的品牌具有高溢价并能引发很高的品牌忠诚度。目前，对于国内消费者来说，轿车不仅仅是代步的工具，还承载着身份和地位的象征功能，轿车仍然是高档耐用消费品。研究表明，中国消费者在做购车决策时，除价格因素外，品牌有很重要的影响，特别是初次购车者，他们更重视品牌声誉这一外在属性。所以，在乘用车领域，汽车品牌是影响消费者的关键因素。对许多汽车企业而言，品牌是企业进入市场、占领市场的武器，甚至是企业的生命。现在品牌策略已经被越来越多的企业所重视。

一、品牌概述

每个品牌都是企业个性化的标志。它不仅代表企业的形象，代表企业过去的发展历程，还传播着企业的某些新信息，代表着一种生活方式。

1. 品牌的内涵

品牌的英文单词 Brand，源于古挪威文 Brandr，意思是"烧灼"。人们用这种方式来标记家畜等需要与其他人相区别的私有财产。到了中世纪的欧洲，手工艺匠人用这种打烙印的方法在自己的手工艺品上烙下标记，以便顾客识别产品的产地和生产者，保护他们自己和消费者，以预防劣质产品。这就产生了最初的商标。在最近几个世纪，品牌已经成为把不同制造者的商品区分开来的方法。在艺术方面，品牌是从艺术家在他们的作品上签字开始的。品牌当今扮演的是改进消费者的生活并且提高公司的金融价值的角色。

美国营销协会将品牌定义为：品牌是一种名称、术语、标记、符号或设计，或是它们的组合运用，其目的是借以辨认某个销售者或某群销售者的产品，并使之同竞争对手的产品区别开来。一个品牌就是在某些方式下，能将它和用于满足相同需求的其他产品区别开的一种产品的特性。这些差别可能是功能方面的、理性方面的或者有形的，这些与品牌的产品性能有关；它们也可能更具有象征性、感性或者是无形的，这些与品牌所代表的观念有关。

现在的品牌含义已大大地被拓展了，它已经与企业的整体形象联系起来，是企业的"脸面"，即企业形象。一个好的品牌商品往往使人对生产该产品的企业产生好感，最终将使消费者对该企业的其他产品产生认同，从而能够提高企业的整体形象。因此，品牌策略实际上已演变成为企业为适应市场竞争而精心培养核心品牌产品，再利用核心品牌产品创立企业品牌形象，最终提高企业整体形象的一种策略，是企业用来参与市场竞争的一种手段。

2. 品牌的属性

品牌之所以有价值，因为它是销售者向购买者提供的一组特定的特点、利益和服务，好的品牌传达了质量的保证。一个品牌能表达出以下6层含义。

（1）属性

一个品牌首先给人带来特定的属性。例如，梅赛德斯代表着高贵、优良制造、高声誉、快捷等。许多年来，梅赛德斯的广告是："工程质量全世界其他汽车无可比拟。"这是为显示该汽车属性而精心设计的定位纲领。公司可以利用这些属性的一个或几个做广告宣传。

（2）利益

一个品牌不仅仅限于一组属性。顾客不是购买属性，他们是购买利益，属性需要转换成功能利益和情感利益。属性"耐用"可以转化为功能利益，如"这车帮助我体现了重要性，令人羡慕"；属性"优良制造"可以同时转化为功能利益和情感利益，如"万一出交通事故，我也是安全的"。

（3）价值

品牌体现了制造商的某些价值观。例如，90多年以来，劳斯莱斯公司生产的劳斯莱斯豪华轿车总共十几万辆，它不仅是一种交通工具，更是富豪生活方式的一种标志。

（4）文化

品牌可能附加象征了一定的文化。劳斯莱斯象征着英国贵族；梅赛德斯则体现了德国文化：有组织、有效率、高品质。

（5）个性

品牌代表了一定的个性，使得它所代表的产品区别于其他竞争者的产品。梅赛德斯使人想到风度翩翩的老板，或一座质朴的宫殿。

（6）使用者

品牌还体现了购买或使用这种产品的是哪一种消费者。事实上，产品所表示的价值、文化和个性，均可反映在使用者的身上。奔驰属于出入于上流社会的成功人士；劳斯莱斯是身份显赫的贵族；福特犹如中产阶级白领。

可以看出，品牌是有灵魂的，是活生生的。一个品牌必须存在于企业中，但又可以独立于它所在的企业之外。像"劳斯莱斯"无论是在被大众并购前或并购后，其核心价值并没有发生改变。企业的营销人员不能把品牌仅仅看成是一种符号、一种促销的标记，品牌是可以把产品及其设计者的全部精神意图传送给消费者的使者，它能在心灵深处打动消费者，拨动他们的购买欲望。

3. 品牌在市场营销中的作用

（1）品牌对生产者的意义

品牌有助于产品的销售和占领市场；有利于订单处理和对产品的跟踪；有助于稳定产品的价格，减少价格弹性，增强对动态市场的适应性，减少未来的经营风险；有助于市场细分，进而进行市场定位；有助于开发新产品，节约新产品投入市场的成本；有助于企业保护产品的某些独特特征被竞争者模仿，从而抵御竞争者的产品竞争，保持竞争优势；有助于树立产品和企业形象，为吸引忠诚顾客提供了机会。

（2）品牌对消费者的意义

品牌有助于消费者识别产品的来源或产品制造厂家；有助于消费者避免购买风险，降低消费者的购买成本；有利于消费者形成对某些品牌的偏好。

（3）品牌自身的意义在于其所具有的巨大的无形资产价值

正如可口可乐公司所说，即使其厂房被全部烧毁，只要"可口可乐"这个品牌在，消费市场就不会消失。汽车品牌是消费者因听到或看到某汽车产品的品牌名称或标志而产生的关于汽车产品、技术水平、企业实力、保障、承诺、企业文化等联想和认知印象的总和。例如，人们看到奔驰的标志，就会联想到奔驰的稳重、拥有者的事业成功。汽车品牌是汽车企业可持续发展的重要资源之一。

汽车"同质化"的时代已经到来。目前，在我国市场出现的新车中，同等价位的汽车产品无论是性能还是技术含量都越来越接近。这对消费者来说，购买哪一个品牌的汽车，很大程度上取决于消费者对该汽车品牌的认知程度的高低。品牌能够带来忠诚的顾客群，能够带来稳定的市场份额，能够带来强大的竞争力，能够带来巨大的无形价值，能够使企业持续生存，品牌建设工作迫在眉睫。

二、汽车的品牌策略

当前汽车市场生产力已经处于过剩状态，所有开放市场经济国家都不同程度地进入了买方市场，市场竞争的环境、手段与过去相比都发生了很大的变化。在这种情况下，企业取胜的主要手段已不再单纯以产品本身来竞争，还包括品牌的竞争。可以说，未来国际市场竞争的主要形式将是品牌的竞争，品牌策略的优劣将成为企业在市场竞争中出奇制胜的法宝。汽车产品的品牌策略主要有三种：汽车产品线扩展策略、汽车多品牌策略、合作品牌策略。

1. 汽车产品线扩展策略

所谓汽车产品线扩展策略是指汽车企业现有的产品线使用同一品牌，当增加该产品线的产品时，仍沿用原有的品牌。如上海大众，在普桑成功占领市场后推出桑塔纳 2000。这种新产品往往都是现有产品的局部改进，如增加新的功能、包装、式样和风格等。通常厂家会在这些商品的包装上标明不同的规格、不同的功能特色或不同的使用者。

产品线扩展的原因是多方面的，如可以充分利用过剩的生产能力；满足新的消费者的需要；率先成为产品线全满的公司以填补市场的空隙，与竞争者推出的新产品竞争或为了得到更多的货架位置。采取产品线扩展策略可利用消费者对现有品牌的认知度和认可度，在较短的时间、较低的风险情况下占领市场。

2. 汽车多品牌策略

所谓汽车多品牌策略是指汽车企业对同一产品使用两个或两个以上的品牌的策略。例如，德国大众的奥迪品牌和大众品牌，奥迪品牌群包括奥迪（Audi）、西亚特（SEAT）和兰博基尼（Lamborghini）等品牌；大众品牌群包括大众、斯柯达（Skoda）、宾利（Bentley）和布加迪（Bugatti）等品牌，各个品牌均有其自己的标识，自主经营，产品从紧凑车型到豪华车型应有尽有。各个品牌形象之间既有差别又有联系，蕴含着整体大于个别的意义。一个汽车企业实施多品牌策略，可以减少风险，增加盈利的机会。采用该策略具有以下优势：

1）多品牌策略使企业有机会最大限度地覆盖市场。随着市场的成熟，消费者的需要逐渐细分化，一个品牌不可能保持其基本意义不变而同时满足几个目标。

2）多品牌策略有助于限制竞争者的扩展机会，使得竞争者感到在每一个细分市场的现有品牌都是进入的障碍。

3）多品牌策略有助于突出和保护核心品牌。领先品牌肩负着保证整个产品门类的盈利能力的重任，其地位必须得到捍卫；否则，一旦它的魅力下降，产品的单位利润就难以复升。当需要保护核心品牌的形象时，那些次要品牌成为前哨阵地，与此同时，核心品牌的领导地位则可毫发无损。

所以，多品牌策略有助于覆盖市场，降低营销成本，限制竞争对手和有力地回应零售商的挑战。

3. 合作品牌策略

合作品牌（也称为双重品牌）是两个或更多的品牌在一个产品上联合起来，每个品牌都期望另一个品牌能强化整体的形象或购买意愿。这是一种伴随着市场激烈竞争而出现的新型品牌策略，它体现了公司间的相互合作。一种产品同时使用企业合作的品牌是现代市场竞争的结果，也是企业品牌相互扩张的结果。

这种品牌策略在我国汽车行业很常见，如一汽大众、上海通用、东风雪铁龙。合作品牌策略的优点在于它结合了不同公司的优势，可提高自己品牌的知名度，从而扩大销量额，增强产品的竞争力，同时节约了各自产品进入市场的时间和费用。

4. 品牌策略的误区

随着中国汽车市场的成熟以及消费者消费行为的理性，随着汽车产品以及服务日趋同质化，品牌越来越成为重要的差异化优势来源。有研究表明，汽车厂商的盈利能力与其销量中的溢价品牌销量所占比例具有较高的相关度。因此，塑造品牌或者构建怎样的品牌架构是目前中国合资企业、自主品牌企业、跨国公司，在惨烈的价格竞争中寻求突破的关键策略。但是，汽车企业在品牌策略的运用过程中，普遍存在以下几大误区。

（1）错把名牌当品牌

名牌产品是民族工业的精华和骄傲，是一个重要的无形资产，能创造出比同类非名牌产品更高的价值。无论是发达的经济强国，还是新崛起的工业化国家，无不把发展名牌事业作为一项至关重要的战略任务来抓。但名牌产品并非一定是品牌产品，名牌产品更多地注重产品名气，而品牌在消费者心目中有优先提及性、丰富的联想性、还有排他性。因此，名牌如果没有抓好产品质量和技术创新，没有科学的、全面的、有效的市场营销策略，没有长时间的持续管理能力，就会徒劳无功或者事倍功半。

（2）品牌过度依赖广告

广告不能创造品牌，只能传播品牌。正是因为广告对于品牌建设的重要性，而且又是最直观的表现，所以掩盖了品牌建设中深层次的内涵，造成了企业在品牌建设过程中过度依赖甚至单纯依赖广告的情况，以致产生重形式、轻内容的炒作思维。

广告的作用在于表现品牌的外在特点，它能提高品牌的知名度和识别价值，树立品牌的外在形象。但是这些是不能直接促进销售的，只是一个铺垫。能真正实现品牌价值的是品牌的顾客忠诚度和顾客满意度，而这两个重要指标不是单靠广告就能建立的，更多的还是需要从品牌的内涵中去挖掘，包括产品品质、价格、购买便利程度、客户关系、售后服务、附加利益等众多方面。因此，品牌建设是存在于营销全过程的。著名的可口可乐公司自商标注册以来已经过了100多年。它能成为世界第一品牌，广告宣传只占其全部宣传的很小一部分，更多的是可口可乐公司的内在文化，独特文化是其他饮料公司无法复制的，也是长时间支撑品牌价值的灵魂。

（3）忽视持续经营能力对品牌的重要性

世界上真正能够成为长寿企业的并不多，据统计，世界五百强企业的平均寿命只有40岁，而我国500强企业的平均寿命仅有11岁，中小型企业的平均寿命仅有1.5岁。为什么众多企业短寿，是因为没有市场？产品落后？还是由于什么别的原因？从我国品牌的发展过程来看，不难发现在历史的进程中有很多曾经辉煌的企业，他们的衰败过程有着惊人的相似，那就是快速成长、快速衰败；破解企业长寿、短寿的秘密，对理解品牌建设的精髓有着重大意义。

在品牌持续经营过程中常出现两方面的问题：其一，表现在品牌生命周期上，也就是产品生命周期上，当产品生命周期进入衰退阶段时，品牌也步入了衰退期；其二，表现在品牌维护不佳上，企业往往认识到了品牌的重要性，因此通过电视等传播媒体进行一番狂轰滥炸，以后就认为可以坐享其成，缺乏持续的品牌形象维护，当意识到品牌对消费者的吸引力不及竞争品牌时，已经让竞争者占了上风。实际上，品牌是建立在消费者长期信任的基础上的，持续经营对品牌内涵建设具有重要的作用。

（4）经营观念忽视品牌内涵

对品牌内涵认识不深，表现在以产品观念或销售观念经营品牌。很多企业期望通过强烈的广告攻势获得市场的高份额，但是却只顾推销，未能满足消费者的真正需要而最终退出市场。品牌所包含的不仅在于产品品质以及品牌的知名度，品牌实质上是一个综合的系统，品牌的价值以系统的方式表现。如麦当劳的品牌内涵中包含了其产品品质、产品市场定位、品牌文化、产品标准化生产及品质保障机制、品牌形象推广、特许经营的市场扩张模式等。这个系统构成成为麦当劳品牌的内涵，缺乏内涵的单一品牌推广是无法奏效的。

（5）品牌定位错误

品牌目标市场定位错误，表现为进入了不正确的细分市场，市场规模不足以支援品牌成长。市场定位模糊是指在品牌经营时未明确产品目标市场，甚至期望产品老少皆宜、妇孺皆知。在产品推广时，未能形成针对某一特定目标市场的有效策略，从而造成品牌失败。

（6）品牌形象混乱

品牌形象混乱的主要表现是：①品牌文化建设不足，品牌命名不符合消费文化以及品牌标识设计陈旧。一些企业在品牌命名时喜用洋名，却忽视了其所面对的消费群的文化特征，还有一些企业品牌标识未注重设计的品质感或未关注标识对于目标消费群的影响度，或一直沿用明显过时的符号，使品牌形象受损。②一些品牌在经营时品牌形象不统一，造成品牌所面对的目标市场不一致。

（7）品牌延伸失误

多元化发展成了现代企业发展的主题，但在多元化发展过程中，企业也最容易走入品牌延伸的陷阱。一些品牌在获得了一定的市场知名度后，就想借机将品牌资产延伸到新的市场，但是在品牌延伸时却由于缺乏基本的市场研究，将品牌延伸到与原领域截然不同甚至有冲突的领域，造成品牌的衰退。例如，雪佛兰被定义为美国家用轿车品牌，如果有一天把雪佛兰这个品牌冠于货车上，消费者就会很难接受。

品牌延伸决策要考虑的因素有品牌的核心价值与个性、新老产品的关联度、行业与产品的特点、产品的市场容量、企业所处的市场环境、企业发展新产品的目的、市场竞争格局、企业的财力以及企业品牌的推广能力等。而上述因素中品牌的核心价值与个性又是最重要的，它是企业品牌的精髓。因此，品牌的延伸应以不与原有核心价值与个性相抵触为原则。

奥迪品牌的中国之路

1986年，奥迪公司与中国进行首次正式接触，开始在长春与中国一汽集团共同进行一项技术的可行性研究。在此后的两年中，奥迪乘用车的技术开发工作继续进行，并于1988年授予一汽生产许可证，当年共组装了499辆汽车。

1990年，中国一汽安装了奥迪乘用车组装线，日生产能力达50辆。1993年，奥迪加入一汽-大众合资企业。1995年，一汽-大众开始准备生产专门为中国开发的奥迪200 V6车型。

次年，奥迪200 V6下线。

1996年，奥迪在北京设立了售后服务部。奥迪的技术人员常驻一汽一号服务站，除提供技术支持外，还对中国员工进行在职培训。同年，奥迪在北京建立了一支由汽车销售、市场开发、公关和售后服务等专业人员组成的团队，以促进奥迪在中国市场的发展。

1999年，奥迪与其合作伙伴一汽集团共同生产的奥迪A6在长春一汽-大众下线，奥迪A6填补了中国高档豪华乘用车生产的空白。当年，奥迪在中国销售6911辆乘用车。

2000年，第一个奥迪标准经销商展厅在北京落成，奥迪将全球统一的、高标准的销售服务体系引进中国。当年，奥迪在中国的销量比上一年增加了约1.5倍，达17451辆。

2001年，奥迪A8正式投放中国市场，这标志着奥迪系列中的旗舰产品登陆中国。随后，新款奥迪A4和奥迪TT跑车也相继在中国投放，为中国消费者提供了更多的个性化选择。同年，奥迪引进了与世界同步的氙灯、驻车加热和电动座椅等技术装备，配备在2001年奥迪A6技术升级版上。奥迪当年在中国的销量上升到27890辆。

2002年，奥迪将其独有的Multitronic无级/手动一体式变速器配备在奥迪A6上。随后，经过23项升级的新奥迪A6上市。这一年两次与国际同步的升级，使奥迪继续保持在中国豪华车市场上的领先地位。同年，奥迪全能四驱越野车在中国上市，这辆真正意义上的公路、越野两用四驱车进一步增强了奥迪品牌的竞争优势。这一年，奥迪在中国的销量达到36492辆。

2003年，奥迪A4作为全球豪华品牌B级车的顶端产品在中国投产，它的投产使奥迪扩大了在中国生产的产品线。同年7月，创立全球高档豪华乘用车新标准的新奥迪A8也在中国上市。2003年10月，奥迪A6行政型和运动型乘用车投放市场，再次证明了奥迪在中国的成功。2003年中国汽车市场销量总体上涨69.6%，高达227万辆，而奥迪汽车的总销量则达到63531辆，上涨71.5%。

2004年4月，奥迪推出奥迪A4新车型，除增加了更多的颜色选择外，还提供了一些个性化选装配置，包括娱乐包、运动包、冬季包、真皮包等。奥迪A4新车型成为追求高品质、个性化生活的精英人士的理想选择。同年5月，奥迪顶级旗舰产品奥迪A8L 6.0 Quattro全时四轮驱动乘用车投放中国市场。它的推出进一步巩固了奥迪在中国高档车市场的领先地位。目前中国是世界第四大A8市场。同年8月，国产奥迪A6 2.5 TDI柴油车也正式投放。在当年中国车市整体下滑的情况下，奥迪全年销量增长0.8%，达到64018辆（其中国产奥迪A6为46177辆，国产奥迪A4为15841辆），占据了68.9%的国产高档车市场份额。

2005年4月，国产全新奥迪A6L上市。作为当时国内最豪华、最先进、国情适应性最强的高档乘用车，全新奥迪A6L秉承了奥迪在全球的最高品质，其尊贵的外观设计、优异的运动特性、宽敞的内部空间和卓越的安全性能将驾乘的便捷、动感、舒适性体验提升到了同级乘用车前所未有的境界。10月，全新奥迪A4的上市进一步加强和完善了奥迪在中国的产品系列。面对激烈的市场竞争，奥迪2005年在中国取得了出色的销售业绩，销量达到58878辆（根据AAK统计方式，即最终销售到用户的数字），增长9.6%，中国成为奥迪在德国本土之外的第三大市场。

奥迪在不断向中国客户提供与全球同步的先进产品和服务的同时，积极参与一系列高规格的体育、文化活动，使中国客户更全面地体验到奥迪品牌的内涵。

2001年6月，奥迪A8赞助了举世瞩目的世界三大男高音北京演唱会。2002年4月，奥迪为博鳌亚洲经济论坛提供奥迪A6作为贵宾用车。2003年4月，奥迪A4赞助了世纪音乐剧《猫》在上海的首演和皇家马德里足球俱乐部中国行。

2004年，奥迪赞助北京国际马拉松赛，举办奥迪Quattro杯高尔夫锦标赛，参加DTM德国房车大师赛上海站表演赛，亮相极具未来元素的概念跑车RSQ，并成为北京2008年奥运会正式高级用车品牌，使中国客户更全面地体验到奥迪品牌的动感精髓。

2005年，奥迪继续引领中国高档豪华乘用车，举办和参与了一系列体现奥迪尊贵、进取、动感品牌形象的活动，如成立奥迪英杰汇，分别任命余隆先生、郎朗先生、靳羽西女士为奥迪英杰汇的"文化先锋""音乐先锋"和"时尚先锋"。

2006年，赞助时尚芭莎明星慈善夜。

2006年，赞助中国风尚大典。

2006年，赞助张艺谋导演电影《满城尽带黄金甲》。

2007年，协助举办第四届奥运歌曲征集评选活动。

奥迪品牌所代表的独特生活方式也在一系列活动中得到诠释，如赞助上海国际时装周和广州交响乐团等。另外，奥迪不断建立新的平台，如奥迪驾控之旅、北京奥迪品味车苑和上海奥迪媒体中心等，让消费者充分体验到奥迪品牌所具有的独特魅力。

面向未来，奥迪将继续与一汽-大众合作，致力于在中国的长远发展。未来投资计划包

括引进更多的车型，更新生产设备，开展营销活动，不断加强全球统一销售服务网络的建设等。目前奥迪在中国市场的经销商网络已覆盖85个城市，拥有131家经销商。

复习思考题

1. 解释并理解汽车产品的整体概念。
2. 什么是产品组合？其类型有哪些？汽车产品组合策略的意义是什么？
3. 对于汽车企业来说，如何确定一个最佳的汽车产品组合？
4. 什么是产品的生命周期理论？在不同的产品周期，应采用何种营销策略？汽车产品生命周期研究对汽车营销的意义是什么？
5. 什么叫汽车新产品？它包含哪些类型？汽车新产品的开发策略有哪些？
6. 试阐述新产品开发的过程。
7. 品牌对汽车企业有什么实际作用？

第五章

汽车产品价格策略

知识目标

　　了解汽车产品定价的概念。
　　了解影响汽车企业定价的主要因素。
　　掌握汽车企业定价的基本方法。
　　了解汽车产品的定价策略。
　　了解汽车产品定价的程序。
　　了解汽车产品价格调整时各方的反应。

能力目标

　　能针对汽车企业的内外部环境进行汽车产品定价方法的选择。
　　能灵活运用各种定价策略进行汽车产品的定价。
　　能针对企业内外部营销环境进行企业产品价格调整策略的选择。

第一节　汽车产品定价概述

　　价格是商品价值的货币表现,它随着商品的价值量、供求关系和价格政策的变化而变化。价格是活泼的、运动的,它受价值规律和供求规律所支配,随时可以发生变动。价格策略是指根据营销目标和价格原理,针对生产企业和经销企业以及市场变化的实际情况,在确定产品价格时所采取的各种具体对策。

　　定价是市场营销组合中一个十分关键的组成部分。作为资源配置和调节供需的杠杆,价格从来都是一个十分敏感的话题。它是决定公司市场份额和盈利率的最重要因素之一。在市场营销活动中,汽车产品的价格不仅是汽车商品价值的货币表现形式,而且会随着市场需求、市场竞争状况的变化而变化。价格机制能够指导市场经济活动按照一定规律向前发展。因此,定价既是一门科学,又是一种艺术。在我国汽车市场竞争日益激烈的今天,价格策略已成为国内汽车企业重要的营销手段。

一、汽车产品的定价

1. 汽车产品定价的概念

　　价格直接关系着市场对产品的接受程度,影响着市场需求量即产品销售量的大小和企业利润的多少,无论是生产者、顾客还是竞争对手,对产品的价格都十分关注。对于产品价格,从经济学和市场营销学的观点来看,其含义是不同的。

1)从经济学的观点来看,价格是严肃的,是不可随意变动的。价格是商品价值的货币表现形式,是由社会必要劳动时间决定的,价格总是与利润的实现紧密联系在一起的,即价格=总成本+利润。因此,经济学所说的价格强调的是价格形成的物质基础,其产品定价是一门科学,是非常严格的。

2)从市场营销学的观点来看,价格是活泼的,是可以根据需要而改变的。产品的价格是在产品理论价格的基础上,从企业的角度结合不断变化的市场情况,在研究产品进入市场、占领市场、开拓市场的情况下的应变价格,是消费者的心理体验,属于"价值工程"的范畴,即心理、感觉上的投入与收入之比,也就是平常所说的"值"与"不值"。价格的制定必须以消费者能否接受为出发点,在客观经济规律允许的有限范围内自由定价,遵循客观的经济规律进行定价决策和调节。因此,市场营销学所说的价格强调的是形成的主观因素。因此,定价不仅是一门科学,而且是一门艺术,企业应研究定价的技巧和策略,发挥市场价格的杠杆作用。

其实,在一定意义上说,经济学和市场营销学两者所说的价格并不是彼此对立,而是相互统一的。经济学着重研究产品的理论价格,它把各种具体的市场现象进行抽象,将产品价格定义为价值的货币表现,从根本上规定了价格形成的本质;而市场营销学研究的价格则是为了促进销售,获取利润,因而要求企业定价时,既要考虑成本的补偿,又要考虑消费者对价格的接受能力,从而使定价具有买卖双方决策的特征。将产品价格定义为消费者必须而又愿意支付的货币数量,则从根本上规定了价格形成的现象。将两者结合起来,无疑可以保证企业产品定价的科学性和艺术性。

2. 汽车产品定价的意义

价格是供求关系的信号,与经营者和消费者的利益休戚相关,是影响交易成败的重要因素。企业定价是为了达到促进销售,获取利润的目标。价格既是调节市场供需的杠杆,也是汽车进入市场的门槛。

(1)价格是调节供需的杠杆

在计划经济条件下,由于商品短缺,我们直接用政府的计划手段配置经济资源,而忽视了价格在调节供求关系上的作用。因为只有这"看得见的手"才能"保障供给",才能有效地把有限的经济资源集中用在"刀刃"上。但时过境迁,如今不是靠政府的定价来限制消费,在流通领域,更多的是经营者在绞尽脑汁用定价策略促销自己的产品,赢得市场。

据国家发展与改革委员会价格监测中心对全国 36 个大中城市的监测,2009 年上半年乘用车价格持续走低,同比下降 3.38%;而来自国家信息中心的统计显示,2009 年上半年,排量在 1L 以下的乘用车零售增长率为 46.6%,1～1.6L 的车型增长了 52.7%,2.5L 以上车型下降 15%,2.0～2.5L 之间的车型下降了 1.8%。从价位上来看,10 万元以下的车型增长了 42.8%,10 万～15 万元的车型增长了 38.8%,25 万元以上的车型下降了 14.1%。

(2)价格是进入市场的壁垒

消费者是有价格意识的群体,价格低,市场的进入壁垒低,消费者多,市场占有率就高;反之,市场占有率就低。显然,产品价格与市场占有率之间存在着相当高的"反相关关系"。

二、影响汽车产品定价的主要因素

价格是一个变量,受到企业、顾客、竞争者、营销环境等许多因素的影响。这些因素既包括内部因素,也包括外部因素,具体来说,影响汽车产品价格的主要因素有产品的成本、消费者的需求、产品特征、竞争者行为等。定价时必须首先对这些因素进行分析,认识它们与汽车产品价格的关系,再据此选择定价策略。

1. 汽车产品的成本

成本分为两种,即固定成本和可变成本。固定成本是指在一定限度内不随产量和销售量的增减而变化,具有相对不变性质的各项成本费用,如固定资产的投资、折旧以及企业管理经费等,这些费用不论企业产量的多少都必须支出。变动成本是指随着产量或销售量的增减而变化的各项费用,如原材料消耗、储运费用、产品进价、进货费用、计件工资等,它们在一定范围内随着产品销售量的变化而成正比例变化。

汽车生产企业为了保证再生产的顺利实现,产品价格必须能够补偿产品生产、分销和促销的所有支出,并补偿企业为产品承担风险所付出的代价,同时也要保证一定的盈利。因而企业必须了解成本的变动情况,尽可能去掉产品的过剩功能,节省一切不必要的消耗,降低成本,降低价格,从而扩大销售,增加盈利,汽车产品的成本是企业能够为产品设定的底价。成本低是产品价格竞争力强的重要基础。

汽车成本是一个复杂的价值系统,它涉及规划、设计、工艺、制造、质量、采购、销售、财务、劳动等汽车制造的全过程和企业经营的各方面。努力降低成本是我国汽车企业当前的一个战略性行为,而不仅仅是战术性经营行为。

2. 消费者的需求

消费者的需求对汽车定价的影响,主要通过汽车消费者的需求能力、需求强度、需求层次反映出来。汽车定价首先要考虑汽车价格是否适应汽车消费者的需求能力,如果消费者的需求能力强,企业在定价时,可以定得高一些;反之,则应低一些。其次,要考虑消费者的需求强度,如果消费者对某品牌汽车的需求比较迫切,且对价格不敏感,企业在定价时,可以定得高一些;反之,则应低一些。另外,不同的需求层次对汽车定价也有影响,对于能满足较高层次需求的汽车,其价格可定得高一些;反之,则应低一些。

此外,汽车产品的价格也会影响消费者的购买需求。经济学的需求规律原理告诉我们,如果其他因素保持不变,消费者对某一商品需求量的变化与这一商品价格变化的方向相反,如果商品的价格下跌,需求量就上升;而商品的价格上涨时,需求量就相应下降。当然,不同的汽车产品,其市场需求对价格变动的反应是不一样的,这在经济学中用需求的价格弹性这一术语来分析。在现实生活中常见的是缺乏弹性和富有弹性两种情况。

1)缺乏弹性,即价格的大幅度变动对需求量变动影响不大,此时可以维持原价或提高

价格。

2）富有弹性，也就是说，价格的微小变动能够引起需求量的较大变动，此时可以适当调低价格，薄利多销。汽车属于富有弹性的商品，企业高管在适当的时候需考虑适当降价，以刺激需求，促进销售，增加销售收入。

3. 产品特征

产品特征是从汽车产品对消费者的吸引力方面来考虑的，是汽车自身构造所形成的特色。汽车的自身构造要素包括它的造型、质量、性能、服务、商标和装饰等内容。它能反映汽车对消费者的吸引力。汽车产品的特征好，该汽车就有可能成为名牌汽车、时尚汽车、高档汽车，就会对消费者产生较强的吸引力，能给消费者带来物质和精神的双重满足，甚至成为自身炫耀的资本，来显示其经济上的富有与地位上的优越，这种汽车往往供不应求，因而在定价上占有有利的地位，其价格要比同类汽车高。

4. 竞争对手

企业定价决策的另一个重要因素是竞争对手，因为大多数情况下，市场上并非只有一家公司。汽车定价是一种挑战性行为，我们必须了解谁是我们的竞争对手，他们的战略是什么，优势是什么。任何一次汽车价格的制定与调整都会引起竞争对手的关注，并导致竞争对手采取相应的对策。在制定价格之前，应该对市场上竞争对手的产品价格、质量和各方面的性能有一个全面的了解，并以此为基础对自身的产品进行定位，才能使产品价格更有针对性和竞争力。在这种对抗中，竞争力强的汽车企业定价自由度较大；竞争力弱的汽车企业定价的自由度相对较小。

在现代市场竞争中，价格战容易导致两败俱伤，风险较大。所以，很多汽车企业往往会避开价格战，而在汽车质量、促销、分销和服务等方面下功夫，以巩固和扩大自己的汽车市场份额。

例如，奥迪1997年在国内上市，到2002年宝马国产化之前，奥迪独占了中国豪华车市场整整五年。当时在中国，"四环"成为豪华车的标志，奥迪就是身份的象征。作为当时国内唯一的国产高档豪华车，奥迪的市场份额最高时曾达到90%，价格也是高高在上。

2002年后，随着宝马、奔驰、凯迪拉克和皇冠等多款高档豪华轿车的陆续上市，同一排量的奥迪车型，价格由原来的30多万元降为20多万元，价格下降超过30%。

5. 市场结构

市场经济最显著的特点就是自由竞争。市场需求和生产成本只是决定产品的可能价格范围，但它并不一定适应市场竞争的需要，只有合理的价格才是直接参与市场竞争的有效方式。西方经济学家把竞争按其程度分为完全竞争、完全垄断、垄断竞争和寡头垄断四种状态，不同的竞争状态下，产品的价格也不同。

1）完全竞争。完全竞争是指同种产品有多个营销者，他们都以同样的方式向市场提供同类的标准化的产品，他们的产品供应量都只占市场买卖总量的极小份额，任何一个企业都不可能单独左右该种产品的市场价格。产品价格在多次交易中自然形成，各个经销商都是价格的接受者而不是决定者，企业的任何提价或降价行为都会招致对本企业产品需求的骤减或利润的不必要流失。在完全竞争状态下，产品定价应随行就市。

2）垄断竞争。垄断竞争是指同种产品有多个营销者，虽然他们都以同样的方式向市场提供同类的产品，但是他们中只有极少数的企业对产品的价格起决定性作用。在这种情况下，一个行业中有许多企业生产或销售同种产品，而且每个企业的产量或销售量只占市场供应总量中的一小部分。虽然同行企业很多，但每个企业无论是在生产或销售的产品的性能、品牌、质量、花样和式样上，还是在企业所处地理位置或服务方式上，都有很大的差异性，竞争激烈，随时可能有新的企业参与竞争，而且随时可能有企业退出竞争。在此种情况下，只有少数的买者或卖者拥有较优越的条件，可以对产品价格起较大的影响作用。这时，企业已不是一个消极的价格接受者，而是一个对价格有影响力的决定者。

3）寡头垄断。在寡头垄断状况下，生产某种产品的绝大多数企业由少数几家大企业控制，每个大企业在相应的市场中占有相当大的份额，对市场的影响举足轻重。在这种情况下，产品的市场价格不是通过市场供求决定的，而是由几家大企业通过协议或默契形成的。在这种联盟价格形成后，一般在相当长的时间内不会变动。

4）完全垄断。完全垄断是指一种产品完全由一家或极少数几家企业控制，而且此种产品在市场上没有现成的替代品市场。在这种市场环境中，垄断企业没有竞争对手，而且有较高的自由定价的权利，可以独立或与极少数几家企业协商制定价格，可以在国家法律允许的范围内随意定价，产品定价极高，只要市场承受得住即可。在完全垄断状态下，非垄断性企业定价应十分谨慎，以防垄断者的价格报复。

可见，在不同的市场竞争模式中，企业的定价自主权是不一样的，价格制定决策也不同。现代汽车生产企业应该具有通过用汽车产品定价去应对甚至避免竞争的意识。当以此为定价目标进行定价时，企业应当根据实际市场情况（包括对市场有决定性影响的竞争者的情况），可以将汽车产品的实际定价低于竞争对手，或者高于竞争对手（当企业条件优越，实力雄厚时）。这种定价目标比较适合于那些实力雄厚，而且易于实现目标的企业。

6．货币价值

汽车价格是汽车价值的货币表现，汽车价格不仅取决于汽车价值量的大小，而且还取决于货币价值量的大小。汽车价格与货币价值量成反比例关系。在分析货币价值量对汽车定价的影响时，主要分析通货膨胀的情况，一般是根据社会通货膨胀率的大小对汽车价格进行调整。通货膨胀率高，汽车价格也应随之调高。

7．社会环境

社会环境因素主要包括国家政策和社会经济因素两个方面。为了维护国家与消费者利益，维护正常的汽车市场秩序，促使社会经济有序健康的发展，国家制定有关法规，来约束汽车企业的定价行为。在国内生产汽车的企业大部分是国家控股的大型企业，是国家宏观调控的重点对象，国家通过产业政策和价格控制等手段对汽车市场进行管理。主要的控制政策表现为：制定价格总政策，如保持价格总水平稳定的政策等；规定企业定价权限。规定哪些企业有定价权，哪些企业没有定价权。即使有定价权的企业，也要遵守定价权限规定的可以定价的产品种类、作价原则和价格浮动范围，不得任意超越规定权限。

在社会经济方面，当汽车生产企业的投资和建设处于经济繁荣期时，汽车产品的社会需求量就会随之提高，相应的汽车产品价格也会呈现上涨的趋势；当社会经济处于衰退和调整时期，汽车产品的社会需求量随之减少，价格也就容易降低。因此，对汽车生产企业来说，社会环境因素已成为产品定价时所必须考虑的重要因素之一。

三、汽车产品的定价目标

企业为产品定价时，首先必须有明确的企业目标。企业有很多的目标，不同的汽车企业在不同的时期有不同的目标。如果营销部门对公司目标有清晰的把握，那么包括确定价格在内的营销组合便是一件相对容易的事情。相反，如果定价与公司的目标相背离，可能花了很大精力，结果并不是公司想要的。企业目标一般可分为以利润为定价目标、以市场占有率为定价目标、以维持企业生存为目标、以产品质量为目标、以稳定价格为目标等进行定价。

1．以利润为定价目标

以利润为定价目标是指汽车企业期望获取销售利润而确定的价格目标。价格是实现利润的重要手段，获得最大利润也就成为企业定价的主要目标。许多企业都想制订一个能够使当期利润达到最大的目标价格。它们对需求和成本进行估计，并同可供选择的价格联系起来，选定一种价格，能够产生最大的当期利润、现金流量或投资收益率。以该目标确定汽车产品的价格，被定价产品必须要求市场信誉高，在目标市场上占有优势地位。因此，这种定价目标比较适合处于成熟期的名牌汽车产品。由于企业的经营哲学及营销总目标的不同，这一目标在实践中有以下三种形式。

（1）预期利润目标

以预期利润目标定价就是在成本的基础上加上目标利润。预期利润是指企业以预期利润为定价基点，在成本的基础上加上目标利润构成价格出售产品，从而获取预期收益。在确定预期利润的高低时，应当考虑产品的质量、功能、消费者对价格的反应程度及市场竞争状况等各种因素。一般说来，预期利润适中，可以获得长期稳定的收入。

（2）最大利润目标

以最大利润为汽车定价目标是指汽车企业期望获取尽可能大的销售利润。最大利润是指企业在一定时期内可能并准备实现的最大利润总额，而不是单位产品的最高价格。最高价格不一定能获得最大利润。在一定时期内，企业综合考虑市场竞争、消费需求量等因素后，以总收入减去总成本的最大差额为基点，确定单位产品价格，以便获取最大利润。

采用这种定价目标，必须要求被定价的产品市场信誉高，在目标市场上占有优势地位。因此，这种定价目标比较适合于具有竞争优势的中小汽车企业或处于成熟期的名牌汽车。

一般而言，企业追求的应该是长期的、全部产品的综合最大利润，企业通常都是通过提高市场占有率、扩大销售量、增强市场优势等方式来追求长期利润最大化的。这样，企业就可以拥有更好的发展前景。

（3）合理利润目标

以合理利润为汽车定价目标是指汽车企业在补偿社会平均成本的基础上，适当地加上一定量的利润作为汽车价格，以获取正常情况下合理利润的一种定价目标。以最大利润为目标，尽管从理论上讲十分完美，也十分诱人，但实际运用时常常会受到各种限制。因此，很多企业按适度原则确定利润水平，并以此为目标制定价格。采用合理利润目标有各种原因，如产品价格不会显得太高，从而可以阻止激烈的市场竞争；或可以协调投资者和消费者的关系，树立良好的企业形象。

合理利润目标是一种兼顾企业利益和社会利益的定价目标。它既可以使企业避免不必要的竞争，又能获得长期利润，而且由于价格适中，消费者愿意接受，还符合政府的价格指导方针。但合理利润的实现，必须充分考虑产销量、投资成本、竞争格局和市场接受程度等因素，否则合理利润只能是一句空话。合理利润定价目标多见于处于市场追随者地位的中小汽车企业。

2．以市场占有率为定价目标

以市场占有率为汽车定价目标是指汽车企业以期望达到某一汽车销售额或市场占有率而确定的价格目标。市场占有率是指一定时期内，一家企业某种产品的销售量和销售额，在同一目标市场上的同类产品销售总量或销售总额中所占的比例。市场占有率与汽车生产企业盈利水平密切相关。市场占有率通常可以看作是汽车生产企业的市场地位、经营状况和产品竞争能力的体现，它直接关系着汽车产品销售数量，影响着企业的兴衰。市场占有率的大小是汽车生产企业实力和市场地位的重要标志。同时，企业赢得最高的市场占有率之后将充分享有最低的成本和最高的长期利润。在其他条件不变的情况下，市场占有率越高，汽车产品的销售量就越大，实现的利润就会越多，利润率也随之提高。因此，维持和提高市场占有率在产品市场竞争时比获得收益更为重要，有些实力雄厚的大型企业宁愿放弃当前可能获得的部分利润，而采取低价策略来扩大市场占有率。市场占有率的高低还关系到企业的知名度，影响企业的形象。

保持市场占有率的定价目标的特征是根据竞争对手的价格水平不断调整价格，以保证足够的竞争优势，防止竞争对手占有自己的市场份额。扩大市场占有率的定价目标就是从竞争对手那里夺取市场份额，以达到扩大企业销售市场乃至控制整个市场的目的。采用此定价目标应具备以下三个条件。

1）企业有雄厚的经济实力，可以承受一段时间的低价所造成的经济损失，或者企业本身的生产成本本来就低于竞争对手。

2）企业对其竞争对手的情况有充分的了解，低价可以阻止现有的和可能出现的竞争者进入或者有从其手中夺取市场份额的绝对把握。否则，企业不仅不能达到目的，反而很有可能会受到损失。

3）产品的价格需求弹性较大，低价会增加销量。企业采用薄利多销策略，在总利润不低于企业最低利润的条件下，尽量降低价格，促进销售，扩大盈利。这样，降低价格而导致的损失可以由销量的增加得到补偿。

在实践中，市场占有率目标被国内外许多企业所采用，其方法是以较长时间的低价策略

来保持和扩大市场占有率，增强企业竞争力，最终获得最优利润。但是，价格只是提高市场占有率的一个重要但非决定性的因素，更多的情况下，市场占有率的增加要通过非价格因素的竞争才能实现。

3．以维持企业生存为目标

当汽车企业由于经营管理不善，或由于市场竞争激烈、顾客需求偏好突然变化而造成产品销路不畅、大量积压、资金周转不灵，甚至濒临破产时，企业要把维持生存作为自己的主要目标——生存比利润更重要。这时，企业只要能收回变动成本或部分固定成本即可，以求迅速出清存货，减少积压，收回资金。这种目标只能是企业面临困难时的短期目标，长期目标仍然是要获得发展，否则企业终将破产。

4．以产品质量为目标

以保持产品质量为汽车定价目标是指汽车企业在市场上树立以质量领先的目标，从而在汽车价格上做出相应的安排。创造具有高感知质量、品位和地位的产品，是很多企业的追求。从完善的汽车市场体系来看，高价格的汽车自然代表或反映着汽车的高性能、高质量及其优质服务。如果企业的经营目标是以高质量的产品占领市场，这就需要实行"优质优价"策略，以高价来保证高质量产品的研究与开发成本以及生产服务成本。采取这一目标的汽车企业必须具备以下两个条件：一是拥有高性能、高质量的汽车，二是能够提供优质的服务。其产品在消费者心目中享有一定声誉，企业可以利用消费者的求名心理，制订一个较高的产品价格。如奔驰汽车，通过产品本身的质量、品位，赢得大量稳定忠诚的顾客群。要塑造这样一个品牌，关键在于通过营销和过硬的产品质量改变顾客对产品的认识，这可能需要一个十分漫长的过程。

5．以稳定价格为目标

稳定价格是指在较长时期内保持相对稳定的价格水平，以获得均衡的收益。稳定的价格通常是大多数企业获得一定目标收益的必要条件，价格稳定可以有效地避免不必要的价格竞争。市场价格越稳定，经营风险也就越小。而价格波动太大且较频繁，则容易造成市场紊乱，从而使用户无所适从，损害产品乃至企业在用户心中的形象。因此，为了避免不必要的价格竞争，增加市场的安定性，通常情况下，在汽车营销中处于领导地位的大企业先制定一个价格，其他中小企业为了维持自身的利益，也愿意追随大企业定价，与其价格接近或保持一定比例关系。我们把这种价格称为领导者价格或价格领导制。市场存在领导价格时，新的生产者要进入市场，只有采用与竞争者相同的价格。采用这一目标，各企业间可避免不必要的价格竞争，保持均衡收益，大企业可以减少由于价格骤变带来的风险，小企业也可免受因大企业的随意降价而导致的收益受损。

6．以竞争为目标

利用价格进行竞争是市场竞争的主要表现形式之一。在竞争条件下，企业定价的主动权有时不掌握在自己手中，而必须根据竞争对手的价格和竞争形势来制定价格，甚至被迫服从竞争对手的价格。一般分为三种情况：第一种是攻击性竞争定价。其目的是为了以价格为手段打击竞争对手，它常常采用成本定价法低价销售，使竞争对手无法维持经营而退出竞争，然后再提高价格,形成垄断或区域垄断。此种方法是以大斗小,以强战弱的非平等竞争形式,而且常会遭到竞争对手的报复,被许多国家禁止或限制。第二种是防御性竞争定价。它是竞争者采取价格竞争攻势以后,企业通过给产品定价去应对竞争,根据竞争者的价格变化制定自身产品的价格,这时的产品价格被动地保持与竞争者相近。第三种是预防性竞争定价。它是在产品上市之初,为了防止竞争者介入,把价格定得低于竞争对手,减少对竞争者的吸引力,避免出现剧烈的竞争,占稳市场后再适当提高价格。这种定价目标比较适合于目标实现的可能性很大,而且实力雄厚的企业。

总之,将定价目标分为利润目标、市场占有率目标、维持企业生存目标、产品质量目标、稳定价格目标、竞争目标,只是一种实践经验的总结。它既没有穷尽所有可能的定价目标,又没有限制每个汽车企业只能选用其中的一种。企业在制订自身的定价目标时,会遇到不同的情况和约束条件,企业应根据自身的性质和特点,在需要与可能的基础上,坚持全局观念,保持各目标间的一致性,具体情况具体分析,权衡各种定价目标的利弊,灵活确定自己的定价目标。为了提高企业定价的效果,企业决策者可以按照图 5-1 所示的决策图来确定产品的定价目标。

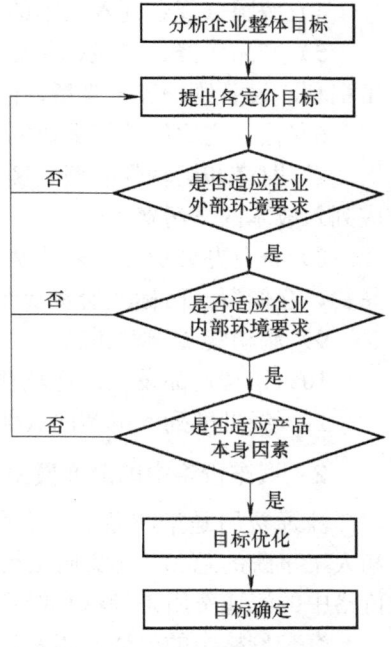

图 5-1 企业定价目标决策图

第二节 汽车产品价格构成与定价程序

一、汽车产品价格的构成

汽车产品价格构成是指构成汽车价格的各个要素及其在汽车价格中的组成状况。掌握汽车价格构成各要素的含义,了解各要素的核算方法及其变动情况,是合理制定价格,科学进行价格决策的前提。汽车价格的构成主要包括生产成本、流通费用、国家税金、企业利润。

1. 汽车价格中的生产成本

汽车价格构成中,生产成本是最主要、最基本的因素,是汽车价格构成的主体部分。汽车生产企业只有准确地核算成本,才能使其产品的价格反映价值,才能保证生产经营活动的顺利进行。

汽车产品生产成本主要表现为生产部门的生产成本和商业部门的经营成本。按国家规定,汽车产品成本主要包括以下几个方面。

1) 汽车生产经营过程中实际损耗掉的各种原材料、燃料、动力、包装物、辅助材料、备品配件、外购半成品、低值易耗品的原价和运输、装卸、整理费用等。

2) 科学研究、汽车新技术开发和新产品试制所发生的不构成固定资产的费用,购置样品、样机和一般测试仪器设备的费用。

3）固定资产折旧、按产量提取的更新改造资金、租赁费和修理费。

4）按国家规定列入成本的职工工资、福利费、奖励金。

5）产品包修、包换、包退的费用。废品修复费和报废损失、停工期间支付的工资、职工福利，设备维护和管理费，削价损失和经批准核销的坏账损失。

6）按规定比例计算提取的工会经费和按规定列入成本的职工教育经费。

7）财产和运输保险费、契约、合同公证费和鉴证费，咨询费，专用技术使用费，以及应列入成本的排污费。

8）企业办公费用、差旅费、会议费、消防费、检验费、宣传费、冬季取暖费、劳保用品费、仓储费、商标注册费及专利申请费、展览费等管理费用。

9）流动资金贷款利息。

10）销售商品发生的运输费、包装费、广告费和销售机构的管理费。

11）经批准列入成本的其他费用。

2．汽车价格中的流通费用

流通费用是指产品在从生产领域转移到消费领域的整个过程中所支付的一切物质费用和人工报酬的总和。其实质是组织产品流通所消耗的物化劳动和其他劳动的货币表现。汽车价格中的流通费用是指汽车经销商从事汽车的购进、运输、储存等活动所支付的各项费用。

汽车价格中的流通费用是汽车产品价值构成的又一重要内容，它主要是在商品流通中发生的，是制定汽车产品价格的重要依据，也构成产品经营成本的主要内容。

汽车价格中的流通费用按其计入价格的方法不同可分为间接费用和直接费用。间接费用是指各种损耗、经营管理费、贷款利息等，这些费用往往要通过计算才能计入商品价格中。直接费用是指运费、保管费和包装费等，这些费用一般可以直接计入汽车产品的价格中去。

3．汽车价格中的国家税金

汽车产品价格中的国家税金是劳动者创造社会劳动的一部分价值的货币表现，是价格构成的要素之一。税金是国家按照税法规定对企业和个人征收的一部分社会纯收入，是国家凭借政权参与国民收入分配和再分配的一种重要形式，它具有强制性、无偿性、固定性等特点。

税金按照是否计入价格来划分，可分为价内税和价外税。价内税直接构成汽车产品价格的一部分，与价格有直接关系，主要包括消费税、资源税、营业税和关税；价外税是指不能以独立要素计入汽车产品价格的税种，如企业所得税、个人所得税等。价格中研究的税金主要是指价内税。

4．汽车价格中的企业利润

汽车产品价格中的企业利润是产品价格超过生产成本、流通费用和国家税金后的余额。

企业无论是选择新产品，还是开拓新市场打入目标市场，必然存在着各种风险。利润就是企业付出服务及冒风险得到的相应报酬，风险越大，利润理应越高。否则，冒风险就不值得了。利润是市场营销最重要的目标，它可以通过资金利润率、销售利润率等指标来衡量。国内在投入资金时，往往也把利润和税金的总额作为一个衡量指标。

汽车价格中的利润是劳动者创造社会劳动的一部分价值的货币表现,是汽车产品价格扣除生产成本、流通费用和税金后的余额。汽车价格中的利润分为生产利润和商业利润两部分。产品在生产领域实现的利润叫作生产利润,产品在流通领域实现的利润叫作商业利润。

二、汽车产品定价的程序

汽车企业将产品第一次投放市场或者首次进入某个全新的细分市场时,都必须给产品制定一个价格,以利于汽车企业营销目标的实现。由于价格涉及企业、竞争者与消费者三者的利益,因而为汽车定价既重要又困难。汽车企业要想确定出合理的价格,制定出有效的价格策略,必须遵循一定的科学程序。

所谓汽车企业的定价程序是指根据汽车企业的营销目标,确定适当的定价目标,综合考虑各种定价因素,选择适当的定价方法,具体确定企业产品价格的过程。一般来讲,汽车企业定价程序可以分为以下六个步骤,如图 5-2 所示。

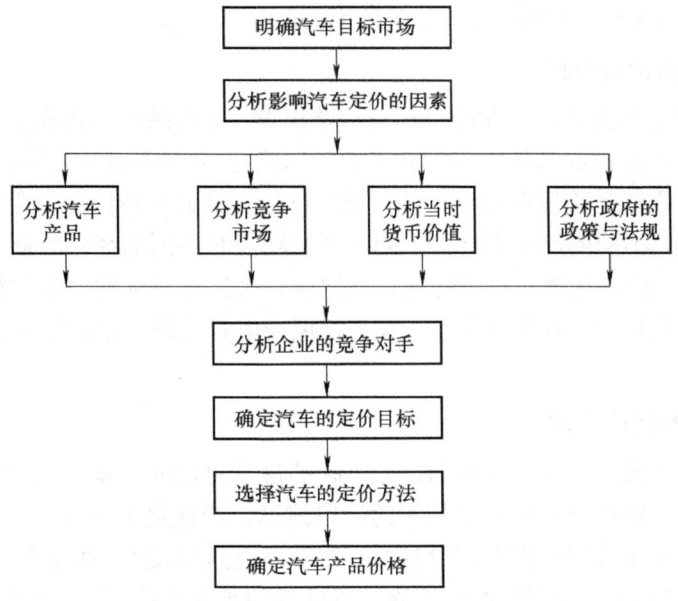

图 5-2　汽车产品定价的一般程序

1. 明确汽车目标市场

在汽车定价时,首先要明确汽车目标市场。汽车目标市场是汽车企业生产的汽车所要进入的市场。具体来讲,就是谁是本企业汽车的消费者。汽车目标市场不同,汽车定价的水平就不同。分析汽车目标市场,一般要分析该汽车市场消费者的基本特征、需求目标、需求强度、需求潜量、购买力水平和风俗习惯等情况。

分析汽车目标市场主要包括:①目标市场的需求状况,如需求目标、需求强度、需求潜力等;②与产品定价有关的内外部环境,如汽车市场消费者的基本特征、风俗习惯、购买力水平等;③产品在目标市场中的定位情况。

2. 分析影响汽车定价的因素

汽车定价不仅需要了解汽车产品的成本构成，还要了解汽车产品特征、竞争者行为、货币价值、政府的政策和法规等一般影响因素，更重要的是要善于分析不同经营环境下，影响汽车定价的最主要因素的变化状况。

3. 分析企业的竞争对手

产品的最高价格取决于该产品的市场需求，最低价格取决于该产品的成本费用，在产品最高价格和最低价格的变化幅度内，企业产品价格的高低程度又取决于竞争者同种商品价格水平的高低。对竞争对手的分析，既要分析现实的竞争对手，又要分析潜在的竞争对手；既要将竞争对手的产品价格与本企业产品的价格相比，又要将竞争对手的产品质量、性能、服务水准、信誉与本企业进行对比。

因此，企业就需要通过市场调查、收集竞争者价目表、听取客户意见等办法了解情况，尽可能地掌握影响竞争者的情况，特别是定价的全部情况，并估计其对本企业营销商品定价的影响，从而为本企业营销确定一个适当的市场地位。

4. 确定汽车的定价目标

企业的定价目标首先要从企业的目标与战略出发，对商品供求状况、市场竞争状况以及定价策略和市场营销的其他因素综合考虑加以确定。如前所述，定价目标包括利润目标、市场占有率目标、维持企业生存目标、产品质量目标、稳定价格目标、竞争目标。定价目标是合理定价的关键，不同的汽车企业、不同的经营环境和不同的经营时期，其汽车定价目标是不同的。因此，企业在选择定价目标时，应权衡各种定价目标的因素和利弊，慎重地加以选择和确定。在某个时期，对汽车企业生存与发展影响最大的因素，通常会被作为汽车定价目标。

5. 选择汽车的定价方法

企业在分析和研究了产品的供求状况，明确了自己的定价目标、产品成本及竞争对手的具体情况的基础上，就可以根据自己掌握的这些信息，选择定价方法。

汽车定价方法是在特定的汽车定价目标指导下，根据对成本、供求等一系列基本因素的研究，运用价格决策理论，对汽车产品价格进行计算的具体方法。汽车定价方法一般有三种，即以成本为中心的汽车定价方法、以需求为中心的汽车定价方法和以竞争为中心的汽车定价方法。这三种方法能适应不同的汽车定价目标，汽车企业应根据实际情况择优使用。

6. 确定汽车产品价格

确定汽车价格要以汽车定价目标为指导，选择合理的汽车定价方法，同时也要考虑其他因素，如汽车消费者的心理因素、汽车产品的新老程度、汽车的分销方式、汽车的促销方式等。最后经分析、判断以及计算，为汽车产品确定合理的价格。最后的营销价格是面向消费者的价格。企业确定产品的基本价格后，有时需要使用一些定价策略和技巧来使产品的价格更有吸引力。

以上六个步骤，比较明确地界定了企业定价的有关因素。在这个定价过程中，企业考虑了消费者的心理，企业内部有关人员、经销商、供应商等对所定价格的意见，以及竞争对手对所定价格的反应等，这样可以使企业商品定价既能为消费者所接受，又能为企业带来利益，从而有利于企业营销战略的实现。

第三节　汽车产品的基本定价方法

汽车定价方法是指汽车企业为了在目标市场上实现定价目标，而给汽车产品制定一个基本价格或浮动范围的方法。在实际操作中，企业往往侧重于选择影响因素中的一个或几个因素来确定定价方法，而影响定价的三个最基本的因素是产品成本、消费者需求和市场竞争，由此产生了汽车成本导向定价法、市场需求导向定价法和汽车竞争导向定价法三种汽车定价方法。

一、汽车成本导向定价法

顾名思义，汽车成本导向定价法是指以汽车生产成本为基础，加上一定的利润和应纳税金来制定汽车价格的方法，是一种主要以成本为依据的定价方法。它包括以下几种定价方法。

1. 成本加成定价法

成本加成定价法，是在单位汽车产品成本的基础上，加上一定比例的预期利润和应缴纳的税金作为汽车产品的销售价格。由于利润的多少是按一定比例确定的，习惯上称为"加成"，因此这种定价方法被称为汽车成本加成定价法。

成本加成定价法在汽车企业定价中被普遍使用，因为只要同一行业的所有汽车企业都采用这种定价方法，它们的价格将趋同，价格竞争的变数较少。同时，人们觉得汽车成本加成定价法对买卖双方都比较公平，尤其是在买方需求强烈时，卖方没有利用这一有利条件谋求额外利益，而仍能获得公平的投资收益。其公式为

$$Y = \frac{Y_0(1+\alpha)}{1-\gamma}$$

式中　Y ——汽车加成价格；
　　　Y_0 ——单台汽车成本；
　　　α ——汽车成本利润，$\alpha = \frac{\alpha_{总}}{Y_{总}} \times 100\%$；
　　　$\alpha_{总}$ ——汽车企业要求达到的总利润；
　　　$Y_{总}$ ——汽车总成本；
　　　γ ——应缴纳的税金。

例 1：设某汽车企业一年要达到的总利润为 6000 万元，汽车总成本为 30000 万元，只生产某种型号汽车 2400 辆，汽车产品税率 10%，计算汽车加成价格。

解：汽车成本利润率为

$$\alpha = \frac{\alpha_{总}}{Y_{总}} = \frac{6000}{30000} \times 100\% = 20\%$$

汽车加成价格为

$$Y = \frac{Y_0(1+\alpha)}{1-\gamma} = \frac{\left(\frac{30000}{2400}\right)\times(1+20\%)}{1-10\%} = 16.7 \text{万元/辆}$$

成本加成定价法使用的优点为：

1）该方法简便易行。由于确定汽车成本比确定汽车需求容易，因而汽车的价格跟随汽车的成本，在很大程度上简化了汽车企业的定价程序，同时也使汽车企业不必经常根据汽车需求的变化来调整汽车的价格。

2）能使汽车企业的全部成本得到补偿，并有一定的盈利，保障汽车企业再生产的顺利进行。也可缓解汽车价格竞争，保持汽车市场价格的稳定。有利于国家和有关部门通过规定成本利润率，对汽车企业的汽车价格进行监督。

成本加成定价法在实践运用过程中，也存在着一些问题。

1）由于成本加成定价法忽视了汽车市场的需求和竞争对手的价格，只反映汽车生产经营中的劳动耗费，根据这种方法制定的汽车价格必然缺乏对汽车市场供求关系变化的适应能力，不利于增强汽车企业的市场竞争力。

2）汽车企业成本纯属是企业的个别成本，而不是正常生产合理经营下的社会成本，因此，有可能包含不正常、不合理的费用开支。

3）汽车成本加成定价法是以卖方的利益为出发点，它不利于汽车企业降低成本；另外，加成率是一个估计值，缺乏科学性。因此，该方法主要适用于汽车生产经营处于合理状态下的企业和供求大致平衡、成本较稳定的汽车产品。

2. 盈损平衡定价法

盈损平衡定价法是指以固定成本和变动成本为主要依据，分析企业的盈损平衡点，从而制定出产品价格的定价方法。企业产品的价格必须达到一定的水平才能做到盈损平衡、收支相抵。既定的销量就称为盈损平衡点，这种制定价格的方法就称为盈损平衡定价法。科学地预测汽车销量和已知固定成本、变动成本是盈损平衡定价的前提。汽车企业产品的销售量达到既定产品的销售量，可实现收支平衡，超过既定汽车销售量获得盈利，不足既定汽车销售量出现亏损。其公式为

$$Y_0 = Y_{\text{固定}} + Y_{\text{变动}}$$

式中　Y_0——单台汽车价格；

$Y_{\text{固定}}$——单台汽车固定成本；

$Y_{\text{变动}}$——单台汽车变动成本。

例2：某汽车企业计划在某年生产汽车400万辆，总固定成本为1600万元，单台汽车变动成本为2.5万元，在尽力保证全部销售出去的情况下，则该企业的盈亏平衡点价格为多少。

解：根据公式得

$$Y_0 = Y_{\text{固定}} + Y_{\text{变动}} = \frac{1600}{400} + 2.5 = 6.5 \text{万元/辆}$$

以盈损平衡点确定的价格只能使汽车企业的生产耗费得以补偿，而不能得到收益。因而

这种汽车定价方法,是在汽车企业的产品销售遇到困难或市场竞争激烈时,为避免更大的损失,将保本经营作为定价的目标时,才使用的方法。

3. 目标成本定价法

汽车目标成本定价法是指汽车企业以经过一定努力预期能够达到的目标成本为定价依据,加上一定的目标利润和应纳税金制定汽车价格的方法。目标成本与定价时的实际成本不同,它是汽车企业在充分考虑未来营销环境变化的基础上,为实现汽车企业的经营目标而拟定的一种"预期成本",一般都低于定价时的实际成本。其公式为

$$Q = \frac{Y_{目标}(1+\alpha_{目标})}{1-\gamma}$$

式中　Q——汽车价格;

$Y_{目标}$——汽车目标成本;

$\alpha_{目标}$——汽车目标成本利润率,$\alpha = \frac{\alpha_{总目标}}{Y_{目标}A} \times 100\%$;

$\alpha_{总目标}$——要求达到的总利润率;

A——目标产销量;

γ——应缴纳税金。

从公式中可以看出,汽车目标成本的确定要同时受到价格、税率和利润要求的多重制约,即汽车价格应确保市场能容纳目标产销量,扣税后的汽车销售总收入,在补偿按汽车目标产销量计算的全部成本后能为汽车企业提供预期的利润。此外,汽车目标成本还要充分考虑原材料、工资等成本价格变化的因素。汽车目标成本虽非定价时的实际成本,但也不是主观臆造出来的,汽车企业成本可划分为固定成本和变动成本这两大类。小批量生产成本高的主要原因是固定总成本按产量分摊后单位固定成本高,如果在设备能力范围内将目标产量增大,就能使固定总成本分摊额减少,平均变动成本一般变化不大,并还可能由于工艺技术成熟而降低一些,于是就使单台汽车成本大大降低。预期的成本降低使汽车价格定到能吸引消费者的水平,从而为汽车打开销路。但是,并非汽车目标成本定得越低越好,因为,要降低目标成本就必须增大目标产销量,而汽车目标产销量如果太接近一个汽车企业的生产能力极限时,汽车企业设备满负荷运转后,非熟练工人也得上第一线,机器设备故障率上升,停机检修的时间和费用以及废次品损失会增加,资金和原材料周转脱节的现象也会增多,从而使单台汽车成本水平反而升高。按照许多汽车企业的实践经验,汽车目标成本一般是在保本点往后直到设备利用率达到80%左右的产销量区间内确定的。

目标成本定价法是为谋求长远和总体利益服务的,较适用于经济实力雄厚、生产和经营有较大发展前途的汽车企业。采用目标成本定价法有助于汽车企业开拓市场,降低成本,提高设备利用率,从而提高汽车企业的经济效益和社会效益。

4. 边际成本定价法

边际成本是指每增加或减少单位汽车产品所引起汽车成本的变化量。因为边际成本与变动成本比较接近,而变动成本的计算更为容易,所以在汽车定价中多用变动成本替代边际成本,因此边际成本定价法亦称变动成本定价法。

边际成本定价法是以单位汽车产品变动成本作为定价依据和汽车企业可接受价格的最低界限,结合考虑边际贡献来制定价格的方法。即汽车企业定价时只计算变动成本,不计算固定成本,只要汽车价格高于变动成本,汽车企业就可以进行生产和销售,也就是以预期的边际贡献补偿固定成本,并获得收益。边际贡献是指汽车企业增加一个汽车产品的销售,所获得收入减去边际成本的数值。如果边际贡献不足以补偿固定成本,则出现亏损,反之获得盈利。其公式为

$$Y_0 = Y_{变动} + G$$

式中　Y_0——单台汽车价格;
　　　$Y_{变动}$——单台汽车变动成本;
　　　G——单台汽车边际贡献。

二、市场需求导向定价法

市场需求导向定价法是以消费者需求为基本依据,并运用可行的方法得到市场供求信息,再根据分析、判断进行决策。引起消费者需求变化的因素很多,如需求价格弹性、消费者价格心理、收入水平等,这些因素在很大程度上影响着消费者对价格的反应。因此,价格的合理与否,最终并不取决于生产者或经营者,而是取决于消费者。消费者愿意支付的价格高低取决于汽车产品满足消费者欲望程度的高低,即汽车产品提供效用的大小。汽车产品的效用大小,不仅取决于该汽车产品满足消费者某种欲望的客观物质属性,还取决于消费者的主观感受和评价。采用这种定价方法,企业要做好两项关键的工作:①找到比较准确的顾客感受价值。营销者要尽量将产品的价格定在与大多数用户感受价值相近的水平上,这样才可以获得定价的成功。要做到这一点,企业在定价前必须认真做好营销调研工作,对顾客的感受价值做出比较准确的估计。②准确预测不同价格下的销售量。根据预测的各种汽车销量,测算各种价格相应的利润,以最大总利润对应的价格作为产品的定价,相应的需求量作为该种产品的生产量。

市场需求导向定价法比汽车利润导向定价法、汽车竞争导向定价法更具灵活性,具有极大的定价空间。而且,作为汽车企业来讲,要提高经济效益,获得最多的利润,在价格决策上,以需求导向定价法为最佳方法。这种定价方法综合考虑了市场购买能力、顾客心理因素等。市场需求导向定价法主要包括:

1. 认知价值定价法

认知价值定价法是指汽车企业根据汽车消费者对汽车价值的感受或认知来制定汽车价格的方法。所谓感受价值或认知价值是指买方在观念上所认同的价值,而不是产品的实际价值。例如,一小瓶名牌香水,其成本不过十几元,而售价高达数百元,就因为它是名牌货,其他牌子的香水即使质量已赶上并超过该名牌货,如果名气不够,仍然卖不了那么高的价格。又如,在市场上,一罐可口可乐零售价格不过 3 元左右,而在高级饭店饮用要付 10 元甚至更多。这就是由于环境、气氛、服务等因素提高了产品的附加值,使顾客愿意支付那么高的价格。因此,卖方可以运用各种营销策略和手段(精美的装饰、优雅的环境、高质量的服务等),影响买方的感受,使之形成对卖方有利的价值观念,然后再根据产品在买方心目中的

价值来定价。

由于该方法考虑了市场需求对产品价格的接受程度,如果运用得当,就会给企业带来额外好处,提高企业或产品的身价,增加企业的收益。例如,汽车生产企业可以生产质量优异、性能独特、内饰豪华的汽车,以此来增加用户的感受价值,提高产品身价,从而提高本企业产品在用户心目中的地位。但是,这种定价方法要正确地运用,关键是找到比较准确的感受价值,否则定价过高或过低都会给企业造成损失。如果定价高于顾客所感受的价值,产品就无人问津,产品销量就会减少;如果定价低于顾客所感受的价值,则会使企业减少收入,也有可能使消费者不屑一顾,产品卖不出去。这就要求企业在定价前认真做好营销调研工作,将自己的产品与竞争者的产品仔细比较,从而对感受价值做出准确估测。

2. 需求差异定价法

需求差异定价法是指汽车产品价格的确定以需求为依据,根据需求强度、购买能力、购买地点和购买时间等因素制定价格。这种定价方法首先强调适应顾客需求的不同特征,而将成本补偿放在次位,其好处是可以使企业定价最大限度地符合市场需求,促进产品销售,有利于企业获得最佳的经济利益。

1)因时间而异制定价格。汽车企业可以在不同的季节、不同的时间(周末、节假日),甚至不同的钟点制定不同的价格。例如,在淡季促销时,汽车价格的制定要比正常价格低一些。

2)因地点而异制定价格。随着地点不同制定不同的价格。例如,某款车在北京售价为12.38万元左右,而在广州的价格为11.38万元。

3)因汽车产品特征制定价格。同一品牌、规格汽车的不同花色、样式,消费者的偏好程度不同,需求量也不同。因此,定不同的价,能吸引不同需求的消费者。如同等质量和规格的产品,式样新颖的可制定较高的价格,样式陈旧的可制定较低的价格;高档产品和低档产品其使用价值相差不大,而价格可能差别很大。

4)因顾客而异制定价格。同一汽车产品对于不同的消费者,其需求弹性不一样,有的对价格敏感,有的则不敏感。因此,对同一产品,针对不同的顾客,可制定不同的价格,实现顾客的不同满足感,从而为企业获得更多的利润。如团体购车时,可给予一定比例的优惠。

3. 逆向定价法

逆向定价法是指汽车企业依据消费者能接受的汽车产品最终销售价格,逆向推算出中间商的批发价和生产企业的出厂价的定价方法。它是以汽车市场需求为定价出发点,逆向推算出可行的汽车定价,以此为基础核定汽车生产成本,并通过有效的成本控制,最终达到以消费者满意的价格出售,并获得预期利润的目的。

逆向定价法制定的价格能反映市场需求情况,有利于加强与中间商的良好关系,保证中间商的正常利润,使产品迅速向市场渗透,并可根据市场供求情况及时调整,定价比较灵活。其特点是能够制定出针对性强,既能为客户所接受又能与竞争对手抗衡的汽车价格,但是容易造成产品的质量下降和消费者的不满,并导致客源减少。

汽车需求的差别定价法能反映汽车消费者对汽车需求的差别及变化,有助于提高汽车企业的市场占有率和增强其产品的渗透率。但这种定价法不利于成本控制，且需求的差别不易精确估计。

三、汽车竞争导向定价法

汽车竞争导向定价法是一种根据竞争状况确定价格的定价方法，以市场上主要竞争者的汽车价格作为公司定价的基准，结合公司与竞争者之间的产品特色，制定具有竞争力的产品价格，并随时根据竞争者价格的变动进行调整。竞争导向定价法包括随行就市定价法和投标定价法两种。

1. 随行就市定价法

随行就市定价法是企业根据现行市场运行的一般价格来制定和调整价格的方法，它要求企业制定的产品价格与同类产品的平均价格一致。在随行就市定价法中，企业的定价基础主要是竞争者的价格，而较少关心自己的成本或市场需求。企业的价格可能和竞争者的价格一样，有时可能要低一些，有时也可能高一些。在少数垄断市场行业中，例如，钢铁工业、造纸业、化肥工业等，企业的价格通常都相同。小企业采取的是"紧跟领先者"的策略。它们价格的变动，更多是由于市场领先者的价格变动，而很少联系自身企业的供需关系变动或成本变动。有的企业实行小额的奖金或折扣优惠，但是这种差异的幅度是固定的。例如，较小的汽油零售商售价通常只比大的汽油公司低几分钱，而不致使差异发生增减。在以下几种情况下，汽车企业适合采取这种定价方法。

1) 难以估算成本。
2) 企业打算与同行和平共处。
3) 如果另行定价，很难了解购买者和竞争者对本企业的价格的反应。

在实践中，随行就市定价是同质产品市场的惯用定价方法。它可以较准确地体现汽车价值和供求情况，获得合理的利润。同时，也有利于协调同行业的步调，融洽与竞争者的关系。

2. 投标定价法

在汽车交易中，采用招标、投标的方式，由一个卖主（或买主）对两个或两个以上相互竞争的潜在买主（或卖主）出价（或要价）、择优成交的定价方法，称为竞争投标定价法。在这种方法中，买家事先公布招标内容，供货企业按照招标内容和对产品和劳务的要求，以密封标价方式参加投标。购买单位在全部投标企业中选择符合要求而又标价最低者为交易对象，并与之签订买卖合同，被招标者选中的企业就叫作中标。

竞争投标的目的在于争取合同，因此公司考虑的重点是竞争者会报出何种价格，公司制定的价格应比竞争者的低，而不局限于成本或需求状况。当然，公司必须事先确定一个最低的获利标准来投标：价格低于成本将有损利益；价格高于成本虽然增加了利润但不利于中标。

竞争投标定价法的显著特点是招标方只有一个，处于相对垄断的地位，投标方有多个，处于相互竞争的地位。成交的关键在于投标者的出价能否战胜其他竞争对手而中标，中标者与卖方（买方）签约成交。该定价法主要在政府集中采购，处理走私、没收汽车以及企业处理库存产品时采用。如上海市对机动车牌照的竞拍就属于这种形式。

值得强调的是，企业在使用竞争导向定价法时，必须考虑竞争者可能针对本企业的价格所做出的反应。从根本上来说，企业使用竞争导向定价法是为了利用价格来为本企业的产品适当定位，同竞争者抗争。

竞争导向定价法比较适合现代竞争激烈的汽车市场。在国际汽车市场上，有不少汽车企业都采用这种定价方法。

上述几种定价方法是企业定价的基本方法。但价格一经确定，并不意味着一成不变，企业还应当根据具体情况，不断地调整目标和方法，在基本价格水平上灵活地进行浮动，只有这样才能做到科学定价，为企业盈利打下良好的基础，这就是定价策略。

第四节　汽车产品的价格策略

汽车生产企业要在日益激烈的竞争中，不断提高自己的竞争能力，提高企业经济效益，就必须制定正确的汽车产品定价策略，既要使自己的汽车产品的价格能为广大消费者所接受，又能通过汽车产品价格实现企业盈利。汽车产品的价格策略是指汽车生产企业通过市场调研，对顾客的需求、企业的生产成本以及市场竞争状况进行分析，从而选择一种能吸引顾客、实现营销目标的价格对策。在激烈的市场竞争中，定价策略是企业争夺市场的重要武器，是企业营销组合策略的重要组成部分。价格决策必须根据产品的特点、市场需求、产品生命周期、消费者心理及竞争情况进行制订，并且与公司的营销战略、目标市场和品牌定位一致。定价策略有很多，常用的有以下几种。

一、新产品定价策略

新产品定价选用何种策略是一个十分重要的问题。在激烈的市场竞争中，企业开发的汽车新产品能否及时打开销路、占领市场和获得满意的利润，除了汽车新产品本身的性能、质量及必要的营销策略之外，还取决于汽车企业能否选择正确的定价策略。新产品上市时，消费者需求量较大而市场竞争者却很少，因而企业定价的自由度比较大。企业既可以把新产品价格定得高一些，尽快收回投资，也可以把新产品价格定得低一些，以利于扩大市场，限制竞争者的加入。新产品定价主要有以下三种策略可供企业选择。

1. 撇脂定价策略

撇脂定价策略是指将新产品的营销价格定得较高，以期在产品市场生命周期的最初阶段，能尽快回收资金和获取利润。这种做法因很像从鲜奶中抽取奶油即撇脂而得名。它的优点是新产品上市需求缺乏弹性，定价高也不会减少需求；价高使人们产生一种高档产品的印象；价格较高，还可以通过降低价格策略排斥竞争者或扩大销售。因此能快速回收投资，提高产品身价与威望，对顾客产生吸引力，同时当竞争出现时可主动调低价格，掌握占领市场的主动权。它的缺点是因为价高利厚，容易过早吸引竞争对手，导致原有市场丧失，而且价格高也不利于开拓市场，甚至遭到抵制，它只能作为一种阶段性的定价策略。一般来说，对需求弹性小、供不应求的新产品，拥有专利、专有技术的新产品，在投入期或购买力较高的地区，适宜采取这种策略。撇脂定价策略在新产品上市初期定价比成本高出很多，是一种高价格策略。这是企业根据自己经营的汽车产品具有明显的质量优势和风格特色，在追求最大利润的目标指导下，大幅度提高其加价率的产品定价策略。目的是在其他同类汽车产品还没出现之前，在短时间内就获得较高的收益。

（1）撇脂定价策略的适用条件

撇脂定价策略一般适用于以下几种情况：

① 汽车企业研制、开发的产品技术新、难度大，开发周期长、成本高，新产品较难仿制，竞争性小，需求价格弹性相对不高，暂时难以立即降低价格，竞争者也难以迅速进入市场。

② 汽车产品的用途、质量、性能或款式等产品要素与高价格相符合。高价可以使汽车新产品一投入市场就树立起性能好、质量优的高档品牌形象。

③ 有足够多的顾客能接受这种高价并愿意购买，并且高价不会使用户产生牟取暴利的感觉。

（2）采用撇脂定价策略的好处

① 利用了新产品上市时用户求新、好奇的心理，以及竞争和替代品都很少的有利时机，通过高价在短时间内收回投资。

② 企业获得高额利润后，更能提高企业的竞争实力，进而可以有效地抑制竞争者的竞争。

③ 定价较高，为以后的降价留下了利润空间，便于在竞争者大量进入市场时主动降价，增强竞争能力，同时也符合顾客对价格由高到低的心理。

（3）采用撇脂定价策略的弊端

① 在汽车新产品尚未建立起声誉时，高价不利于打开市场，一旦销售不利，汽车新产品就有夭折的风险。

② 如果没有特殊的技术、资源等优势，高价格、高利润会引来大量竞争对手，使高价格难以维持太久。

2. 渗透定价策略

撇脂定价策略把价格定得很高，而渗透定价策略则把价格定得很低，是一种低价格策略。这是汽车生产企业以追求市场占有率为目标，把自己经营的某些汽车产品的价格定得低于市场上同类汽车产品的价格，借以吸引顾客，扩大销售量，提高效益的一种定价策略。这种策略又被称为薄利多销策略。其目的是在新产品刚投入市场时，以低价位扩大销售量，加强市场渗透，迅速打开市场，提高市场占有率。

"物美价廉"是消费者购物的普遍心态，薄利多销恰恰迎合了消费者的这一心理状态。"便宜没好货"是消费者购物的又一普遍心态，这种心态对汽车生产企业实施低价定价策略构成直接威胁。

（1）渗透定价策略的适用条件

渗透定价策略一般适用于以下几种情况：

① 新产品所采用的技术已经公开，或者易于仿制，竞争者容易进入该产品市场，利用低价可以排斥竞争者，占领市场。

② 本公司上市的汽车新产品在市场上已有同类产品，但是本公司比生产同类汽车产品的企业拥有较大的生产能力，并且该产品的规模效益显著，可以通过规模生产降低成本，提高效益。

③ 该类汽车产品市场供求基本平衡，新产品的价格需求弹性高，低价可以吸引顾客，扩大市场份额。

（2）渗透定价策略的优点

渗透定价策略的利弊与撇脂定价策略刚好相反，是一种着眼于企业长期发展的策略。

① 利用低价迅速打开新产品的市场销路，占领市场，从多销中增加利润。

② 低价可以阻止竞争者进入，有利于控制市场。

（3）渗透定价策略的弊端

① 投入资金大，回收慢，风险大，如果产品不能打开市场，或遇到强大的竞争对手，企业就会一败涂地。

② 低价可能影响产品的品牌形象和企业的声誉，因为广大消费者有低质低价的想法。

3．满意定价策略

满意定价策略又叫作随行就市定价策略，是介于上面两种策略之间的一种新产品定价策略，它是以获取社会平均利润为目标，把产品的价格定于高价与低价之间，使企业与消费者都能接受。企业按照现有的市场行情，以本行业的平均水平来制定产品价格。

这种汽车定价策略的优点在于一方面能使汽车新产品较快为市场所接受，且不会引起竞争对手的对抗；另一方面可以适当延长汽车新产品的生命周期；另外还有助于汽车企业树立信誉，稳步调价，并使顾客满意。缺点是过多关注各方利益，不能主动占据市场。这种定价策略适于产销较稳定的汽车产品。

汽车新产品三种定价策略的汽车价格和汽车销量的关系如图 5-3 所示。

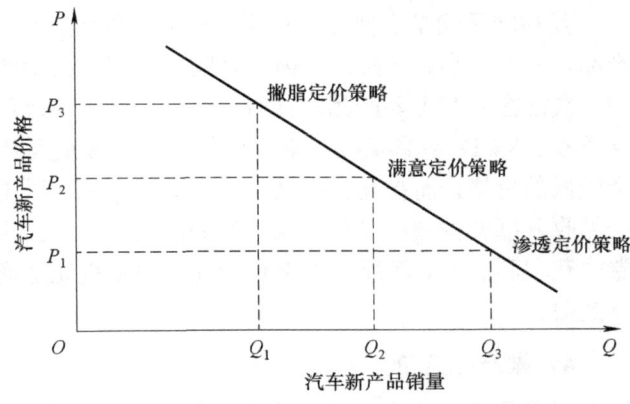

图 5-3　三种定价策略的汽车新产品价格和销量的关系

二、产品组合定价策略

当产品只是作为产品组合中的一部分时，必须对这种产品定价进行调整。当企业生产两种以上产品时，可以利用产品之间的关系，确定产品价格。首先要寻求一组相关的价格，使其在整个产品组合中能够达到利润最大化。这要考虑产品的需求和成本以及竞争的影响，可以针对不同情况采取相应的对策。

1．替代产品定价

每一企业的产品组合一般由几条产品线构成，而产品线中不可能只有单个产品项目，一般会有相互联系的多个产品项目。由于各个产品项目间无本质区别，因此，它们互相之间都是替代品。每一个替代产品都会增加一些特色。管理部门必须决定在这些不同的替代产品之间制定价格等级和差价，还要考虑顾客对这些不同特色的喜好程度，生产这些不同产品的成本差异，以及竞争者的价格。如果在这些替代产品中两种类型的产品价格差别很小，消费者将会购买较高级、先进的产品，而且如果成本差异比价格差异小，公司的利润将有所增加。如果价格差异很大，顾客将愿意购买不那么先进的替代产品。对于替代产品，可以采取适当提高畅销品价格，降低滞销品价格的措施，以扩大后者销售，增加企业盈利。

2. 可选产品定价

许多企业在推出主打产品的同时，也提供可选产品或者特色产品。例如，购买汽车的人可以对天窗系统、自动变速器、巡航控制系统、中控装置、自动泊车、倒车影像等产品做出选择。然而如何为这些可选产品定价却是个难题。汽车公司必须做好决策，哪些产品应该在主产品价格中反映，而哪些产品是作为可选产品定价。例如，不少消费者购车后都喜欢把自己的新车用心打扮一番，什么坐垫靠枕、倒车雷达，舒适的、功能的一样都不能少。所以每当一位新车主签单，经销店的推销员推销汽车用品也都很成功。有的经销商直接就打着"送万元礼包""8000元用品优惠"的旗号吸引消费者购买。

3. 互补产品定价

互补产品就是需要配套使用的产品。在互补产品中，价值大且使用寿命长的产品为主要产品，而价值小、寿命短且需经常购买的产品为次要产品，即互补品。许多企业在某些行业中，常常在生产主要产品的同时，也生产必须与此产品配套使用的互补产品。例如，照相机与胶卷、VCD与影碟机、录音机与录音带都是互补品。一般企业定价往往是把主要产品定个较低的价格，而在互补产品上收取高额利润，以主要产品带动互补产品的销售，并将互补产品收入抵补主要产品的亏损。例如，美国柯达公司的照相机比较便宜，因为它是从销售胶卷中获取利润的。而那些不出售胶卷的照相机制造商就不得不制定高价，以取得同样高的整体效益。

4. 副产品定价

副产品即企业在生产主产品的同时产出的产品，这些产品定价一般低于其主产品。如果副产品既没有任何价值而且处理掉它们又很费钱，这就会影响到主产品价格的制定。制造厂商会努力为这些副产品寻求一个市场，而且只要价格能够高于他们为储存和运输这些副产品所花费的成本，就乐意接受。这样，企业就能够降低主产品的价格，使其具有更强的竞争能力。

三、折扣和折让定价策略

在汽车市场营销中，企业为了竞争和实现经营战略，经常对汽车价格采取折扣和折让策略，直接或间接地降低汽车价格，以争取消费者，扩大市场份额。灵活运用折扣和折让策略是提高汽车企业经济效益的重要途径。具体来说，常见的折扣和折让策略有以下几种。

1. 数量折扣

数量折扣是指根据买方购买的汽车数量多少，分别给以不同的折扣。例如，顾客购买某种商品在 100 单位以下，每单位要付 10 元；购买在 100 单位以上，每单位只付 9 元，这就是数量折扣。

购买者购买的汽车的数量越多，折扣越大，因为大量购买能使企业降低生产、销售、储运、记账等环节的成本费用。现实生活中，几个老朋友看中同一店里的汽车而来店购买，得到一定的优惠就属于数量折扣。此外，团购也是为了得到一定的数量折扣，但数量折扣更多地出现在集团客户交易中。

数量折扣可以分为累计数量折扣和一次性数量折扣。前者规定购买者在一定时期内购买汽车达到一定数量或一定金额时，按总量给予一定折扣的优惠，目的在于使购买者与汽车企业保持长期的合作，维持汽车企业的市场占有率；后者是只按一次购买汽车的数量多少给予折扣的优惠，这可刺激购买者大量购买，减少库存和资金占用。

数量折扣的促销作用非常明显，汽车企业因单位产品利润减少而产生的损失完全可以从销量的增加中得到补偿。此外，汽车销售速度的加快，使汽车企业资金周转次数增加，流通费用下降，汽车产品成本降低，从而导致汽车企业总盈利水平上升。

运用数量折扣策略的难点是如何确定合适的折扣标准和折扣比例。如果享受折扣的数量标准定得太高，比例太低，则只有很少的顾客才能获得优待，绝大多数顾客将感到失望；购买数量标准过低，比例不合理，又起不到鼓励顾客购买和促进汽车企业销售的作用。因此，汽车企业应结合汽车产品特征、汽车性能、销售目标、成本水平、汽车企业资金利润率、汽车市场需求规模、购买频率以及竞争者手段等因素来科学地制定折扣标准和比例。

2. 现金折扣

现金折扣是对在规定的时间内提前付款或用现金付款的消费者给予的一种价格折扣。其目的是鼓励顾客尽早付款，加速汽车企业资金周转，降低汽车销售费用，减少财务风险。

采用现金折扣一般要考虑三个因素：折扣比例、给予折扣的时间限制、付清全部货款的期限。在西方国家，典型的付款期限折扣表示为"3/20, Net 60"，其含义是在成交后 20 天内付款，买者可以得到 3% 的折扣，超过 20 天，在 60 天内付款不予折扣，超过 60 天付款要加付利息。

由于现金折扣的前提是汽车产品的销售方式为赊销或分期付款，因此，有些汽车企业采用附加风险费用、管理费用的方式，以避免可能发生的经营风险。同时，为了扩大销售，分期付款条件下消费者支付的货款总额不宜高于现款交易价太多，否则就起不到"折扣"促销的效果。

提供现金折扣等于降低价格，因此，汽车企业在运用这种手段时要考虑汽车产品是否有足够的需求弹性，保证通过需求量的增加使汽车企业获得足够利润。此外，现金折扣带来的回报率通常要比银行利率明显高一些，所以顾客一般都不会放弃这种折扣价格。采取现金折扣的目的是鼓励购买者尽早付款以利于资金周转，减少信用成本和呆账。

3. 功能折扣

中间商在产品分销过程中所处的环节不同，其所承担的功能、责任和风险也不同，汽车企业据此给予不同的折扣称为功能折扣。对生产性用户的价格折扣也属于一种功能折扣。

功能折扣的比例，主要考虑中间商在分销渠道中的地位、对汽车生产企业产品销售的重要性、购买批量、完成的促销功能、承担的风险、服务水平、履行的商业责任以及汽车产品在分销中所经历的层次和在市场上的最终售价等。功能折扣的结果是形成购销差价（同一商品的销售价格与购进价格的差额）和批零差价（同一商品在同一市场同一时间批发价格与零售价格之间的差额）。

鼓励中间商大批量订货，扩大销售，争取顾客，并与生产企业建立长期、稳定和良好的合作关系是实行功能折扣的一个主要目标。功能折扣的另一个目的是对中间商经营的有关产品的成本和费用进行补偿，并让中间商有一定的盈利。例如，制造商报价："100元，折扣20%及10%"，表示给零售商折扣20%，即卖给零售商的价格是80元；给批发商则再折扣10%，即卖给批发商的价格是72元。这是因为批发商和零售商功能不同的缘故。

4．季节折扣

季节折扣是指在汽车销售淡季时，给顾客一定的价格优惠，使汽车企业的生产和销售在一年四季能保持相对稳定。

季节折扣比例的确定，应考虑汽车成本、储存费用、基价和资金利息等因素。一般来说，季节折扣率不低于银行存款利率。季节折扣有利于减少汽车库存，加速汽车产品流通，节约管理费用，加速资金周转，促进汽车企业均衡生产，充分发挥生产和销售潜力，避免因季节需求变化所带来的市场风险。

5．价格折让

价格折让也是一种减价形式，当客户或经销商为厂商带来其他价值时，厂商为回报这种价值而给予客户或经销商的一种利益实惠，即折让。例如，客户采取"以旧换新"方式购买新车时，只要付清新车价格与旧车价格间的差价即可。

在汽车消费者市场中，一般不采用打折的方法，而采用直接降价或赠送礼包的方式。此外，在企业采取折扣和折让定价的策略时，折扣的限度为多少，还要综合考虑市场上各方面的因素。如一旦实施折扣定价，就可能会遭到强大竞争对手的更大折扣反击，这样可能会形成竞相折价的局面：要么市场总价格水平下降，在本企业市场占有率没有得到扩大的情况下将利益转嫁给了消费者，和竞争对手两败俱伤；要么就会因与竞争对手实力的差距而被迫退出竞争市场。

总之，汽车企业在实行汽车折扣定价策略时要考虑竞争者实力、折扣成本、企业流动资金成本以及消费者的折扣心理等多方面的因素，并注意避免市场内同种汽车产品折扣标准的混乱，才能有效地实现经销目标。

四、心理定价策略

汽车消费者的心理需求是多方面的，求实、求廉、求名、求奢、求新、求美者都有。既然如此，汽车的价格也应考虑消费者的心理特点而采取心理定价策略。心理定价是指企业在定价时利用汽车消费者的心理因素，有意识地将汽车价格定得高或低，以满足消费者心理的、物质的和精神的多方面需求,通过消费者对汽车产品的偏爱或忠诚,引导消费者消费,扩大市场销售量(销售额),从而获得最大效益。常见的心理定价策略如下。

1. 整数定价策略

在高档汽车定价时,把汽车价格定成整数,不带尾数。整数定价策略是针对消费者的求名、求方便心理,将汽车价格有意定为整数。在购买汽车的过程中,大多数人可能都有这样的想法:便宜无好货、好货不便宜。在现实生活中,价格不仅仅是商品的价值符号,也是商品质量的"指示器"。对一些质量较好的高档汽车和一些处于介绍期的汽车新产品,消费者往往通过价格的高低来判断其质量的好坏。在定价时,把汽车产品价格定成整数,不带尾数,以迎合购车者"一分价钱一分货""货好价钱才高"的心理。

整数定价策略适用于汽车档次较高,需求的价格弹性比较小,价格高低不会对需求产生较大影响的汽车产品。由于目前选购高档汽车的消费者都属于高收入阶层,容易接受较高的整数价格。

2. 尾数定价策略

尾数定价策略是与整数定价策略相反的定价策略。它是指企业利用汽车消费者求廉的心理,在汽车定价时,不采用整数报价,而是采用带尾数的定价策略。尾数定价法会给消费者一种经过精确计算的、最低价格的心理感觉;有时也可以给消费者一种是原价打了折扣,商品便宜的感觉;同时,顾客在等候找零期间,也可能会发现和选购其他商品。

心理学家的研究表明,价格尾数的微小差别,能够明显影响消费者的购买行为。一般认为,五元以下的商品,末位数为 9 最受欢迎;五元以上的商品,末位数为 95 效果最佳;百元以上的商品,末位数为 98、99 最为畅销。尾数定价法在欧美及我国常以奇数为尾数,如 0.99、9.95 等,这主要是因为消费者对奇数有好感,容易产生一种价格低廉、价格向下的概念。但由于"8"与"发"谐音,在定价中"8"的采用率也较高。例如,自由侠系列定价为 12.98 万~18.98 万元;指南者系列定价为 15.58 万~22.98 万元;自由光系列定价为 22.28 万~31.98 万元。

3. 声望定价策略

这是整数定价策略的进一步发展。声望定价策略是指利用消费者的仰慕心理,根据汽车产品在消费者心目中的声望、信任度和社会地位来确定汽车价格的一种汽车定价策略。声望定价策略可以满足某些汽车消费者的特殊欲望,如地位、身份、财富、名望和自我形象等,还可以通过高价格显示汽车的名贵优质。

声望定价策略一般适用于知名度高、市场影响大的著名品牌的高档汽车,如凯迪拉克等"炫耀"性产品。但需要说明的是,名牌车在各种产品档次中都存在,所以并不一定都适合定高价,如福特T型车,大众甲壳虫、高尔夫等汽车,其知名度很高,属于名牌汽车,但它们都是以经济实惠而著名,都不属于高档汽车。因而企业对名牌产品进行定价时,应酌情考虑,而不能一概定高价。

4. 招徕定价策略

招徕定价策略是指企业利用许多顾客有贪图价廉的心理,将某种汽车产品的价格定得非

常高或非常低,以引起消费者的好奇心理和观望行为,吸引消费者,从而带动其他产品销售的汽车定价策略。如某些汽车企业利用节假日推出某一款车型降价出售,过一段时间又利用季节更换推出另一种车型,吸引顾客时常关注该企业的汽车,促进降价产品的销售,同时也带动同品牌其他正常价格的汽车产品的销售。

招徕定价策略常被汽车超市、汽车专卖店采用。

5. 分级定价策略

分级定价策略是指在定价时,把同类汽车分为几个等级,不同等级的汽车,采用不同价格的一种汽车定价策略。这种定价策略能使消费者产生货真价实、按质论价的感觉,容易被消费者接受,并且这些不同等级的汽车若同时提价,对消费者的质价观冲击不会太大。企业在采用分级定价策略时应注意,产品等级的划分要适当,级差不能太大或太小,否则达不到应有的效果。

每一品牌的汽车都能满足汽车消费者某一方面的需求。销售商定价时,还需考虑参考价格对顾客的影响。通常,购买者在选择某种产品前,会对相同类型的产品或相接近的产品进行考查,并预先估计一个价格,这就是参考价格,这种价格根据目前市场价格、过去的价格或购物环境的变化而变化。因此,销售商在产品上标明其他销售商的价格或过去一段时间里的价格,都会给顾客一个参考价格,从而达到使顾客认为目前这个产品定价是很公道的目的。

五、地区定价策略

地区定价策略是指根据产品的流通费用在买卖双方中如何分担的不同情况进行定价。在当今的汽车营销市场上,任何一个汽车生产厂家都必须考虑产品的运输问题。因为他们所面对的顾客可能来自本地区、本省份、本国家,也可能来自其他地区、其他省份,甚至来自其他国家。那么,企业是否应对偏远地区的顾客定高价来补偿较高的运输成本,以及由此承担的业务损失风险?或者企业不考虑地区的差别而对所有的顾客一视同仁?企业针对不同情况所采取的不同的地区定价策略主要有以下几种。

1. 产地定价策略

产地定价策略是以产地价格或出厂价格出售某种产品,并负责货物装上运输工具之前的一切风险和费用,其他一切运输和保险费用等全部由买方承担。选用产地价格定价策略的企业认为,这种分担运输费用的方法最公平合理,因为每位顾客都将自己承担运输成本费用。这种定价方法比较简单,特别适用于运输费用较大的商品,但有可能失掉远地的顾客。

2. 统一定价策略

统一定价策略与产地定价策略恰好相反,是指对不同地区的顾客不分远近,实行统一价格。统一定价策略即在定价时货物的运输、保险等费用都由卖方负担,不论运输路程的远近,按统一价格,由卖方负责将货物送到买主所在地。此方法中,企业对每一位顾客都收取相同的价格加运费,而不考虑其所处的地理位置,其运输费用的确定,是将运输成本平均所得。统一定价策略的优点是相对比较容易管理，同时企业可以维护一个全国通用的广告价格。

3．分区定价策略

分区定价策略介于产地定价策略和统一定价策略两者之间。分区定价策略即企业将所有销售地划分为几个区域，对不同区域实行不同价格。在同一地区内的所有顾客要付的总价格相同，在较远的地区就高一些。一般原材料产品和农产品都实行这种价格。

4．基点定价策略

基点定价策略即企业选定某些城市作为基点，无论商品是从何处起运的，企业都从指定的基点城市到顾客所在地为依据收取所有顾客的运输费用。从基点到顾客所在地的运费加到价格中，构成实际的销售价格。如果所有的卖方设立的基点城市都相同，那么交货价格对所有的顾客都是相同的，价格竞争也就消除了。汽车行业使用基点定价策略已有许多年，但是现今这种方法已不太普及，因为有些国家明令禁止竞争者共同商议价格，搞价格协议。许多公司建立许多基点以增加其灵活性。他们会从最靠近顾客的基点来计收顾客的运费。

5．补贴运费定价策略

补贴运费定价策略即企业为了减轻较多顾客的运费负担，而给他们部分或全部运费的补贴，以加强市场渗透、扩大销售。有的企业急于和某个特殊顾客或者某个地区做成生意，为了促成这笔生意，可能会承担全部或部分实际运费。他们的想法是，如果能做成的生意多，平均成本就会下降，这样销售收入就会用来弥补额外支付的运输费用。补贴运费定价策略常被用于市场渗透的战略中，并且能够在日益激烈的市场中立于不败之地。

第五节　价格调整策略

汽车产品价格调整策略是指汽车产品定价完成以后，由于本企业、竞争对手或汽车市场的情况发生了变化，汽车企业需要对汽车的价格进行调整的定价策略。倘若汽车企业利用自身的产品或成本优势，主动地对汽车价格予以调整，称为主动调整价格。有时，汽车价格的调整出于应对竞争的需要，即竞争对手主动调整价格，而汽车企业也相应地被动调整价格。无论是主动调整还是被动调整，其形式不外乎是削价和提价两种。

企业到底应该在什么时候调整产品价格，顾客和竞争者会做出什么反应，竞争者为什么要调整产品价格，企业应该采取什么对策等，都是企业经常要考虑的问题。

一、企业调价的原因

1．降价的原因

在国外，降价曾经是汽车普及的推动力。美国汽车的普及要归功于福特的 T 型车，日本汽车的普及要归功于丰田在第二次世界大战后的不断降价。而在中国汽车市场发展过程中，伴随着众多降价行为，频繁降价已使企业、消费者见怪不怪。降价是种常态，也是一种市场竞争行为，看似简单的降价行为，却隐含着复杂的降价原因。因为在它身上，不仅受国家政策的限制，受社会责任、行业责任的限制，受历史包袱的限制，受合资合作中外双方的关系磨合限制，也受一些根深蒂固的思想限制。在这些组合因素的限制下，简单的降价行为变得不再单纯。

一般来说，企业降价的原因是企业自身内部情况的需要以及企业外部环境发生变化。当然，企业的最终目的还是想通过制定降价策略来适应经济形势，照顾客户关系。企业之所以采用降价的方式是基于以下原因。

（1）企业自身需要

汽车企业降价是和企业自身资源、市场状况以及自身的企业战略紧紧结合在一起的，它们直接影响着降价策略和降价效果。

影响企业采用降价策略的企业自身因素主要包括以下几个方面。

① 企业产能的提高。汽车行业规模效益特别明显，汽车生产规模的提高和产能的提高，能够有效地分担高额的产品研发成本，进一步降低生产成本；汽车企业产能的提高，能改变供求关系，打破短期的供求平衡，汽车企业通过降价、提高销量来保证市场上的产品有序地供应；汽车企业产能的提高，能降低采购成本，实现边际效益。

② 管理效率的提高。管理效率的提高带来生产效率、营销效率的提高，从而使企业成本有效降低。管理效率的提高是企业持续发展的基础。

③ 产品处于其生命周期。汽车产品在其生命周期发展过程中会由于市场其他各方面因素的存在，如新产品的加入、消费者习惯的改变等，造成市场上的产品供过于求，企业为了消化产能与库存而采取降价措施。

（2）竞争对手的压力

价格竞争是我国汽车产业现阶段常用的一种手段，是各大厂商扩大市场占有率，特别是提高品牌影响力的关键措施。汽车企业为应对竞争者的降价压力，采取"反价格"战，即制定比竞争者的价格更有竞争力的价格。因此，从竞争的角度考虑，企业降价的原因如下。

① 如果竞争对手对同一级别或者较为类似的产品施行降价策略，企业迫于竞争压力会进行跟进。

② 如果竞争对手在老产品的基础上对产品进行了改进或推出了新的汽车产品，则企业为了保持现有的市场占有率，也会对现有产品实施降价策略。

③ 如果竞争对手因企业自身经营问题而对产品进行降价处理，则这时企业也同样有可能为了保持一种平等的竞争势态而应战。通过降价，保持企业产品价格竞争力，同时也保证了企业的综合竞争力。

（3）市场需求不足导致降价

降价在一定程度上是为了满足消费者低价格的需求，以及促进更多的需求。汽车消费需求的变化及影响消费需求因素的变化，都会对汽车厂家的价格策略产生一定的影响。从需求方面考虑，导致汽车厂家降价的原因有以下几点。

① 从宏观角度来看，汽车市场供求关系失衡。特别是由于种种原因，相当一部分的消费者受一定因素的影响短期内持币待购，从而造成了一定时间内的供求失去平衡，导致一部分汽车厂家进行降价，刺激消费。

② 从企业供求关系来看，企业多个产品或某个产品的供应大于消费者的需求，造成库存。汽车厂家会通过多个产品或某一个产品降价来刺激消费增长。

③ 从产品生命周期来看，进入衰退期的产品。由于消费者失去了消费兴趣，需求弹性变大、产品逐渐被市场淘汰，为了吸引对价格比较敏感的购买者和低收入需求者，维持一定的销量，降价可能是唯一的选择。

④ 从汽车消费环境来看，油价上升、汽车消费信贷受到抑制等因素，导致消费者在一段时间内的观望。在此种情况下，部分厂家极可能采取降价来促使消费者加速购买。

2．提价的原因

一般来说，企业之所以进行提价调整，大都是因为成本上涨、通货膨胀、市场需求强劲和产品开发加快等几个方面的原因。除此以外，选装配件增加、豪华程度提高、技术含量增加、安全系数提高等也是价格上涨的原因。提价确实能够增加汽车企业的利润率，但却会引起竞争力下降、消费者不满以及经销商抱怨，甚至还会受到政府的干预和同行的指责，从而对企业产生不利影响。在以下四种情况下，企业必须考虑提价。

（1）汽车产品成本增加

这是很多汽车产品价格上涨的主要原因。汽车成本的增加或者是由于原材料价格上涨，或者是由于生产或管理费用提高而引起的。企业为了保证利润率不致因此而降低，便采取提价策略。

（2）为适应通货膨胀，减少汽车企业损失

在通货膨胀条件下，即使汽车企业仍能维持原价，但随着时间的推移，其利润的实际价值也呈下降趋势。为了减少损失，汽车企业只好提价，将通货膨胀的压力转嫁给中间商和消费者。

（3）汽车产品供不应求，遏制过度消费

对于汽车产品来说，在需求旺盛而生产规模又不能及时扩大而出现供不应求的情况下，可以通过提价来遏制需求，同时又可以取得高额利润，在缓解市场压力、使供求趋于平衡的同时，为扩大汽车企业生产准备了条件。

（4）利用顾客心理，创造优质效应

作为一种策略，汽车企业可以利用涨价营造名牌形象，使消费者产生价高质优的心理定势，以提高企业知名度和产品声望。

为了保证提价策略的顺利实现，一般提价的最佳时机有以下四个：汽车产品在市场上处于优势地位；产品进入成长期；季节性商品达到销售旺季；竞争对手产品提价。

此外，在方式选择上，汽车企业应尽可能多采用间接提价，把提价的不利因素减到最低程度，使提价不影响销量和利润，而且能被潜在消费者普遍接受。同时，汽车企业提价时应采取各种渠道向顾客说明提价的原因，配之以汽车产品策略和促销策略，并帮助顾客寻找节约途径，以减少顾客不满、维护企业形象、提高消费者信心、刺激消费者的需求和购买行为。

至于价格调整的幅度，最重要的考虑因素是消费者的反应。因为调整汽车产品价格是为了促进销售，实质上是要促使消费者购买产品。忽视了消费者反应，销售就会受挫，只有根据消费者的反应调价，才能收到好的效果。

二、各方对价格变化的反应

在汽车企业实行价格变化后，各方的反应不一。

1. 消费者的反应

衡量调价成功与否的重要标志是企业所确定的价格能否被消费者所接受，并能促使其接受产品。为此，企业必须重视顾客对企业调价的反应，并根据反应制订相应的策略。

（1）降价时的反应

当汽车降价时，消费者对企业降价做出的反应是多种多样的，有利的反应是认为企业让利于顾客，不利的反应有以下几种。

① 这种汽车是不是将被最新型号所替换。
② 这种汽车是不是有某些缺点，销售情况不好。
③ 这个汽车企业在财务方面是不是有些麻烦，它可能不会继续经营下去，那未来需要的零配件是否可以得到供应。
④ 这种汽车的价格是不是还会进一步下跌，等待观望应当是最合算的做法。
⑤ 这种汽车的价格降了，是不是它的质量也会下降或配置减少。

（2）提价时的反应

当汽车企业提价时也会出现各种反应。有利的反应是认为企业产品的质量提高，价格自然应该提高，或认为这种产品畅销，供不应求，因此提高了售价，而且价格还可能继续上升，不及时购买就可能买不到等；不利的反应是认为企业想通过提价获取更多的利润。顾客还可能做出对企业无害的反应，如认为提价是通货膨胀的自然结果。

正是因为顾客对企业调价有不同的反应，所以企业在进行调价前，必须慎重研究可能出现的顾客对调价行为的反应，特别是不利的反应，以便在进行调整的同时，加强与顾客的沟通，争取顾客的理解与支持。

2. 竞争者的反应

当一个汽车企业将其某产品进行调价时，竞争企业可以考虑下列问题。

1）为什么他们要变动这个价格？是想悄悄地夺取市场，利用过剩的生产能力，适应成本的变动状况，还是要引领一个行业范围内的价格变动？

2）竞争者计划做这个价格变动是临时的措施，还是长期的措施？

3）如果本公司对此不做出反应，本公司的市场份额和利润将会发生什么样的情况？其他公司是否将做出反应？

由此，他们会做出跟进或不跟进的反应。

1）当一个汽车企业降价时，其他竞争汽车企业如果不跟进降价，大多数消费者会因为价格最低而到该企业购买产品，降价可以扩大市场份额，提高市场占有率。

2）当一个汽车企业降价时，竞争对手采取"反价格战"，降价幅度更大。在这种情况下，不仅会抵消汽车企业的降价效果，甚至会恶化汽车企业销售环境，使相关企业的利润都下降。

3）汽车企业调高价格后，如果竞争者并不提高价格，消费者可能会转而购买竞争者的汽车。这时，对调高价格的企业来说，原来供不应求的市场可能会变成供过于求的市场。

3．本企业的反应

针对竞争对手的调价，汽车企业最好的反应需要根据情况而变化。汽车企业必须考虑产品所处生命周期的阶段、它在公司的产品业务组合中的重要地位、竞争者的意图和资源、市场对于价格和质量的敏感度、数量成本的关系和公司可供选择的各种机会。

竞争者降价总是经过精密的市场准备阶段，企业不可能在短时间内做出好的应对措施，要应对竞争者降价可以按图5-4所示的程序进行。

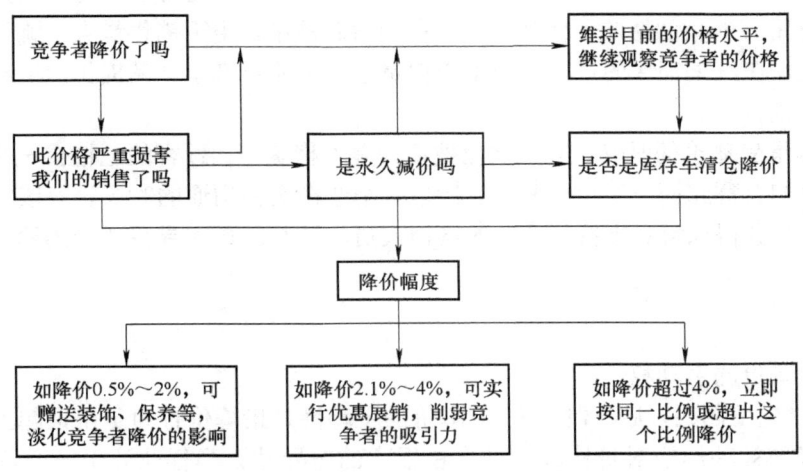

图5-4　应对竞争者降价的价格反应程序

三、企业应对调价的对策

产品的基本价格制定后，企业还要依据市场需求和产销的具体情况以及竞争对手的情况，随时对产品价格进行调整，以达到营销目标。价格调整讲究适时、适度、规矩、主动四原则。所谓适时，即把握好降价调整的时机；所谓适度，即把握好降价调整的尺度；所谓规矩，即中规中矩，遵循一定的规律；所谓主动，即伺机而动。也就是说，调整价格并不是一种被动的防御策略，而是一种主动的进攻战术。

1．提价

价格作为经营行为中最为敏感的环节，牵一发而动全身，一次提价行为必然牵涉到方方面面，通常消费者会对企业的降价保持正常的心理态度，但不降反升的反常规做法无疑会在市场上引发一些议论。因此，企业要提价成功应注意以下几个方面。

（1）完善的企业提价基础

成功提价不仅可以提高企业的利润，增强企业的综合实力，同时也在很大程度上可以提升企业产品品牌的美誉度。企业提价的基础主要包括三个方面：第一，企业的产品具有相当的市场基础。企业产品的提价必然会在很大程度上导致产品销售量的下降，因此这时的企业提价策略不应是追求一个短期的增量，而应该是一个稳健的发展过程，如果没有深厚的基础，反而会使企业自身一蹶不振。第二，企业的品牌具有相当的认可度。消费者对企业品牌的认可度往往反映了一个企业的综合实力，这就好比是不同的人做同一件事，顾客总是情愿相信自己熟悉的、印象好的、有能力的一方。第三，拥有高忠诚度的消费者。高忠诚度体现在消费者实实在在地从产品中得到利益，并且发展为一种信任和依赖，只要消费者仍然觉得物有所值，他们就容易理解并接受企业提价。

（2）合适的提价时间

企业提价往往很容易减少企业产品的销售量，也就是说，在提价成功之前，企业在销售过程中，销售量会有一段下降的时间，找到合适的提价时间就是为了尽可能地减少由于提价而引起销售量下降的负面影响。例如，汽车在销售旺季中，由于销售量大，就不应该采用提价策略。反之，在汽车销售的淡季，由于销售量小，企业对汽车产品提价，不会对企业的销售量产生很大的冲击。

在让顾客承受涨价的时候，应该避免被认为是价格骗子，顾客的记忆会长久保持，在市场疲软时，他们会群起而反对价格骗子。所以，企业在实施沟通的时候，应该告诉顾客为什么要提价，并且获得谅解和支持。企业的推销人员应该帮助顾客寻找适当的途径，以实现经济性。

2. 降价

（1）把握降价的主动权

古语云："先发制人，后发制于人。"降价的主动性是指降价行为是由谁起主导作用，率先发动价格战与被动地应对价格战之间存在很大的差异性。当行业处于一个价格敏感的时期，先发动价格战的企业会获得巨大收益，而应战者的收益会少得多。

先发动者可以在其他竞争对手没有进行有效反应或者跟进之前获得高于行业平均水平的收益率。这取决于先发动者所采用的是什么样的具体行动，同样竞争对手也会迫于竞争需要而进行反击。但竞争对手在采用策略之前，需要一定的时间去研究市场上是什么样的竞争态势、是否需要进行反击、采用什么方式反击，以及如何组织资源去实施反击等。于是，先发动者就有机会获得顾客的忠诚，从而为后来的跟进者制造感情障碍。通常这种先动的优势在开发新产品或者新的服务方面表现得更为明显。

另外，率先降价可以节约大量的广告费用，每当一个企业率先降价的时候，媒体都会有大量的报道，这种报道的影响力是巨大的。但跟进者的速度越快，就越能削弱先发动者的优势，跟进者模仿、学习和创新能力越强，先发动者能够保持的优势时间就越短。

（2）控制降价的幅度

所谓降价幅度是指降价前的产品价格与降价后的产品价格的差的大小。差越大，表示幅度越高；差越小，则表示幅度越低。价格战中的降价与例行的价格调整不一样，例行的价格调整幅度有高有低。但价格战中的调价幅度越高，对市场产生的作用越大；反之，调价幅度越小，对市场产生的影响也就越小。因此，价格战中的降价幅度很少会低于10%，如果低于这个幅度，则价格战的影响力就会大打折扣。

在企业的经营中，由于多种原因，企业经常会面临价格战，价格的变动非常剧烈，因为剧烈，所以才具有杀伤力，才会引起社会和消费者的关心，才能在短期内形成销售热潮。企业之所以要控制降价幅度,是因为降价幅度直接关系到降价策略能否成功。通常消费者会相信,在一个较大幅度的降价之后,不会再次大幅降价,所以企业的大幅降价会引发消费者的购买热情。而多次的小幅降价却无法达成这个效果,因为会有很多的消费者猜想后面是不是还有更大的降价行动。所以,小幅降价反而会造成汽车购买者观望。例如,2003—2004年,汽车价格频频降低,但是几乎都没有出现大幅降价而只是小幅下降,降价的幅度一般保持在5%~10%。虽然汽车销售非常良好,但是持币观望的消费者也越来越多。

(3) 寻找合适的降价时机

降价时机的选择,可能决定着汽车产品的市场表现。企业在降价策略实施过程中,首先要知道什么时间是企业的降价时机,因为这个时机选择和竞争厂家是否有可能跟进、是否有实力跟进,以及竞争车型跟进的时间长短和车型多少有关,它直接影响着企业自己的降价效果。因此,汽车企业在选择降价时机时应注意以下几点。

① 在产品销售量增长时降价。这种策略的主要目的是主动出击,以价格换市场,在产品刚进入市场或市场销量低迷时,由于在产品品质一定或者相当的情况下,汽车价格低,降价幅度大,则销量高或者上升,反之汽车销量低或者下降。同样的道理,厂家在一种产品销量增长时主动降价,在同样的市场环境下产品的销量一定增长;而当产品销量下滑时,厂家被动降价,产品的销量则不一定增长。

北京现代认为,上述理由是当时他们决定主动"割肉"的原因,这种做法除了能抢到实惠之外,还能获得消费者良好的口碑,出乎竞争对手的意料,从而在争夺市场时比较容易占据主动。在同样的市场环境下,2004年9月的降价行动为北京现代进入汽车厂商中的第一阵营立下了汗马功劳。北京现代旗下全线产品平均降价10%,其中伊兰特降为11.28万~11.58万元。这样,最低售价在12万元以下,由此冲破消费者的心理底线,以更低的售价、更高的性价比来占据更多的市场份额。

② 竞争对手与其经销商签订大批销量合同时降价。当经销商与厂家签订完合同后,会形成大幅压货的情况,这时的汽车厂家一般是很难降价跟进的。因为按照厂家和经销商的汽车销售政策和合同,如果厂家在把汽车卖给经销商之后再调低汽车的市场指导价,厂家要赔偿旧价格与新价格的差额;如果合同另有约定,汽车厂家还需要另外向经销商支付违约金。如果厂家在此时降价就意味着,汽车厂家在约定的付款时段内不仅利润将大幅减少,同时还要向下游的经销商付款,这么多汽车的付款额度,将会让自己公司的财务难以承受。

③ 在竞争产品成长时降价。考虑在这个时机降价,一般来说是因为可以通过降价遏制新的竞争车型成长。由于在成长期的车型,消费者对该车还处于一个认知过程,并没有完全接受并形成品牌忠诚度,这时降价策略的实施就可以在一定的程度上改变行为结构。如果等到新车型成长起来、消费者认可之后再去降价拼抢,就很难遏制新车型的增长势头了。例如,如果爱丽舍是在2003年第四季度降价,而不是在2004年降价,则该车型将非常具有竞争力,上海通用的凯越和北京现代的伊兰特可能就不会成长这么快。

另外,在企业选择降价时机时,还有一个相关的重要问题——降价周期如何把握?如果降价周期太短,容易打击消费者的信心,反而造成新一轮的持币待购;降价周期太长,产品销量有可能受到更大的抑制,等于是把市场拱手让给了竞争对手,而且容易错失降价的最好时机。所以,企业在降价过程中要正确把握降价的周期。

总之，汽车企业会由于多种原因而引起价格调整，但无论是提价还是降价，都可能影响到企业自身整个产品的战略部署，也极有可能影响到整个汽车市场的价格格局，打破与竞争对手形成的价格和谐与默契，更重要的是极有可能会打乱消费者的期望。所以，在企业采取价格调整策略之前，明确价格调整的真实原因，制定科学切实可行的调价策略，是目前我国汽车市场一项重要的任务。

营销案例

上海通用"别克赛欧"采取的"制造主导，一步到位"的定价模式堪称中国经济型轿车定价的典范之作。

美国通用汽车进入中国并不算早，借着中美谈判、中国加入WTO的契机，美国通用与上海汽车结成了合作联盟。初始基于轿车在中国的扭曲定位和用途，上海通用推出的第一款车是3.0L排量的"别克新世纪GLX/GL"系列，在地方政府的呵护下，取得了当年投产、盈利的不俗战绩。不过企业也清醒地认识到，这种局面不可能一直持续下去，因此在提前对中国大众化汽车消费有明确认知的情况下，果断上马"别克赛欧"1.6L经济型轿车，毅然打出"10万元轿车进家庭"的旗帜。"一步到位"的价格，将该档位轿车的定价权牢牢地掌握在了自己的手里，在市场上引发极大的轰动，不但凭借着美国通用"别克"的品牌效应和"10万元"的价格优势一举取得成功，同时还乘势推出"别克赛欧 SRV"旅行式变型车。2002年，上海通用以5万辆的销量成为这一级别轿车市场的最大赢家。

应该说上海通用"别克赛欧"的成功，其前期市场营销工作做得相当充分，10万元的定价只是整个营销环节的一环。在"别克赛欧"还没有正式面世之前，企业就已经借助于新闻媒体和公关的力量把"10万元家庭轿车"的概念炒作得深入人心，再加上与美国通用"别克"品牌的渊源，使得消费者在当时轿车排量选择余地不大、价格普遍较高的情况下，对这款尚未谋面的家用轿车充满期待。上海通用由此制定了中国第一个家用轿车的价格标准，让全国消费者认识到那个时期10万元的家用轿车应该具备哪些配置。

复习思考题

1. 试述汽车定价的概念。
2. 影响汽车定价的因素有哪些？
3. 说明汽车新产品定价的方法。
4. 试述消费者心理和汽车定价之间的关系。
5. 汽车折扣和折让定价的种类有哪些？
6. 简述汽车制造商为什么要进行价格调整？应对调价的对策有哪些？
7. 举例说明某一具体车型的定价方法。

第六章

汽车产品分销渠道策略

知识目标

了解分销渠道的概念。
了解分销渠道的作用和类型。
了解影响分销渠道选择的因素。
掌握汽车分销渠道的设计与管理。

能力目标

会设计和管理某款汽车分销渠道。

第一节 汽车产品的分销渠道

一、汽车分销渠道的含义

分销渠道,亦称分配渠道或销售渠道,指的是产品从生产者转移到用户的过程中所经过的一切取得所有权的商业组织和个人。也就是产品由生产者流通到用户的过程中经过的所有环节连接起来形成的通道。分销渠道的起点是生产者,终点是消费者,中间环节包括批发商、经销商、代理商和经纪人。他们都成为分销渠道的成员,共同构筑起分销渠道,中间商在分销渠道中起到连接企业与消费者或用户桥梁的作用。

在现有市场经济条件下,大多数产品都不是由生产者直接销售给最终消费者或用户的,而是要经过许多的中间环节,对于汽车生产者来说,汽车是否能及时销售出去,销售成本是否能够降低,企业是否能抓住机会占领市场,赢得消费者,在很大程度上都取决于销售渠道是否畅通和优化。汽车销售渠道具有售卖、投放、实现储运、市场预测、结算与资金融通、服务、风险承担、自我管理等多项功能,此外,分销渠道还有促销、信息反馈、为汽车生产企业提供咨询服务等功能。

二、汽车分销渠道的作用

1. 对国家的作用

1)汽车工业是国民经济的支柱产业,汽车销售渠道连接着汽车生产与消费,是整个汽车工业再生产过程中的一个重要环节。

2）汽车销售渠道在汽车工业发展过程中，起着调节产、供、销平衡的作用；同时，对拉动内需、增加税收、积累资金、扩大就业也起着不可忽视的作用。

2．对企业的作用

1）汽车销售渠道是汽车生产企业进入市场的必由之路。汽车产品只有通过销售渠道，进入消费领域，才能实现其价值形态。

2）汽车销售渠道是汽车企业的重要资源。现代企业的生产经营活动，必须依赖于人、财、物、管理、信息、时间、市场七大资源。其中，市场资源是重要的外部资源，是企业最难拥有与控制的一种资源，是关系到企业生存发展的一项资源。在这一资源中，销售渠道是重要的组成部分。对汽车企业来说，汽车销售渠道的数量越多，汽车销售的途径就越广，市场占有率就越高；汽车销售渠道质量高，中间商声誉好、能力强，对汽车产品营销尽职尽责，汽车则会有较高的价格、较好的声誉以及更多的销量，从而为汽车企业带来更好的收益。

3）汽车销售渠道是汽车企业节省市场营销费用，加快汽车产品流通的重要措施。汽车销售渠道的存在有助于汽车产品流通的加快，可以节约流通环节中的人力、物力、财力，减少汽车产品的储存，加快资金的周转。

4）汽车销售渠道具有融资功能。中间商不仅为本渠道所开展的各项汽车销售工作筹集了使用资金，同时，通过支付货款，为企业进行下一轮汽车生产提供了生产资金。

3．对消费者的作用

汽车销售渠道为汽车消费者提供了便利，节省了选购汽车的时间与精力。因为汽车销售渠道的存在，节省了汽车流通费用，使汽车流通过程中的销售成本降低，从而减轻了汽车消费者的负担。

三、汽车分销渠道的功能

结合汽车产品的分销实际，分销渠道一般应具有以下功能。

1．售卖功能

这是分销渠道最基本的职能，产品只有被售出，才能完成向商品的转化。汽车厂商与其经销商的接洽，经销商与用户的接洽，以及他们之间所进行的沟通、谈判、签订销售合同等业务，而这些业务都是在履行分销渠道的售卖职能。

2．投放与物流功能

由于各地区的市场和竞争状况是不断变化的，分销渠道必须解决好何时将何种商品、以何种数量投放到何种市场上去，以实现分销渠道整体的效益最佳。投放政策一经确立，分销渠道必须保质保量地将指定商品在指定时间送达指定的地点。

3．促销功能

即进行关于所销售的产品的说服性沟通。几乎所有的促销方式都离不开分销渠道的参与，而人员推销和各种营业推广活动，则基本是通过分销渠道完成的。

4. 服务功能

现代社会要求销售者必须为消费者负责。同时，服务质量也直接关系到企业在市场竞争中的命运，因而分销渠道必须为用户提供满意的服务，并体现企业形象。

5. 市场研究和信息反馈功能

由于市场是一个时间和空间的函数，分销渠道应密切监视市场动态，研究市场走势，尤其是短期市场变化，收集相关信息并及时反馈给生产厂家，以便厂家的生产能够更好地与市场需求协调一致。

6. 资金结算与融通功能

为了加速资金周转，减少资金占用及相应的经济损失，生产厂家、中间商、用户之间必须及时进行资金清算，尽快回笼货款。此外，生产厂家与中间商、中间商与用户之间，还需要相互提供必要的资金融通和信用，共同解决可能的困难。

7. 风险分担功能

汽车市场有畅有滞，中间商与生产厂家应是一个命运共同体，畅销时要共谋发展，滞销时也要共担风险。只有如此，中间商与生产者才能共同得到长期发展。

8. 管理功能

大部分整车厂家的分销渠道是一个复杂的系统，需要能够进行良好的自我管理。

需说明的是，分销渠道的以上功能，并不意味着所有的中间商都必须具备，中间商的具体功能可以只是其中的一部分，这与中间商的类型和作用有关。通常对从事汽车（轿车）整车分销业务的中间商，基本的功能要求主要集中在整车销售、配件供应、维修服务、信息反馈等方面（称作"四位一体"）。当然，随着汽车市场的发展，汽车中间商的功能也会变化，如履行车辆置换、旧车回收、二手车交易、汽车租赁等业务职能。

四、汽车分销渠道的类型

分销渠道的类型划分方式有很多，主要是按照长度和宽度来划分。按长度可划分为直接渠道和间接渠道两种。直接渠道与间接渠道的区别在于有无中间环节。直接渠道是指汽车生产企业不通过中间环节，直接将产品销售给消费者，也称为"零级渠道"；间接渠道是存在中间环节的渠道，又称为"一级渠道""二级渠道"和"三级渠道"。按照宽度划分，分销渠道可以划分为独家分销渠道、选择分销渠道、密集分销渠道。

1. 分销渠道的长度

（1）直接渠道（生产者→消费者）

直接渠道也称零级渠道，即汽车生产企业直接将商品销售给消费者。这种渠道的具体形式有推销员上门推销，设立自销机构（或直销机构），通过订货会或展销会与用户直接签约供货等。很多日本汽车企业在早期采取的都是这种分销形式。它的主要优点是，能缩短产品的流通时间，使其迅速转移到消费者或用户；减少中间环节，降低产品损耗；制造商拥有控制产品价格的主动权,有利于稳定价格;产需直接见面,便于了解市场,掌握市场信息,迅速开发与投放满足消费者需求的汽车产品。但这种销售模式需要生产企业自设销售机构,因而不利于专业化分工,难以密集分销,不利于企业拓展市场。

(2) 一级渠道(生产者→经销商→消费者)

即由生产者先将产品销售给经销商,经销商再将产品销售给消费者。这是经过一道中间环节的渠道模式,其特点是中间环节少、渠道短,有利于生产企业充分利用经销商的力量,扩大汽车销路,提高经济效益。我国许多专用汽车生产企业和重型车生产企业都采用这种分销方式。

(3) 二级渠道(生产者→批发商→经销商→消费者)

即由生产者先将产品销售给批发商,批发商将产品销售给经销商,经销商再将产品销售给消费者。这是经过两道中间环节的渠道模式,也是销售渠道中的传统模式。它的特点是中间环节较多,渠道较长:一方面,有利于生产企业大批量生产,节省销售费用;另一方面,也有利于经销商节约进货时间和费用。这种分销渠道在我国的大、中型汽车生产企业的市场营销中较常见,如上海大众汽车公司、东风汽车公司等。

还有一种二级渠道模式是生产者→总经销商→经销商→消费者。即汽车生产企业先委托并把汽车提供给总经销商(或总代理商),由其销售给经销商,最后由经销商将汽车直接销售给消费者。这也是经过两道中间环节的渠道模式。它的特点是中间环节较多,但由于总经销商(或总代理商)不需要承担经营风险,易调动其积极性,有利于开拓市场,打开销路。

(4) 三级渠道(生产者→总代理商→批发商→经销商→消费者)

即在生产者和消费者之间,通过总代理商、批发商、经销商三层中间环节。汽车生产企业先委托并把汽车提供给总经销商(或总代理商),由其向批发商(或地区分销商)销售汽车,批发商(或地区分销商)再转卖给经销商,最后由经销商将汽车直接销售给消费者。这是经过三道中间环节的渠道模式,其特点是总经销商(或总代理商)为生产企业销售汽车,有利于了解市场环境,打开销路,降低费用,增加效益;缺点是中间环节多,流通时间长。这种分销渠道比较适合于生活用品的销售,对于汽车行业来说不太适合。

综上所述,直接分销渠道的优点表现在以下几个方面。

第一,企业可迅速及时地获得信息的反馈,从中了解市场的动态,据此制定适宜的营销策略。

第二,企业直接参与市场竞争,建立和开拓自己的销售网络,为树立企业形象,提高企业声誉,不断积累经验,进一步扩大市场奠定了基础。

第三,企业独立地进行营销管理,对营销有较大的控制权,有利于企业根据自己的战略目标对营销活动做出适宜的调整。

但存在不足之处:第一,增加企业的经营成本,增大资金耗费及销售的风险;第二,直接销售主要适合于生产资料的销售。

同样,间接分销渠道的优点表现在以下几个方面。

第一,企业可以利用其他组织机构的分销渠道和营销经验,迅速将产品推向市场,取得良好的时间效益。

第二，减少了企业所承担的风险，对资金的使用有一定的安全性。

第三，企业不必设置从事营销业务的专门机构或专门人员，可以节省人力、物力和财力，集中精力搞好生产。

不足之处表现为：第一，限制了企业在市场上经营销售能力的扩大；第二，间接分销渠道主要用于缺乏营销经验、没有分销渠道和信息网络的中小生产企业或面对潜力不大、风险较大的市场，一般适用于消费品。

2．分销渠道的宽度

分销渠道的宽度指分销渠道每一层次中同类中间商的数量，企业使用的同类中间商数量多，产品在市场上的分销覆盖面广，称为宽渠道；相反，则称为窄渠道。分销渠道的宽度主要有以下三种方式。

（1）独家分销

指生产者在一定的市场范围内，选择一家某种类型的中间商销售产品，如独家代理商或独家经销商。这种分销方式的特点是生产者对其控制力强，但竞争程度较低，市场覆盖面有限，同时对中间商的依赖性较强。

独家分销渠道的优点是：有利于控制市场营销，提高中间商的积极性；密切与中间商的合作关系，在推销方面得到大量协助；提高生产企业的经营效率，节约费用，降低销售成本；提高中间商对顾客的服务质量；排斥竞争产品进入同一市场，提高企业的竞争力。

独家分销渠道的不足是：对中间商的依赖性太强，市场覆盖面窄；这种渠道意味着放弃一部分潜在顾客，有限的渠道宽度使企业适应性较差，销量难以扩大。

（2）选择分销

指生产者在一定的市场范围内，通过少数几个经过挑选的、最合适的中间商销售其产品，如特约代理商或特约经销商。其特点是生产者对中间商的控制仍然较强，竞争程度扩大，相应的市场覆盖面也在扩大，但需要考虑怎样合理地界定中间商的区域。

选择分销渠道的优点是：可以节省费用开支，提高营销效率；生产企业通过优选中间商，还可维护企业和产品的声誉，对市场加以控制；当生产企业缺乏市场营销的经验时，在进入市场的初期选几个中间商进行试探性销售，待企业积累了一定的经验或其他条件具备以后，再调整市场销售策略，以减小销售风险。

选择分销渠道的不足是：企业难以在营销环境宽松的条件下实现多种经营目标；渠道对非选购品缺乏足够的适应性；企业要为被选用的中间商提供较多的服务，并承担一定的市场风险。

（3）密集分销

指生产者尽可能地通过大量符合最低信用标准的中间商参与其产品的销售。其特点是生产者对其控制力弱，竞争激烈，市场覆盖面密集，分销越密集，销售的潜力越大。但必须注意在一定区域内，由于过度竞争和由此引发的冲突，不利于产品的销售。

密集分销渠道的优点是：市场覆盖面广，购买者有较多的机会接触到产品。对于刚开始从事经营的企业，这种策略可以帮助其迅速打开局面，还可以对这些中间商的工作效率进行综合评价，从中选择效率高的中间商继续为自己销售产品，同时淘汰那些效率低的中间商，

有利于中间商之间展开竞争,不断提高商品销售效率。

密集分销渠道的不足是:对于较小的地区市场,不宜采用;缺乏对中间商的管理控制。

第二节 汽车销售渠道中的中间商

汽车销售渠道中的中间商是指介于汽车生产企业与消费者之间,参与汽车流通、交易业务,促使汽车买卖行为发生和实现的经济组织和个人。中间商是分销渠道的主体,企业的产品绝大部分是通过中间商转卖给用户的。它一头连着汽车生产企业,另一头连着汽车的最终消费者,具有平衡市场需求、集中和扩散汽车产品的功能,在汽车销售渠道中起着十分重要的作用。

一、汽车销售渠道中间商的功能

汽车销售渠道中间商的基本功能有两个方面。第一,调节汽车生产企业与最终消费者所需要的汽车数量之间的差异。第二,调整汽车生产企业和最终消费者之间在汽车品种、规格和等级方面的差异。中间商的具体功能有以下几个方面。

1. 简化销售过程,提高销售效率

中间商的介入,简化了销售过程,提高了销售效率,节约了销售费用。由于供需双方在地域、时间、信息沟通等方面存在着差距,供需双方自行完成汽车交易有一定的困难。而中间商的积极工作,可以消除上述差异,促成汽车交易,并且由于中间商的存在,减少了交易次数,提高了效率,节约了费用。

2. 产品集中、平衡和扩散

中间商在生产者和消费者之间发挥着产品集中、平衡和扩散的作用。集中就是将生产者的产品,通过订货、采购集中起来;平衡就是将集中起来的产品,从品种、数量和时间上平衡产需关系;扩散就是把产品销售给消费者。

3. 为生产者带来经济效益

中间商能为生产者带来经济效益。中间商能代替汽车企业执行所有的市场营销职能,如进行市场调查、刊登汽车广告、安排汽车储运、开展汽车销售以及做好售后服务工作。同时,中间商还能为生产企业提供商业信贷,催收债款,帮助汽车生产企业在消费者中树立信誉,拓宽产品市场。生产者可以集中人力、财力、物力等用于生产业务,为生产者带来经济效益。

4. 为消费者提供购物方便

中间商可以为消费者提供购物方便。如果没有中间商,消费者购买汽车,就要去寻找生产厂家,购买过程就困难复杂得多。有了中间商,消费者就会很方便地从中间商那里买到自己所需的汽车。

二、汽车销售渠道中间商的类型

汽车销售渠道中的中间商,按其在汽车流通、交易业务过程中所起的作用,可以分为总

经销商（或总代理商）、批发商（或地区分销商）和经销商（或特许经销商）。

1. **总经销商**（或总代理商）

总经销商是指受汽车生产企业的委托，从事汽车总经销业务，并拥有汽车所有权的中间商。它的特点是：拥有产品的所有权和经营权，能够独立自主地开展产品购销活动，独立核算、自负盈亏；有一定的营业场所和经营设施；有独立购买产品的流动资金；有承担产品经营风险的能力。

总代理商是指受汽车生产企业的委托，从事汽车总代理销售业务，但不拥有汽车所有权的中间商。

2. **批发商**（或地区分销商）

批发商是指处于汽车流通的中间阶段，实现汽车的批量转移，使经销商达到销售目的的中间商。它一头连着生产企业或总经销商（总代理商），另一头连着经销商，并不直接服务于最终消费者。通过批发商的转销汽车的交易行为，汽车生产企业或总经销商（总代理商）能够迅速、大量地转售出汽车，减少汽车库存，加速资金周转。地区分销商处于某地区汽车流通的中间阶段，它帮助生产企业或总经销商（总代理商）在某地区促销汽车，提供地区汽车市场信息，承担地区汽车的转销业务。

根据批发商（或地区分销商）是否拥有商品的所有权，批发商可以分为三种类型：独立批发商、商品代理商、制造商的分销机构和销售办事处。

（1）独立批发商

独立批发商是指批量购进并批量销售的中间商。它拥有商品的所有权并以获取批发利润为目的，其购进对象通常是生产者或其他批发商，售出对象则多数为零售商。例如，我国目前汽车分销中的汽车贸易公司、机电公司中的汽车批发部门等都属于此类。

（2）商品代理商

商品代理商是指接受委托人的委托替委托人推销商品的中间商。他们不拥有商品的所有权，以取得佣金为目的，促进买卖的实现。在汽车分销中主要有以下两类商品代理商。

① 销售代理商即委托人的独家全权销售代理商。他们是生产厂家的全权代理，负责推销厂家的全部产品，不受地区限制，并且有一定的定价权。同时，生产厂家有销售代理商后，不得再委托他人代销产品或自销产品。例如，在一汽-大众建设的前五年，产品由一汽集团公司包销。一汽-大众组织产品促销、售后服务和备件供应。

② 厂家代理商即制造商的代理商。他们按照生产企业规定的销售价格或价格幅度和其他销售条件推销产品，安排储运，并向生产厂家提供市场信息、产品设计及定价建议等。这类代理商一般都与厂家签订长期代理合同，并受代理销售地区限制。不论是国内还是国外，厂家代理商这类中间商在汽车销售中都比较常见，如美国汽车制造商的国外汽车销售形式大都采用这种形式。在我国，一汽-大众、上海大众等一大批汽车制造企业也采用厂家代理商来推销产品。

（3）制造商的分销机构和销售办事处

制造商的分销机构和销售办事处隶属于制造商，是制造商专门的独立商业机构。例如，美国汽车企业国内汽车销售的地区管理分公司，韩国汽车生产厂的销售店，我国汽车制造企

业自建的销售公司和各地的分销中心（如神龙汽车公司组建的神龙汽车销售总公司等），以及国外汽车制造商在我国设立的销售办事处等都属于此类中间商。

3．经销商（或特许经销商）

经销商在汽车流通领域中处于最后阶段，它是直接将汽车销售给最终消费者的中间商。它的基本任务是直接为最终消费者服务，使汽车直接、顺利售出并最终到达消费者手中。它是联系汽车生产企业、总经销商、批发商与消费者之间的桥梁，在汽车销售渠道中具有突出的作用。特许经销商（也称受许人）是从特许人（一般是总经销商）处获得授权在某一特定区域内直接将特定品牌汽车销售给最终消费者的中间商，按照特许经营合同，受许人可以享用特许人的商誉和品牌，获得其支持和帮助，参与统一运行，分享规模效益。这是一种新型的汽车销售渠道模式。上海大众通过建立遍布全国的特许经销商网络，进一步提高了渠道服务水平，大大促进了汽车的市场销售。

第三节 汽车分销渠道的设计与管理

一、汽车分销渠道设计的影响因素

影响分销渠道选择的因素十分复杂。厂商在渠道选择中，要综合考虑渠道目标和各种限制因素或影响因素。销售渠道设计要在企业经营目标的指导下，在充分评价影响因素的基础上做出最佳设计。一般来说，影响渠道设计的主要因素如下。

（1）产品特性

① 产品的单位价值。单位价值低的产品，往往通过中间商来进行销售，让中间商承担部分销售成本，同时有利于扩大产品的市场覆盖面，即分销渠道宽、环节多，且每一个环节层次多。反之，单位价值高，分销路线就短。汽车属于价格昂贵的耐用消费品，不宜通过中间商来销售，应该减少流通环节。

② 产品的大小与重量。体积大、分量重的产品，往往意味着高的装运成本和高的储存成本，一般应尽量选择最短的分销渠道，汽车企业多数只通过一个环节，甚至取消中间环节，由生产者直接供应给用户。

③ 产品的易毁性或易腐性。产品是否容易损坏、腐烂，是影响产品实体运输和储存的非常关键的问题。易毁、易腐的产品，应尽量缩短分销途径，迅速地把产品出售给消费者。鲜活产品的渠道一般都较短，就是这个道理。汽车产品在这方面的性能较好，影响不大。

④ 产品技术的复杂性。产品技术比较复杂、对售后服务要求较高的产品，如现代办公用品、大型机电设备等，一般生产企业要派出专门的人员去指导用户安装和维修，这些产品的分销渠道一般都是短而窄的。汽车属于技术性高的产品，因此，渠道的长度和宽度不宜过大。

⑤ 产品的时尚性。式样或款式更新变化快的产品，如各种新奇玩具、时装等，分销渠道应尽量缩短，以免流转环节较多、周转时间较长。而时尚性不强、款式更新慢的商品，分销渠道可以适当长一点，以便密集销售。

⑥ 是否为新产品。企业为了尽快地把新产品推向市场，通常会采取强有力的推销手段，甚至不惜为此付出大量的资金组建推销队伍，直接向消费者推销。当然，为节约成本，在情况许可时，也应考虑利用原有的分销渠道。

（2）市场因素

① 市场范围的大小。在一般情况下，产品销售范围越大，则分销渠道就越长。如产品要在全国范围销售或进入国际市场，则应密集利用中间商，要选择较长、较宽的渠道；如果产品销售范围很小，就地生产，就地销售，则可由生产者直接销售或通过经销商销售。汽车市场范围较小，一般需要通过中间商进行销售。

② 消费者的购买习惯。消费者的购买习惯也会影响分销渠道的选择。一些日常生活必需品，其价格低，消费者数量大，购买频率高，顾客不必做仔细的挑选，生产企业应尽量多利用中间商，扩大销售网点，其分销渠道应长而宽。对于一些耐用消费品，如汽车，其价格高，生产企业一般只通过少数几个精心挑选的经销商去销售，甚至在一个地区只通过一家经销商去推销，其分销渠道可以短而窄。

③ 竞争者的分销渠道状况。一般来说，企业要尽量避免和竞争者使用相同的分销渠道。如竞争者使用和控制着传统的分销渠道，企业就应当使用其他不同的分销渠道来推销产品。汽车市场竞争激烈，生产厂家比较多，可以采取与竞争者相同的分销渠道，以便让顾客进行产品价格、质量等方面的比较。

（3）企业自身因素

① 企业的声誉与财力。企业的声誉越卓著，财力越雄厚，越可以自由选择分销渠道，甚至还可以建立自己的销售网点，采取产销合一的方法进行经营，而不经过任何其他中间商。如果生产企业财力微薄，或声誉不高，则必须依赖中间商提供服务。

② 企业自身的销售力量和销售经验。一般来说，如果企业自身有足够的销售力量或者有丰富的销售经验，就可以少用或者不用中间商；否则，就只有将整个销售工作交给中间商来做。

③ 企业对分销渠道的控制要求。如果企业想要严格控制产品的销售价格和新鲜程度或为了产品的时尚，则要选择尽可能短的分销渠道，对于短而窄的分销渠道，企业比较容易控制。

（4）社会环境及传统习惯因素

社会环境这一因素主要是指政府的方针政策及对产品分销渠道的限制情况，主要包括经济形势、法律法规、传统习惯等方面的因素。由于汽车商品的特殊性及各个汽车生产企业自身因素的差异，在当前的社会环境条件下，企业应该对上述各种影响因素进行定量或定性的分析，对各种渠道进行合理的评价，进而拟定合理、完善的分销渠道。

（5）中间商方面的因素

企业应考虑中间商的服务对象是否与自己所要达到的市场面相一致，这是最基本的条件。例如，汽车生产企业应该选择具有一定财力和管理能力的中间商来销售其汽车，而且还要具备较好的销售服务推广能力等。

二、汽车分销渠道设计的基本流程

经营汽车的企业在设计分销渠道时，必须在理想渠道与实际可用渠道之间进行选择。一

一般来说，新企业在刚刚开始经营时，总是先采取在优先市场上进行销售的策略，以当地市场或某一地区的市场为销售对象，因其资本有限，需要采用现有中间商。一旦经营成功，它可能会扩展到其他新市场。这家企业可能仍利用现有的中间商销售其产品，虽然它可能在不同地区使用不同的市场营销渠道。总之，生产者的渠道系统需因时、因地灵活变通。

渠道设计问题可从决策理论的角度加以探讨。通常，要想设计一个有效的渠道系统，需经历4个阶段，即消费者需求分析、确定渠道目标、制订渠道方案和评估分销方案。

1. 消费者需求分析

分销渠道指的是产品或服务从生产者流向消费者（用户）所经过的整个渠道，因此，设计分销渠道首先应该了解目标市场上消费者的购买需求。分析消费者想要购买什么，了解消费者最喜欢通过什么渠道购买产品，以及将来通过什么渠道购买，购买产品的方便程度要求越高，渠道的分销面就越广。

2. 确定渠道目标

有效的渠道设计应以确定企业所要达到的市场为起点。从原则上来讲，目标市场的选择并不是渠道设计的问题。然而，事实上，市场选择与渠道选择是相互依存的。有利的市场加上有利的渠道，才可能使企业获得利润。渠道设计问题的中心环节是确定到达目标市场的最佳途径。每一个生产者都必须在顾客、产品、中间商、竞争者、企业政策和环境等所形成的限制条件下确定其渠道目标。

生产企业在进行分销渠道的设计时，首先要决定采取什么类型的渠道，是直销还是通过中间商销售，即是采用直接销售渠道还是采用间接销售渠道。如果企业决定通过中间商分销其产品，就要决定中间商的类型：是批发商还是经销商？什么样的批发商和经销商？用不用代理商？具体选择哪些中间商？企业可以采用本行业传统类型的中间商和分销渠道，也可以开辟新渠道，选择新型中间商。企业在具体选择中间商时还要考虑以下因素：第一是市场覆盖面。中间商的市场覆盖面是否与生产企业的目标市场一致，如某企业现打算在西北地区开辟市场，所选中间商的经营地域就必须包括这一范围；第二是中间商是否具有经销某种产品必要的专门经验、市场知识、营销技术和专业设施等。

3. 制订渠道方案

在研究了渠道的目标之后，渠道设计的下一步工作就是明确各主要渠道的执行方案。渠道方案主要涉及以下几个基本因素。

1）选择中间商的类型。企业首先要明确可以完成其渠道任务的中间商类型。根据目标市场及现有中间商的状况，可以参考同类产品经营者的现有经验，设计自己的分销渠道方案。中间商的不同对生产企业的分销渠道会产生影响。例如，汽车收音机厂家在考虑其分销渠道时，可以选择与汽车厂家签订独家合同，要求汽车厂家只安装该品牌的收音机；借助通常使用的渠道，要求批发商将收音机转卖给经销商；也可以在加油站设立汽车收音机装配站，直接销售给汽车使用者，并与当地电台协商，为其推销产品，并付给相应的佣金。

2）确定中间商的数量。中间商类型的确定，实际上也决定了分销渠道的长度。企业必须确定在每一渠道层次利用中间商的数量，由此来选择分销渠道的类型，即独家分销、选择分销或密集分销。分销渠道的选择主要取决于产品类型：便利品需要密集分销，选购品一般适合选择分销，特殊品可选择独家分销，汽车、大型电子产品等多选择独家分销。

3）确定渠道成员的权利和责任。为保证分销渠道的畅通，企业必须就价格政策、销售条件、市场区域划分、相互服务等方面明确中间商的权利和责任。主要有以下几个方面。

① 价格政策。要求企业必须制定出具体的价格，并有具体的价格折扣条件，如数量折扣、促销折扣、季节折扣等政策。这样可以刺激中间商努力为企业推销产品，扩大产品储备，更好地满足顾客的需求。

② 销售条件。要求企业制定出相应的付款条件，如现金折扣；对中间商的保证范围，如不合格产品的退换、价格变动风险的分担等方面的保证。这样有利于中间商及早付款，加速企业的资金周转，同时可以引导中间商大量购买。

③ 区域销售权利。这是中间商比较关心的一个问题，尤其是独家分销的中间商。因此，企业必须把各个中间商所授权的销售区域划分清楚，以便于中间商拓展自己的业务，也有利于企业对中间商的业绩进行考核。

④ 相互服务。企业必须制定相应的职责与服务范围，明确企业要为中间商提供哪些方面的服务，承担哪些方面的职责；中间商要为企业提供哪些方面的服务，承担哪些方面的职责。在一般情况下，相互的职责和服务内容包括供货方式、促销的相互配合、产品的运输和储存、信息的相互沟通等。

4．评估分销方案

分销渠道方案确定后，生产者要根据各种备选方案进行综合评价，以便找出最优的分销渠道方案。对每个分销渠道进行评估，一般都需要遵循以下3个标准。

1）经济性标准评估。该评估主要是比较每个方案可能达到的销售额及费用水平。一是比较企业推销人员直接推销与使用销售代理商的销售额水平，确定哪种方式销售额水平更高；二是比较企业设立销售网点直接销售所花的费用与使用销售代理商所花的费用，看哪种方式支出的费用大。企业对上述情况进行权衡，从中选择最佳的分销方式。

2）可控性标准评估。一般来说，采用中间商可控程度较低，企业直接销售可控程度较高。分销渠道长，可控性难度大，分销渠道短，可控性难度会降低些，企业必须进行全面比较、权衡，选择最优方案。

3）适应性标准评估。在评估各渠道方案时，还有一项需要考虑的标准，那就是分销渠道是否具有地区、中间商等适应性。首先是地区适应性，在某一地区建立产品的分销渠道，应充分考虑该地区的消费水平、购买习惯和市场环境，并据此建立与此相适应的分销渠道。其次是中间商适应性。企业应根据各个市场上中间商的不同状态采取不同的分销渠道。如在某一市场若有一两个销售能力特别强的中间商，渠道可以窄一点；若不存在突出的中间商，则可采取较宽的渠道。

此外，如果生产企业同所选择的中间商的合约时间长，而在此期间，即使其他销售方法更有效，如直接邮购，生产企业也不能随便解除合同，该企业选择的分销渠道便缺乏灵活性。因此，除非在经济或可控性方面具有十分优越的条件，否则，生产企业必须考虑选择策略的灵活性。

三、汽车分销渠道成员与管理

汽车企业选定分销渠道方案后,还要决策如何来管理分销渠道。一般来说,制造企业不可能像控制产品、定价和促销那样直接控制分销渠道,因为中间商是独立的经营者,他们有自身的利益要追求,有权在无利可图或不满意时撤出。客观上,制造企业和中间商之间也存在诸多矛盾,如经销商希望存货尽可能少些为好,以节约空间和减少资金占用,一旦发生断档,又要求制造商提供紧急订货服务,以抓住市场机会;而频繁供货使制造企业增加了送货成本,特别是小批量的紧急送货。另外,从根本上来说,制造商和经销商的利益又是一致的,两者都只有通过将商品顺畅地卖给使用者才能获得效益,因此又要加强渠道内部各成员之间的协调与合作。企业必须安排专人负责分销渠道的管理,具体的管理程序包括以下几方面主要内容。

1. 选择渠道成员

汽车制造商需要在要开拓的市场有重点、有步骤地招募渠道成员,筛选的依据主要包括经销商的信誉度、资金实力、经营管理能力、公共关系能力、行业背景以及企业文化等各方面,符合条件的经销商必须履行相应的渠道加盟程序,投入部分硬件、软件建设。

(1)合法经营资格

必须对中间商的各种合法证件认真审核,检查其是否具有国家(或该地区)准许的经营范围和项目,将中间商持有的证件登记、复印以备案。

(2)销售能力

中间商的市场占有率或覆盖程度要与生产商的既定营销目标相符合。若中间商的市场覆盖能力小于生产商的要求,则达不到预期目标;反之,如覆盖面太大,可能对其他经销商造成威胁,容易出现矛盾。另外,还需考虑中间商是否具有稳定的、高效的销售队伍,健全的销售机构,完善的销售网络,足够的推销费用和良好的广告媒体环境。

(3)服务水平

现代市场营销要求一体化服务,要求运输、安装、调试、保养、维修和技术培训等各项售后服务相结合。中间商是否具有懂专业技术的人员,以便为消费者提供良好的服务,更是一个重要条件。

(4)储运能力

储运能力的大小直接关系到中间商的业务量大小,可以对生产商的产品起到稳定、发展和延伸的作用,并可调节产品生产销售的淡旺季。生产商要求中间商具有能更多地担负产品实体的储藏、运输任务的能力,这也是选择中间商的重要条件。

(5)财务状况

中间商的财务状况是重要的选择条件,这对于经销汽车这种需要有相当资金支持的产品尤为重要。中间商财务状况需要考虑的是固定资产量、流动资产量、银行贷存款、企业间的收欠资金等情况,这关系到中间商能否按期付款,甚至预付款等问题。

除以上几个方面外,还应考虑中间商的声望和信誉、中间商的经营历史及经销绩效、对生产商的合作态度及其经营的积极性、中间商的未来发展状况估计等。

2. 明确渠道成员的权利和义务

明确渠道成员的权利和义务是妥善处理生产商与中间商业务关系，建立高效渠道的基本策略。

1）产品的价格。价格直接涉及各个成员企业的经济利益，是个敏感的问题，生产商必须慎重。

2）支付条件及保证。生产商应对支付条件及销货保证做出明确的规定并严格履行。为鼓励渠道成员提早付款，不拖欠，要给予一定的付款折扣。对某些原因造成的产品降价，生产企业应该设"降价保证"。

3）给予地域权利。生产商必须给予渠道成员一定的地域（区）权利。

4）产品的供货。生产商应在产品的数量、质量、品种、交货时间等方面尽可能满足中间商的要求。

5）信息互通。生产商与中间商之间应及时传递本企业的产品生产或销售的信息以及所获得的其他市场信息，不能相互搞假信息或封锁消息，以便各方能按需组织生产和经营销售。

3. 督促和激励渠道成员

销售渠道由各渠道成员的结合构成。一般来说，各渠道成员都会为了共同的利益而努力工作。但是，由于中间商是独立的经济实体，拥有自己的经营理论，在处理供应商、顾客的关系时，往往偏向顾客一边，或者过分强调自己的利益，影响其为企业分销产品的积极性。因此，企业必须在了解中间商的需求和欲望的基础上，用行之有效的手段对其进行激励。

1）采取有效措施提高中间商的积极性，密切双方的合作关系。例如较高的职能折扣、合作广告、举办展销、组织销售竞赛等，对中间商的工作及时考核，经营效果好的给予奖励或优惠待遇，建立长期合作关系。

2）企业应着眼于与有关中间商建立稳定、长期的伙伴关系。通过研究，明确各方在销售领域、产品供应、市场开发、技术指导、销售服务和财务等方面的相互要求，共同对这些方面的有关政策进行协商，并按照其信守承诺的程度确定合理的奖酬方案，给予必要的奖励。

3）把汽车制造商与中间商双方的需要结合起来，建立一个专业化的垂直营销管理系统。汽车制造商在企业内部设立相应的经销商关系管理部门，任务是了解中间商的需要，制订市场营销计划，帮助每一个中间商以最佳的方式经营。通过该部门与中间商的共同工作，引导中间商深刻理解双方彼此依存、共同获利的关系。

4. 定期评估渠道成员的工作

定期考核渠道成员的绩效，以此为依据实行分销渠道的有效控制。一定时期内各中间商达到的销售额是一项重要的评价指标，但要对中间商的销售业绩采用科学的方法进行客观评价。评价渠道成员销售绩效的方法如下：

1）纵向比较法。将每一中间商的销售额与上期的绩效进行比较，并以整个群体在某一

地区市场的升降百分比作为评价标准。对于低于该群体的平均水平以下的中间商，找出其主要原因，帮助整改。

2）横向比较法。将各个中间商的实际销售额与其潜在销售额的比率进行对比分析，按先后名次进行排列，对于那些比例极低的中间商，分析其绩效不佳的原因，必要时要予以取缔。

通过评估，企业可鉴别出贡献较大、工作努力的渠道成员，对这些中间商，企业应给予特别的关注，建立起更密切的伙伴关系；对于那些不胜任的渠道成员，必要时应做出相应的调整。

5. 协调渠道成员间的矛盾

渠道存在的基础是专业化分工所带来的相互依赖，制造商、批发商（代理商）、经销商只有依靠各自的专业化分工协作才能共同完成整条价值链的价值实现。渠道成员一般各有特定的专业职能：制造商可能专门负责生产和全国范围内的促销，而经销商也许专门从事分销和当地促销，这种专业化带来了相互依赖。然而，各渠道成员都力图获得最大限度的自主权，于是相互依赖关系的建立就带来了利益上的冲突。渠道冲突，是指某渠道成员从事的活动阻碍或者不利于本组织自身目标的实现，进而发生种种矛盾和纠纷。分销渠道的设计是渠道成员在不同角度、不同利益和不同方法等多种因素的影响下完成的，因此，渠道冲突是不可避免的。渠道冲突包括 3 种类型。

（1）水平渠道冲突

指的是在同一渠道模式中，同一层次中间商之间的冲突。产生水平冲突的原因大多是生产企业没有对目标市场的中间商数量和分管区域做出合理的规划，使中间商为各自的利益互相倾轧。究其原因，当生产企业开拓了一定的目标市场后，中间商为了获取更多的利益，必然要争取更多的市场份额，在目标市场上展开"圈地运动"。例如，某一地区经营 A 家汽车产品的中间商，可能认为同一地区经营 A 家汽车产品的另一家中间商在定价、促销和售后服务等方面过于进取，抢了他们的生意。如果发生了这类矛盾，生产企业应及时采取有效措施，缓和并协调这些矛盾，否则，就会影响渠道成员间的合作及产品的销售。另外，生产企业应未雨绸缪，采取相应措施防止这些情况的发生。

（2）垂直渠道冲突

这种冲突是指在同一渠道中不同层次企业之间的冲突，这种冲突较水平渠道冲突更常见。例如，某些批发商可能会抱怨生产企业在价格方面控制得太紧，留给自己的利润空间太小，而提供的服务（如广告、推销等）太少；经销商对批发商或生产企业可能也存在类似的不满。

垂直渠道冲突也称为渠道上下游冲突。在某些情况下，生产企业为了推广自己的产品，越过一级经销商直接向二级经销商供货，使上下游渠道间产生矛盾。因此，生产企业必须从全局着手，妥善解决垂直渠道冲突，促进渠道成员间更好地合作。

（3）多渠道间的冲突

随着细分市场和可利用渠道的不断增加，越来越多的企业采用多渠道营销系统。不同渠道间的冲突指的是生产企业建立多渠道营销系统后，不同渠道服务于同一目标市场时所产生的冲突。例如，汽车企业在同一地区通过几家经销商销售，当地既有品牌专营店，汽车制造商自己又开店直销，三者之间会引起诸多冲突与不满等。多渠道间的冲突在某一渠道降低价格（一般发生在大量购买的情况下）或降低毛利时，表现得尤为强烈。因此，生产企业要重视引导渠道成员之间进行有效的竞争，防止过度竞争，并加以协调。

导致以上渠道冲突的原因，一是各自目标不同，二是没有明确的授权，三是对未来的预期不同，四是中间商对制造商过分依赖。协调渠道成员间的矛盾冲突必须从以下几方面着手控制。

① 构建渠道伙伴关系，确立共同的目标和价值观。要解决渠道冲突，特别是要解决企业和渠道组织的冲突，首先要认识到渠道组织作为外部组织，和企业一起构成的价值链，是产品价值实现的必要环节。因此，企业首先要从理念上认识到企业和渠道组织的关系不应是对立关系，而应该是价值实现的伙伴关系。只有在这个正确理念的指引下，企业才能正确地采取一系列措施和渠道组织共同实现价值。通过确立共同的目标和价值观，有助于渠道成员增强对渠道环境的认识，更有助于互相为对方考虑，从整体考虑，最终避免冲突的出现。

② 对渠道成员间的权利、责任、义务尽可能明确界定。渠道成员之间冲突发生的差异性原因多种多样，目标不相容、渠道分工的差异、技术的差异等都可能产生渠道冲突。实际上大部分差异是可以通过明确界定渠道成员间的权利、责任、义务等来避免的。因此，这就要求企业在进行渠道规划时尽可能多地考虑到实际情况，详细界定渠道成员间的权利、责任、义务，这样才能尽可能减少以上差异所带来的渠道冲突。

③ 渠道成员间要成立渠道管理组织。企业和渠道组织之所以能在一起，是因为要通过各自的专业化分工协作来共同完成分销任务。因此，为了更好地分工协作，同时更好地处理渠道冲突，企业和其他渠道成员有必要共同成立渠道管理组织，如渠道委员会。它可以及时处理随时出现的渠道冲突，并且最重要的是通过建立定期或不定期的沟通机制，使企业和渠道组织、渠道成员间能加深对共同目标的认识，加深相互理解，最终避免冲突的出现。

6．调整分销渠道

由于汽车消费者购买方式的变化，市场扩大或缩小，新的分销渠道的出现，现有渠道结构不能带来最高效的服务产出，在这种情况下，为了适应市场环境的变化，现有分销渠道经过一段时间的运作后，就需要加以修改和调整。调整分销渠道主要有如下几种方式。

（1）增减渠道成员

这是一种结构性调整，即对现有销售渠道里的中间商进行增减变动。企业要分析当增加或减少某些中间商时，对产品分销、企业收益等会带来什么影响，影响的程度如何等。例如，企业决定在某一目标市场增加一家批发商，不仅要考虑所带来的直接利益，还应考虑对其他经销商的需求、成本和情绪有何影响。

（2）增减销售渠道

这属于功能性调整，如果增减渠道成员不能解决问题，企业可以考虑增减销售渠道的做法。增加或减少一条销售渠道都需要对可能带来的直接、间接反应及效应做系统的分析。例

如，某汽车公司发现其经销商注重家用轿车市场而忽视商用车市场，导致其商用车销售不畅，为了促进商用车市场的开发，需要增加一条销售渠道，必须做出系统的分析。

（3）调整改进整个渠道

这也属于功能性调整，即企业对原有的分销体系、制度进行通盘调整，这类调整难度最大。因为它不是在原有渠道基础上的修补或完善，而是全面改变企业的渠道决策，它会给市场营销组合有关因素带来一系列的变动，通常由企业最高管理层做出。

当营销环境发生较大变化，造成现有分销渠道系统在满足目标顾客需求和欲望方面与理想系统之间出现越来越大的差距时，厂商就要考虑对原有分销渠道进行调整。厂商可借助投资收益率分析，确定增加或减少某些分销渠道或对整个分销渠道做出调整。当目前已有的渠道成员不能很好地经营目标市场时，可以考虑重新选定某个目标市场的渠道成员来占领市场；当现有的渠道成员不能将厂商产品有效送至目标市场时，优先考虑的不应该是将这个渠道成员剔除，而是考虑能否将其用于其他目标市场。

第四节　我国汽车的销售方式

从 1953 年第一汽车制造厂诞生至今，我国的乘用车销售体制经历了物资部门统购包销、计划内与计划外销售、指令性和指导性销售，以及今天的完全由市场导向的销售，销售体制变化完全被打上了历史的烙印。

一、我国乘用车销售体制的发展

我国乘用车销售体制的发展可以分为以下三个阶段。

1. 严格计划控制下的汽车分配体制

1979 年以前实施严格计划控制下的汽车分配体制，汽车从生产到消费，均列为国家统配物资，经历了中央统一控制、中央管理为主、地方管理为辅、中央和地方两级管理三个时期。中央统一控制时期，汽车为国家统一分配的物资，由国家物资部门统一销售、统一供应、统一中转仓储、统一资金管理。中央管理为主、地方管理为辅时期，实行国家统一计划下的地区平衡、差额调拨、品种调剂、保证上交的办法，地方可支配的汽车资源占全国的近 1/4。中央和地方两级管理时期，中央安排的汽车生产计划由中央解决原材料，产品由中央分配；地方安排的汽车生产计划由地方解决原材料，产品由地方分配。

生产、投资、分配都是直接的计划安排，成为这个时期汽车产品流通体制的核心。汽车生产厂家只负责按国家计划组织生产，厂家根本无自主经营销售权，自然也无自己的汽车销售体系。

2. 计划分配体制的松动和汽车生产企业自主营销体系的建立

1978 年后，我国传统的严格的计划分配体制开始松动。最明显的特点是国家指令性计划安排的汽车所占比例，已由 1980 年的 92.7%下降到 1984 年的 58.3%。1989 年下降到 22.2%，1992 年下降到 15%。汽车生产企业系统的汽车销售量，在 1993 年时已占全国总销量的一半。

另一个特点是汽车销售渠道、销售途径出现可喜的变化。一方面当时称为主渠道的华北、华东、东北、中南、西南和西北六个汽车贸易中心，主要负责国家指令性计划的执行和进口汽车的市场投放，1988年成立中国汽车贸易总公司后，六个汽车贸易中心改为中国汽车贸易总公司的分公司，并增设了天津、广州两个分公司，下辖1000多家网点；1992年，中国汽车贸易总公司内原中汽总公司的销售服务公司回归中国汽车贸易总公司，成立中国汽车工业销售总公司。另一方面，汽车生产企业自身的销售系统逐步组建并开始发展，一汽贸易公司、东风汽车贸易公司、跃进汽车贸易公司等中央企业的销售公司相继成立，地方汽车企业如上海汽车工业销售总公司、天津汽车工业销售有限公司、北京汽车工业供销公司等也陆续组建。汽车生产企业的销售公司以各种形式与各地经销商合作，组建联营公司或合资销售公司。这个时期，计划内汽车产品流通体制和计划外汽车产品流通体制"双轨制"运行，可视为汽车销售的过渡性体制。

3. 汽车生产企业为主导的销售体系的发展和完善

1994年2月，国务院颁布的《汽车工业产业政策》是汽车生产企业发展和完善以自身为主导的销售流通体系的理论和政策标志。在该产业政策的"消费与价格政策"中，明确提出"鼓励汽车工业企业按照国际上通行的原则和模式自行建立产品销售系统和售后服务系统"。这既是对生产企业自建销售系统的总结和肯定，也为汽车生产企业销售流通的建设指明了方向。从此以后，汽车生产企业的销售流通体系逐渐发展壮大，并成为我国汽车销售流通的主渠道，品牌专营、普通经销和汽车交易市场等多种销售模式同时存在，其中以品牌专营为主。

二、我国乘用车的销售模式

1. 品牌专营

品牌专营汽车专卖店是指由汽车制造商或销售商授权，只经营销售专一汽车品牌、为消费者提供全方位购车服务的汽车交易场所。它是随着与全球经济接轨而引入我国的"舶来品"，也是目前国际较流行的营销模式。

我国汽车品牌专营的发展相对较晚。20世纪90年代中期开始，汽车市场由卖方市场转为买方市场，厂家的市场销售转为被动，大量产品积压，不得不给经销商让利来处理库存。于是，从1997年底开始，汽车企业开始建立一种新的品牌专营的营销体系。品牌专营是以汽车企业的营销部门为中心，以区域管理中心为依托，以特许或特约经销商为基点，受控于汽车企业的全新营销模式。

品牌专营模式是目前各大汽车企业发展的重点，也是主要模式之一。以轿车的营销为例：上海通用、广州本田等各大厂商都已构建了自己的品牌营销模式，各厂商的品牌专营理论基本一致，但在功能组合与称谓上各有不同。在功能组合上，有的是集售车、零配件供应和维修服务功能于一体的"三位一体"模式，有的是在前者基础上再加上信息反馈功能的"四位一体"模式，有的是售车功能与服务功能两足分离式；在称谓上，有的称"特许（授权）销售服务中心"，有的称"特许代理"，有的则称"特许专卖店"。该模式从根本上较好地解决了服务的专业化、方便化、优质化问题。

品牌专营模式有利于结束"千军万马"搞流通的混乱营销局面，强化营销资质认定，规范汽车交易行为，而且可以帮助生产厂家增加利润厚度、扩大资本积累，有益于扩大生产和增大科技开发力度。由于责任明确、产品售后服务更有保障，对于广大消费者来说，当然利大于弊。真正有实力的经销商可以借助"专卖制"砍掉许多竞争对手，从中受益。这种经销模式的优胜劣汰可以起到净化汽车流通市场的积极作用，对汽车工业的发展也是大有好处的。

目前我国汽车营销以品牌专卖店为主，并向世界汽车营销模式接轨。经过发展，目前我国品牌专营店有2000多家。品牌专卖模式已成为我国汽车销售的主流模式，对规范和发展汽车消费市场起到积极的作用。我国1994年颁布的《汽车产业发展政策》中明确规定：2005年起，汽车生产企业自产乘用车均要实现品牌销售和服务；2006年起，所有自产汽车产品均要实现品牌销售和服务。

（1）"三位一体"

所谓的三位是指汽车的销售、维修和售后服务。首先汽车的销售不仅是指厂家直接供应的品牌车，还包括厂家专门供应的附属配件，保证了车和配件的原厂质量；维修是指有一定硬件技术规模，有经过厂家专门培训的技术人员，特别是在保修、索赔过程中由生产厂指定维修厂直接赔付，不会产生扯皮现象。此种经营模式直接与国际惯例接轨，保证了购车族的利益。例如，上海众泰汽车销售公司曾是经日产汽车（中国）有限公司授权的上海地区唯一的日产汽车"三位一体"代理店，它引入先进的管理体制以及资深的管理和营销人才，常年从日本原厂进口最新款的适合中国市场的日产汽车，为客户提供最新的日产汽车信息和资料。众泰公司还能为个人、企事业、三资企业以及汽车经销商等客户提供具有竞争性价格的现货、批发、预订等多种销售形式及新车免费服务，并可协助客户办理通关、上牌等手续，让客户更省心，更满意。

（2）四位一体

四位一体，即集整车销售、配件供应、维修服务以及信息反馈四位于一体的汽车销售企业（又称"4S"店）。随着中国汽车市场逐渐成熟，用户的消费心理也逐渐成熟，用户需求多样化，对产品、服务的要求也越来越高，越来越严格。4S店实质就是一套完善的汽车营销服务体系，贯穿于售前、售中、售后的全过程。可以提供装备精良、整洁干净的维修区，现代化的设备和服务管理，高度职业化的氛围，保养良好的服务设施以及充足的零配件供应，迅速及时的跟踪服务体系。通过4S店的服务，可以使用户对品牌产生信赖感，从而扩大汽车的销售量。

在4S店，各项服务获取利润的比例一般为"整车销售：配件供应：维修服务＝2：1：4"，因此，维修服务获利是汽车4S店获利的最重要部分。

汽车品牌专卖模式主要有以下优点：

① 厂商的利益一致。由于专卖店是特许经营，不经销其他产品，这使厂家和经销商的关系稳定，双方的利益一致。它划定市场范围，实行区域性销售，便于厂家统一销售政策。它实行以直销为主的终端用户销售，一改层层推销、层层加价的弊端，减少了中间环节，有利于营销的推广。厂商和经销商之间的利润也保持在一个高效、合理的范围内，有利于销售

网络在全国的建设、布控，避免了恶意竞争。

② 高质量的销售和管理。通过"4S"的引入，经销商已经接受了卖车要同时修车的理念，这个理念的背后是经营时间从售前、售中扩大到售后，即一辆车从"生"到"死"全过程，竞争办法从单纯价格竞争扩展到服务竞争等一系列的变革。同时，通过"4S"的引入使人们认识到优胜劣汰的残酷性。对制造商来说，品牌专卖最大限度地革新了中国汽车销售模式。品牌专卖店在外观形象和内部布局上，统一规范、统一标识，给人强烈的视觉冲击，有助于提升企业、品牌形象。从硬件设施来看，中国汽车品牌专卖店可以说在全世界都是有名的。

③ 信息反馈及时，终端控制有效。由于品牌专卖店建立了完备的信息反馈系统和客户管理系统，使厂商能够及时跟踪用户的使用情况，改进产品设计。它将汽车销售与售后服务融为一体，可以为用户提供终身服务。汽车企业可以非常有效地控制物流和终端，信息的反馈快速有效，能够较好地根据市场销量和需求变化，进行生产调整，同时为车型改良和新产品的开发等提供丰富的市场依据。

汽车品牌专卖模式主要有以下缺点：

① 要求高，投资大，风险大。目前，汽车经销商获得品牌专卖权市场是一个典型的卖方市场。厂家要求高、可选择的对象多。4S 店的固定资产投资动辄在 1000 万元人民币以上，流动资金也要求在 1000 万元人民币以上，经销商投资过大，导致终端在面临市场竞争激烈时捉襟见肘，而在投资建店的过程中，厂家不承担任何风险。

② 经销商营运成本高。一个普通的 4S 店一年的运营费用为 500 万～600 万元，而一旦没有消费者购车，在保有量不够大的情况下，每个 4S 店却都要保证配备齐全的昂贵检测维修设备和具备高技术水平的技工，这样动辄几千万元的成本投入对于销售商来说，无疑是非常巨大的负担，它一天就会亏损近 2 万元的成本。一旦车市持续低迷，在得不到足够的汽车销量和维修量支撑之后，对车价没有绝对控制力的经销商就只好"吃老本"。一旦将老本吃完，即面临被淘汰出局的危险。

③ 排他性。目前，国内的品牌专卖店只能销售某一厂商的产品，甚至只能销售某一厂商的某一特定品牌。如果经销商要销售多个厂商的产品，就必须在不同地点设立由不同的管理者经营的多个独立销售实体。4S 模式的排他性，必然导致车型品种单一、网点分散，无法满足消费者多样化的选择和比较的需要，给消费者在购车时的选择比较带来极大的不便，尤其对于喜欢"货比三家"的消费者，如果要在各种车型之间进行比较，就必须奔波于分散的不同品牌的 4S 店之间。

④ 厂商地位不平等。汽车制造厂和 4S 店的地位，可以说从车商蜂拥争抢 4S 店的代理权开始，本应平衡的厂商关系就已经倾斜了。在车市持续升温的 2001—2003 年，众多资本潮水般涌入汽车品牌专卖，造就了一个个"4S 神话"，几乎每一个品牌汽车推出建 4S 店的计划都会引来一阵哄抢。国产宝马在全国挑选 24 家经销商，让 3000 多个投资者挤破了头；2003 年，北京现代准备建造 100 多家 4S 店的计划一出，报名竞标者达到了 2300 多家；即使在车市极端低迷的 2004 年，东风标致在全国建造 80 家"蓝盒子"的构想一出台，也很快招来 800 多家的竞标者。然而，在渠道建设中，厂家并不承担任何风险，却拥有整个网络，车商独自承受着资金投入的风险和压力，还得在市场低迷时按厂家指令吞下压库和亏损销售

的苦果。经过前几年的连续降价，一些车型的水分已挤得差不多了，但消费者仍持观望态度，厂家也无可奈何，就要求车商让利销售，打价格战的事由4S店来完成。

⑤ 消费者负担重，对品牌的忠诚度低。4S店的零配件和维修费贵，几乎每个消费者都深有体会。曾有消费者在4S店换一个保险杠花了1700元，换一个制动片花了1300元。经销商明明可以到汽车厂的配套件厂进货，价格会低得多，如前面提到的保险杠和制动片，配套件厂的出厂价也就100多元，然而汽车厂要求经销商必须在整车生产厂进货，美其名曰"为了保证零部件的纯正性"。由于4S店的维修服务及零部件价格远高于一般修理店，消费者往往不愿到专卖店修车，"保修期内专卖店，保修期外路边店"成为许多消费者无奈的选择。现阶段国人购车绝大多数是家里的第一辆车，当他们在某一品牌车型上受伤害后，向朋友推荐车型或其欲再次购车时，往往容易转换品牌。

在国外，"4S"专卖这一特许方式，其授权范围有严格的要求，即一个专卖店有一个相对大小的销售范围。反过来讲，一个品牌在一个相对大小的区域内只有一家专卖店。目前我国的"4S"专卖虽有区域的要求，但往往以行政省份为界，没有再进一步细分，造成一个区域内有几家，甚至十几家同品牌的专卖店。同地区几家代理店为了争客户便纷纷降价（或变相降价）竞争。由于专卖店不得跨区域销售，因此造成了同品牌车的各地价差惊人。虽然供应商常规定"全国统一售价"，但在执行过程中，经销商往往会根据市场情况、考虑自身利益或利用商务政策的空子，而不按限价执行，从而出现相同品牌各地市场的车价混乱，市场秩序难以规范。

2．汽车市场

汽车市场作为有形市场，在汽车流通领域发挥着巨大的作用。但随着国外汽车业的现代营销方式的导入，对汽车市场提出了强烈的挑战。目前，我国汽车消费已由公款购车转向私人购车，汽车消费需求市场发生了根本性的变化，过去汽车市场的竞争以价格为主导，而现在随着行业的规范，汽车市场的服务意识明显增强，以优质服务创造市场差异化策略得以体现。

汽车市场集中了国内外各种品牌、价格、档次的汽车，由多个代理经销商分销，形成了集中的多样化交易场所，使购车人在同一地点即可比较选择各种品牌的车辆。据统计，目前国内汽车交易市场有400~500家，其中形成一定规模的有100余家，年交易额超过20亿元的有10家左右。就总体水平来看，北京、上海等大型城市的汽车交易市场发展得较为完善，并且各具特色。汽车交易市场极大地适应了私人购车的需要，并且将汽车销售过程中涉及的十几个部门的监督管理服务集中到一地，方便了消费者；通过交易市场规模优势，可以形成汽车销售、配件供应、维修保养、信息反馈四位一体，从而形成综合的社会效益，并有利于维护消费者的合法权益。

从经营模式上看，汽车交易市场主要有两种类型：一是以管理服务为主。管理者不参与经营销售活动，而是由经销商进场经营销售，交易市场只负责做好硬件建设及完善管理。北京亚运村汽车交易市场就是这一模式的典型代表。由于市场内汽车品种齐全，交易规范，吸引了全国各地的顾客到交易市场购车。特别是政府有关综合部门直接驻场，不仅有力地规范了市场交易秩序，同时方便办理一系列的交易手续。在市场外购车需要经过13道手续，在

亚运村汽车交易市场只需 11 道手续，非常方便、简捷。二是以自营为主，其他进场经销商非常少，即市场管理者同时也是主要的汽车销售者。该类型的汽车交易市场约占有形市场的 80%～90%。

目前，我国有的城市引进了国外流行的汽车大道营销模式，即在方便客户进出的高速公路两侧或城市主要干道两侧，建立若干品牌的专卖店，形成专卖店集群。汽车大道集汽车销售、服务、信息以及文化等多种功能于一体，具有规模大、环境美、效益好、交易额大以及影响大等特点，体现了国际汽车营销由单一专卖店向集约化、趋同性发展的趋势。

3．网络销售

当今时代，网络已渗透到政治、经济和社会文化的各个领域，进入人们的日常生活中，并带来社会经济和人类生活方式的重大变革。近几年网络用户数量的激增为网络营销的发展奠定了基础。美国《财富》杂志统计的全球前 500 家企业中有超过 80%的企业已经在网上开展营销业务，每年在互联网上做广告的费用已增至几十亿美元。

根据中国互联网络信息中心发布的《中国互联网络发展状况统计报告》，截至 2020 年 6 月，我国网络购物用户规模达 7.49 亿，较 2020 年 3 月增长 3912 万，占网民整体的 79.7%；手机网络购物用户规模达 7.47 亿，较 2020 年 3 月增长 3947 万，占手机网民的 80.1%。网络营销正以超乎人们想象的速度狂奔，并且在市场实战中显现出以小博大的功效。随着网络的发展和网络用户数量的增加，网络提供的营销平台正朝着多元化方向发展。

汽车产业作为国民经济的支柱产业，已跨入了网络化时代。越来越多的汽车企业意识到网络对于汽车营销的重要作用，纷纷投资发展这一科技制高点，并视为未来获取营销竞争优势的主要途径。

网络销售不仅仅是一种技术手段的革命，它包含了更深层的观念革命。它是目标销售、直接销售、分散销售、顾客导向销售、双向互动销售、远程或全球销售、虚拟销售、无纸化交易、顾客参与式销售的综合。网络具有快速、高效、低成本的特点，在互联网上信息资源共享，进入障碍为零。作为一种新的媒体，网络具有一对一地互动特性，这是对传统媒体面对大量"受众"特征的突破。从营销的角度讲，网络上生产者和消费者一对一地互动沟通，了解顾客的要求、愿望及改进意见，将工业时代大规模生产大规模销售改进为小群体甚至个体销售，为消费者提供了极大的满足，迎合了现代营销观念的宗旨。总而言之，网络销售在方寸之间集聚了全世界的生产者和消费者，实现了真正的世界市场，顺应了全球经济一体化的世界潮流。因此，网络作为一种全新的生产力，网络销售作为具有极大经济潜力和实用价值的全新领域，必将成为国际营销的发展趋势。随着信息技术的飞速发展和网络设施的进一步改进、相关配套体系如政策法律的逐步完善，网络销售会如虎添翼，成为越来越重要的销售方式。这种新的销售方式在如此短的时间内扩散到全球，可见其具有独特的魅力。

4．汽车市场销售渠道模式的建议

1）坚持品牌专营的主渠道地位。品牌专营，对汽车工业的发展起着积极的推动作用，并且也是目前最为有效的一种渠道模式。尤其是在消费者对汽车服务功能的延伸具有较高需求的时候，品牌专营具有无法比拟的优越性。制造商在品牌经营上要着重提高软件水平，降低成本，提高顾客满意度。

2）虽然传统的汽车交易市场与现代汽车工业的发展需要相去甚远，在某种程度上已完成历史使命。但由于能够降低用户购买和比较的成本，依然受到消费者的认可。因此，在很长一段时间内，这种模式依然会存在，只是内容将有所改变。为了适应今后汽车市场的发展趋势及私人购车的需要，汽车交易市场要进行战略调整，即引进各大汽车名牌专营店，使专卖店集群成为市场的主体形象；加大招商引资，完善"四位一体"功能；促进经营机制的改变，由管理型向经营管理型转变。

3）对汽车市场进行合理规划。汽车市场的建设大多位于城郊，因此应顺应城市的整体发展规划，合理利用土地，加强交通设施的规划，以功能化、规模化、园林化等特点，体现"以人为本"的现代经营理念，加强园区周边设施的配套建设，调动投资者的积极性，打消顾虑，增加投资力度，促进汽车市场的建设和发展。

4）探索开拓电子商务等创新型渠道模式。通过电子商务提供的模块化服务网络系统，在满足顾客需求、降低流通成本、减少交易环节、便利沟通等方面具有传统分销渠道无可比拟的优越性。通过网络进行信息传播，加强客户关系管理，实施有针对性的沟通，可以极大地提高顾客满意度，创造消费价值。

案例一：奇瑞销售渠道的发展

在奇瑞公司发展历程中，根据企业实际的发展情况和市场形势，奇瑞公司由4S渠道模式先后进行了分网销售、直营店销售和汽车城等创新。

1. 4S渠道模式

奇瑞公司从成立之初就开始采用4S渠道模式。但是，2004年底渠道中出现了严重冲突，此后，奇瑞公司按照分销模式建立了专卖店（整车销售、售后服务、零部件供应、信息反馈"四位一体"的4S店）。但奇瑞公司的专卖店有三种形式：有"四位一体"的4S店，有做销售功能的3S店，有专做售后服务的1S店。奇瑞公司的该分销模式主要是按国内合资厂家模式建立起来的，但由于奇瑞公司和这些合资公司在市场上存在明显不同的特点，如企业经营管理能力、经销商实力、市场环境等因素不同，所以在实行相同的专卖店分销模式时却出现了不同的市场反应。2004年，全国汽车行业整体增幅较大，但是奇瑞的销量却大幅下降。

随着奇瑞公司的不断发展，4S渠道模式运作一段时间以后，奇瑞公司渠道中逐渐出现了以下一些问题。

1）经销商不愿意开发周边市场，也不愿意采取任何市场推广行动，经销商没有开发市场的积极性。

2）在同一个城市中同一种车型有多个经销商，相互之间以价格战的形式进行恶性竞争，这极大地影响了奇瑞品牌战略的实施。

3）有一部分经销商伴随着奇瑞公司的发展而逐步发展壮大，但后来由于竞争激烈，他们中的相当一部分开始兼营其他品牌，甚至有的经销商脱离了奇瑞公司而加入其他品牌的行列。

2. 分网销售渠道模式

从 2005 年 1 月开始，奇瑞公司着手对销售渠道进行重大调整，重点推行了分网销售和品牌专营制度。奇瑞公司进行分网时采取的主要措施如下。

1）奇瑞公司将现有车型划分为 S 系列（QQ）、A 系列（风云和旗云）、B 系列（东方之子）、T 系列（瑞虎）四大系列。将这些车型分成两张网，一张网销售 ST 系列车，也就是 QQ 与瑞虎这两款车放在同一个经销店里销售；另一张网销售 AB 系列车，也就是风云和东方之子这两款车型。

2）奇瑞公司分配品牌的依据是经销商的实力。具体方法就是通过竞标方式，经销商上报自己期望销售的车型、目标销售量，随后厂家进行分配。

3）减少销售网络中一级成员的数量，增加市场覆盖面。要求每一个区域只允许一家销售 AB 系列车的一级经销商和另一家销售 ST 系列车的一级经销商，所以每个区域最多只有两家一级经销商。如果一个地区只有一家奇瑞4S店，那么它可以销售奇瑞的所有车型。如果某个区域内没有奇瑞的一级经销商，其他区域的销售商可以在那里建店。

4）在实行专卖店的基础上，建立二级代理销售制。奇瑞公司所有的一级经销商都必须互为二级代理。对于经销商而言，做一级经销商和二级经销商的最大不同就是奖励方式。一级经销商在销售自身代理的车型时，可按双方拟订的条款进行阶梯式返利；但作为二级代理商销售车辆，仅能获取销售奖励提成，其销售业绩将被计入该车型一级代理商名下。一级经销商享受到的是奇瑞公司的统一销售政策，二级经销商则根据自身的销量和能力受到一级经销商的管理。

5）在分网销售的基础上建立了一系列严格的规章管理制度。为了保证分网销售取得成功，奇瑞公司实行了一些市场网络管理、经销商管理和服务支持的措施。分网销售使得奇瑞公司渠道系统得到了进一步的优化。由于分网销售，奇瑞公司具备了在同一地区选择不同销售平台的机会，授权经销商范围的扩大保证了奇瑞公司的运行效率。

3. 直营店销售方式

2005 年，奇瑞公司在销量欠佳的广州建立了第一个厂家直营店，之后由于广州市场表现提升比较快，奇瑞公司很快就把直营店转给当地的经销商来运营。作为市场推动的一种方式，直营店存在的时间并不长。2007 年 7 月，为了更好地推动浙江市场的发展，奇瑞在杭州建立了第二家直营店。这个直营店经营的效果非常好，不仅直接带来销量的增长，还大大提高了当地经销商的积极性，为当地市场注入了极大的活力。后来又由于 2006 年江苏市场上奇瑞车型的销售达不到奇瑞公司全国的年平均增长水平，于是 2007 年 10 月奇瑞公司在南京的直营店开业。奇瑞公司除了重资营建南京直营店，还抽调优秀的销售人员给予支持。南京直营店对当地市场起到了很好的推动作用。在表现欠佳的市场，奇瑞公司采用这种直营店来帮助当地经销商进行市场开拓，因此直营店是其他渠道模式重要的补充形式。

4. 汽车城渠道模式

2007 年初，作为对分网渠道模式的补充，奇瑞公司推出了另一创新的渠道模式，提出了建立超级 4S 店集群的"纵横中国"计划。这是在中国首次出现的单品牌汽车城,奇瑞公司计划于 2007 年在全国共规划 20 个汽车城。经销商只要有一张独立营业执照、一个独立 4S 店、一个独立的组织机构、一笔独立且封闭的运营资金就可以申报奇瑞汽车城,不受一个企业只能代理一个事业部产品的政策影响。这种设置若干个经销不同奇瑞产品的销售大厅,配备统一的服务及配套设施,成为"品"字布局的奇瑞汽车城。奇瑞汽车城的功能在 4S 店功能外继续向外延伸,为用户提供保险、上牌、客户联谊等"一站式"的附加服务。之所以称"纵横中国",是因为从地理方位上,奇瑞公司在整个中国市场进行了新一轮的营销版图布局:纵线是指北起哈尔滨,通过长春、沈阳,沿 102 国道线到达北京,再沿着 107 国道南至深圳、东莞、广州。横线则是东始上海,向西延伸,顺着 312 国道一直到达乌鲁木齐。2007 年 4 月,奇瑞公司第一个中国汽车城在西安开业,5 月北京、上海的两个汽车城同时开业,随后其他的汽车城陆续建立起来。

案例二:中国当前几种汽车渠道模式的比较

中国汽车分销渠道在传统上一向采用总代模式,但是随着国外品牌的涌入、家用轿车的普及,传统的分销渠道已经不能满足市场的需求,汽车厂商为加快渠道流通,提高品牌形象,完善售后服务,纷纷进行渠道转型。特别是随着国外汽车企业不断地进入中国市场,在带来汽车产品和品牌的同时,也带来了高效的分销模式。目前,国内汽车行业分销渠道改革总的趋势是扁平化,以加快产品和资金流动,加强对市场和终端的控制。

模式 A:通过与原代理商合资合作,成立省级联营公司。省级联营公司一般只代理联营企业的产品,其销售范围内的终端,既可以是以厂家为主体的多型号、多品牌销售中心,也可以是以单一品种为销售目标的品牌专营。厂家通过与联营公司的紧密合作,来确保渠道独享、信息畅通和物流的有效调配。

模式 B:区域代理模式的缺陷和优势都非常明显。优势在于企业可以很快地获得资金回笼,通过代理商的保证金或者预支进货款,甚至可以弥补前期生产流程管理和市场营销费用。但是厂家对终端的控制不足,分销渠道不够稳定,特别是在汽车行业竞争越来越激烈的情况下,渠道冲突也越来越容易发生。同时,由于代理商积压大量库存以抵销企业的库存压力与成本,往往导致销售渠道不畅,车型更新换代速度缓慢,各地区车型差异很大,给企业的市场战略带来了重大影响。

模式 C:一些汽车企业在模式 B 的运作过程中,逐渐感受到模式 B 的缺陷越来越大,为了追求渠道的扁平化和对终端的直接控制,一些汽车厂商开始抛开原有代理商或者联营分销商,直接招标,利用经销商资源,大建品牌专卖店、4S 店等,谋求通过分销得到市场、品牌的双重受益。但是,这种模式也存在巨大的隐患,经销商投资过大,导致终端在面临市场竞争时捉襟见肘。另外,汽车渠道年终返点也促进了"热销"假象。汽车厂商对于完成或者超额完成全年销售任务的汽车经销商提供返点奖励,根据品牌不同,奖励金额比例在 0.5%~1.5%。这种销售鼓励的确对提高销售量起到一定的促进作用,但是同时也搅乱了市场价格。很多经销商为了提高销售量,以低于厂商市场指导价数千乃至上万元的价格抛售汽车,目的只有一个,就是赚取年终销量返点。

复习思考题

1. 什么是汽车分销渠道？
2. 汽车分销渠道有哪些主要职能？
3. 汽车分销渠道有哪些类型？
4. 汽车销售渠道中间商有哪些？
5. 汽车 4S 店的优点、缺点分别是什么？如何理解？

第七章

汽车产品促销策略

知识目标

了解汽车产品促销的基本概念。
了解汽车产品促销的作用。
了解汽车产品促销的四种方式。
掌握汽车市场营销的促销方式和手段。

能力目标

能根据汽车企业的情况选择促销方式。
能分析某款车运用促销策略取得营销成功的原因。

第一节 促销及促销组合的概念

一、促销的含义和作用

1. 促销的含义

促销是促进产品销售的简称。从市场营销的角度来看,促销是企业通过人员和非人员的方式,沟通企业与消费者之间的信息,引发、刺激消费者的消费欲望和兴趣,使其产生购买行为的活动。现代市场营销理论认为,企业不仅要有适销对路的产品、合理的价格和便于消费者购买的营销渠道,还必须重视促销工作,它是当代企业经营成功的一个前提条件。

(1) 促销的核心

沟通是促销活动的精髓。从核心和实质上来看,促销就是沟通和传递信息。在市场经济条件下,社会化的商品生产和商品流通决定了生产者、经营者与消费者之间客观上存在着信息的分离。企业生产和经营的商品性能、特点,消费者不一定知晓,同时消费者对商品的需求企业也不知道。通过各种促销手段和方式,企业将有关商品和服务的存在及其性能特征等信息,通过声音、文字、图像或实物传播给消费者,增进消费者对其商品及服务的了解,引起消费者的注意和兴趣,帮助消费者认识商品或服务所能带给他们的利益,激发他们的购买欲望,为消费者最终做出购买决定提供依据,这是企业向消费者的信息传递。同时在促销过程中,作为买方的消费者,又把对企业及产品、劳务的认识和需求动向反馈到企业,引导企业根据市场需求进行生产,这是消费者向企业的信息传递。可见,促销的实质是生产者或经营者与消费者之间互相沟通信息的过程,这种沟通是卖方与买方之间的双向沟通。

(2) 促销的目的

企业促销的目的就是扩大产品销售,而促销的落脚点在于诱导需求和刺激需求,唤起消费者对企业及产品的好感。成功的促销活动不仅能刺激消费者的消费激情,而且能在一定的条件下创造需求,延长产品的市场寿命,使市场需求朝着有利于企业产品销售的方向发展。正如被誉为汽车销售之神的神谷正太郎所说:"汽车的需要是创造出来的"。而这种创造本身所依靠的手段就是促销。

(3) 促销的方式

促销的方式主要有人员促销和非人员促销两类,具体分为人员促销、营业推广、广告宣传、公共关系四种方式。

1) 人员促销。人员促销也称直接促销,是指企业派出促销人员,与消费者进行面对面的直接沟通,说服消费者购买商品或劳务的一种促销活动。人员促销是一种传统的推广方式,也是一种最普遍、最基本的促销方法。人员促销可以是面对面的交谈,也可以通过电话、信函交流。这种方法灵活,针对性强,信息反馈快,是一种"量体裁衣"式的消息传递方式。人员促销主要适合在消费者数量少、比较集中的情况下实行,其针对性强,但影响面较窄,成本比较高,而且优秀的促销人员并不是随处可觅的。

2) 营业推广。营业推广是指企业为刺激消费者购买,由一系列具有短期诱导性的营业方法组成的沟通活动,一般只作为人员促销和广告的补充措施,包括兑奖、彩票、赠奖、样品展销会、展览会、回扣等,其吸引力大,效果明显。与人员促销和广告宣传相比,营业推广活动不是连续进行的,而是一种短期的、暂时的促销方式。

3) 广告宣传。广告,顾名思义广而告之,是企业通过一定的宣传媒体向公众传递产品或服务信息的一种促销宣传方式。它的信息传播面广,容易引起大众注意,并且形式多样,但说服力小,不能直接成交。在现代社会中,广告已成为人们经济生活中必不可少的组成部分。有人认为现代人生活在广告中,它不仅对人们的购买行为产生影响,而且影响着人们的消费习惯和生活方式。汽车企业和其他企业一样,都在不惜投入巨额资金通过新闻媒体和广告来宣传自己的产品,树立产品和企业形象。据统计,2011—2017 年间,我国汽车广告在不同渠道的投放份额发生巨大变化,互联网已经是最大投放渠道,占比达 37.8%,其次是电视,占比为 29.2%,再次是户外,占比为 20.7%。2017 年汽车网络广告市场规模持续高速增长,市场规模达 150.7 亿元,增速为 17.3%。交通类汽车广告投放规模达 105.2 亿元。

4) 公共关系。公共关系简称公关,是指企业为了扩大影响而采取的有组织、有计划、持续不断地运用各种沟通手段,争取内、外公众谅解、协作与支持,建立和维护良好形象的一种现代促销活动。良好的公共关系可以达到维护和提高汽车企业的声誉,获得社会信任的目的,从而间接地促进汽车产品的销售。公共关系与广告宣传都具有大众传播的性质,但不同的是,公共关系培植起来的信任感享有公正的声望,公共关系不易被企业操纵或控制,不能为金钱所收买,还可以接触到那些不注意广告的消费者。

以上各种促销方式优缺点比较分析见表 7-1。

表 7-1　各种促销方式优缺点比较

促销方式	优点	缺点
人员促销	直接沟通信息，反馈及时，可当面促成交易	占用人员多，费用高，接触面窄
营业推广	吸引力大，容易激发购买欲望，可促使消费者当即采取购买行动	接触面窄，有局限性，有时会降低商品身价
广告宣传	传播面广，形象生动，节省人力	只能面对一般消费者，难以立即促成交易
公共关系	影响面广，信任程度高，可提高企业知名度和声誉	花费力量较大，效果难以控制

2．促销的作用

促销的作用主要表现在以下几个方面。

（1）有助于传递信息

促销有助于传递信息，消除生产者和消费者之间由时空和信息分离引起的矛盾。现代市场营销是以市场为中心，研究引导消费者需求，刺激消费者购买欲望的一种市场运作，其首要问题是企业将产品信息传递给消费者。无论是产品进入市场前还是进入市场后，企业都要积极、及时地向市场介绍其产品，使消费者了解产品的性能、特点、用途、价格、使用方法、保管知识及企业可能提供的服务等，以寻求需要与供给的最佳结合点，唯有如此才能刺激消费者，激发消费者的购买欲望。以前那种"酒香不怕巷子深"的观念正在被市场修正，"酒"不仅要香，而且要让消费者知道，并便于购买。现代市场营销的丰富实践表明：一个企业即使开发出优良的产品，如果不能将产品的信息有效地传递给消费者，那么企业的一切努力都是"梁山泊的军师——无用"。只有时时刻刻注意与消费者沟通，进行有效的信息传递，才能引导和刺激消费，促进产品的销售，进而占领市场，为企业的生存赢得空间。因此，沟通信息是争取消费者的重要环节，也是密切营销企业与生产者、经营者、消费者之间的关系，强化分销渠道中各个环节之间的协作，加速商品流通的重要途径。

（2）有助于诱导需求

消费者需求具有可诱导性，有效的促销活动能够诱导和激发需求。在市场上同类产品竞争激烈，但有时产品相互之间只有细微的差别，消费者往往不易觉察。企业通过人员促销、营业推广、广告宣传和公共关系等促销活动，宣传本企业产品区别于其他竞争者产品的特点，就能使消费者认识到本企业产品给消费者带来的特殊利益，从而激发消费者产生购买本企业产品的欲望。当企业营销的某种商品处于低需求时，促销可以招徕更多的消费者，扩大需求；当需求处于潜伏状态时，促销可以起催化作用，实现需求；当需求波动时，促销可以起到导向作用，平衡需求；当需求衰退、销售量下降时，促销可以使需求得到一定程度的恢复。

（3）有助于突出特色

在激烈的市场竞争中，企业的生存与发展越来越需要强化自身的经济特色。与众不同、独树一帜，是多数企业成功的秘诀，而市场经济的快速发展又使商品质量、花色品种向雷同化方向发展，许多同类商品仅有细微的差别。为了争取消费者的青睐，企业主要手段之一就是突出产品的特点，宣传其消费的价值和能给消费者带来的独特利益，有助于加深消费者对本企业产品的了解，树立起该产品在市场上的形象，促进消费者对其的偏爱，进一步加强企业在市场中的地位，为企业发展创造有利条件。

（4）有助于稳定销售

追求稳定的市场份额是企业营销的重要目标之一。但由于心理、时尚、宣传、服务、竞争等因素的作用，市场的起伏波动性很大，企业的市场份额呈现不稳定状态。通过促销活动，能够突出宣传企业的优势和产品特点，强调其带给消费者的独特利益，使消费者对企业的产品产生偏爱，提高企业在消费者心目中的地位和影响，扩大营销商品的知名度，使消费者增强购买企业商品的信心。特别是在竞争激烈的情况下，企业的促销活动可以抵御和击败竞争者的促销活动，使消费者增强购买本企业商品的信心，稳定销售形势。

总之，促销的作用就是花钱买市场。但汽车企业在整合营销决策时，应有针对性地选择好各种促销方式的搭配，兼顾促销效果与促销成本的关系。

二、促销组合策略

所谓促销组合，就是指汽车企业根据产品的特点和营销目标，把人员促销、营业推广、广告宣传和公共关系等各种不同的促销方式有目的、有计划地结合起来，并加以综合运用，从而更好地突出汽车产品的特点，以较低的费用达到较好的效果，实现企业的促销目标，增强汽车企业在市场中的竞争力。这种组合既可包括上述四种方式，也可包括其中的两种或三种。由于各种汽车促销方式分别具有不同的特点、使用范围和效果，所以要结合起来综合运用，才能更好地突出汽车产品的特点，加强汽车企业在市场中的竞争力。正如汽车销售大王乔·吉拉德（Joe Gi-rard）曾说过的那样："如果我只能依靠一样的销售工具来做生意，日子一定不太好过。我之所以有今天，是因为我总是在使用各种有用的销售工具。"

不同的促销方式在消费者购买的各个阶段和产品生命周期的各个阶段所产生的作用也是不同的。例如公共关系在消费者认知阶段有强烈的影响力，可形成消费者对汽车企业或汽车产品的好感，但对产品的立即"采用"方面影响力较弱；而人员促销由于是面对面的口头诉求，在评价、试用、催促和采用阶段，就有重大影响力。

1. 促销组合的基本策略

从策略角度来看，整合促销包括"推动式"策略和"拉动式"策略。它们对整合营销设计影响很大，同时往往决定促销手段和沟通媒体的选择。

采用"推动式"销售还是"拉动式"销售，对汽车促销组合有较大的影响。所谓"推动式"销售，是指将产品沿着分销渠道垂直地向下推销，即以中间商为主要的促销对象，再由中间商向消费者推销而使他们购买企业的产品，这是一种传统的策略。"推动式"策略示意图如图7-1a所示。促销方式中的人员促销与营业推广就属于"推动式"策略。"推动式"策略一般适合具有以下特征的产品：单位价值较高的产品，性能复杂、需要做示范的产品，根据用户需求特点设计的产品，流通环节较少、流通渠道较短的产品，市场比较集中的产品等。

相反，"拉动式"策略则是以市场为导向，企业（或中间商）针对最终消费者，利用广告宣传、公共关系等促销方式，激发消费需求，经过反复强烈的刺激，促使他们主动向中间商询问这种产品，并且督促中间商向生产企业订购产品，从而达到企业的销售目标。这种策略更多的是针对最终消费者展开促销攻势。"拉动式"策略示意图如图7-1b所示。对单位价值较低的日常用品,流通环节较多以及流通渠道较长、市场范围较广且市场需求较大的产品,常采用"拉动式"策略。

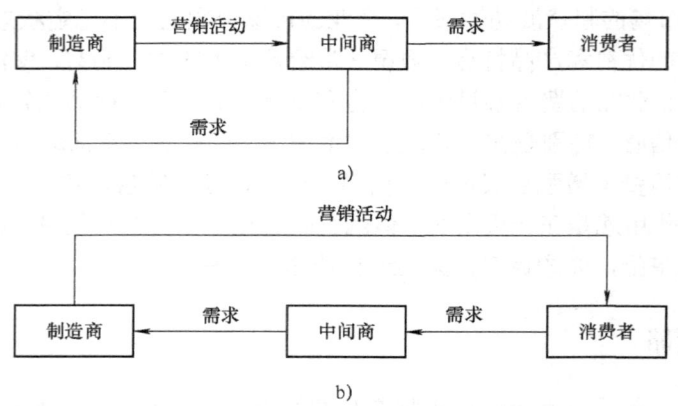

图 7-1 两种策略促销过程图
a) 推动式策略 b) 拉动式策略

在促销实践中,企业究竟是实行"推动式"策略,还是实行"拉动式"策略,还是将两者混合使用,要根据具体情况而定。"推动式"销售和"拉动式"销售都包含了企业与消费者双方的能动作用。但前者的重心在推动,着重强调企业的能动性,表明消费需求是可以通过企业的积极促销而被激发和创造的;而后者的重心在拉引,着重强调消费者的能动性,表明消费需求是决定生产的基本原因。企业的促销活动,必须顺应消费需求,符合购买指向,才能取得事半功倍的效果。许多企业在促销实践中,都结合具体情况采取"推动""拉动"组合的方式,既各有侧重,又相互配合。因此,促销组合实质上是综合运用四种促销方式,使之成为一个有机整体,发挥其整体功能。

2. 影响汽车组合促销的因素

组合促销的目的在于将汽车企业的产品或服务告知消费者、说服消费者,并催促消费者购买。组合营销的运用还要考虑汽车产品的属性与特殊性。这就要求营销人员在运用组合营销时,需要充分考虑不同汽车产品、不同环境、不同客户或消费对象,灵活调配,合理组合。在制订汽车组合营销策略时应考虑以下因素。

(1) 汽车促销目标

促销目标是影响促销组合决策的首要因素。汽车促销目标不同,应有不同的汽车组合营销策略。每种促销方式都有各自独有的特性和成本。营销人员必须根据具体的促销目标选择合适的促销工具组合。如果汽车促销目标是提高汽车产品的知名度,那么汽车组合营销重点应放在广告宣传和营业推广上,辅之以公共关系宣传;如果汽车促销目标是让消费者了解汽车产品的性能和使用方法,那么汽车组合营销应采用适量的广告宣传、大量的人员促销和某些营业推广;如果汽车促销目标是立即取得某种汽车产品的销售效果,那么重点应该是营业推广、人员促销,并安排一些广告宣传。

(2) 产品生命周期的阶段

在产品生命周期的各个阶段,消费者对产品的了解和熟悉程度不同,因此企业的促销目标和重点也不一样，企业要适当地选择相应的促销方式和促销组合策略，获得不同的效益。

当产品处于导入期时，企业的促销目标就是让消费者认识和了解产品，企业应当加强广告宣传，以提高知名度。在这一阶段，广告和人员促销都很重要，企业要利用促销人员将产品信息传递给中间商或直接传递给消费者，介绍产品并鼓励他们试用；而广告则是希望中间商或消费者能注意到该产品，带有明显的告知性。

当产品处于成长期时，销售量迅速增长，企业的促销目标是进一步引起消费者的购买兴趣，激发其购买行为。由于利益的驱动，在这一时期众多的竞争者将进入市场，促销的重点应放在宣传企业产品的品牌上，争取消费者的偏爱，激发消费者的选择性需求，以强化产品市场优势，提高市场占有率。因此这一阶段广告仍是主要的宣传方式，但人员促销的力度应加大。

当产品进入成熟期，市场竞争日益激烈，但市场格局趋于稳定，消费者对产品有了一定的了解，企业在促销活动中应加强产品特点及优势宣传，突出企业的形象，显示产品的附加利益，巩固已有的市场份额并拓展市场。因此应增加营业推广和人员促销，尽可能多地运用公共关系宣传，削弱广告宣传。

产品进入衰退期时，企业的促销目标主要是使一些老用户继续信任本企业的产品，坚持购买，因此促销方式应以营业推广为主，辅之以公共关系和广告宣传。

（3）组合营销预算

任何汽车企业用于促销的费用总是有限的，企业在考虑促销组合时，必须从企业自身的能力出发，以能否支持某一促销方式的顺利进行为标准。因此，汽车企业在选择组合营销时，首先要根据本企业的财力及其他情况进行促销预算；其次要对各种促销方式进行比较，以尽可能低的费用取得尽可能好的促销效果。一般来说，广告宣传的费用较高，人员促销次之，营业推广花费较小，公共关系的费用最少，但它们在不同时期的促销效果是不同的，最后还要考虑到组合营销费用的分摊。

（4）汽车市场性质

不同的汽车市场，由于其规模、类型、潜在消费者数量不同，应该采用不同的组合营销策略。规模大、地域广阔的汽车市场，多以广告为主，辅之以公共关系宣传；反之，则应该以人员促销为主。汽车消费者众多，却又零星分散的汽车市场，应以广告为主，辅之以营业推广、公共关系宣传；汽车消费者少、购买量大的汽车市场，则应以人员促销为主，辅之以营业推广、广告宣传和公共关系宣传。潜在汽车消费者数量多的汽车市场，应采用广告宣传，有利于开发需求；反之，则应采用人员促销，有利于深入接触汽车消费者，促成交易。

（5）汽车产品种类和档次

产品的种类不同，消费者的行为往往存在很大的差异，不同种类的产品应采取不同的促销组合。例如，重型汽车、专用汽车由于使用者相对集中，技术相对复杂，价格较高，购置时往往需要详细的说明、解释，因而应以人员促销为主，辅之以广告和公共关系；而轻型汽车和供家庭和个人使用的普通汽车，由于市场分散、面广、量大、单位价值总量小，所以应采用广告宣传为主，结合营业推广，辅之以人员促销和公共关系。

不同档次的汽车产品，其消费者在信息的需求、购买行为和购买习惯等方面也是不相同的，需要采用不同的促销方式和组合策略。一般说来，广告宣传一直是各种档次汽车市场营销的主要促销方式；人员促销是中、低档汽车的主要促销方式。

总的来说，任何一种促销方式都有其固有的优点和缺点。例如，人员促销可与用户建立牢固的业务关系，成交速度快，能详细周到地进行个别服务，但缺点是传递信息速度慢、面积小，需要人员多；广告宣传虽然传递信息速度快，但费用高，可信度低。因此，企业在考虑商品促销时，应注意使各种促销方式扬长避短，优化组合，其综合运用，以期达到最佳的促销效果。

第二节　人员促销

一、人员促销概述

1. 人员促销的定义

人员促销是指汽车企业的销售人员利用各种技巧与方法，帮助和劝说消费者购买该汽车产品的促销活动，以达到推销产品、实现企业营销目标的一种直接销售方法。人员促销是最古老的销售方法，也是现代汽车企业重要的销售手段。

2. 人员促销的特点

由于汽车具有技术含量高、价值较大等特点，人员促销在汽车销售中占有很重要的地位。它具有与其他促销手段不同的显著特点。

（1）针对性

在促销过程中，买卖双方当面洽谈，易于形成一种直接而友好的相互关系。通过交谈和观察，促销员可以掌握消费者的购买动机，有针对性地根据消费者的需求和特征，从某个侧面介绍商品特点和功能，抓住有利时机促成交易；可以根据消费者的态度和特点，有针对性地采取必要的协调行动，满足消费者需要；还可以及时发现问题，进行解释，解除消费者疑虑，使之产生信任感。

（2）选择性

促销人员在每次推销之前，可以选择有较大购买潜力的消费者，有针对性地进行推销，并可事先对未来消费者做调查研究，确定具体推销方案、推销目标和推销策略等，以强化推销效果，提高推销的成功率。

（3）完整性

人员促销过程从市场调查开始，经过选择目标消费者，当面洽谈，说服消费者购买，提供服务，最后促成交易，反馈消费者对产品及企业提出的意见等信息，这就是企业产品促销的完整过程。人员促销的完整性是其他促销方式所不具备的，因此人员促销在收集、传递、反馈市场信息，指导市场营销，开拓新的市场领域等方面具有特殊的地位和作用。

（4）有效性

人员促销可以提供产品实证，营销人员通过展示产品，解答质疑，为消费者提供各种信息，帮助消费者了解产品性能，指导消费者产品使用方法，使目标消费者能当面接触产品，从而确信产品的性能和特点等，而且还能听到消费者的意见，并及时反馈给企业，易于引发消费者的购买行为。

（5）情感性

促销人员在推销产品的过程中与消费者直接接触，可以"一回生，二回熟"，彼此在买卖关系的基础上进行情感交流，增进了解，产生信赖，建立深厚的友谊。而感情的培养与建立必然会使消费者产生惠顾动机，从而确立稳定的购销关系，促进商品销售。

（6）高成本性

随着社会的发展，人力资源的成本有不断上升的趋势。当市场广阔而又分散的时候，需要的促销人员较多，费用大。为了提高促销人员的素质，还需要增加培训费用的支出。

由于人员促销具有上述特点，在汽车促销中尤为适用。

3. 人员促销的作用

（1）挖掘和培养新顾客

人员促销不仅要进行产品现场说明并提供产品，满足消费者重复购买的要求，更重要的是在市场中寻找机会，不间断地寻找企业的新顾客，包括寻找潜在顾客和吸引竞争者的顾客，积聚更多的顾客资源，这是企业市场开拓的基础。

（2）培育忠实顾客

营销人员应该通过努力与老顾客建立莫逆之交的关系，使企业始终保持一批忠实顾客，这是企业市场稳定的基石。

（3）推销产品、提供服务

促销人员通过与消费者的直接接触，运用销售技巧，可以有效地分析消费者的需求及其所期望的最大利益，根据不同情况向他们提供各种奖励、折扣、优惠和服务等，从物质上和精神上满足对方的需求，诱导其实现购买。营销人员努力的最终成果是源源不断地给企业带来订单，把企业的产品销售出去，实现企业的销售目标。

此外，促销人员应该在售前、售中、售后为消费者提供咨询、技术指导、迅速安全交货、售后回访、售后系列服务等，以服务来赢得消费者的信任。提供服务的过程是企业推销产品的良好机会，有利于提高产品的市场占有率。

（4）信息沟通

促销人员在推销过程中可以及时将企业提供的产品和服务信息传递给消费者，为消费者提供资料，引起消费者的购买欲望，做出相应的购买决策。企业所需要的营销信息很大一部分源于消费者，而促销人员活跃于企业与消费者之间。在推销产品的过程中，促销人员应进行调查研究，与消费者保持经常联系，收集市场情报资料、反馈信息，及时向有关部门反映，为改进营销措施、制订营销决策提供依据。

4. 人员促销的基本形式

人员促销主要有以下三种形式。

（1）上门推销

上门推销是最常见的人员促销形式，是指由汽车促销人员携带汽车产品的说明书、广告传单和订单等走访消费者，推销产品。这种形式是一种积极主动的推销形式，其好处是促销人员可以根据各消费者的具体兴趣特点，有针对性地介绍有关情况，提供有效的服务，方便消费者，并容易立即成交。

（2）店面推销

店面推销是指汽车销售企业在适当地点开设固定门店，由销售顾问接待进入门店的消费者，推销汽车产品。店面推销与上门推销正好相反，店面推销是等客上门式的推销方式。由于店面里的产品种类齐全，消费者能亲眼看到实体产品，能满足消费者多方面的购买要求，为消费者提供较多的购买方便，并且可以保证汽车产品完好无损，所以消费者比较乐于接受这种方式。

（3）会议促销

会议促销是指利用各种会议向与会人员宣传和介绍产品，开展促销活动。例如，在订货会、交易会、展览会、物资交流会等会议上推销产品。会议促销具有群体推销、接触面广、推销集中，可以同时向多个对象推销产品等特点，而且企业可以在会内、会外"开小会"，同与会消费者充分接触。只要有消费者带头订货，形成订货气候，就容易实现大批量交易。我国汽车公司经常采用会议方式促销。近年来，国内各大城市先后推出的汽车博览会就属于这种促销方式。汽车博览会现在不仅是推销汽车的极好形式，而且已成为各大城市提高城市知名度、带动消费和吸引商机的极好形式。目前，全国很多城市每年都会举行汽车展销会，甚至有些城市一年举行多次汽车展销会。

二、人员促销的流程

如今，汽车行业的人员促销过程都是以客户需求为导向的，"公式化推销"理论将汽车人员促销过程分成九个不同阶段，如图7-2所示。下面对汽车人员促销的各个流程一一做简单介绍。

（1）客户开发

客户开发是汽车销售的第一个环节，该环节主要是关于如何去寻找客户？在寻找客户的过程中应该注意哪些问题？客户在哪里？自己要向哪种类型的人推销产品？如果这一关于推销对象的问题没有搞清楚，哪怕是再周密详尽的推销计划都有可能失败。因此，对汽车销售人员来说，如何寻找适合自己产品的目标客户是汽车整

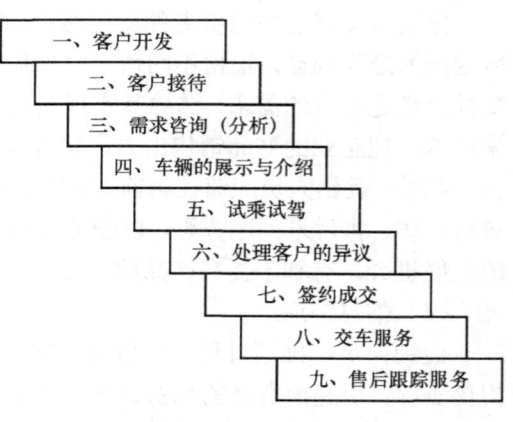

图7-2 汽车人员促销流程

车销售流程的第一步，汽车销售人员应该根据自己产品的特征，明确目标客户群，分析他们的特征，然后根据这些条件去寻找和开发客户，并为日后与客户的销售洽谈打下良好的基础。

（2）客户接待

客户来店到达销售现场时，汽车销售人员要主动热情地上前迎接，开始客户接待的第一步，与客户进行有效沟通，善于引起客户的兴趣，激起客户的购买欲望。能否销售成功，第一印象的作用十分重要，客户可以从汽车销售人员的声音、语调等判断其是否友好、专业、自信，而且还会从一举一动中来考察其是否是客户心目中理想的汽车营销人员。因此，在客

户接待中促销人员要做的事情就是怎样有效地接待客户，怎样找到与顾客的共鸣点。

(3) 需求咨询（分析）

需求咨询也叫需求分析。不同的客户有着不同的消费需求。对于每一位走进销售现场的客户，汽车销售人员都必须清楚地掌握他们的购车动机，以便有针对性地向他们推荐最适合客户的车辆，否则无论汽车销售人员准备得多么充分，解释得多么详细，客户都很难因此而有所触动。在需求分析里，汽车销售人员将以客户为中心，以客户的需求为导向，对客户的需求进行分析，为客户介绍和提供一款符合客户实际需要的汽车产品。

(4) 车辆的展示与介绍

在对目标顾客已有充分了解的基础上，促销人员可以直接向目标顾客进行产品介绍，甚至主动地进行一些产品的使用示范，以增强目标顾客对产品的信心。因此，这一阶段将进行六方位绕车介绍。

在绕车介绍中，促销人员将紧扣汽车这个产品，对整车的各个部位进行互动式的介绍，将产品的亮点通过适当的方法和技巧进行介绍，向客户展示能够带给他哪些利益，通过介绍引起顾客对汽车或服务的兴趣，产生对汽车或服务的需求欲望，以便顺理成章地进入到下一个环节。

(5) 试乘试驾

试乘试驾是对第四个环节的延伸，客户可以通过试乘试驾的亲身体验和感受以及对产品感兴趣的地方进行逐一的确认。这样可以充分地了解该款汽车的优良性能，从而增加客户的购买欲望。

(6) 处理客户的异议

在推销过程中，促销人员经常会遇到客户的异议。客户异议是销售活动中的必然现象，从接近客户、推销面谈直至成交签约的每一个阶段，客户都有可能提出异议。虽然客户异议是成交的障碍，但它也表明了顾客已经对促销人员的讲解给予了关注，对产品产生了兴趣。汽车销售人员只有正确地认识和把握客户的异议，并针对不同类型的客户异议，采取不同的策略，妥善处理客户异议，才能促成交易的完成。

(7) 签约成交

签约成交是整个销售过程中最关键的阶段，是汽车销售人员完成交易的"临门一脚"。成交决定了从寻找顾客到处理异议等一系列活动最终能否取得预期的成果，在成交阶段，汽车销售人员的核心任务就是促使顾客采取购买行动。没有成交，汽车销售人员的一切努力都成为徒劳。因此，一个优秀的汽车销售人员应该具有明确的销售目标，千方百计地促成交易。

(8) 交车服务

交车是指成交以后，要安排把新车交给客户。交易达成并不意味着推销工作的结束，而应将其看作新的推销工作的开始。因此，交车服务环节必须及时跟上，这项工作的妥善处理，不仅有利于企业同目标顾客建立长期稳固的购销关系，而且可以吸引新的顾客。

(9) 售后跟踪服务

最后一个环节是售后跟踪服务。交车并不意味着销售活动的结束。其实，圆满的结束不仅是汽车销售人员与顾客签订了合约，更重要的是，要以完美的姿态为下次销售活动铺平道路。售后跟踪服务就是营销人员在售后与顾客保持接触，这样不仅可以减少顾客忧虑，

而且还可以与顾客建立长期的、良好的关系,从而达到让客户替你宣传、替你介绍新的意向客户来看车、购车的目的。跟踪服务是人员促销的最后环节,也是推销工作的终点。跟踪服务可以加深顾客对企业和商品的信赖,促使顾客重复购买或为其宣传。同时,通过跟踪服务可以获得反馈信息,为企业决策提供依据,也为推销员积累经验,从而为开展新的推销提供广泛而有效的途径。因此,售后服务是一个非常重要的环节,可以说是一个新的开发过程。

三、促销人员的管理

1. 招聘促销人员

促销工作要获得成功,关键在于选择高效率的促销人员。招聘促销人员,不仅要招聘未从事过促销工作的人员,使品德端正、作风正派、工作责任心强以及胜任促销工作的人员走入促销的行列,还要对在岗的促销人员进行评聘,淘汰那些不适合促销工作的促销人员。一个好的汽车促销队伍,不仅可以为企业获得经济效益,而且还可以体现企业的精神。

促销人员的来源有二:一是来自企业内部。就是把本企业内德才兼备、热爱并适合促销工作的人选拔到推销部门工作。二是从企业外部招聘。即企业从大专院校的应届毕业生、其他企业或单位等群体中物色合格人选。无论哪种来源,都应经过严格的考核,择优录用。

招聘促销人员有多种方法,为准确地选出优秀的促销人才,应根据促销人员素质的要求,采用申报、笔试和面试相结合的方法。由报名者自己填写申请,借此掌握报名者的性别、年龄、受教育程度及工作经历等基本情况;通过笔试和面试可了解报名者的仪表风度、工作态度、知识广度和深度、语言表达能力、理解能力、分析能力以及应变能力等。

2. 促销人员的培训

人员促销的效果取决于促销人员的素质状况,而精良的推销队伍来自于教育培训。新招的促销人员需经过培训才能上岗,使他们学习和掌握有关知识与技能。同时,还要对在岗促销人员,每隔一段时间进行培训,使其了解企业的新产品、新的经营计划和新的市场营销策略,进一步提高素质。

(1)培训时考虑的问题

培训促销人员时,应考虑下列问题:培训计划的目标、培训的内容、由谁来主持培训、培训的时间、培训的地点、培训的方法、培训的效果评价。培训计划的制订要具有针对性,即根据继续培训、主管人员培训、新进人员培训等不同类型的培训,确定不同的培训内容和培训方法。

(2)培训方法

培训促销人员的方法很多,常被采用的方法有三种:一是讲授培训。这是一种课堂教学培训方法。一般是通过举办短期培训班或进修等形式,由专家、教授和有丰富推销经验的优秀推销员来讲授基础理论和专业知识,介绍推销方法和技巧。二是模拟培训。它是受训人员亲自参与的有一定真实感的培训方法。具体做法是,由受训人员扮演促销人员向由专家教授或有经验的优秀推销员扮演的顾客进行推销,或由受训人员分析推销实例等。三是实践培训。实际上,这是一种岗位练兵。当选的促销人员直接上岗,与有经验的促销人员建立师徒关系,通过传、帮、带,使受训人员逐渐熟悉业务,成为合格的促销人员。

(3) 培训内容

对促销人员的培训内容应包括以下方面。

① 企业知识,包括公司的历史、经营目标、组织机构设置、财务状况等公司各方面的情况。

② 产品知识,包括公司汽车产品的型号、性能、制造过程、技术工艺特点、产品配置等汽车产品情况。

③ 市场知识,包括本企业目标顾客的分布、需求特点、购买力水平、购买动机、购买行为、消费习惯,以及市场情况、本企业的市场地位、竞争者商品的市场地位和营销措施。

④ 职业素质,包括工作程序和职责,气质、风度、礼仪、社交能力等综合能力的培训。

⑤ 推销流程与技巧,包括推销原则和推销策略、促销人员的工作程序和责任、良好的个性、处理公众关系和人际关系的能力等。

3. 促销人员的配置

促销人员通常有以下四种配置方法。

1) 按地区配置。对于汽车经销商来说,只对分布在各地的最终消费者销售汽车这一种产品,这时候的促销人员结构比较简单,一般按区域结构来安排销售人员,即对市场进行区域划分后,每个地区按照当地汽车市场情况安排一定数量的促销人员。

2) 按产品配置,即每类产品由一定数量的促销人员负责。

3) 按顾客配置,即按用户行业或专为大用户单独配置促销人员。

4) 复合配置。当汽车公司在一个区域内向许多不同类型的顾客推销多种汽车产品时,可以将以上三种促销人员结构根据不同情况加以综合采用,充分发挥各种结构的优点。

例如:丰田汽车公司之所以能在汽车销售方面取得巨大的成绩,是因为他们具有一支优秀的丰田汽车推销队伍。"丰田精神已经彻底贯彻到丰田系统的推销员中去了""丰田系统的推销员不但人数多,而且他们都坚决相信丰田汽车公司的汽车是最好的"。他们具有踏实的工作作风,持之以恒的热情和信心。一名丰田汽车的推销员在发现一名潜在用户后,两星期之内拜访达20次,最终使他变成了丰田汽车的用户。

4. 激励

尽管有的汽车促销人员不需要企业的监督就会竭尽全力地工作,并且热爱促销工作,具有自发精神,但是企业如果能采取适当的激励措施,则会更好地调动大多数促销人员的工作积极性,激发他们的工作潜力。激励措施包括报酬激励措施和辅助激励措施两种。

报酬激励措施包括促销人员的薪金和佣金,以及一些其他的福利,如带薪休假、无偿用车等。

辅助激励措施包括定期的销售会议,为销售人员提供一个社交场所;一次摆脱日常例行性工作的休息,是一个重要的沟通和激励方法;销售竞赛可提供旅游、现金等奖品,激励促销人员并获得满意的效果。

5. 考核与评估

公司必须对促销人员的工作业绩加以考核和评价，以作为激励促销人员的标准，也可为企业制订营销策略提供必要的依据。另外，公司应及时向促销人员反馈对其评价的标准和结果，以使他们能尽力按照公司的目标和要求去改进工作。

1）评估资料的来源。这些资料来自于推销工作报告、推销实绩、主管人员考察、顾客和其他推销员意见等。

2）绩效评估。绩效评估有三个方面：一是横向评估，即在促销人员间进行比较；二是纵向评估，即将促销人员现在的绩效与过去的绩效进行对比；三是工作评价，包括对企业、产品、顾客、竞争者、本身职责的了解程度，也包括促销人员的言谈举止、修养等个性特征。

促销人员赢得顾客的技巧不妨新奇，但无须过于好做惊人之举，好出惊人之语，否则会适得其反。只有在平凡的小事中表现出不平凡，才是真正伟大的推销员。

四、人员促销的策略与技巧

1. 人员促销的基本策略

促销人员应根据不同的推销气氛和推销对象审时度势，巧妙而灵活地采用不同的方法和技巧，吸引用户，促其做出购买决定，达成交易。人员促销一般采用以下三种基本策略。

（1）试探性策略

试探性策略也称为"刺激—反应"策略。这种策略是在不了解顾客的情况下，事先准备好要说的话，运用刺激性手段，对客户进行试探，引起客户的兴趣，刺激客户的购买欲望，投石问路，然后根据其反应再采取具体的推销措施，引发顾客产生购买行为的策略。推销要重点宣传产品的功能、风格、声望、感情价值和拥有后的惬意等。

（2）针对性策略

针对性策略也称为"配方—成交"策略，是指促销人员在基本了解顾客某些情况的前提下，事先设计好针对性较强、投其所好的推销语言和措施，有的放矢地宣传、展示和介绍产品，使客户感到推销员的确是自己的好参谋，真心地为自己服务，以引起顾客的兴趣和好感，进而产生强烈的信任感，从而达到成交的目的。

（3）诱导性策略

诱导性策略也称为"诱发—满足"策略，这是一种创造性的推销策略。推销员要能唤起客户的潜在需求，要先设计出鼓动性、诱惑性强的购买建议（但不是欺骗），诱发客户产生某方面的需求，并激起客户迫切要求实现这种需求的强烈动机，然后抓住时机向客户介绍产品的效用，说明所推销的产品正好能满足这种需求，从而诱导客户购买。如果不能立即促成交易，但是能改变买者的态度并形成购买意向，为今后的推销创造条件，也是一种成功。

2. 人员促销技巧

人员促销的技巧是指促销人员在实施推销过程中，针对不同的推销对象，为达到推销目标所运用的方式、方法、技能、谋略等综合举措。推销技巧的运用是一项实践性很强的活动，贯穿于整个推销过程之中。推销技巧的运用是否恰当、得体和成功，标志着促销人员的素质观念、业务水平等能力的高低,关系到推销活动的成败。

(1) 准备阶段技巧分析

接待客户前,作为一名合格的销售顾问首先要有充分的准备,信心、信任和心态是首先要具备的。

① 信心。信心来源于扎实的专业知识和沟通技巧,作为一名汽车销售人员,汽车和市场营销的专业知识是必不可少的。如果客户对你所推荐的车型提出异议并举例你公司暂不销售或不愿销售的车型时,你必须用有力的证据向客户证明你推荐的车是如何的优于其他车型,而这有力的证据,就是建立于你对汽车行业的熟悉和沟通技巧。

② 信任。学过营销的人都知道,有一种流行很久的"吉姆模式",即作为一名销售顾问要"相信你的公司,相信你销售的产品,相信你的能力"。它的关键词是"相信",也就是这里所说的"信任"。当一名销售顾问在工作中对自己销售的车型的安全性能都不放心,对自己的公司实力担忧不已甚至怀疑公司能否按时发工资,那么他是几乎没有可能将车推销出去的。

③ 心态。良好的工作心态包含了三个方面:诚实之心、敬业之心,坦然之心。一名优秀的汽车销售人员应该认识到,站在你面前的,无论是何种人士,你只能把他当作一类人——你尊敬的顾客。而你的心态,绝没有高低贵贱之分。

(2) 接待技巧分析

① 自我介绍的技巧。推销有句名言:推销产品之前要先推销自己。推销自己简单地讲,就是在与顾客初次见面时,尽量消除顾客的紧张感和恐惧感,建立与顾客之间的亲密感和信任感,树立良好的第一印象,因此促销人员应特别重视与顾客的第一次见面。

与顾客第一次见面,促销人员推销自己的方式除了从仪表、举止上迎合顾客的情感之外,还要有切中顾客口味的自我介绍。此时应当注意:态度诚恳、热情;保持亲切的微笑;步履轻盈、快捷,正面走近顾客;语调热情洋溢、精神饱满、音量适中。

在自我介绍时掌握分寸,态度谦虚,先从自己的姓名、单位、身份开始,辅之恭敬地递上自己的名片。若顾客有兴趣或有耐心,再进一步介绍企业或产品,这样有利于顾客迅速、准确地知晓自己的情况,加深印象,从而加快交往的过程。

② 电话接听技巧。接听电话虽然不是面对面与客户交流,但是客户从你的声音、声调中可以判断出你的态度与心情,因此要注意电话交谈的方法和电话交谈时最大的禁忌。

若是顾客致电展厅,销售或接待人员必须在三声或四声铃声响完前接听电话,接听的人员必须报上经销商店号,或加上汽车品牌名称及自己的姓名;尽量询问对方的姓名和基本需求。若是销售人员致电给准客户做初次接触,除要报上经销商店号、汽车品牌名称、姓名外,简单的问候和寒暄是必需的,但因人因环境而异,不可太长。迅速地报上致电的理由(这个理由最好有吸引力或说服性)而取得对方的信任。

电话交谈时最大的禁忌是企图在电话中销售汽车,基本上成功的可能性很低。电话接触的目的在于"销售"见面的机会。如果是第一次来电客户,重点是吸引他到展厅来看车,电话里买车是谈不出结果的,可以用预约试驾或是来店有礼来吸引他。尽量用礼貌寒暄打开谈话局面,留下客户信息,以便日后跟进。

③ 来店接待技巧。客户来店时不要和客户一开始就直入主题。你所做的一切,当然是

为了把车卖出去,可是你不能把目标暴露得太明显,这样会让客户感觉到你的企图心太强了,从而心中的抵触情绪就会更加明显。交易最初的关键是要与客户建立初步的互信关系,同时逐渐消除客户的抵触心理。

交易开始还有一个关键之事,就是充分判断。你要在最短的时间内判断客户的身份:是特意来看车?有明确目的性?或者根本就是随便转转,意在吹吹空调然后走人?同时,你要分辨出客户中哪个人才是决策人物,而他又最受谁的影响?这样你就知道了你的话重点要向谁。如果在交易之初,你们就交换了名片,那么你必须在最短的时间内记住名片上的重要元素:姓名、地址、行业、职位,甚至电话号码是移动还是联通,尾数是什么?如果你能在之后的交流中,很自然地将客户名片上的元素都穿插在话题中,客户会有备受尊重的感觉。

(3) 分析客户需求技巧

通过需求分析,来评定应该如何接待客户以满足他的需求,达成销售目标。首先必须肯定其购买的动机、立场、偏好以及对品牌认识的深度,尤其是使用汽车的用途与购买决定的关键点。有时顾客的期望比需要更为重要,要了解顾客的需求与真正的期望,就等于要在短短的数分钟内了解一个人的经济状况、社会地位、性格特点。因为需求有显性需求和隐性需求之分,显性需求可以用一般的科学方法调查得知,但隐性需求就只能用经验去感悟。具体技巧如下:

① 交谈的技巧。客户来到陌生的汽车销售店面,由于对环境不熟悉,因此有很强的紧张感和恐惧感,当促销人员与顾客交谈时必须抓住对方的心,引起对方的共鸣,从而消除对方的紧张感和恐惧感。言行举止要文明、懂礼貌、有修养,做到稳重而不呆板、活泼而不轻浮、谦逊而不自卑、直率而不鲁莽、敏捷而不冒失。在开始洽谈时,促销人员应巧妙地把谈话转入正题,做到自然、轻松、适时。可采取以关心、赞誉、请教、炫耀、探讨等方式入题,顺利地提出洽谈的内容,以引起客户的注意和兴趣。遇到障碍时,要细心分析,耐心说服,排除疑虑,争取推销成功。在交谈中,语言要客观、全面,既要说明优点所在,也要如实反映缺点,切忌高谈阔论、"王婆卖瓜",让客户反感或不信任。洽谈成功后,促销人员切忌匆忙离去,这样做会让对方误以为上当受骗了,从而使客户反悔违约。应该用友好的态度和巧妙的方法祝贺客户做了笔好生意,并指导对方注意合约中的重要细节和其他一些注意事项。总之,与顾客谈话,应以引起顾客注意为目的,以顾客为中心,以尊敬、重视顾客为准则,这样才能消除顾客心中的紧张与恐惧,才能为下一步商谈奠定良好的基础。

② 聆听的技巧。每一种销售都必须平等,在平等的前提下才有交流,在交流的基础上才能理解,在理解的条件里才能帮助。在洽谈过程中,促销人员应谦虚谨言,注意让客户多说话,认真倾听,表示关注与兴趣,并做出积极的反应。在聆听时,学会用顾客的语言探究其内心,这就是顾客分析。

(4) 试乘试驾技巧分析

理论上说,试驾是最好的促进成交的方式。在试驾过程中把自己销售的车辆的优点适当地体现出来,又把竞争对手的缺点无意中透露出来,对顾客的成交会很有好处。

(5) 报价签约技巧分析

作为销售代表,巧妙的谈判将会产生事半功倍的效果,当我们和客户谈判时,我们应该怎么做呢?首先不要把所有的问题一下子提出来,要逐一与客户探讨;其次就是先提出一些意见分歧不大的问题，而暂缓商议那些难度较高的问题，待会谈进展至一定阶段，双方都对谈判过程感到顺利时，再针对难度较高的部分，寻求解决途径。

① "三明治"报价法：总结出你认为最能激发出顾客热情的针对顾客的益处，这些益处应该能够满足顾客主要的购买动机；清楚地报出价格；如果客户还有异议，强调一些你相信能超过顾客期望值的针对顾客的益处，如再赠送东西，或是在客户感兴趣的配置之外还有超出客户想象的其他配置，让客户觉得物有所值，成交就更简单了。

② 先扬后抑法，这种方法着重强调车的性价比。客户对车还有疑问，还看过别的车，感觉买自己的车还不太值的时候，就可以拿竞品车来说。你可以先说车的优点，然后再把竞品车的缺点无意中带出，这样会让客户潜意识里偏向卖方的车。

（6）排除顾客异议的技巧

在推销过程中，完全没有异议或者拒绝的情况是极少的（有关调查资料表明，没有异议的推销成功率为15%），异议表明了顾客对促销人员的推销给予了关注，对产品产生了兴趣，排除顾客异议是顺利推销和达成交易的必备条件。有效地排除顾客异议，除了需要促销人员采取不躲避顾客异议、不轻视顾客异议的态度，有倾听顾客异议的气度，不与顾客争议、不为自己辩白、尊重顾客的立场之外，还要主动询问顾客的异议，分析顾客产生异议的原因，商量解决顾客异议的方案和对策。与此同时，必须选择有利于排除顾客异议的技巧，具体可采取以下方法。

① 反驳处理法，即促销人员根据事实和道理直接否定顾客异议的一种处理技巧。一般来说，在排除顾客异议时，促销人员应尽量避免与顾客发生直接冲突，尽量避免针锋相对的反驳，但在一定的条件下，促销人员也可以使用反驳处理法。

② "但是"处理法，即促销人员根据事实和道理来间接否定顾客异议的方法。在实际推销面谈过程中，顾客往往会提出许多无效异议，直接妨碍成交，促销人员应该根据有关的事实和理由来否定各种无效的顾客异议。

③ 利用处理法，即促销人员利用顾客的异议来处理异议的一种方法。促销人员利用顾客异议的特点来处理顾客异议，即肯定其正确的一面，否定其错误的一面，利用其积极的因素，克服其消极的因素，排除成交障碍，有效地促成交易。

④ 补偿处理法，即促销人员利用异议以外的优点来补偿或抵消顾客异议的一种方法，可以使顾客达到一定程度的心理平衡，有利于排除障碍，促成交易。

⑤ 询问处理法，即促销人员利用异议来反问顾客的一种处理技巧。促销人员在处理各种顾客异议时，应该认真分析有关顾客异议，找出产生异议的原因。但在实际工作中，促销人员又往往不清楚顾客异议产生的根源，可以通过询问来了解和掌握顾客产生异议的原因及性质，以便于处理。

⑥ 不理睬处理法，即促销人员有意不理睬顾客异议的一种方法。

（7）成交的技巧

在实际推销工作中，顾客往往不愿主动地提出成交，即使心里想成交，为了杀价或保证实现自己所提出的交易条件，顾客也不会首先提出成交。好在成交的意向总会以各种方式表露出来，如在顾客接待促销人员的态度逐渐好转时、在顾客主动提出更换面谈场所时、在顾客主动介绍其他相关人员时、在顾客的疑问和异议一个接一个时都可能是成交意向的表示。

促销人员要不失时机地运用成交技巧，促成交易。其技巧方法如下：

① 请求成交法，即促销人员直接要求顾客购买商品的一种技巧。这种技巧要求促销人员利用各种成交机会，积极提示，主动向顾客提出成交要求，努力促成交易。

② 假定成交法，即促销人员假定顾客已接受推销建议而要求顾客实现成交的技巧。假定成交法是一种基本的成交技巧，在整个推销面谈过程中，促销人员随时都可以假定顾客已经接受推销建议。假定成交法的力量来自于促销人员的自信心，而促销人员的自信心又可以增强顾客的信心，以彼此互相影响促成交易。

③ 选择成交法，即促销人员为顾客提供几种购买决策方案，并且要求顾客立即购买的一种成交技巧。

④ 细节成交法。时刻注意顾客的表现，注重他发出的每一个信号。当论及颜色、内饰、并做肯定答复，论及交车时间、售后服务、订金、合同细节以及出现一些肯定表情时，就是顾客愿意成交的信号。你必须就此打住，与顾客达成初步意向。

⑤ 从众成交法，即促销人员利用顾客的从众心理来促使其立即购买商品的一种技巧。消费心理学认为，人的购买行为既是一种个别行为，又是一种从众行为。顾客在购买商品时不仅要考虑自己的需要和问题，也要考虑符合社会的需要和规范。从众成交法正是利用了顾客的从众心理，创造一定的购买情境和购买气氛，说服这一部分顾客去影响另一部分顾客，从而促成交易。

⑥ 机会成交法，即促销人员向顾客提示有利的机会促使成交的一种技巧。购买机会也是一种财富，也具有一定的经济价值，失去购买机会本身就是一种损失，有时还得支付一定的机会成本。机会成本原理是机会成交法的理论基础，促销人员可以利用这个基本原理，针对顾客害怕错过购买机会的心理动机，向顾客提示成交机会，限制顾客的购买选择权和成交条件，施加一定的机会成交压力，促使顾客购买推销品，达成交易。

⑦ 保证成交法，即促销人员向顾客提供成交的保证条件来促成交易的一种技巧。推销心理学认为，顾客在成交时存在着害怕错误成交而拒绝成交的心理。促销人员针对顾客的这种心理，可以向顾客提供一定的成交保证，消除顾客的成交心理障碍，以增加顾客成交的信心而促成交易。

⑧ 异议成交法，即促销人员利用处理顾客异议时的时机直接向顾客提出成交要求的一种成交技巧。顾客异议既是成交的直接障碍，又是成交的明显信号。一般来说，只要促销人员能够成功地处理有关的顾客异议，就可以有效地促成交易，促使顾客立即购买推销品。

⑨ 使用旁证。你的证明和说辞很难起到证明的作用，因为顾客对你的防范是很严的。有位女顾客看上了一款跑车，可销售员怎么说都不能让她决定购买。这时，经理过来对销售员说："小张，×××（一位名人）的×××车（与客户看中的车同一品牌）该保养了，你给她打个电话通知一下"，这位顾客当即决定购买。

除了掌握上述方法与技巧外，一个好的推销员，其推销业绩还与推销员的良好个性有关。例如，口齿要伶俐，要有"三寸不烂之舌"；头脑要灵活，反应要快，善于察言观色，善解人意；性格要温和，不急不躁，善于与人相处，富有耐心。尤其在中国这个看重礼仪的国家里从事推销活动，推销员一定要做到不管市场是热是冷，都要常"走亲戚"，有生意谈生意，没有生意叙友谊，把老用户当知己，把新用户当朋友，做生意不可过于急功近利。

最后，不管你流程技巧怎么好，归根结底还是服务，没有服务，所有的一切都是纸上谈兵，不起作用。在汽车行业中，销售员被冠名以"顾问"，首要的是实现"顾问"的角色，以丰富的专业知识技巧，给以较为客观的专业咨询，通过由浅入深的交流与沟通，博得客户的青睐，逐渐建立相对稳定的客商或私人关系，源源不断地促进业务达成，而不仅仅是为了销售一台新车。

第三节　营业推广

一、营业推广概述

1. 营业推广的概念

营业推广是指汽车企业运用各种短期诱因鼓励消费者和中间商购买、经销或代理企业产品或服务的促销活动。营业推广可有效地加速新产品进入市场的过程，有效地抵御和击败竞争者，有效地刺激购买者和向购买者灌输对本企业有利的信念，有效地影响中间商的购买活动。

2. 营业推广的主要特点

营业推广是刺激消费者迅速购买商品而采取的营业性促销措施，是配合一定的营销任务而采取的特种推销方式。它具有以下特点：

（1）方式灵活多样

营业推广活动根据针对的对象不同，可以分为三大类：一是针对消费者的，如有奖销售、价格折扣、以旧换新等；二是针对中间商的，如现金折扣、交易会、演示促销等；三是针对企业促销人员的，如优惠购车、推销竞赛等。可以说，营业推广的方式多种多样，企业可根据具体产品的性能、顾客心理和市场状况等进行设计和调整。

（2）针对性强，见效迅速

企业可根据需要有针对性地开展针对消费者、中间商、推销员的营业推广活动，调动相关人员的积极性。营业推广以"机不可失，时不再来"的较强吸引力，给顾客提供了一个特殊的购买机会，打破顾客购买某一产品的惰性，它告诉顾客这是永不再来的一次机会，这对于那些精打细算的人有一种很强的吸引力。营业推广能以较小的花费，很快地、明显地在局部市场上收到增加销量的效果。它不像广告宣传和公共关系手段一样需要一个较长的时期才能见效。

（3）临时性和辅助性

营业推广虽然能在短期内取得明显的促销效果，但是它一般不能单独使用，常常要与其他促销手段相配合。销售促进方式的运用能使与其配合的促销方式更好地发挥作用。因此对企业来讲，人员促销、广告宣传属于常规性的促销方式，而营业推广则是一种非常规性的促销方式，它具有临时性和辅助性的特点，如果营业推广经常化、长期化，那就失去了销售促进的意义。

（4）容易引起顾客的反感

营业推广的一些做法常常会使顾客认为卖者有急于抛售的意图，过分渲染或长期频繁使

用营业推广，容易使顾客对卖者产生逆反心理，反而对产品或价格的真实性产生怀疑。因此，企业在开展营业推广活动时，要注意选择恰当的方式和时机，不然效果将适得其反。

由上可知，营业推广适用于一定时期、一定产品，而且推广手法需要审慎选择，否则就会失去营业推广的意义。

3．营业推广的作用

（1）可以吸引消费者购买

这是营业推广的首要目的，尤其是在推出新产品或吸引新顾客方面，由于营业推广的刺激比较强，较易吸引顾客的注意力，使顾客在了解产品的基础上采取购买行为，也可能使顾客追求某些方面的优惠而使用产品。

（2）可以奖励品牌忠实者

因为营业推广的很多手段，如销售奖励、赠券等通常都附带价格上的让步，其直接受惠者大多是经常使用本品牌产品的顾客，从而使他们更乐于购买和使用本企业产品，以巩固企业的市场占有率。

（3）可以实现企业的营销目标

这是企业的最终目的。营业推广实际上是企业让利于购买者。它可以使广告宣传的效果得到有力的增强，破坏消费者对其他企业产品的品牌忠实度，从而达到本企业产品销售的目的。

二、营业推广策略

营业推广包括对消费者进行营业推广、对中间商进行营业推广、对促销人员进行营业推广三种策略，每种策略又有多种形式。企业在营销活动中应根据市场情况、政策、法规、企业性质、产品特点、销售情况等选择适当的营业推广策略。

1．面向消费者的营业推广策略

（1）店堂促销

店堂促销是汽车营业推广的基本形式。对于消费者来说，销售店堂作为外在的环境刺激，必然会引起他们的心理和行为反应。显然，营业场所的外在形象和内在设施等，如同汽车的造型和颜色等，也是非常"文雅的劝说者"，具有微弱而强劲的促销作用。市场营销学的研究发现：消费者的购买决策，2/3 以上是在购买现场临时做出的。其中，40%以上的人是受了商品陈列的影响。可见，销售环境是影响产品销售的因素。对此，有人曾经提出了店堂经营的"十大原则"，如地利原则、经济原则、方便原则、快乐原则、效率原则等。仅从销售环境的角度来看，产品陈列、店堂色彩、店堂音响、服务设施等，都是影响产品销售的因素。视觉心理学的研究发现，人们的视觉感受不但与视角有关，而且会受到空间结构的影响。对于不同的结构形式，人们往往会产生大小、高低、宽窄、远近等不同的感觉。同时，感觉心理学的研究还发现，各种色彩的光波不同，人们的生理和心理感受也会不同，从而使不同的色彩搭配产生不同的情绪反应。

（2）服务促销

通过周到优质的服务，使客户得到实惠，在相互信任的基础上开展交易是国内外汽车公司普遍推行的做法。对于汽车产品，因其特殊性，客户对优质服务的要求也就越高。在产品同质的情况下，客户往往选择能提供优质服务的商家。

（3）有奖销售

有奖销售是指通过抽奖、赠送奖品的形式销售产品。企业希望利用这种形式能有效地刺激购买欲望，提高产品销量。例如，长沙某汽车4S店，推出了"购车送导航仪"的促销活动，即每购一辆车送一台导航仪，还有机会抽到彩电、手机等奖品，售车数量激增。

（4）分期付款与低息贷款

针对用户购车资金不足，除租赁租借销售方式外，分期付款和低息贷款也是汽车促销的重要方式。分期付款是用户先支付一部分购车款，余下部分则在一定时间内分期分批支付给销售部门并最终买断汽车产权；而低息贷款则是用户购车前先去信贷公司贷足购车款，然后再购车。用户的贷款由用户与信贷公司结算，汽车销售部门则在用户购车时一次收清全部购车款。信贷业务与汽车销售业务相互独立。信贷公司既可以由企业、中间商或银行分别兴办，也可以由他们联合兴办。

（5）价格折扣与保证策略

价格折扣促销是指在一些特殊的时间（如淡季、重大节假日等）给购车者一定的价格优惠，或给一些特殊的客户以一定的价格优惠。例如，给一次付清购车款的客户5%或更多的优惠等，其目的是刺激客户的购买欲望。

价格保证则是针对购买者持币待购，存在观望心理而推行的促销方法。公司对购买者发放"价格保证卡"，如果公司的产品在保证期限内出现了降价，那么客户可持卡去公司领取当时价格与购买价格的差额。这样就可以消除客户持币待购的现象，打破销售的沉闷局面。

（6）订货会与车展促销

订货会是促销的一种有效形式，可以由一家企业举办，也可以由多家企业联办，或者由行业及其他组织者举办。订货会的主要交易方式有现货交易（含远期交易）、样品订购交易，以及进出口交易中的易货交易、以进代出贸易、补偿贸易等。

车展也是营业推广的有效形式，通过车展可起到"以新带旧""以畅带滞"的作用。同时，企业在车展期间，一般给予购买者优惠，短期促销效果很明显。

（7）以旧换新

以旧换新销售方法在汽车业发达国家十分流行。这种方法是汽车公司销售网点收购用户手中的旧车（不管何种品牌），然后将公司的新车再卖给用户，两笔业务分别结算。公司将收来的旧车经整修后，再售给那些买二手车的顾客。此种销售方法能满足用户追求新异的心理，又能保证车辆的完好技术状况，有较好的经济和社会效益。

2．面向中间商的营业推广方式

上述对最终用户的促销方式，有些方式也可用于对中间商促销，如会议、展销、价格保证等促销方式。从总体上讲，生产企业对中间商的促销一般应围绕给予中间商长远的和现实的利益进行，具体方式有以下几种。

（1）现金折扣

现金折扣是指如果中间商提前付款，可以按原批发折扣再给予一定折扣。如按规定，中

间商应在一个月内付清货款。如果中间商在10天内付清款项，再给予2%的折扣；如在20天内付清款项，则只给予1%的折扣；如超过20天，则不再给予另外折扣。显然，这种促销方式有利于企业尽快回收资金。

（2）数量折扣

数量折扣是指对于大量购买的中间商给予的一定折扣优惠。购买量越大，折扣率越高。数量折扣可以按每次购买量计算，也可以按一定时间内的累计购买量计算。在我国，通常称为"批量差价"。有些汽车公司还根据中间商的合作程度给予不同折扣，如某汽车公司曾与经销商和用户建立了一种利润共享、风险均担的机制。

（3）折让

企业提供折让，以此作为中间商以某种方式突出宣传其产品的补偿。广告折让用以补偿为企业的产品做广告宣传的中间商；陈列折让则用以补偿对产品进行特殊陈列的中间商。例如，一汽—大众对其产品的专营公司免费提供广告宣传资料，以成本价提供捷达工作用车，优先培训等。

（4）交易会或博览会

企业可以通过举办或参加交易会或博览会的方式来向中间商推销自己的产品。由于交易会或博览会能集中大量的优质产品，并能形成对促销有利的现场环境效应，对中间商有很大的吸引力，所以它们能成为企业很好的营业推广机会和有效的促销方式。

（5）竞赛与演示促销

企业在同一个市场上通过多家中间商来销售本企业的产品，并定期在中间商之间开展销售竞赛，在事先控制好的促销预算约束下，对销售业绩优胜的中间商给予一定的奖励，如现金奖励、实物奖励或给予较大的数量折扣。开展销售竞争有利于鼓励中间商加倍努力完成规定的销售任务。演示促销可以提供现场证明，增强客户的信任感，激发购买欲望等。还可以用汽车产品举办汽车拉力赛，将竞赛与演示结合起来。企业可以利用这些比赛充分展示企业产品的性能、质量和企业实力，以建立和保持产品形象和企业形象。

3. 面向促销人员的推销方式

面向促销人员的推销方式主要有鼓励购买"自家车"。国外汽车公司普遍对自己的职员优惠售车，他们将此种方式称为购买"自家车"，并以此唤起职工对本公司的热爱感，激发职工的责任感和荣誉感，较好地将汽车销售与企业文化建设结合起来。例如，大众公司规定本公司职工每隔九个月可以享受优惠购买一辆本公司的轿车，每年大众公司以此种方式销售的汽车近10万辆。近年来，我国部分轿车公司也在推进这种销售方式，加快轿车进入家庭的进程。

总之，企业无论对哪种对象展开促销活动，都应根据具体情况，综合运用各种促销组合策略，并在实践中不断地创造有效的促销方式，为企业的市场营销增添新的特色和内容。

三、营业推广设计应注意的事项

营业推广是一种促销效果比较显著的促销方式，但倘若使用不当，不但不能达到促销的目的，反而会影响产品销售，甚至损害企业的形象。因此，在营业推广的设计过程中应注意以下问题。

(1) 确定适合的推广目标

汽车企业在利用营业推广手段时,应根据企业的营销目标来确定营业推广的目标,如争取新顾客,扩大市场份额,或是鼓励消费者多购,扩大产品销量,或是推销落后产品,延长产品生命周期。同时,营业推广的目标要与整合营销的其他方面结合起来考虑,相互协调配合,然后依据推广目标制订周密的计划。

(2) 确定合适的推广费用

营业推广是企业重要的促销形式。通过营业推广可以使销售额增加,但同时也增加了费用。企业要权衡推销费用与营业收益的得失,把握好费用与收益的正确比值,从而确定促销的规模和程度。

(3) 选择适当的推广方式

营业推广的方式很多,且各种方式都有其各自的适应性。选择好的营业推广方式是促销获得成功的关键。一般来说,在选择营业推广方式时,应考虑产品的性质、各种方式的特点以及推广对象的接受习惯等因素。

(4) 确定合理的推广期限

汽车产品的需求具有明显的季节性,企业的营业推广活动应安排在汽车销售的旺季。营业推广时间安排须符合整体营销战略,与其他活动相协调,应利用最佳市场机会,确定适当的推广期限。时间过短,可能遗漏许多潜在顾客;时间过长,开支的费用过大,还会引起消费者对产品质量、价格的怀疑,降低品牌吸引力或品牌形象,从而削弱推广的效果。

(5) 选择合理的推广地点

开展营业推广应尽可能选目标消费者常去或聚集的地方,以使更多的目标消费者参与到企业推广活动中来。

(6) 进行营业推广评价

营业推广的效果体现了营业推广的目的。每次营业推广后,企业应及时总结,对实施效果进行评估,总结推广经验。评价推广效果的一般方法有比较法(即比较推广前后销售额的变动情况)、顾客调查法、实验法等。企业可以通过这些方法取得营业推广的成果资料,并与推广目标和计划进行分析比较,肯定成绩,找出问题,以便控制和调整营业推广过程,实现推广目标。

第四节　广告宣传

一、广告宣传概述

1. 广告的概念

广告,简单地说就是广而告之,英文为 advertising,本意为"注意,诱导,大喊大叫"等。广告作为一种传播信息的手段,有广义狭义之分。广义的广告不仅包括各种商业性广告,而且包括政府部门的通知、公告、声明及各式各样的启事等。狭义的广告,则指传播有关商

品和劳务信息的手段。这里主要讨论狭义的广告。因此，可以把它定义为"商品经营者或服务提供者承担费用，通过一定媒介和形式直接或间接地介绍自己所推销的商品或者所提供的服务"。

2. 广告的特点

在企业的市场营销活动中，广告是促进销售的一种手段，是企业营销活动的有机组成部分。同人员促销、公共关系和营业推广三种促销方式相比，广告宣传有自己的特点。

（1）公众性

广告是一种高度大众化的信息传递活动，是把商品或劳务信息向非特定的广大消费者做公开宣传，以说服其购买的传播技术。其信息接受者是一个范围广泛的群体，它不仅包括现实的顾客，而且包括潜在的顾客，从而必然增强促销信息的传播效果。尽管一次支付的广告宣传费用可能是很高的，但接受促销信息的人均费用要比人员推销费用低得多。因此，适宜广告宣传促销的产品利用这种方式促销，是最符合经济效益原则的。

（2）滞后性

广告传递信息的目的是刺激需求、促成购买，但广告宣传与购买行为在时间上是分离的。多数消费者都是在接受广告促销信息后加深印象，记住广告宣传的企业名称、产品品牌、生产厂家、价格等，为以后购买提供依据。因此，广告的促销效用具有一定的滞后性，即广告对消费者态度和购买行为的影响不是立即见效的，而是延续一段时间。

（3）辅助性

各种促销形式往往是相互补充、相互促进的。广告宣传对于人员促销的补充和促进效果就很明显。广告介绍了产品的基本知识，指导消费者选购、使用、保养和维修产品，这就激发了顾客对产品的兴趣。当推销人员与顾客面对面地洽谈时，由于有了广告宣传的促销基础，不仅能缩短介绍过程，而且能强化说服力，促其迅速达成交易。

（4）表现性

商业广告集经济、科学、艺术和文化于一身，借助文字、音乐以及色彩的艺术化应用，通过一定的媒体，广告不仅生动形象地表现出产品的特性，而且富有感染力。

3. 广告的功能和作用

在现代经济生活中，广告作为一种促销手段和一种经济现象，无处不在，无处不有，它扮演着重要的角色，发挥着重要的作用。这些都是由广告的功能所决定的。广告的基本功能主要有以下3点。

1）显现功能。任何商业广告都是通过图表、文字、色彩、实体形象或者声音、音乐、数字等形式，介绍某种商品或服务以及企业的名称、商品价格、服务条件、销售时间等。公众通过广告认识商品、服务，了解商品的基本用途和有关内容。因此，广告的显现功能主要在于广告的内容是否清楚得当。

2）诱使功能。广告宣传的目的在于引起消费者对企业产品或企业的注意，刺激消费者的购买欲望，诱使其形成购买行为，并通过对产品的宣传，激发其新的消费需求和购买行为。

3）艺术功能。广告也是一门艺术，它以艺术的表现手段塑造广告艺术形象，再现所宣传的商品，使消费者在感知商品的同时，也得到艺术的熏陶和美的享受。

广告的功能是通过它的作用体现出来的。广告的主要作用表现在以下几个方面。

1）介绍产品，传递信息。市场上汽车品种繁多，企业之间竞争激烈，如何才能使消费者钟情于自己企业的产品，首先就要将产品的信息传递给消费者，使消费者能感知到企业产品的性能、特点，而这一点正是广告所要表现的内容。因此，汽车广告有助于潜在消费者根据广告信息选择符合自身要求的产品。

2）刺激消费，扩大产品销路。广告通过各种传播媒体向顾客广泛介绍产品的信息，不仅能提高顾客对产品的认识程度，诱发其需求和购买欲望，而且能够起到强化顾客对产品的印象，刺激需求的作用。例如，潜在消费者已经了解这款新的车型，但还未准备购买，通过广告对汽车信息的有效传播，向顾客介绍产品的品牌、商标、性能、规格、用途、特点、价格，以及如何使用、维护和各项商业服务等措施，这实际上是帮助顾客在提高对该产品的认识程度，激发消费者购买汽车的欲望，指导顾客如何购买汽车。

3）树立企业形象，维持或扩大企业产品的市场占有率。对于汽车这样一种高档的耐用消费品，消费者在购买时，企业的形象（包括信誉、名称、商标等）往往是选择的重要依据之一。通过精心设计的广告，宣传企业的产品、企业的价值观与企业文化，能使企业形象深入消费者心中，有利于提高企业及企业产品的社会知名度，保持企业在市场竞争中的优势地位。因此，企业能否在消费者心目中树立起良好的形象，直接关系到产品的销售，影响企业产品的市场份额。

4）美化人民生活。一则思想性和艺术性较强的广告，可以使人得到美的享受，陶冶人们的情操，提高人们的思想修养，从而起到美化人民生活，促进社会主义精神文明建设的作用。

总之，广告的作用是多方面的，企业在市场经营活动中应切实加以利用。但是，广告仍有其自身局限性。首先，广告无法独立完成促销任务，它的作用必须依赖于其他方面的措施。其次，广告的使用必然会增加企业产品的生产成本，如1989年法国雷诺公司平均每辆汽车的广告费就达1500法郎。最后，由于市场容量有限，广告刺激消费的作用受到抑制。因此，只有正确地认识广告的作用，并充分利用它，广告才能为企业产品的营销发挥其应有的价值和作用。

二、广告媒体及选择

1. 广告媒体

广告媒体种类繁多，其功能各有千秋，要使公众接受广告者的观点，不仅要有优秀的广告设计，而且要选择合适的宣传媒体。只有这样，才能使企业以最低的成本、最佳的宣传效果向公众传达预期的广告信息，这也是广告能否起到作用的关键因素之一，企业在选择广告媒体时应当综合考虑。广告媒体的种类繁多，根据其不同的物质属性可以进行如下分类。

① 印刷媒体，如报纸、杂志、商品说明书、画册、商品目录等。
② 电子媒体，如广播、电视、电影、幻灯、电子网络、电子显示大屏幕等。
③ 流动媒体，如汽车、火车、飞机、轮船等。
④ 邮政媒体，如订购单、征订单、函件、电报等。

⑤ 户外媒体，如站牌、广告栏、海报、气球、招牌等。

⑥ 展示媒体，如商品陈列、柜台门面、橱窗、展厅等。

⑦ 包装媒体，如产品的外包装、手提袋、购物袋等。

各类广告媒体都能从不同侧面向人们传递商品信息，但不同的广告媒体传递信息的时间与范围不同，广告效果各异，其中报纸、杂志、广播、电视、互联网被称为五大最佳媒体，也是目前我国主要的广告载体。随着科学技术的发展，以及计算机的普及和大众化，电子网络在广告中的作用将日渐突出，在不远的将来电子网络将会成为广告的主要载体之一。下面具体介绍一下汽车广告中常用的几种媒体。

1）报纸媒体。报纸是新闻宣传中最有效、应用最广泛的工具，也是我国和世界许多国家目前选用的主要广告媒体之一。其优点是，覆盖率高、影响面广、传播迅速、时效性强，集权威性、新闻性、可读性、知识性、可记录性于一体，制作简便，费用低廉，用于汽车的广告能比较全面地介绍汽车的主要性能指标，给读者以整体了解。其缺点是时效较短、内容庞杂、容易分散读者的注意力，制作和印刷欠精细、静态分析，形象效果欠佳。

2）杂志媒体。杂志是一种以刊登小说、散文杂记、评论、专业论文等为主的印刷读物。杂志媒体的优点是：对象明确，针对性强，保存期长，信息能充分利用，印刷精致，图文并茂。汽车广告一般选用专业性杂志。杂志媒体的缺点是：定期发行，时效性差，传递范围窄。

3）广播媒体。广播用作广告媒体比报纸、杂志晚，但在短短的几十年里遍及全球。广播通过电波传递各种信息，是一种被广为利用的听觉媒体。其优点是：传播迅速、次数多、范围广、及时性强、方便灵活、制作简便、收费低廉。其缺点是：有声无形、印象不深、难以保存、盲目性大，选择性差。用于汽车的广告主要适用于对中间商的宣传。

4）电视媒体。电视通过声音、图像、色彩、动作等视觉和听觉形象的结合传递各种信息，是重要的现代广告媒体。其优点是：覆盖面广、收视率高、直观生动、感染力强、宣传效果好。其缺点是：信息消逝快，不易保存，编导复杂，费用昂贵，选择性差，目标不具体。电视媒体用于汽车广告，一般只能进行品牌宣传，难以给观众以具体的介绍。

5）互联网。近些年来，互联网作为广告媒体，以超强的增长速度，独特的诉求方式，受到世人瞩目。网络广告的表现手法以图像、色彩、文字相结合，具有形象、直观、生动的特点；网络广告不像电视、广播广告那样被动地接受，且图像、声音转瞬即逝，网络广告可随时检索、查阅，能保留较长时间；网络广告可有效地进行顾客研究，可在网站或网页中准确记录来访者数量和访问次数，甚至可记录访问者的情况，以获得双向的广告效果信息；互联网是由遍及世界各地大大小小的网络，按照统一的通信协议组成的一个全球性信息的传输网络，因此网络广告可以把广告信息全天候不间断地传播到世界各个地方，且信息量不受限制。在不久的将来，互联网可能会成为最重要的广告媒体。

6）户外媒体。户外媒体包括招贴、路牌、壁画等多种形式，它具有传播面广、费用低、收效快、用语简洁、画面醒目、标识清楚等特点，是一种大众传播方式。但由于设置地点、宣传对象不确定，广告效果不稳定，也不太显著。在汽车广告中，此类媒体的运用也比较常见，如果运用得当，也能给人以深刻印象，如首都机场附近曾经有一块日本丰田汽车公司的广告牌，"车到山前必有路，有路就有丰田车"两行大字，就给行人留下了深刻印象，产生了较好的广告效果。

无论哪一种媒体，都具有自己独特的特征。了解它们的优势和不足之处，是正确选用媒体的基础。

2．广告媒体的选择

广告媒体种类繁多，其功能各有千秋，要使公众接受广告者的观点，不仅要有优秀的广告设计，而且要选择合适的宣传媒体。只有这样，才能使企业以最低的成本、最佳的宣传效果向公众传达预期的广告信息，这也正是广告能否起到作用的关键之一，企业在选择广告媒体时应当综合考虑。

（1）企业对信息传播的要求

企业在确定宣传媒体时，首先，要考虑媒体的覆盖面、频率和影响。覆盖面广、频率高、影响大的媒体是各企业进行广告宣传时的首选媒体，但是这类媒体的收费往往很高。因此，企业在做广告时，一定要量力而行，既可选择覆盖全国，影响大的宣传媒体，也可以选择覆盖面较小，但产品用户比较集中的地区或专业性宣传媒体。其次，企业需要考虑要达到的广告目标，如信息传播的覆盖率、重复率和最低时间限度，信息的可信度，以及产生的效应等。企业应从中选择最主要的目标，据以确定宣传媒体。最后，要考虑宣传成本。在选择宣传媒体时，不仅要考虑到媒体自身的特点、企业需要达到的广告目标，还要考虑到宣传成本。这项成本不是企业可以投入的宣传费用，而是广告信息触及成本，即单位广告触及人数所需要的费用。这一指标对于衡量媒体的宣传效果、合理选择媒体具有一定的指导意义。

（2）产品的性能和特点

产品本身的性能和特点不同，其使用方法、消费对象、销售方式千差万别，这种差别决定着广告媒体的选择。如对家用轿车、农用车等，由于消费对象广泛，选择电视媒体做广告的效果比较好。对于技术性强、需要详细介绍的各类专用车辆、载重车辆，则选择报纸和杂志较妥。同时也应该注意到，消费者对汽车既需要形象的外观、漂亮的造型，还需要了解具体的技术参数，如最高车速、油耗、发动机功率等。因此，汽车广告都以电视、广播宣传品牌形象，以报纸、杂志介绍其技术指标，以多种媒体相结合的方式来宣传汽车产品，只是各种汽车在选用媒体时各有其侧重。

（3）消费者的媒体习惯

广告可以通过不同媒体传播到不同的市场，但恰好传播到目标市场而又不造成浪费的广告媒体，才算是最有效的媒体。对于不同的广告媒体，消费者接触的习惯不同，企业应将广告刊登在目标消费群体经常接触的媒体上，以提高视听率。例如，购买跑车的大多数消费者是中青年成功人士，所以汽车杂志、电视节目、交通广播频道就是宣传跑车最有效的广告媒体。

（4）竞争对手的广告策略

企业在进行产品宣传，选择媒体时，不仅要考虑以上几个方面的影响，而且要注意竞争对手的广告策略，因为竞争对手的广告策略往往具有很强的针对性和对抗性，只有充分了解竞争对手的广告策略，才能充分发挥自己的优势，克服劣势，最终取得良好的宣传效果。

（5）媒体的费用

一般而言，电视广告费用非常昂贵，以播出时间长短和播放时段来计费，而报纸广告相比而言则稍便宜。

3. 汽车广告策略

汽车广告策略是企业在广告活动中为取得更大的效果而运用的各种对策和建议。它涉及汽车企业广告活动的全过程，是企业实现广告目标的各种手段和方法的总称。

（1）产品分类广告策略

对于产品项目众多的企业来说，不同的产品在企业中占有不同的地位，具有不同的作用。因此，广告也不能平均地使用力量，应该综合权衡，重点突出，使企业的总销售量稳步提高。为了抓住关键，形成整体力量，便于企业广告规划，企业利用美国波士顿咨询公司提出的按产品市场占有率和销售增长率来对产品进行评价的方法，将企业产品进行科学分类，形成了明星产品、金牛产品、问题产品和瘦狗产品四大类，然后制订分类广告规划，以便采用不同的策略。

① 明星产品。明星产品市场占有率和销售增长率都很高，很有发展前途。这类产品是企业重点发展的产品，因此在广告投入上是最高的。要通过广告创造名牌印象，建立消费者的偏爱，广告要有较大的攻势和影响力。特别要注意竞争对手的攻势和广告策略，及时采用相应的广告竞争手段。总之，对这类产品，企业的广告是一刻也不能放松，市场上的细微变化都要引起企业的高度重视。

② 金牛产品。它是企业的饭碗产品，能够给企业带来稳定的收入来源，支撑企业其他新产品的发展。因此，稳定销售，扩大市场领域是企业的主要经营目标。在广告策略上，要注意宣传产品的特点和对消费者的利益，不断变换花样，扩大产品的服务范围。同时，要抓住机会，扩大和延伸市场。在广告宣传上应采取多样化刺激，并且注意与其他销售手段相互配合。

③ 问题产品是市场占有率低，销售增长率高的产品。这类产品似乎很有前途，但是由于存在很多不确定因素，所以并不能对前景做肯定和乐观的估计。市场占有率低，有可能是企业实力问题，也可能是竞争问题，还有可能是消费者认识的问题，而销售增长率高也并不代表前途就非常好，其中包含了许多偶然的因素。因此，对待这类产品，企业要特别小心谨慎，不要轻易下结论，要集中力量找到问题之所在，不能确定的问题要做试验性发展。当然，这样做也可能会失去机会，这要看企业领导者的风险意识以及权衡风险大小和回报率的关系。

但不管如何，广告是不可缺少的，在拿不准的情况下，广告策略可以根据竞争对手的广告攻势而定，在一定程度上压倒对手或走对手空隙的路子。这样，在广告投入上不至于冒太大的风险。如果问题已经明确，广告策略就比较好定。例如，市场占有率低是因为本企业的产品分销存在问题，中间商不得力，原来与之商定的中间商的广告投入并没有实现。这样，企业就应该重新考虑与中间商的合作和自身广告投入问题。如果问题出在促销上，广告策略就应该加大投入，策动强有力的广告攻势，以争取市场地位。但是，广告的具体策略要根据产品的具体情况而定，包括广告目标、广告信息构造、广告诉求方式、媒体计划都要视具体品牌的特点和市场相对情况而定。

④ 瘦狗类产品，企业的首要目标是在不影响正常业务的同时，尽早地淘汰这种产品。

淘汰应该按计划、分品种地进行。在广告策略上要注意广告促销与企业声誉之间的关系，注意短期利益和长期利益的关系。这一类产品中，可能有失败的新产品，也可能是处于衰退期的产品，对于这两种情况，在广告策略处理上是不同的。降价广告、转让广告和公关性质的广告等是这类产品的主要广告形式。

（2）产品生命周期策略

任何有生命力的企业，其产品组合总是分布于市场生命周期的不同阶段，不断地有产品被淘汰，同时也不断地有新产品进入市场，企业处于这样的动态发展过程。随着产品在市场上生命周期的变化，企业的广告目标和广告策略也应随之而变化。只有这样，广告才能发挥应有的作用，创造更好的广告效果。对处于导入期和成长期的产品，广告的重点应放在介绍产品知识，灌输某种观念，提高知名度和可信度上，以获得目标用户的认同，激发购买欲望。对处于成熟期的产品，重点则应放在创名牌、提高声誉上，指导目标用户的选择，说服用户，争夺市场。对处于衰退期的产品，广告要以维持用户的需要为主，企业应适当压缩广告的作用。

（3）广告定位策略

产品定位是对消费者心智的占领，要实现这个目标，要使企业产品真正进入人的心中，一方面要针对消费者的心理空间，塑造产品形象；另一方面要用有效的途径传达到这块领域，使消费者产生心理共鸣。广告以它特有的形式，在产品定位策略中扮演了无可替代的角色。

① 广告的实体定位策略。就是在广告中突出宣传产品本身的特点，主要包括功能定位、质量定位和价格定位，确立怎样的市场竞争地位，在目标用户心目中塑造何种形象，从而使广告最富有效果。例如，洁银牙膏突出防治牙周炎，博士伦则对那些惧怕隐形眼镜的人说"舒服极了"。

② 目标市场定位策略。目标市场定位使广告传播更加具有针对性。例如，中央电视台黄金播出时间是晚7点至晚9点，如果是农用机械，这种广告最好不选择夏秋两季晚7点至8点播出，因为这段时间我国大部分地区的农民还在劳作。另外，进入国外市场，也要按照当地特点进行重新调整，使之符合当地的文化和传统习惯。

③ 心理定位策略。心理定位主要包括正向定位、逆向定位和是非定位3种。正向定位主要是正面宣传本产品的优异之处，逆向定位主要是唤起用户的同情与支持，是非定位则强调自己与竞争对手的不同之处，把强大的竞争对手逐出竞争领域。

美国当代营销学专家韦勒曾说过一句话："不要卖牛排，要卖烧烤牛排时的嗞嗞声。"他深刻揭示了心理定位的内涵。他认为广告在介绍产品时，应突出它的新意义，赋予一种美好的形象，也就是说要将享用这种产品的乐趣表现出来，从而改变原有的习惯心理，树立新的商品观念和消费观念。

三、广告的设计与效果评价

1. 广告设计的基本原则

广告是商品经济发展的产物，生产的社会化、商品化程度越高，越离不开广告来沟通信息，广告已成为当今社会经济生活的重要组成部分。广告效果不仅取决于广告媒体的选择，

还取决于广告设计的质量。高质量的广告必须遵循以下原则来设计。

（1）真实性原则

广告的生命在于真实。企业进行广告宣传，必须实事求是地向消费者介绍产品的特点和使用价值，切不可采取欺骗的手段，损害消费者的利益。虚伪、欺骗性的广告，必然会丧失企业的信誉。

（2）思想性原则

广告在传播经济信息的同时，也传播了一定的思想意识，必然会潜移默化地影响社会文化、社会风气。从一定意义上说，广告不仅是一种促销形式，而且是一种具有鲜明思想性的社会意识形态。因此，广告的语言编写和图画的绘制，必须符合国家的方针、政策、法律法规，反映社会主义的时代特色和道德风貌，成为精神文明的传播者。

（3）大众性原则

广告不是产品说明书，它受播放时间和刊登篇幅的限制，不允许有太长的解说。这就要求广告的文字、图画以及其他部分，都必须统一在特定的主题下，用最通俗和最鲜明的方式协调和谐地表达出来，力求文字简洁、语言精练、词语易记、图画清晰易懂，使消费者一听就懂、一目了然，并能在看后留下深刻的印象。另外，广告一切要围绕大众，为大众着想，站在大众的立场上去思考和行动。最后，广告必须向大众普及知识。

广告的大众性是广告产生社会效应的要求。广告不仅仅是广告制作人员或主创人员创意灵感的表现，而必须是将广告置于大众的评价系统氛围中，以社会上大多数人或目标市场上大多数人的接受度来评价广告的优与劣。

（4）科学性原则

广告是随着社会、经济和传播技术的发展而产生和发展的，基于市场经济的规律和传播的科学规律而存在。广告工作者必须遵照科学的原理、手段、技术与方法对广告活动进行经营与管理，同时还必须充分运用现代的科学技术与手段，对广告从宏观和微观角度上进行定性与定量的科学研究，才会使广告事业产生应有的社会效益与经济效益。

（5）针对性原则

广告的构思必须富有创造性，在内容和形式上必须多样化，其总体应独具特色、吸引力强。切忌抄袭沿用，千篇一律，陈词滥调。对不同的商品、不同的目标市场要有不同的内容，采取不同的表现手法。只有设计美观新奇、构思精巧、具有特色、有针对性的广告才符合消费者的心理要求，从而吸引人们的注意力，促使其产生购买行为。

（6）艺术性原则

广告是一门科学，也是一门艺术。广告要运用新的科学技术，吸收文学、电影、戏剧、音乐、美术等艺术特点，精心设计、制作，把真实的、富有思想性、针对性的广告内容通过完善的艺术形式表现出来。广告的艺术性、真实性和思想性附加以价值，赋予生命力。广告的艺术形象越鲜明、越具有创造力，就越会感染社会公众，产生更大的广告效益。

只有符合上述要求的广告才能加大对消费者的心理刺激，取得尽可能好的广告效果。

2．广告效果评价

在将广告信息传递给公众之后，广告工作的全程并没有结束。因为企业的宣传目的是否达到，效果如何，影响怎样，所支出的广告费用是否物有所值等都是未知数。因此，企业还需要对广告效果进行评价，以修正和改进广告目标和预算。

广告效果是指广告信息经由媒体向大众传播之后对社会的各个方面以及个人的心理及行动所产生的即时的或者是长期的综合性影响。它既包含广告主所希望的经济效果、品牌传播效果等能够提高企业效益的结果，也有改变社会文化、语言、生活习惯等连带的社会效果。广告效果可以从沟通效果、销售效果两个方面进行评价。

（1）沟通效果评价

沟通效果评价是判断公众在接收到广告信息后的心理态度。它可分为事先预评和事后测评两种方式。

1）事先预评法。在广告播出前对广告的效果进行评价，以了解广告在消费者中的反应。其方法主要有3种。

① 直接测评法。由消费者小组或广告专家小组观看各种广告，然后请他们就广告的吸引力、可读性、认知力、影响力、行为力等方面做出评价，根据评价结果来评判此广告的优劣。

② 实验测评法。广告研究人员利用各种仪器来测量选定的消费者对于广告的心理反应，如心跳、血压、瞳孔的变化等现象，从而判断广告的吸引力。

③ 调查测评法。广告播出前请消费者看一组广告或者将若干广告方案交给消费者，请他们对广告进行回忆，以测量广告是否突出主题，是否给消费者留下深刻的印象，并进行评判，从中选择出消费者最容易接受的方案。

2）事后测评法。在广告播出后，对广告的效果进行测评，以判断广告的效果，其方法主要有两种。

① 回忆测评法。广告研究人员通过研究公众对广告中的主题和内容的追忆来判断广告的吸引力和效果。

② 识别测评法。在广告播出后，请公众对他们曾经接触过的广告进行辨认，以此来判断广告的效果。常用的指标有：粗知百分率，即声称听到或看到此广告但不能说明其内容的公众百分率；熟知百分率，即能正确辨认该产品和做此广告的广告主的公众百分率；深知百分率，即能正确辨认该产品和广告主，并能记住该广告内容一半以上的公众百分率。汽车产品在不同的生命周期阶段，对广告效果的要求不同。在导入期，要求认识产品；在成长期，要求认识品牌；在成熟期，要求了解特点和优势；在衰退期，则需要信任和情感。

（2）销售效果评价

广告的效果并不能完全依赖沟通效果来衡量，其真正的衡量标准是广告对企业产品销售的作用和能带给企业的经济效益，即产品销量的增减。但由于影响促销的因素复杂，它不仅受到广告效果的影响，而且还受到产品的质量、价格、销售渠道、市场竞争环境、企业过去形象等方面的制约。因此，对广告的销售效果评价非常困难，常用的测评方法有3种。

① 单位广告成本促销手法。企业将广告前和广告后销售量的增加量和广告费用相比测定广告效果。

单位广告成本促销率=（广告后平均销售量-广告前平均销售量）/广告费用

② 地区实验法。将做过广告的地区和未做过广告的地区的产品销售量进行比较，以此

来判断广告的效果。

③ 广告费增量比率法。根据广告后取得的销售额增量与广告费用增量进行对比的结果来测定广告效果。

广告费增量比率=（销售额增量／广告费增量）×100%

第五节　公共关系

一、公共关系概述

1. 公共关系的概念

"公共关系"一词译自英文 Public Relations（PR），简称公关。广义的公共关系是指个人、企业、政府机构或其他社会组织为了自身目的而采取的改善与他人关系的活动。

公共关系作为一种社会关系和社会现象有着悠久的历史，它主要是一种人与人之间的关系，并具有双向配合性，表现为公共关系主体为了自身的根本利益或特定利益而追求沟通、理解和支持，建立人与人之间良好关系的过程。随着社会的不断发展，人们对公共关系的作用日益重视，到了 20 世纪中叶，国际上成立了国际公共关系协会，公共关系逐步为企业界所接受，成为一种促销手段。本书所讨论的是狭义的公共关系，即企业为了适应环境，争取社会公众的了解、信任、支持和合作，以树立企业良好形象和信誉为目的而采取的各种有计划的行动。企业是一种社会组织，不可能离开社会而独立存在，也不可避免地要与社会各界发生各种交往关系，如政府机构、司法机构、社会团体、金融机构、新闻界、经销商、代理商、消费者等，要想生存与发展，就必须采取有计划的行动和策略处理好这些纵横交错的关系，以赢得社会公众的理解、好感和喜爱，这是企业成功必不可少的条件，也是公共关系的根本任务。公共关系主要由 3 个要素组成，即公共关系的主体、客体和公共关系实现机制。其中，公共关系的主体在市场营销中主要是指企业；公共关系的客体是指与企业有关的社会公众，它包括内部公众（如股东、员工等）和外部公众（如顾客、新闻媒体、金融机构、政府部门、竞争对手、供应商、中间商等）；公共关系的实现机制是指传播，即公共关系主体与客体之间的沟通渠道与中介。

2. 公共关系的作用

开展公共关系活动的作用主要是建立信誉，争取谅解，提高效益，建立名牌企业和名牌产品，内求团结，外求声誉。企业为了生存和发展，必须创造最佳社会关系环境，公共关系注重处理全方位的社会关系，能树立良好的社会形象。从市场营销角度来讲，公共关系有如下作用。

（1）树立形象，争取信任

塑造良好的组织形象是公共关系的第一个基本职能。组织形象是一个组织向社会介绍自己的名片，是社会公众对一个组织在各种环境下的行为的总体评价，是一个组织信誉和声誉的延伸。有一篇文章曾写道："在一个富足的社会里，人们都已不太斤斤计较价格，产品的相似之处又多于不同之处。因此，商标和公司形象变得比产品的价格更为重要。"一个组织

（或企业），一旦在公众的心目中树立起了良好形象，就能得到公众的信任和支持，增强组织的发展能力和竞争能力，就会给它带来旺盛的生命力。

（2）促进联系，协调发展

公共关系作为社会组织与公众之间的交流工具和手段，其重要目的就是要在社会组织与公众之间建立联系，并使这种联系得以巩固。通过这种紧密联系达到沟通组织与公众之间的信息交换，达到增进组织与公众之间相互了解的目的。

公共关系是沟通组织内外关系的桥梁，是协调组织内外关系的润滑剂。"内求团结、外求发展"这八个字较好地概括了公共关系协调内外关系的职能。"内求团结"就是要通过公关工作，创造团结和谐的组织条件和内部气氛，使所有员工互相协作、共同奋斗；"外求发展"就是通过公关工作，积极开展对外活动，促进组织与其外部关系的协调，促进组织与外部公众的密切联系和广泛合作，为组织各项事业的发展创造一个良好的外部环境。

（3）采集信息，了解变化

信息是一种战略资源，是一种竞争力。公共关系通过调查研究，了解社会环境、政策方针、公众舆论，对组织形象的变化做到心中有数，为有关组织生存、发展、决策的制定提供科学、准确、及时的参考依据。公共关系是一个社会组织（或企业）决策的信息源。只有通过公共关系，及时不断地收集各种内外信息，才能使组织和公众之间更好地沟通、协调，才能使组织的决策者在决策之前充分了解和掌握各方面的情况和变化，使组织的各项决策更加具有科学性。

（4）排忧解难，沟通疏导

公共关系的任务和职能从争取公众的理解和支持这一角度来看，有两方面的含义：一是指预防组织与公众之间发生摩擦和纠纷；二是指一旦发生了公共关系纠纷，就通过公共关系职能，经过与公众充分地交流、沟通，使组织与公众之间相互理解，化解矛盾，减少摩擦，并使组织得到公众更广泛、更真诚的支持。公共关系纠纷，一害组织，二害公众，三害社会。作为一个社会组织，妥善防范和及时解决这些纠纷是与其命运攸关的事情。随着社会和经济的发展，现代组织（或企业）面临的各种社会关系不仅日趋复杂，而且处于不断变化之中，这就难免会出现影响甚至损害组织形象的这样或那样的问题。问题发生以后，面对社会公众的误解和埋怨，面对组织声誉蒙受的损失，如果能及时通过公共关系沟通疏导，就能使组织挽回形象，化险为夷，转危为安。因此，作为公共关系的一个重要职能，就是要想方设法地为组织解除各种矛盾纠纷，处理各种危机事件，挽回组织形象。

汽车企业作为一种社会组织，不仅可以利用公共关系的职能协调企业与社会公众的关系，为自己创造有利的营销环境，而且还可以以公共关系为手段，塑造企业及其产品的形象，以刺激顾客对企业产品的需求，达到促进产品销售的目的。

二、公共关系的手段和策略

1．公共关系的手段

（1）通过新闻媒介传播企业信息

这是企业公共关系最重要的活动方式。通过新闻媒介向社会公众介绍企业及产品，不仅

可以节约广告费用，而且由于新闻媒体的权威性和对象的广泛性，使它比单纯的产品广告宣传效果更为有效。它的主要方式有如下几种。

① 撰写新闻稿件。由企业的公关人员对企业具有新闻价值的政策、背景活动和事件撰写新闻稿件或者轻松有趣的报道，散发给有关的新闻传播媒体，并争取发表。这种由第三方发布的报道文章，对公众来说，可信度高，容易获得公众的认可，有利于提高企业的形象，而且不必付费。如每天在报刊上出现的各类介绍、宣传企业及产品的文章都属于此类。

② 举办记者招待会。这是搞好与新闻媒体关系的重要手段，也是借助于新闻工作者之手传播企业各类信息，争取新闻界客观报道的重要途径。

③ 邀请记者或其他知名人士参观企业，加深他们对企业及产品的印象，并进行评述。例如，丰田汽车公司在推出丰田2号新型车时就采用了此类方法。

④ 制造新闻事件。许多著名的企业不仅重视发现新闻，而且善于制造新闻。有目的地制造出来的新闻，常常能在新闻界引起轰动，而且能引起公众的强烈反应。例如，日本丰田汽车公司的破坏性试验就是比较成功的事例。

⑤ 编写影视剧本，参与影视剧的制作。通过与影视界的合作，将企业的创业和发展过程编写成影视剧本，可以提高企业的社会形象，加深社会公众的了解，如一汽的"解放"、江铃的"红泥河"等。

（2）散发宣传资料

宣传资料包括与企业有关的所有刊物、小册子、画片、传单、年报等。这些资料要印刷精美，图文并茂，并在适当的时机向目标顾客及有关社会团体、社会公众散发，可以吸引他们认识和了解企业，扩大企业的影响。但这种形式受宣传资料散发或影响的范围限制。

（3）借助公关广告

通过公关广告介绍、宣传企业，树立企业形象。公关广告的形式和内容可概括为以下几类：一是致意性广告，即向公众表示节日欢庆、感谢或道歉等，这类广告在每年的公众节日里最为常见；二是倡导性广告，即企业首先发起某种社会活动或提出某种新观念；三是解释性广告，即企业就某方面的情况向公众介绍、宣传或解释；四是赞助性广告，即企业通过赞助某项社会活动，以扩大企业的影响和知名度，如每年一度的"丰田杯"等；五是服务性广告，即企业通过有计划、有组织地为用户提供服务，来引起公众对企业及其产品的兴趣和关心，如"××汽车服务月活动"等。

（4）举办各种专题活动和策划企业领导人的演讲或报告

通过这类活动的举办，扩大企业的影响和潜在客户对企业产品的认识，它包括举办各种专题讲座、产品演示会、报告会，举办各种庆祝活动等。

（5）参与社会公益活动

企业通过参与各种社会公益活动和社会福利活动，能协调、改善与社会公众的关系，树立"好公民"的形象，这是一种日益流行的公关活动，如向贫困地区捐献车辆，为某项社会活动提供交通工具，资助各种社会慈善事业、教育事业和重要节日等。这类活动的效果虽然具有间断性，但它的宣传效果却很好，不仅能赢得受益者的好感，而且能引起新闻界的关注，制造新闻热点。

2. 公共关系的策略

公共关系的主要任务是沟通和协调企业与社会公众的关系，以争取公众理解、支持、信任和合作，实现扩大销售。这一任务决定了其工作的主要内容是如何正确处理与公众对象的关系。根据企业公共关系的对象和企业的发展过程，可以使用的公共关系的主要策略如下。

（1）企业与消费者的关系

在市场经济体制下，企业的一切活动都围绕着消费者的需求运转，"顾客就是上帝"从一个侧面反映了企业与消费者之间的关系。消费者作为一切企业社会价值最重要的评判者，他们的需要是企业营销活动的出发点，也是企业存在和发展的前提，因此，企业公共关系工作的主要内容是促使消费者对企业及其产品产生良好的印象，提高企业及其产品在社会公众中的知名度、信任度。企业与消费者的沟通主要分为售前沟通、售中沟通及售后沟通3种。

① 售前沟通，即企业与潜在用户的沟通。汽车作为一种技术和价值含量都比较高的商品，消费者在购买时不可能像买一根雪糕那样随便，购买前必然要进行较长时间的了解、比较，需要收集一定的资料，企业应有计划地、主动地收集消费需求信息，及时将企业及产品的情况，如企业的宗旨、规模、在同行中的地位，产品的性能、规格、销售方式以及售后服务等内容，传递给潜在用户，并了解其反应，以使企业更好地满足用户的要求，达到引导消费、坚定潜在用户的购买信心和决心的目的。例如，东风公司宣布，只要有用户要求，东风汽车售后服务队伍可以在48小时之内到达用户身边；法国雷诺、雪铁龙称24小时全天候接受和受理用户的售后服务要求等。

② 售中沟通，即企业与现实顾客的沟通。由于此时消费者的消费要求已经明确，而市场上的同类产品众多，企业需要将自己的产品优势及能给消费者带来的特殊利益这类信息传递给消费者，协助引导消费者使用自己的产品，如散发宣传资料、汽车的有关技术指标资料等，这些工作一般由促销人员来完成。

③ 售后沟通，即企业与产品用户之间的沟通。它主要包括：第一，在售后服务中推进公共关系。汽车作为一种机电产品，其售后服务的质量直接关系到顾客的购买信心。有人说：第一辆汽车是靠促销人员卖出去的，第二辆、第三辆则是靠售后服务卖出去的，可见，售后服务工作对汽车销售的影响。在售后服务中加强与用户的沟通，可以及时了解用户的反馈信息、改进服务方式，树立良好的服务形象。第二，重视用户投诉。企业的有关人员要重视用户的投诉，认真对待，及时处理，这不仅有助于企业提高产品质量和调整产品结构，而且能消除企业与用户的误会与摩擦，增加相互了解，建立持久的合作关系，从而影响相关消费群体对企业及产品的认识，促进产品的销售。

（2）企业与相关企业的关系

汽车作为一种集机械、电子、化工等产品为一体的商品，企业要想独立完成从自然原料到产品销售的整个过程根本不可能，它无时无刻不与相关企业发生着各种各样的关系，这些关系主要可分为以下几种。

① 企业与竞争企业的关系。现代社会是一个竞争的社会，企业的产品在市场上会有许多竞争对象，企业在处理与竞争企业的关系时，要树立公平竞争的思想，正确处理竞争过程中的各种矛盾和冲突，绝不能采用诽谤、中伤、贿赂等不正当手段挤垮对手，以免企业的自

身形象和信誉受到损失。

② 企业与中间商的关系。汽车企业的产品除了直接销售的情况外，更多的是通过中间商来进行推销。企业要想在市场中发挥更大的作用，中间商的作用不可忽视。在处理与中间商的关系时，首先要使中间商觉得推销本企业产品能给他带来可观的利润或能促进其他商品的销售，产生经济效益，因此，企业应向中间商提供品质优良、设计新颖、适销对路的产品。其次，要加强与中间商的沟通。企业应将自己的各种基本情况及有关产品的所有情况准确地告诉中间商，增强中间商的经销信心，同时应及时了解中间商对本企业产品的意见或建议，以便企业及时调整和改进，并将结果及时反馈给中间商，以取得中间商的合作和支持。关于这一点日本的丰田汽车公司和日产公司做得比较出色，它们和中间商建立起了一种相互信赖、相互依存的关系，能达到一种共命运的境界。

③ 企业与供应商的关系。汽车企业，特别是整车生产企业要生产产品，就必然会涉及各种原材料、零部件的供应问题，相应地就要和供应商发生关系，因此，正确处理与供应商的关系是企业关心的主要问题之一。企业在处理与供应商的关系时，要以长期友好合作为目标，以互惠互利为基础，注意双方市场信息的沟通与交流，从而维持良好的供应关系，促进企业的生产和销售。

（3）企业与政府及社区的关系

① 企业与政府的关系。政府不仅是国家权力的执行机关，还是引导企业适应宏观经济发展要求的宏观调控者，企业在政府的指导下开展经营活动，因此，企业必须处理好与政府相关职能部门的关系，在接受政府有关部门的指导和监督的同时，赢得政府的信赖和支持。另外，政府作为企业产品的主要用户之一，处理好与其的关系，还可以促进企业产品的销售。国外的许多大型汽车公司都设立有专门的机构处理与政府部门的关系。

② 企业与社区的关系。企业存在的一个条件是必须有一定的生产经营场所，正是因为有这个场所，企业才能开展生产经营活动，同时也就会和周围的企业、居民、社会组织发生各式各样的关系，只有建立起融洽的社区关系，企业才能站稳脚跟。企业与社区的关系主要依赖于信息的交流和参与社区的社会活动，其主要方式有：满足社区对企业的正当要求，加强企业与社区内居民的联系，为社区居民提供优良的服务和必要的公益赞助，积极参加社区内的社会活动，从而树立起企业在社区居民中的形象，为企业的发展创造良好的周围环境。

（4）企业与新闻界的关系

企业与新闻界的关系主要是指企业与新闻媒体和新闻工作者的关系。在现代社会生活中，新闻媒体和新闻工作者的作用日益突出，他们不仅可以创造出社会舆论，影响公众的观念，而且还可以引导消费，影响公众的生活方式，从而影响企业的社会形象，间接调整企业行为。因此，他们是企业实施公关策略、争取社会公众、实现公关目标的重要对象。

（5）企业内部公共关系

企业内部的公共关系活动，其目的在于加强企业内部团结，协调企业、员工、企业部门及投资者四方的关系，它直接关系到企业生产经营活动的正常开展，影响到企业经营目标的实现。改善企业内部的公共关系的基本方式主要有下列几种方法。

① 完善企业的规章制度，提高企业管理水平。企业的规章制度和管理活动是企业生产经营的保证，也是处理企业内部公众关系的依据，它对于提高企业职工的责任心、保证企业

的正常运转、减少企业内部矛盾都具有重要意义。

②加强企业文化建设。企业文化是企业在长期的生产经营活动中所形成的一种精神意识和工作作风。加强企业文化建设的目的在于调动员工生产和参与管理的积极性和首创精神，使他们牢固树立以厂为家、与厂共存亡的意识，以极大的热情和充沛的精力投身于工作，使企业的生产和经营永远保持旺盛的生命力。加强企业文化建设的主要方法有如下几种。

一是加强企业与内部公众的沟通。企业与内部公众的沟通主要是指企业与内部员工的沟通和企业与投资者的沟通。企业与内部员工的沟通可以在及时发现企业运行中的问题、合理安排员工的工作、充分发挥企业员工的参与意识等方面发挥重要作用，如福特汽车公司的"建议制度"、丰田汽车公司的"动脑筋创新委员会"等就是这方面的实例。企业与投资者的沟通主要采取定期公布或报告企业的运行情况、企业的经营效益和企业投资的目标等方法，加强投资者对企业的了解，增强投资者的投资信心，为企业增加投资、拓展资金来源和企业的进一步发展创造条件。

二是满足企业员工合理的物质要求和精神要求。企业的生产经营活动与企业员工的工作热情和工作态度直接相关，满足员工合理的物质要求是建立良好的员工关系的基础，也是企业能否保持员工工作热情的基本前提，而员工的工作态度则取决于员工各种需要的满足程度。随着社会经济的发展，人们不仅需要物质方面的满足，而且需要精神方面的满足，每个人都希望自己的能力得到充分发挥，其价值能得到充分的体现，并被社会所认可。因此，企业应在条件允许的情况下，满足员工的合理要求，积极开展各种有益于凝聚企业精神、有益于丰富员工的物质文化生活、有益于调动员工工作积极性和工作热情，也有益于建立企业与员工相互信任的劳资关系的各种活动，为企业的稳定与发展创造良好的内部环境。

（6）企业在不同发展阶段的公共关系策略

企业除了要注意处理上述几种关系外，还要注意在不同的发展阶段公共关系工作的侧重点应有所不同。在企业的创建时期，不仅社会公众对它了解甚少，甚至连企业员工也不甚了解，此时企业公共关系的任务是让公众感知企业及产品，并争取在公众中建立起一个最初的良好印象和信誉，帮助企业站稳脚跟，开发市场。其方法是运用各种媒介和手段，使公众对企业及产品能尽快了解，使他们树立起对企业及产品的信任和信心。在企业的发展阶段，企业公共关系工作的任务是保持企业声誉，树立更好的企业形象，提高企业的市场份额，并拓展新的市场。其主要方法是宣传企业地位，突出产品特色，引导市场消费，为企业的进一步发展创造条件。

三、公共关系促销决策的过程

在考虑如何和何时使用公共关系时，管理层应当制订公共关系目标，选择公共关系主题及载体，实施公共关系计划，评估公共关系结果。

1. 确定公共关系促销目标

营销人员应为每一项公共关系活动制订特定的目标，如建立知名度，建立信誉，激励推销人员和经销商，降低促销成本等。一般来说，公共关系费用要比广告费用低，公共关系越有成效，越能节省广告费用和人员推销费用。

2．选择公共关系信息和公共关系方法

目标确定后,公共关系人员就要鉴别或拟定有趣的题材来宣传。公共关系主题要服从企业的整体营销和宣传策略。公共关系宣传词要与企业的广告、人员推销、直销和其他宣传工具相结合。公共关系的方法要服务于企业的整体营销目标。

3．实施公共关系促销计划

实施公共关系促销计划要求有认真谨慎的态度,当公共宣传包括了各种层次的特别事件(如纪念性宴会、记者招待会、全国性竞赛等)时,就需要格外认真。公共宣传人员需要有细致认真的态度、灵活处理各种可能情况的能力。

4．评估公共关系活动的效果

公共关系对于促进销售的效应不像其他促销手段那样容易立竿见影,但是一旦产生效应,其作用将是持久和深远的,对于企业营销环境的根本改善有着特殊的效应,是企业促销策略组合中不可忽视的重要策略。由于公共关系常与其他促销工具一起使用,故其使用效果很难衡量。

四、公共关系的评价

1．公关评估方法

(1)民意测验法

选择一定数量的目标公众,通过问卷等形式征求他们对公关活动的意见,并加以分析、统计来说明公关工作的效果。

(2)专家评估法

请有关专家对公关工作提出自己的意见和观点,从不同角度来分析公关工作的效果。

(3)访问面谈法

由公关人员通过个别交谈和集体访谈的方式,了解公众对公关工作的意见和看法,借以评估公关工作的效果。

(4)观察法

公关人员通过观察目标对象对公关工作的反应,来评估公关工作的结果。

(5)资料分析法

通过企业生产经营资料、销售数据的变化来验证公关工作的效果。

2．公关计划的评价

汽车营销公关的效果通过展露度、公众理解和态度情况、销售额和利润贡献3方面来衡量。

(1)展露度

计算出现在媒体上的展露次数,这种方法简单易行,但无法真正衡量出到底有多少人接受了这一信息及对他们购买行为的影响。

(2)公众理解和态度情况

这是指公共宣传活动引起公众对汽车产品的品牌理解、态度方面的前后变化水平。

（3）销售额和利润贡献

公共关系通过刺激市场、同消费者建立联系，把满意的消费者转变成为品牌忠诚者，提高了销售额和利润。计算销售额和利润贡献率，是衡量公共关系效果最科学的方法。

总之，企业的公共关系工作是现代企业管理的产物，它对企业产品的销售工作有着重要的作用，企业应注意加以利用。

一汽马自达：《杜拉拉升职记》植入营销

2010年4月8日，由一汽马自达赞助的中国首部职场题材时尚大片《杜拉拉升职记》举行首映礼，该电影中男女主角的座驾为马自达睿翼和MX-5跑车，恰到好处的电影植入营销为睿翼轿跑的上市带来契机；无论是电影故事还是观影者都以办公室白领为主，与睿翼轿跑目标消费群体高度重合。电影《杜拉拉升职记》虽然预计票房过亿，但是其能影响的进电影院观影的人群毕竟有限，跟全中国8000万白领比起来就微不足道了。如何借助《杜拉拉升职记》的眼球效应来提升睿翼轿跑上市期间消费者和网民对其的关注度，将电影的影响力从电影院扩大到办公室成为代理公司最紧要的任务。

影响8000万办公室白领最有效的媒介就是网络，于是策划了以"睿翼轿跑十大职场语录"征集为主题的网络活动。"睿翼轿跑十大职场语录"征集是找到与所有职场白领们沟通的语言，十大职场语录的胜出者奖励10部iPhone手机也为活动起到了推波助澜的作用，从而达到了电影内和电影外的双重影响，强化了睿翼轿跑的品牌形象。

整体活动分为两个主要组成部分，即"十大职场语录征集"与"秒杀《杜拉拉升职记》电影票"。

睿翼轿跑十大职场语录征集活动，时间为4月1日至30日，全国网友注册参与语录发布与投票，经过两轮评选，选出"睿翼轿跑十大职场语录"10名，奖励每人1台iPhone手机，入围奖40名，奖励每人1个睿翼车模。

秒杀《杜拉拉升职记》电影票活动，自4月8日启动至4月15日，每日分为5个时段进行《杜拉拉升职记》电影票的"秒杀"，全国11个城市网友参与极限秒杀的挑战，共计发送电影票11000张。网友每成功秒杀1次就获得2张电影票的规则彰显一汽马自达人性化活动的温暖一面。

本次活动成功地融合了娱乐、时尚、职场等几方优质资源的共同点，并通过多种方式整合和展现，将电影表述的白领职场奋斗激情及时尚生活方式与马自达的核心品牌理念及价值有机结合在一起。可以说，这种新颖的营销推广模式，不仅开创出互联网界全新的"娱乐互动"整合营销模式，也由此将睿翼轿跑"跑车风范、锋芒毕露"的产品特性传达给千万职场白领，成为一汽马自达娱乐营销中又一张新的王牌。

本次活动自2010年4月1日启动以来，得到了各行业职场精英、网友们的积极关注和热情参与。从4月1日至4月25日短短不到一个月的征集期限内共计吸引362万网友注册

参与,其中累计发布职场语录28万条,网友在线投票4414万张,1万多张电影票"秒杀"而空。

此次活动除了以丰富的线上专题活动吸引百万网友热情参与,也巧妙利用了微博、博客进行辅助性传播,借助娱乐营销助阵一汽马自达年度重推车型"睿翼轿跑"上市热潮的同时,聚集一汽马自达官方微博的人气。

复习思考题

1. 什么是促销?什么是促销组合?
2. 汽车促销方式主要有哪些?各有什么特点?
3. 什么是促销组合策略?
4. 汽车人员推销过程中需要注意哪些问题?
5. 汽车广告促销策略有哪些?举例分析说明一个成功的汽车广告。
6. 公共关系的概念、形式和手段是什么?公共关系策略主要有哪几种形式?
7. 汽车营业推广的概念、特点和形式是什么?营业策略主要有哪些?推广策略主要有哪些?

第八章

汽车整车营销

知识目标

了解整车销售的规范流程。
了解顾客接待的基本礼仪和行为规范。
了解产品介绍的基本方法和技巧。
了解车辆售后服务的管理程序。

能力目标

掌握查阅文献、信息等资料的能力。
通过情境化的任务单元活动，掌握解决实际问题的能力。
掌握填写任务工作单，制订工作计划，培养工作方法的能力。

第一节　汽车整车销售流程

一、汽车销售流程

汽车销售是指顾客在选购汽车产品时，为帮助顾客购买到汽车所进行的所有服务性工作。在整个汽车销售过程中，汽车销售顾问应遵循本岗位的服务规范，为顾客提供全方位、全过程的服务，满足顾客的要求。

汽车销售这个过程不是单纯地销售汽车，而是极其复杂的，包括客户开发、展厅接待（客户接待）、需求分析、产品介绍（车辆的展示与介绍）、试乘试驾、洽谈（处理客户的异议）、签约成交、交车服务（新车交付）、售后跟踪服务九大环节，如图8-1所示。相关内容参见第七章第二节。

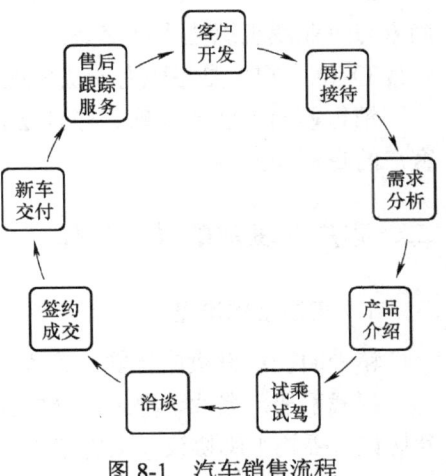

图 8-1　汽车销售流程

二、汽车销售顾问在汽车销售中的作用

汽车销售顾问是指为客户提供顾问式的专业汽车消费咨询和导购服务的汽车销售服务

人员。所谓顾问式销售，顾名思义就是站在专业角度和客户利益角度提供专业意见和解决方案以及增值服务，使客户能做出对产品或服务的正确选择并发挥其价值，在顾问式销售过程的同时建立了客户对产品或服务的品牌提供者的感情及忠诚度，有利于进一步开展关系营销，达到较长期稳定的合作关系，实现战略联盟，从而能形成独具杀伤力的市场竞争力。

汽车销售顾问的工作范围实际上就是从事汽车销售的工作，但其立足点是以客户的需求和利益为出发点，向客户提供符合客户需求和利益的产品销售服务。其具体工作包含客户开发、客户跟踪、销售导购、销售洽谈、销售成交等基本过程，还可能涉及汽车保险、上牌、装饰、交车、理赔、年检等业务的介绍、成交或代办。在4S店内，其工作范围一般主要定位于销售领域，其他业务领域可与其他相应的业务部门进行衔接。

第二节　客户开发

一、客户的含义

客户开发是指对某类产品或服务存在需求，且具备购买能力的待开发的客户，是可能成为现实客户的个人或组织。这类客户或有购买兴趣、购买需求，或有购买欲望、购买能力，但尚未与销售者发生交易关系。

在今天的汽车行业里，竞争是非常激烈的，企业的生产、经营和服务能力再强，如果没有足够的客户，企业也是无法生存的。因此，客户开发是销售的前提，也是汽车销售的第一步，是为了开拓市场而与客户建立良好关系的过程。要想在汽车销售领域取得成功，必须认真研究并实际解决客户开发的问题。

1）目标客户：是指某品牌某系列的产品或服务所针对的对象。

2）潜在客户：是指可能成为现实客户的个人或组织。这类客户有需求或购买能力，但尚未与企业或组织达成过交易。

3）准客户：是指既有购买所推销的商品或服务的欲望，又有支付能力的个人或组织。

销售顾问的任务是确定好自己的目标客户，不断挖掘潜在客户，并对其鉴定是否具备准客户的资格和条件。

二、客户开发前的准备工作

1. 实质上的准备

精神面貌：健康的体魄，给人神采飞扬的感觉，仪容整洁大方，建立专业的形象。

叫战手册：名片、型录、价格表、竞品的优劣势对比表、保修政策、购车合同、试乘试驾协议、委托上牌协议、上牌费用计算表、装饰及保险报价单、银行贷款、利息计算表……

2. 思想上的准备

要详细了解和熟悉产品的品牌、车型、技术参数、配置等。要了解竞争对手的产品与你所售产品的差异。要做到在与客户交流的时候，对于相关问题你都能流利地回答；要熟悉公司的销售流程及政策；还要事先了解你要拜访的客户的基本情况。

3. 情绪上的准备

保证足够的睡眠，保持平常心。保持情绪稳定是专业销售顾问必须具备的条件。

三、评估客户的 MAN 法则

销售顾问的时间和精力是有限的，要想在最短的时间内获得最好的业绩，就必须对潜在客户进行评估，以便确定下一步的工作。对潜在客户的评估一般用 MAN 法则，即：

1. 金钱

该潜在客户是否有购买资金 M（Money），即是否有钱，是否具有消费此产品或服务的经济能力，也就是有没有购买力或筹措资金的能力。首先是鉴定顾客现有支付能力。单纯从对商品的需求角度来看，人们几乎无所不需，但任何潜在的需求，只有具备了支付能力之后，才能成为现实的需求，因此，具有购买需求及现有支付能力的顾客是最理想的推销对象。其次应注意对顾客潜在支付能力的鉴定。一味强调现有支付能力，不利于推销局面的开拓。当汽车销售顾问确定对方值得信任并具有潜在支付能力时，应主动协助其解决支付能力问题，建议顾客利用银行贷款或其他信用方式购买。

2. 权力

该潜在客户是否有购买决策权 A（Authority），即你所极力说服的对象是否能"当家做主"，是否有购买决定权。在成功的销售过程中，销售顾问能否准确地了解真正的购买决策人是销售的关键环节。销售要注重效率，向一个家庭或一个团体顾客进行销售，实际上是应向该家庭或团体的购买决策人进行销售。若事先不对潜在顾客的购买决策状况进行了解，不分青红皂白，见到谁就向谁销售，很可能事倍功半，甚至一事无成。

3. 需要

该潜在客户是否有购买需要 N（Need），在这里还包括需求。需要是指存在于人们内心的对某种目标的渴求或欲望，它由内在的或外在的、精神的或物质的刺激所引发。另一方面，客户需求具有层次性、复杂性、无限性、多样性和动态性等特点，它能够反复地激发每一次的购买决策，而且具有接受信息和重组客户需要结构并修正下一次购买决策的功能。需要说明的是，需求是可以创造的。现代推销工作的实质，就是要探求和创造需求。随着科技发展和新产品的大量问世，使得顾客中存在大量尚未被认识的需求。此外，顾客中往往也存在出于某种原因暂时不准备购买的情况，对属于这两类情况的顾客，汽车销售顾问不应简单地将其作为不合格顾客而草率除名。正是由于存在尚未被顾客所认识的需求，才为推销人员去大胆探索和创造顾客需求提供了用武之地，也正是由于顾客存在某些困难，才有赖于汽车销售顾问去帮助顾客改善和创造条件解决问题。消极等待顾客自己去认识需求和产生购买需求，不是现代推销所应有的态度。汽车销售顾问应勇于开拓，善于开拓，透过现象看本质，去发掘顾客的潜在需求。

上述三个要素有以下几种不同的组合（大写字母表示具备该条件，小写字母表示不具备该条件）。

M+A+N：这类客户是有效客户，是最理想的待开发客户。

M+A+n：这类客户可以开发，有熟练销售技巧的销售人员开发此类客户成功的希望更大。

M+a+N：这类客户可以开发，应设法找到有决策权的人。

m+A+N：可以对这类客户推荐适用的汽车消费信贷产品，解决其资金问题。但若没有适合的金融产品，也可以长期接触，观察了解其业务状况，等待其经济状况好转。

m+a+N，m+A+n，M+a+n：这三类客户应长期培养观察，使其具备暂缺的条件。

m+a+n：非客户，可以停止接触。

四、客户开发方法

随着汽车销售竞争的日益加剧，如果车辆销售的数量完全取决于自发来店看车的客户人数，那就具有很大的随机性和不可预测性，因此客户开发是汽车销售流程的第一步。所谓客户开发，就是要求汽车销售顾问能够突破门店接待这一单一模式，运用多种方法和手段，通过多种多样的有效途径寻找目标客户。

1）认真对待每一个进店的客户。做好客户接待工作，从中筛选发现你的意向客户，并进行重点沟通和日后的客户跟进，使之转变成现实客户，这是目前汽车销售公司销售顾问用得最普遍的方法。

2）从亲戚、朋友圈中寻找。每个人都有自己的朋友圈，在朋友圈中让他们都知道你从事汽车销售。先去拜访你最好、最熟悉的朋友、同学、老师、亲戚，然后再转向熟人，从中可能会有潜在客户，如果暂时没有也要与他们做好沟通，增进互信，加深感情，让他们留意帮你介绍。

3）从4S店的保有客户中寻找。仔细查看以往购车客户的名单，有些客户将来可能要换车，有些客户的朋友可能要买车，这些都是很好的资源。

4）4S店维修部门外来的客户。例如，雷诺汽车的维修站也会修标致车，这些客户也是我们开发的对象。

5）从一些商业机构从业人员的相关人士中去寻找。比如汽车保养厂的师傅，高级俱乐部的服务生，汽车的银行贷款员，意外险的承办人，拖车服务人员，二手车交易人员，美容美发店、加油站、汽车美容店的服务人员，这些从业人员手中有我们要开发的客户资源。

6）从社会机构中寻找。从政府职能管理部门中的交管局、交警队、车管所，企事业单位的工会，汽车行业协会，驾校，一些与汽车相关的俱乐部等机构中寻找。

7）从有车一族中寻找。大多数有车一族，车辆使用七八年就开始考虑换车，条件好一些的时间会更早，有些家庭甚至考虑购买第二辆车，销售顾问需要经常与他们保持接触，在他们换车时，努力使他们成为你的客户。

8）从车展中寻找。每年各地都会举办许多场规模、层次都不同的车展，车展中交易的车辆数目已经占到一年中销售量的相当份额。要在车展中派发宣传单、做好现场解答，认真对待每一个前来咨询的客户，尽可能让他们留下联系方式，特别感兴趣的客户或购买意向特别强的客户要邀请他们到店做深入的洽谈,车展结束后要及时根据意向客户的信息在下个工作日与意向客户电话联系,进行客户跟踪。

9)参加各类汽车文化活动。销售顾问通过参加自己朋友圈或本公司举办的各种车友会、自驾游活动、新车发布会、公益活动等与前来的客户交谈并从中获取信息。

10)在各大商厦举办外展。各大商厦是客流集中的地方,特别是双休日购物高峰期,在那里展出公司的主流车型,留下公司的地址和联系电话也是一种不错的方式。

11)从汽车网站获取信息。据调查,超过六成的消费者在购车时都要参考网络信息,汽车营销的 E 时代已经悄然来临。国内主流汽车网站有汽车之家、太平洋汽车网、新浪汽车、网易汽车、爱卡汽车、腾讯汽车、易车网等,它们有很大的名气,有很完善的系统和团队,浏览量和点击率也很可观,每天有大量的汽车资讯,还能进行车辆报价的更新。4S 店要在上面打广告,或在相应的汽车网站页面上留下本公司的联系方式,由信息专员回复客户在网站上的询问,每日收集潜在客户信息,并及时与他们进行线上和线下的联系。

12)参与政府或一些企业的招标采购。在相关渠道获取政府或一些企业的招标采购计划后,要及时整理好本公司的投标资料,参与招标采购。

13)要善于从电话黄页中获取信息。仔细分析本店销售的汽车,哪些适合一些特定的厂矿企业、公司或单位使用,及时从电话黄页中获取他们的电话,并主动联系或直接上门进行有针对性的拜访。

14)从 4S 店收集的以往打进电话咨询的那部分客户名单中进行再次筛选,如果目前他们还没有购车,便可以再次进行客户开发。

第三节 客户接待

目前,购车仍是非常大的一笔开销,所以大多数客户来到汽车 4S 店都希望得到尊重,受到热情亲切、轻松自然的接待,而不希望感到过分的购买"压力"。

客户来店有愉快的体验,这会最大限度地消除客户的疑虑,虽然不能保证马上将汽车销售出去,但是可以为后面销售流程的顺利进行打下良好的基础。展厅接待是销售顾问和客户第一次见面的交流过程,销售顾问也是最先接触客户的人群,代表着企业的形象,因此要充分把握机会,给客户留下良好的第一印象。与陌生人交往的过程中,所得到的有关对方的最初印象称为第一印象。第一印象并非总是正确,但却总是最鲜明、最牢固的,并且决定着以后双方交往的过程。

展厅接待的目的就是要让客户感受到企业的热情,展示出销售顾问的职业素养,使客户感到舒适,消除客户的疑虑,获得客户的认可和信任,建立起客户的购买信心。

一、客户接待的原则

1. 三米原则

销售顾问与客户打交道,要懂得把握距离的尺度,身体靠得太近,会使对方感觉不舒服,并且在心中筑起防御的城墙,把你排斥在外。所以要与客户保持合适的空间距离。一般在距

离客户约 3m 远时，就应该与客户打招呼、微笑、目光接触，初次交往不要突破 1.2～3.5m 的社交距离，太近或太远都会引起对方反感。

2．尊重原则

销售顾问要表现出良好的素养。仪容仪表大方得体，见面使用敬语，如"您""贵公司""先生"，知道对方姓氏后，要自始至终尊称客户"××先生""××女士"，同时不要怠慢任何陪同前来的在现场的客户。

3．时机原则

初来展厅的客户由于处在陌生环境，易产生不安感，应让客户自由走动、观看，要用眼睛余光观察客户，发现时机后，再自然接近客户。

二、准备工作

所谓准备工作，就是在接待客户之前所进行的有关仪态仪表、工作物品等的准备活动。

1．仪容

仪容通常是指人的外观、外貌。其中的重点，则是指人的容貌。在人际交往中，每个人的仪容都会引起交往对象的特别关注，并将影响到对方对自己的整体评价。

为了维护自我形象，有必要修饰仪容。在仪容的修饰方面要注意五点：其一，是仪容要干净，要勤洗澡、勤洗脸，脖颈、手都应干干净净，并经常注意去除眼角、口角及鼻孔的分泌物。要勤换衣服，消除身体异味。其二，是仪容应当整洁。整洁，即整齐洁净、清爽。其三，是仪容应当卫生。注意口腔卫生，早晚刷牙，饭后漱口，不能当着客人面嚼口香糖；指甲要常剪，头发按时理。其四，是仪容应当简约。仪容既要修饰，又忌讳标新立异，简练、朴素最好。其五，是仪容应当端庄。仪容庄重大方，斯文雅气，不仅会给人以美感，而且易于使自己赢得他人的信任。相形之下，将仪容修饰得花里胡哨、轻浮怪诞，是得不偿失的。

2．仪表

仪表是指人的仪态、风度、容貌、衣饰、举止、态度等，汽车销售顾问良好的仪表不仅仅是指面容姣好，而是指整体大方得体，与销售的产品和公司的形象相符。

（1）男士

1）短发，头发清洁、整齐，精神饱满。

2）无胡须，短指甲。

3）统一制服，大方，得体。

4）制服干净，穿前熨烫平整，西装扣系胸前纽扣。

5）皮鞋光亮，无灰尘，搭配黑色或深色袜子。

6）胸卡正面朝前佩戴胸前，名片放在西装左胸口袋处。

7）男士着装的三原则如下。

三色原则：全身颜色尽量限制在三种以内。

三一定律：鞋子、腰带、公文包颜色要统一协调（黑色优先）。

三大禁忌：不拆商标，正式场合穿夹克打领带，袜子颜色、质地和衣服不统一。
（2）女士
1）发型要文雅、庄重，梳理整齐，长发要用发夹盘好，精神饱满。
2）化淡妆，指甲不宜过长，并保持清洁。
3）统一制服，大方，得体。
4）穿裙装时，一律搭配肤色丝袜，无破洞。
5）鞋子光亮，清洁。
6）除结婚戒指外，上班时销售顾问严禁佩戴其他饰品。
7）胸卡正面朝前佩戴于胸前。

3．工作物品准备

1）展厅办公用品。计算器、笔、记录本、名片（夹）等。
2）资料。公司介绍材料、荣誉介绍、产品介绍、竞争对手产品比较表、媒体报道剪辑、顾客档案资料等。
3）销售工具表。产品参数表、产品装备表、产品价目表、洽谈卡、月工作计划分析表、需求分析评估表、试乘试驾协议书、总报价单、新车订单协议、万元基数表、车险解决方案表、保费报价单、库存车表、配件报价单、上牌服务资料及流程等。每日早晨汽车销售顾问应自行检查工具夹内的资料是否齐全，及时更新，以便与客户商谈时快捷、方便地拿取资料。

三、接待礼仪

1．握手

在行礼时，至距握手对象约1m处，双腿立正，上身略前倾，自然伸出右手，四指并拢，拇指张开与对方相握。握手时应用力适度，上下稍许晃动三四次，然后松开手，恢复原状。握手时，应面带微笑，目视对方双眼，并且寒暄致意，表现出关注、热情和友好之意。

2．站姿

站立商谈的姿势：站着与客户商谈时，双脚平行打开，之间约10 cm，这种姿势不易疲劳，同时头部前后摆动时比较容易保持平衡，气氛比较缓和。

站立等待的姿势：双脚微分，双手握于小腹前，视线可维持较水平略高的幅度，气度安详稳定，表现出自信。

3．入座

从椅子的左侧入座，上身不要靠着椅背，微微前倾，双手轻轻放于腿上或两手分开放于膝上，双脚的脚后跟靠拢，膝盖可以分开一个拳头宽，平行放置；若是坐在较软的沙发上，应坐在沙发的前端，如果往后仰则容易显得对客户不尊重。

4．商谈距离

通常与较熟悉的客户的谈话距离是70～80cm，与较不熟悉的客户的谈话距离是100～120cm。站着商谈时，一般的距离为两个手臂长。一站一坐，则距离可以稍微拉近，约一个

半手臂长。坐着时，约为一个手臂长。同时保证避免自己的口气吹到对方。

5．视线

平常面对面交谈，当双方对话时，视线落在对方的鼻尖，偶尔可注视对方的双目，当诚心诚意想要恳请对方时，两眼可以注视对方的双目，虽然双目一直望着对方的眼睛能表现你的热心，但也会出现过于针锋相对的情景。

在整个交谈过程中，与对方目光接触应该累计达到全部交谈过程的 50%～70%，其余 30%～50%时间，可注视对方脸部以外 5～10m 处，这样比较自然、有礼貌。

交谈时场合不同，注视的部位也不同。一般分为公务凝视、社交凝视、亲密凝视。公务凝视在洽谈、磋商、谈判等严肃场合，目光要给人一种严肃、认真的感觉。注视的位置在对方双眼或双眼与额头之间的区域。社交凝视，在各种社交场合使用的注视方式。注视的位置在对方唇心到双眼之间的三角区域。亲密凝视，这是亲人之间、恋人之间、家庭成员之间使用的注视方式。凝视的位置在对方双眼到胸之间。

6．递交名片

一般名片都放在衬衫的左侧口袋或西服的内侧口袋，也可以放在随行包的外侧，避免放在裤子的口袋。出门前要注意检查名片是否带足，递交名片时注意将手指并拢，大拇指夹着名片以向上弧线的方式递送到对方胸前。拿取名片时要双手去拿，拿到名片时轻轻念出对方的名字，以让对方确认无误。拿到名片后，仔细记下并放到名片夹的上端夹内。交换名片时，可以右手递交名片，左手接拿对方名片。

7．指引

当需要用手指引样品或者模型或接引客户指示方向时，食指以下靠拢，拇指向内侧弯曲，指示方向。

四、展厅接待

在展厅里，销售顾问通过热情真诚的接待传递出对客户的欢迎之情，消除客户的疑虑和戒备，营造轻松、舒适的购车环境，努力与客户建立一种融洽互信的关系，让客户对经销商形成正面印象，成功的初次接触可以省下许多谈判的时间与精力。如果销售顾问能与客户交上朋友，则销售将是水到渠成的事情。挑选客户有兴趣的话题，进行寒暄破冰，不直接谈及与销售有关的事情，是取得销售成功的最重要的因素，这点常被销售顾问忽略。展厅接待可按图 8-2 所示流程进行。

1．顾客进入展厅

1）30s 内察觉到顾客的到来，并在几秒内对顾客进行评估，如依据其衣着、姿态、面部表情、眼神、肤色等评估出顾客的态度、购买倾向等，但要注意不能以貌取人。

2）与顾客目光相遇时点头示意，如顾客点头回应，应即刻走上前进行接待，如果顾客视而不见，直奔展车并专注于看车，可给顾客 1～2min 的自由看车时间。

3）面带微笑，目光柔和注视对方，以愉快的声调致欢迎词。例如，"欢迎光临×××汽车销售服务店，我是×××销售顾问，您可以称呼我为××，很高兴为您服务。"

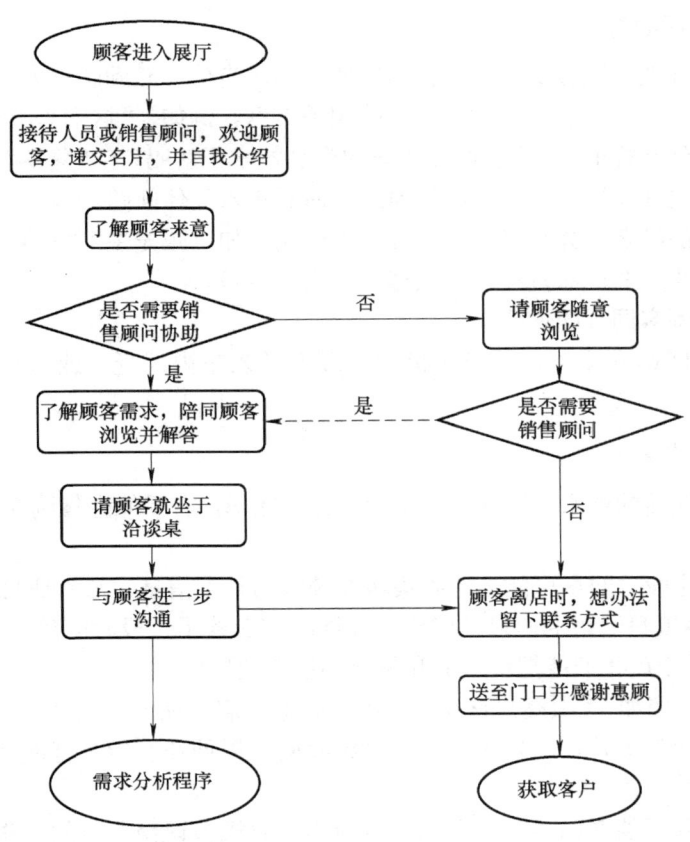

图 8-2　展厅接待流程

4）和每个来访者必须在 2min 内打招呼并进行交谈，可适当交流一些跟车无关的其他话题，借此打消顾客本能的警惕和戒备，拉近彼此心理距离。

5）态度要礼貌、热情，所有员工与顾客目光相遇时皆应友好地点头示意并打招呼。良好的第一印象有助于增强顾客对于品牌、公司和个人的信任，为后续放松、深入的交谈奠定坚实的基础。

6）如顾客是再次来展厅的，汽车销售顾问应用热情的言语表达已认出对方，而且最好能够直接称呼对方姓氏，如"李先生""王女士"等。

2．顾客要求自行看车或随便看看时

1）回应。例如，"请随意，有什么需要随时示意我，我会看到。"

2）撤离。在顾客目光所及范围内，随时关注顾客是否有需求。

3）在顾客自行环视车辆或某处 10min 左右后仍对汽车销售顾问没有表示需求时，销售顾问应再次主动走上前询问。例如，"您看的这款车是×××，是近期最畅销的一款，……请问，……"

4）未等汽车销售顾问再次走上前，顾客就要离开展厅，应主动相送并询问快速离开的原因，请求顾客留下联系方式或预约下次看车时间。

3．顾客需要帮助时

1）亲切、友好地与顾客交流，回答问题要准确、自信、充满感染力。

2）提开放式问题，了解顾客购买汽车的相关信息。例如，"这辆车给您的印象如何？""您理想中的车是什么样的？""您对这辆车的产品技术了解吗？""您购车考虑的最主要因素是什么？"（建议开始提一些泛而广的问题，而后转入具体问题。）

3）获取顾客的姓名，并在交谈中称呼对方姓氏，如"张先生""王女士"等。

4）主动递送相关的产品资料，给顾客看车提供参考。

5）照顾好与顾客同行的伙伴。

6）不要长时间站立交流，适当时机或请顾客进入车内感受，或请顾客到洽谈区坐下交流。

4．顾客在洽谈区

1）主动提供饮用的茶水。递杯时左手握住杯子底部，右手伸直靠到左前臂，以示尊重、礼貌。

2）充分利用这段时间尽可能多地收集潜在顾客的基本信息，尤其是姓名、联系电话等。例如，请潜在顾客填写洽谈卡的最佳时机是在同顾客交谈了一段时间后，可以说："麻烦您填一下卡片，便于今后我们能把新产品和展览的信息通知您。"

3）交换名片。例如，"很高兴认识您，能否有幸跟您交换一下名片？""这是我的名片，请多关照""这是我的名片，可以留一张名片给我吗？以便在有新车型或有优惠活动时我及时与您取得联系。"

4）交谈时，除了谈产品以外还可以寻找恰当的时机多谈谈对方的工作、家庭或其他感兴趣的话题，建立良好的关系。

5）多借用推销工具，如公司简介、产品宣传资料、媒体报道、售后服务流程，以及糖果、小礼物等。

5．顾客离开时

1）放下手中其他事务，送客户到展厅门外，再次递上名片。

2）提醒顾客清点随身携带的物品以及销售与服务的相关单据。

3）感谢客户光临，并预约下次来访时间，表示愿意下次造访时仍由本人来接待，便于后续跟踪。

4）目送客户离开时，销售顾问站立在客户车辆后视镜范围内，让客户体验到你在目送他（她）。

5）回到展厅门口登记来店客户信息。

6．顾客离去以后

1）车辆调整至适当位置并进行清洁。

2）洽谈桌水杯、烟灰缸等卫生细节的清理、清洁。

3）整理顾客信息，建立客户档案。

4）自我整理着装，情绪调整到最佳状态，准备接待其他顾客。

第四节　需求分析

需求分析是汽车销售流程中非常重要的一个环节，是保证以后的产品介绍能否具有针对性的前提，需求分析是否准确可以直接决定交易的成败。所谓的需求分析就是要了解客户的需求，通过适当的提问鼓励客户发言，使客户感受到"被尊重"，充分自主地表达他的需求。

一、客户需求

冰山理论认为客户的问题包括显性需求和隐性需求。显性需求就是水面之上的，即客户自己知道的、能表达出来的那一部分；隐性需求就是水面以下的隐藏着的那一部分，就是有的客户连他自己的需求是什么都不清楚，例如，某客户打算花二十万元买车，可是他不知道该买什么样的车，这个时候销售顾问就要去引导帮助他解决这些问题。隐性需求也有一部分是他们没有意识到，或者意识到了也不愿意承认的，比如有些客户购买豪车不是出于安全和舒适性考虑，更多是为了面子和身份，但是他又不好意思说出来。销售顾问既要了解客户的显性需求，也要了解他的隐性需求，

作为一名营销人员要能够在了解客户显性需求的基础上进一步挖掘客户的隐形需求，这样才能准确分析客户的需求，推荐符合客户要求的产品，真正地为客户提供满意的服务。

二、需求分析的内容

销售顾问在需求分析时通常会假定客户购买汽车是需要一个交通工具。其实，在客户需要交通工具的背后，还有许多重要且实际的需求，其中可能是身份的需要，可能是运输的需要，也可能就是以车代步，更可能是圆梦。当然也有可能什么原因都没有，就是朋友有了车，因此自己也想拥有一辆车。

每一种需求都会有不同的表达方式，这些表达方式应该对应一些非常有效的销售方式。正因为如此，销售顾问在推销一款汽车的时候，首先是要了解客户的背景、需求及期望，探寻消费者的需求，这既包括显性需求，也包括隐性需求，即必须了解客户的"5W1H"。

通过开放式的问题问客户——

  Why
   Who
    What
     When
      Where
       How

1. Why：客户为什么要购买

是什么原因促使他买车，这个问题最难探寻。大多数人给的回答可能是代步，但是这只是显性需求，我们要了解的是他的隐性需求，即面子、功用、安全到底哪个方面促使他购车。

2．Who：客户的基本背景是什么

在整个销售过程中，我们要探寻到底谁是决策人、谁是使用人、谁是影响人，谁是付款人。有些时候这些角色是重叠的，可能是同一个人，这是最好的，但很多时候这些角色是分开的。使用者可能是老公，决策人却可能是老婆，不探寻出这几个人物角色，可能前期看似很美好的单子，到了后期会发生各种变故，因为不同的人物对同一个产品的需求是不一样的。

3．What：客户打算购买什么款式的产品

销售顾问具体询问客户曾用车型、关注车型及之前看过的、关注过的其他什么品牌的什么车型，即竞争车型。用车关注点是关注车辆的空间大小、安全性、还是操控等。打算购买哪款产品？

经济状况影响和决定了一个人的需求，但是，一个具备购买20万元车的人未必期望拥有20万元的车。经济状况只是一个基本因素，但不一定是十分准确的因素。一个人的社会地位及社会上的一些主流思想，也影响了一个人的期望和需求。一个人的选择往往会因可以对比的事物而发生变化。此外心理偏好也会影响一个人的选择。

4．When：客户打算什么时候购买

有的消费者可能半年后，有的消费者可能三天内，消费者一般会给出个模糊的时间，我们要做的是尽可能弄清确切的时间。

5．Where：客户在哪买

市面不止一家4S店，客户更倾向于在哪家买？从销售顾问的角度，你要了解消费者是附近的客户，还是远道而来的客户，附近客户可能关注的是在你这买车保养服务方便，远道而来的客户可能关注的是产品的价格。

6．How much：客户花多少钱购买

这个问题是一定要了解的，销售顾问必须了解客户比较确切的预算。客户预算10万元，你推荐5万元的车，即使客户购买了，你这次销售也是不成功的。消费者预算10万元，你推荐12万元的车，但是前提是你能说服他办贷款，或者增添预算。

总结：

1）销售顾问探寻需求的具体内容是车辆用途、实际使用人、购车预算、购车时间、曾用车型、关注车型及竞品车型、用车关注点（如空间、安全、操控等）。

探寻需求过程中要了解客户的角色信息，他是购买者、决策者、使用者还是影响者，或者兼而有之。

2）销售顾问与客户交流时要注意沟通的技巧，当客户遇到疑难问题时，要主动地帮助他分析和解决。

三、需求分析方法

1．提问

发掘客户需要最有效的方式之一就是提问。汽车销售顾问通过提问可以获得大量的信

息，但是要想取得好的效果，就需要一定的提问技巧。恰当的表述方式，可以得到更理想的效果，如果提问方式不恰当，就有可能遭到客户的拒绝。

（1）开放式提问

开放式提问是指提出比较概括、广泛、范围较大的问题，对回答的内容限制不严格，给对方以充分自由发挥的余地。这样的提问比较宽松，不唐突，也比较得体。开放式提问常用于访谈的开头，可缩短双方心理、感情距离，开放式提问一般用"为什么""怎么样"等句式来提问，例如"你需要一辆什么样的汽车？"

（2）封闭式提问

由于开放式提问比较松散和自由，难以深挖，所以也需要有所节制，并非越开放越好。因此封闭式提问常与开放式提问交叉使用。所谓封闭式提问，是指提出答案有唯一性、范围较小、有限制的问题，对回答的内容有一定限制。提问时，给对方一个框架，让对方在可选的几个答案中进行选择。这样的提问能够让回答者按照指定的思路去回答问题，而不至于跑题。

封闭式提问是可以用"是"或者"不是"，"有"或者"没有"，"对"或者"不对"等简单词语来作答的提问。如"您现在就能确定下来吗？""您对这款车满意吗？"这类问题通常用于缩小讨论范围，获得特定信息。

（3）选择式提问

人们有一种共同的心理，认为说"不"比说"是"更容易和更安全。所以，内行的推销员向顾客提问时尽量设法不让顾客说出"不"字来。选择式提问就可以很好地解决这个问题。选择式提问也称限定式提问，是在一个问题中提示两个可供选择的答案，两个答案都是肯定的。

如与顾客预约，有经验的汽车销售顾问从来不会问顾客"我可以在今天下午来见您吗？"因为这种只能在"是"和"不"中选择答案的问题，顾客多半只会说："不行，我今天下午的日程实在太紧了，等我有空的时候再打电话约定时间吧。"有经验的汽车销售顾问会对顾客说："您看您是周六过来看车还是周日过来？""我周日过来吧。"当他说这句话时，你们的约定已经达成了。

（4）启发型提问

启发型提问是以先虚后实的形式提问，让对方做出提问者想要得到的回答，这种提问方式循循善诱，有利于表达自己的感受，促使顾客进行思考，控制推销劝说的方向。如汽车销售人员问："请问您是想要安全系数高还是低点的车呢？""当然是安全系数高的！""哦，是这样的，这一款安全系数比较高的车型价格要比其他车型高出10000元，您看……"

（5）协商型提问

协商型提问以征求对方意见的形式提问，诱导对方进行合作性的回答。这种方式，对方比较容易接受。即使有不同意见，也能保持融洽关系，双方仍可进一步洽谈下去。如："高小姐，您看，咱们是否现在下定金？"

2．提问技巧

（1）洽谈时用肯定句提问

在开始洽谈时用肯定的语气提出一个令顾客感到惊讶的问题，是引起顾客注意和兴趣的

可靠办法。如："你已经……吗？""你有……吗？"或是把你的主导思想先说出来，在这句话的末尾用提问的方式将其传递给顾客。如"现在大家都喜欢时尚的两厢车，不是吗？"这样，只要你运用得当，说的话符合事实而又与顾客的看法一致，会引导顾客说出一连串的"是"，直至成交。

（2）向顾客提问时要从一般性的事情开始，然后再慢慢深入下去

向顾客提问时，虽然没有一个固定的程序，但一般来说，都是先从一般性的简单问题开始，逐层深入，以便从中发现顾客的需求，创造和谐的推销气氛，为进一步推销奠定基础。

（3）先了解顾客的需求层次，然后提问具体要求

了解顾客的需求层次以后，就可以掌握你说话的大方向，可以把提出的问题缩小到某个范围以内，而易于了解顾客的具体需求。如顾客的需求层次仅处于低级阶段，即生理需要阶段，那么他对产品的关心多集中于经济耐用上。当你了解到这一点以后，就可以重点从这方面提问，指出该商品如何满足顾客需求。

3．聆听

通常大多数人认为只有在讲话时才会发生积极的沟通，实际上沟通是一个双向的过程，聆听是其中一个重要的组成部分。有效倾听在实际沟通过程中的具体作用如下。

（1）获得相关信息

有效的倾听可以使销售顾问直接从客户口中获得相关信息。众所周知，在传递信息的过程中，总会有或多或少的信息损耗和失真，经历的环节越多，传递的渠道越复杂，信息的损耗和失真程度就越大。所以，经历的环节越少，信息传递的渠道越直接，人们获得的信息就越充分、越准确。

（2）体现对客户的尊重和关心

当销售顾问认认真真地倾听客户谈话时，客户可以畅所欲言地提出自己的意见和要求，这除了可以满足他们表达内心想法的需求，也可以让他们在倾诉和被倾听中获得关爱和自信。客户希望得到销售顾问的关心与尊重，而销售顾问的认真倾听则可以使他们的这一希望得以实现。通过有效的倾听，销售顾问可以向客户表明，自己十分重视他们的需求，并且正在努力满足他们的需求。

（3）创造和寻找成交时机

倾听当然并不是要求销售顾问坐在那里单纯地听那么简单，销售顾问的倾听是为达成交易而服务的。也就是说，销售顾问要为了交易的成功而倾听，而不是为了倾听而倾听。在倾听的过程中，销售顾问可以通过客户传达出的相关信息判断客户的真正需求和关注的重点问题，然后，销售顾问就可以针对这些需求和问题寻找解决的办法，从而令客户感到满足，最终实现成交。如果销售顾问对客户提出的相关信息置之不理或者理解得不够到位，那么这种倾听就不能算得上是有效的倾听，自然也不可能利用听到的有效信息抓住成交的最佳时机。

4．聆听技巧

古希腊哲学家苏格拉底说："上天赐人以两目两耳，但只有一口，欲使其多闻多见而少言。"根据美国学者统计，一个人每天花费在接受信息上的时间如下：书写占14%，阅读占17%，交谈占16%，倾听占53%。有效倾听是一种天生的本能，一种需要不断学习和锻炼的

技巧，需要智力和情绪上的配合，要借助分析、理解和判断等活动，因此，为了达到良好的沟通效果，销售顾问就必须不断修炼倾听的技巧。有效倾听的技巧如下。

（1）集中精力，专心倾听

这是有效倾听的基础，也是实现良好沟通的关键。要想做到这一点，销售顾问应该在与客户沟通之前做好多方面的准备，如身体准备、心理准备、态度准备以及情绪准备等。疲惫的身体、无精打采的神态以及消极的情绪等都可能使倾听归于失败。

（2）不随意打断客户谈话

随意打断客户谈话会打击客户说话的热情和积极性，如果客户当时的情绪不佳，而你又打断了他们的谈话，那无疑是火上浇油。所以，当客户的谈话热情高涨时，销售顾问可以给予必要的、简单的回应，如"噢""对""是吗""好的"等。除此之外，销售顾问最好不要随意插话或接话，更不要不顾客户喜好另起话题。例如："等一下，我们公司的产品绝对比你提到的那种产品好得多……"，"您说的这个问题我以前也遇到过，只不过我当时……"。

（3）谨慎反驳客户观点

客户在谈话过程中表达的某些观点可能有失偏颇，也可能不符合你的口味，但是你要记住：客户永远都是上帝，他们很少愿意销售顾问直接批评或反驳他们的观点。如果你实在难以对客户的观点做出积极反应，那可以采取提问等方式改变客户谈话的重点，引导客户谈论更能促进销售的话题。

（4）了解倾听的礼仪

在倾听过程中，销售顾问要尽可能地保持一定的礼仪，这样既显得自己有涵养、有素质，又表达了你对客户的尊重。通常在倾听过程中需要讲究的礼仪如下：

① 保持视线接触，不东张西望。
② 身体前倾，表情自然。
③ 耐心聆听客户把话讲完。
④ 真正做到全神贯注。
⑤ 不要只做样子、心思分散。
⑥ 表示对客户意见感兴趣。
⑦ 重点问题用笔记录下来。
⑧ 插话时请求客户允许，使用礼貌用语。

（5）及时总结和归纳客户观点

这样做，一方面可以向客户传达你一直在认真倾听信息，另一方面，也有助于保证你没有误解或歪曲客户的意见，从而使你能更有效地找到解决问题的方法。例如："如果我没理解错的话，您更喜欢弧线形外观的深色汽车，性能和质量也要一流，对吗？"

第五节　整车介绍

所谓整车介绍，就是销售顾问在对客户的需求有了一定的了解之后，为客户推荐适合的车型产品并对其进行介绍。但若想让客户对所推荐的车辆认可、喜爱甚至最终购买，必须通

过完美的产品介绍让客户了解产品（车辆）的性能，以及它所产生的利益能满足客户前面所提到的需求。调查发现，在车辆展示过程中做出购买决定的客户占最终购买客户的 70%以上，因此这个环节是完成汽车销售的关键环节，也是说服客户的关键一步。

要将一款构造复杂的车型清楚、明白地呈现给客户，不是一件容易的事。从哪里入手介绍、以一条什么样的线索贯穿整个介绍过程，如何将一款车的数十条卖点有序地展现出来，都是在车辆介绍时要注意的问题。灵活运用好车辆介绍的方法，就可以有条理、有重点地将主要卖点呈献给客户。

一、FAB 法则

客户之所以在购买产品时犹豫不决，往往是因为对产品的属性和优点不甚明确，不知道"它对我有什么好处"或"它能给我带来什么好处"。而且，有时候客户的需求并不会仅仅局限于一个卖点，而是出现两种或多种卖点并存的情况，比如一位客户可能同时注重汽车的功能、外形和服务，这就决定了汽车销售顾问介绍产品的繁杂性。

为了使产品介绍能按一定的逻辑顺序进行，使产品多个卖点的介绍更加有效而不啰唆，往往可以采用 FAB 法则。所谓 FAB 法则即属性、作用、益处的法则，FAB 对应的是三个英文单词 Feature、Advantage 和 Benefit，按照这样的顺序来介绍，就是说服性演讲的结构，它达到的效果就是让客户相信你的车是最好的。

1. 属性（Feature）

即你的产品所包含的客观现实，所具有的属性。比如，讲台是木头做的，木头做的就是产品所包含的某项客观现实。对于所销售产品的属性，销售顾问必须有足够的了解和认识，这是毋庸置疑。除此之外，为了更好地销售，还要深刻地挖掘自身产品的潜质，努力找到被其他人忽略的、没想到的属性。

2. 作用（Advantage）

现实中的每一个产品都有各自的特征，作用（Advantage）就是能够给客户带来的用处。即所列的商品特性究竟发挥了什么功能，是要向顾客证明"购买的理由"：与同类产品相比较，列出比较优势；或者列出这个产品独特的地方。

3. 益处（Benefit）

益处代表产品能带给顾客的利益，我们必须考虑商品的利益是否能真正带给客户利益，也就是说，要结合商品的利益与客户所需要的利益。

4. FAB 句式的运用

FAB 介绍法其实是一种针对不同客户的购买动机，把最符合客户要求的产品利益向客户加以推介，讲明产品的属性、作用以及可以为客户带来的利益的一种销售方法。

事实上，属性、作用和益处是一种贯穿产品介绍过程的因果关系，在产品介绍中，它形成了诸如"因为……，所以……，对您而言……"的标准句式。例如"因为这辆车配有 12 缸发动机，所以从 0—100km 的加速时间仅为 5s，这可以让您快速提升行车速度。"

二、六方位绕车介绍法

六方位绕车介绍法是指从车辆的车前方、车左方、车后方、车右方、驾驶室与发动机舱六个方位环绕介绍。介绍过程从车的正前方开始，顺时针绕车一周，至发动机舱结束，将车辆每个方位的技术一一进行讲解。六方位绕车介绍法顺序明确，条理清晰，有助于客户对整车有全面、深入的认识和了解，并且更容易、有条理地记住所介绍的内容。

随着技术的进步，有的公司会在六方位的基础上增加车辆侧前方 45°方位的介绍，即六方位绕车介绍法有时也升级为"6+1"方位介绍法，如图 8-3 所示。本书仍采用六方位绕车介绍法进行讲解，将车辆侧前方 45°划归为车辆正前方的介绍内容。

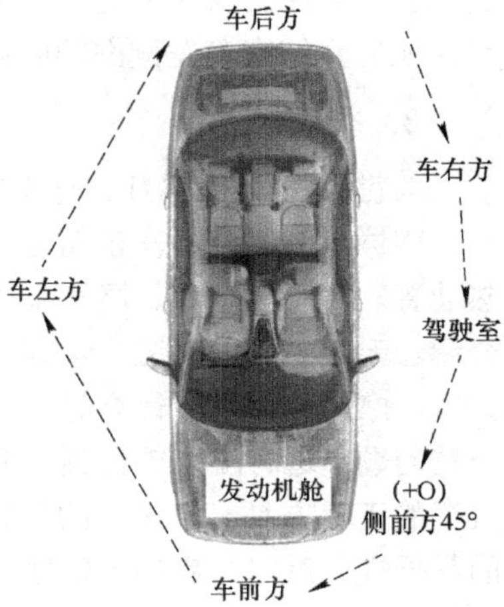

图 8-3 "6+1"方位介绍法

1. 车前方

关键词：整车造型、外观设计、前车灯、其他配置。

汽车销售顾问首先将客户引领到车前方 45°角的位置，距离车辆 30cm，上身微向客户，距离 90cm 左右，左手引导客户参观车辆。

汽车的正前方是客户最感兴趣的地方，当汽车销售顾问和客户并排站在汽车的正前方时，客户会注意到汽车的标志、保险杠、前车灯、前风窗玻璃、大型蝶式刮水器设备，还有汽车的高度、越野车的接近角等等。销售顾问这时要做的就是让客户喜欢上这辆车。例如，你向客户介绍的是速腾车型，那么你就可以邀请车主和你并排站在速腾轿车的正前方，然后说："速腾轿车一贯表现优雅而经典，周身流淌着高尚的贵族血统，耐人寻味。看，车头看起来美观、大方，蛮精致、蛮漂亮的，是吧？"趁着这个大好时机，你可以给客户讲讲关于速腾轿车车标的故事，强调你所销售的车辆与众不同的地方，每一款车的造型都有它与众不同的地方，如流畅明快的发动机舱盖线条、活泼俏皮的车灯、威武大气的保险杠……不过，在这个时候，向客户讲太多的技术参数是不太好的，而应用言语给客户描述出一幅幅美丽壮观的画面，如高大的棕榈树、惬意的晚风、羞红了脸的彩霞、浪漫的海滨、温馨的二人世界……

2. 车左方

关键词：座椅、内饰设计、舒适性、储物空间。

接下来，汽车销售顾问就要引领客户到车左前轮外侧约 60cm 处，就视野所及，从车身结构开始，依次介绍车身材料及制造工艺、车身安全性、制动系统、前后悬架、车外后视镜、门把手、天线等。

无论哪一类客户，看到汽车的第一眼就怦然心动的都不多见，哪怕客户看起来与汽车很投缘，客户还是要进一步考察。因此，最重要的还在于气质的匹配程度。在车左方听一听钢板的厚实或轻薄的声音，看一看豪华舒适的汽车内饰，摸一摸做工精致的仪表板，感受良好

的出入特性以及侧面玻璃提供的开阔视野，体验一下宽敞明亮的内乘空间，客户就能将自身的需求与汽车的外在特性对接起来，再加上汽车销售顾问的介绍和赞美，客户一定会心神摇曳。由于男性追求的多是事业上的成功、生活上的放松和家庭的幸福，因此，汽车销售顾问在向他们介绍汽车左侧面的时候，更应该强调车后方的性能。

3. 车后方

关键词：LED 尾灯、行李舱配置、行李舱容积。

陪同客户站在轿车的背后约 60cm 处，从行李舱开始，依次介绍高位制动灯、后风窗加热装置、后组合尾灯、尾气排放、燃油系统。介绍行李舱时，要掀开备胎和工具箱外盖进行介绍。千万不要以为这一步骤多余，很多挑剔的客户不是抱怨车尾太短，就是抱怨车子不够大气，抱怨车子没有行李舱。由于客户刚刚走过汽车左方的时候过于关注体验，或许忽略了一些问题。这时汽车销售顾问要征求客户的意见，在给他们全面地介绍后仔细地答复。尽管汽车的正后方是一个过渡的位置，但是，汽车的许多附加功能可以在这里介绍，如后排座椅的易拆性、后门开启的方便性、存放物体的容积大小、汽车的尾翼、后视窗的刮水器、备用车胎的位置设计、尾灯的独特造型等。

4. 车右方

介绍了前 3 个方位之后，汽车销售顾问应带领客户从车尾来到车子的正右方。这时应该向客户介绍什么呢？这时候正是争取客户参与谈话的时刻，你应该邀请他打开车门、触摸车窗、观察轮胎，观察他的反应，邀请他坐到乘客的位置。注意观察他喜欢触摸的东西，告诉他车子的装备及其优点，他会做一番审慎衡量的。认真回答他的问题，不要让他觉得被冷落，但是要恰到好处地保持沉默，不要给客户一种强加推销的感觉。

汽车销售顾问在汽车右侧向客户介绍车时，可以告诉他们一些非正式的信息。但是，要牢记不要误导客户或混淆视听。在欧美国家，汽车销售顾问用于非正式沟通的时间不到介绍产品时间的 10%。在奥迪 A4 上市之初，许多奥迪汽车的销售顾问都会有这样的经历，那就是只要一说"第一批奥迪是德国原装的"，客户就会很快做出购买决定。如果你喜欢一些汽车的奇闻异事的话，比如某国家元首或体育明星喜欢乘坐哪个品牌的汽车，那么你尽可以告诉你的客人好了。在客户还缺乏相应的品牌忠诚度的时候，告诉客户一些非正式信息也是促成交易的好办法。

5. 驾驶室

关键词：多功能组合仪表板、转向盘、驾驶人位置、自动恒温空调。

带领客户钻进车里，对汽车的功能及操作做详细介绍。客户察看了汽车的外形，检查了汽车的内饰，对汽车的性能有了大致的了解，那么接下来就是告诉他驾驶的乐趣以及操作方法了。这时，汽车销售顾问可以鼓励客户进入车内。先行开车门引导其入座。如果客户进入了车内乘客的位置，你应该告诉他的是汽车的操控性能如何优异，乘坐多么舒适等；如果客户坐到了驾驶人的位置，你应该向客户详细解释操作方法，如刮水器的使用、如何挂档等。最好让客户进行实际操作，同时进行讲解和指导，介绍内容应包括座椅的多方位调控、转向盘的调控、开车时的视野、腿部空间的感觉、安全气囊、制动系统的表现、音响、空调和车门。

6. 发动机舱

关键词：缸内喷射、燃料分层喷射、轻量化设计、变速器。

最后，引导客户到发动机舱盖前，根据实际情况向客户介绍发动机及耗油情况。汽车销售顾问站在车头前缘偏右侧，打开发动机舱盖，固定舱盖支撑，依次向客户介绍发动机舱盖的吸能性、降噪性、发动机布置形式、防护底板、发动机技术特点、发动机控制系统。合上舱盖，引导客户端详前脸的端庄造型，把客户的目光吸引到品牌的标识上。

所有的客户都会关注发动机。因此，汽车销售顾问应把发动机的基本参数包括发动机缸数、气缸的排列形式、气门、排量、最高输出功率、最大转矩等给客户做详细的介绍。由于介绍发动机的技术参数时需要比较强的技术性，因此，在打开发动机舱盖的时候，最好征求一下客户的意见，询问是否要介绍发动机。

如果客户对汽车在行，他们会认为自己懂得比你多，因此不要说得过多。对于不懂的客人，太多的技术问题会让他们害怕，言多无益。作为汽车销售顾问，你只要能说出发动机是由哪家汽车生产厂家生产的，动力性能如何，那就可以了。至于汽车油耗方面的问题，你可以介绍你的汽车是如何为客户节省燃油的。同时你也应该向他们推荐一些节油的方式。只要你服务友好、态度热情，他们一定会很满意。

在运用六方位绕车介绍法向客户介绍汽车时，要熟悉在各个不同的位置应该阐述的、对应的汽车特征带给客户的利益，灵活利用一些非正式的沟通信息，展示出汽车独到的设计和领先的技术，从而将汽车的特点与客户的需求结合起来。总之，六方位绕车介绍法是从车前方到发动机，刚好沿着整辆车绕了一圈，并且可以让汽车销售顾问把车的配置状况做一个详细的说明和解释。这样的介绍方法很容易让客户对车型产生深刻的印象。

第六节　试乘试驾

在销售过程中，试乘试驾具有十分重要的作用，当产品已引起客户的兴趣时，试乘试驾可让他们更进一步体验到产品的质量和特点，以提高销售成功率。因此，汽车销售顾问应该尽可能多地引导客户参与试乘试驾，并且密切留意客户在试乘试驾过程中的神态和想法，给予适时的帮助、指导和购买鼓励。通过试乘试驾，增加客户对产品的熟识度和认知度，激发客户购买的欲望。

一、试乘试驾的作用

1）以试驾的方式解答客户的问题，能够让客户对车型有直观的了解和切身的感性体验，进而促成营销的成功。

2）通过试乘试驾建立客户对产品的信心，激发客户的购买欲望，延长客户的留店时间。

3）可以帮助销售顾问筛选意向客户。如果客户主动提出试乘试驾，或者接受了销售顾问的邀请，那么说明他已基本看中了此款车型，只要试乘试驾满意，成交的概率就非常大。

4）通过试乘试驾收集更多的客户资料，便于促进销售。

二、试乘试驾流程与注意事项

试乘试驾流程如图 8-4 所示。试乘试驾过程中应注意：

1）客户必须持有驾驶证才能驾驶，否则只能试乘。填写试乘试驾登记表（必须验证及签名）。利用客户填写的试乘试驾登记表，尽可能掌握客户基本资料。

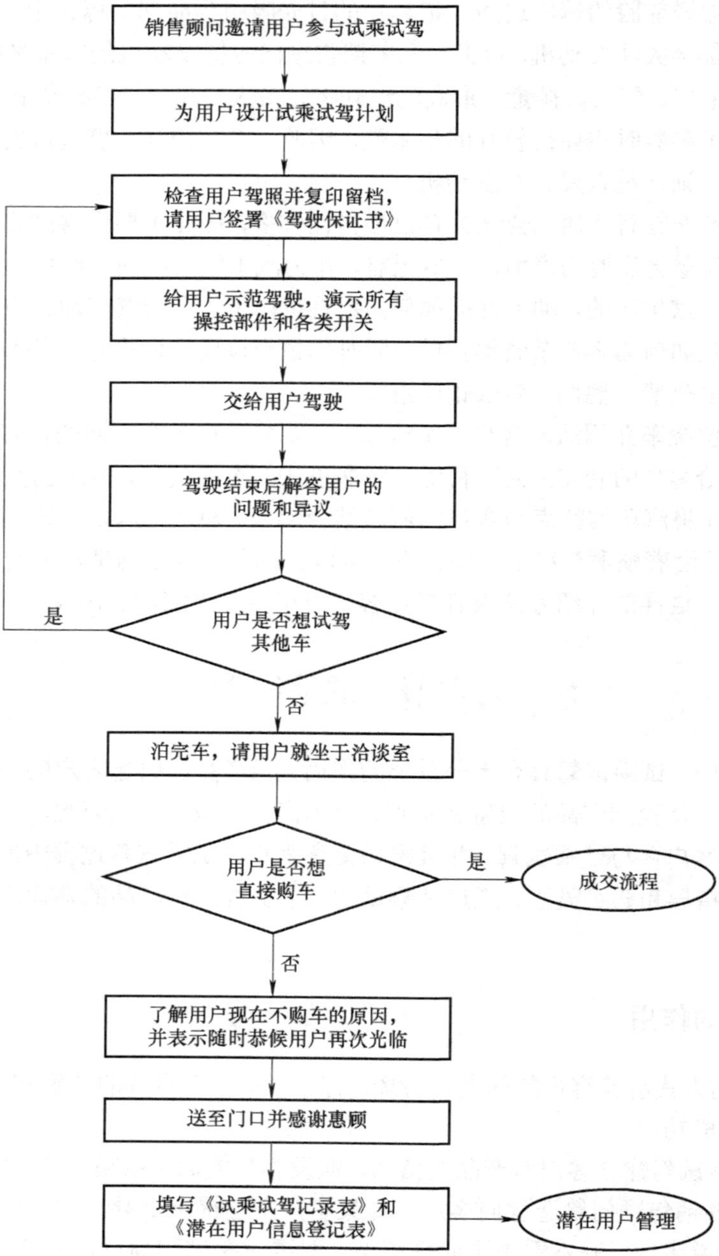

图 8-4 试乘试驾流程

2）试驾前后与客户一同检查车辆外观。
3）试驾前须向客户进行车辆的静态介绍及必要的操作说明。
① 须说明转向灯、仪表板使用方法。
② 须说明座椅、转向盘等调整方法。
③ 须说明自动变速器、排档锁等使用方法。
4）试乘试驾路线：设计好路线，每个路段测试不同的功能，如安静性、舒适性、加速性、动力操控性、制动性……展示车辆的以下性能：加速性能、制动和转向灵活性、操控性、内部隔声效果。
5）安全第一。严格遵守试驾路线。销售顾问先驾驶一段，待客户熟悉车辆后在安全地点换到前排乘客座，交换驾驶人位置，将座椅放到最低位置，然后帮助客户调整座椅和坐姿。客户坐驾驶位，销售顾问坐前排乘客位，双方都必须始终系好安全带。在客户开得过快或未遵守限速规定时注意提醒。试驾结束确保车辆完好归还，在归还之前必须检查车辆是否有损伤。
6）试车时，先避免交谈，让客户熟悉车辆，之后销售顾问向客户介绍车辆（与客户需求结合）、车辆的标准配备与优点、客户最关注的内容。
7）让客户有充分的时间去感受产品介绍时提到的优点，并且能化解产品介绍时客户带有的疑虑。

三、试乘试驾过程

1．车辆的准备

试乘试驾车辆要按照汽车企业的实际要求来准备。
1）试乘试驾车辆要按照汽车企业的要求把型号和数量配备齐全。
2）试乘试驾车辆要时刻保持良好车况，每天都要及时清理，及时保养，定期美容，并且内饰要齐全。
3）试乘试驾车辆必须上民用车牌，且证件齐全，并有保险。
4）试乘试驾车辆一定要有专门的标识，并且停放在指定的位置。
5）当出现新款汽车时，要能够按照规定及时准备试乘试驾车辆。
6）准备一套儿童座椅，以供客户带孩子来试乘试驾时使用。

2．办理手续

（1）资格核验
核验客户的身份证与驾驶证，征询客户同意后进行复印存档，将原件交还给客户。对于没有、没带驾照，或驾照过期的用户，建议客户享受试乘服务，绝不可以让不具备试驾条件的客户试驾。

（2）签订协议
给客户进行试乘试驾安全事项的讲解，请客户仔细阅读并签署试乘试驾协议，以防在试乘试驾过程中出现不必要的纠纷。

3. 介绍专员和路线

试乘试驾过程中,一般由试乘试驾专员陪同客户进行,目前很多公司为了方便与客户的交流沟通,也允许由具备试乘试驾资质的销售顾问进行陪同。

销售顾问或试乘试驾专员要根据客户需求及车辆特性为客户推荐适合的试乘试驾路线,向客户说明先试乘再试驾的流程,在试乘试驾路线图中指出换手点,介绍路况、路段中应注意的特殊地点以及在该路段重点体验的车辆性能。

企业一般应准备多条试乘试驾路线,并将路线图在店内展示,便于客户了解和选择。路线应尽量包括车流量较少的平直路段、过弯路段、坑洼、爬坡路段等路况不同的路线。销售顾问可以根据车辆特性及客户需求进行针对性的推荐体验。

4. 试乘试驾过程

(1) 出发前交流

销售顾问在试乘试驾前要充分了解客户的驾驶偏好和需求,以及客户试乘试驾过的品牌车型,为试乘试驾过程中的车辆介绍确定方向。

试乘试驾出发前要为客户进行一定的车辆静态介绍,先让客户熟悉和了解试驾车型,充分调动起客户的试驾积极性,激发客户兴趣。

(2) 客户试乘阶段

在试乘阶段,销售顾问或试乘试驾专员可提示客户感受不同路段车辆的各种动态表现。

起步阶段:体验换档平顺性。

直线加速:体验直线行驶时车辆加速的凌厉感受。

高速行驶:体验静谧感受。

高速制动:体验制动的稳定性。

通过弯路:体验座椅的包裹感和支撑感,如过弯时车辆稳定,侧倾小。

过颠簸路:感受悬架的韧性。在平整路面上行驶时,驾驶舱内的人员感觉平稳舒适;经过坑洼路面时,驾驶舱内的人员不会感到剧烈颠簸;经过有较大凸起部分的路面时,不会剐蹭底盘。

(3) 换手阶段

在试乘试驾路线图中指定的位置进行换手。与客户交换位置时应注意:将车停在路线图中设定的安全位置,停靠的路面要平坦,不要停放在路面坡度大的地方,不要停放在地面有水的地方。换手后,再次为客户进行操作方法讲解,调整好座椅、转向盘、后视镜位置,提醒客户系好安全带,准备出发。

(4) 客户试驾阶段

在客户驾驶过程中,应有意识地引导客户通过亲自操控,体验和感受车辆的性能。体验内容主要包括以下几点。

① 车辆的操控性:体验转向盘转向的精准和灵敏,各仪表功能观察清晰,各功能开关操控简便,触手可及。

② 驾乘的舒适性:在不平坦的路段,感受车辆扎实的底盘、优异的悬架系统。

③ 车辆加速性能：在平坦、车流少的路面上，请客户进行直线加速体验，检验车辆动力表现和换档平顺的感觉。

④ 车辆爬坡性能：在试乘试驾路段中的爬坡路段，邀请客户体验发动机强大扭力在爬坡时的优异表现。

⑤ 车辆的制动性：路段中进行一定的制动体验，感受精确、安全的制动表现。

5．试乘试驾结束

引导客户将车辆停放于试乘试驾车停放的区域。适当称赞客户的驾驶技术，引导客户回展厅，总结试驾体验。按客户所关注的需求回答客户疑问，讲解及介绍与竞争品牌的区别及优势。请客户填写试乘试驾顾客意见表，并适时促成交易。

客户离去后，根据客户的驾驶特点和关注点，适当更新客户信息。将客户驾驶证复印件、试乘试驾协议和试乘试驾顾客意见表装订成册，归档待查。

第七节　异议处理

异议处理就是将客户的疑问、不满完全解答的过程。客户在决定的过程中，一般都会提出异议，如果异议处理不能让客户满意，就很难实现销售。

一、顾客异议的概念

所谓顾客异议是顾客对汽车销售顾问或其推销活动所做出的一种形式上表现为怀疑或否定或反对意见的一种反应。简单来说就是顾客用来作为拒绝购买理由的意见、问题、看法。

对顾客异议的认识和处理方法，是欢迎还是反对，是积极对待还是消极回避，是每一个汽车销售顾问都必须做出的选择。

对销售工作而言，可怕的不是异议，而是没有异议，不提任何意见的顾客通常是最令人头疼的顾客。因为顾客的异议具有两面性：既是成交障碍，也是成交信号。我国有一句经商格言"褒贬是买主、无声是闲人"，说的就是这个道理。有异议表明顾客对产品感兴趣，有异议意味着有成交的希望。汽车销售顾问通过对顾客异议的分析可以了解对方的心理，知道他为何不买，从而按病施方，对症下药，而对顾客异议的满意答复，则有助于交易的成功。日本一位推销专家说得好："从事销售活动的人可以说是与拒绝打交道的人，战胜拒绝的人，才是销售成功的人。"

二、顾客异议的类型

1．按异议性质划分

（1）真实异议

真实异议是指顾客对推销活动的真实意见和不同的看法，因此又称有效异议。对于顾客的真实异议，汽车销售顾问要认真对待，正确理解，详细分析，并区分不同异议的原因，从根本上消除异议，有效地促进顾客的购买行为。

（2）虚假异议

虚假异议是指顾客用来拒绝购买而故意编造的各种反对意见和看法，是顾客对推销活动的一种虚假反应。虚假异议的产生多是顾客拒绝推销的意识表示，并不是顾客的真实想法，可能是顾客为了争得更多的交易利益而假借的理由。一般情况下，对虚假异议，汽车销售人员可以采取不理睬或一带而过的方法进行处理。因为即使推销人员处理了所有的虚假异议，也不会对顾客的购买行为产生促进作用，故虚假异议又称无效异议。对顾客的虚假异议，重要的是推销人员如何分辨这种异议的真假。

在实际推销活动中，虚假异议占顾客异议的比例比较高。日本有关推销专家曾对387名推销对象做了如下调查："当你受到推销人员访问时，你是如何拒绝的？"结果发现：有明确拒绝理由的只有71名，占18.8%；没有明确理由，随便找个理由拒绝的有64名，占16.9%；因为忙碌而拒绝的有26名，占6.9%；不记得是什么理由，好像是凭直觉而拒绝的有178名，占47.1%；其他类型的有39名，占10.3%。这一结果说明，有近7成的推销对象并没有什么明确的理由，只是随便地找个理由来反对推销人员的打扰，把推销人员打发走。

2. 按异议内容划分

（1）需求异议

需求异议是指顾客认为不需要产品而形成的一种反对意见。它往往是在汽车销售顾问向顾客介绍产品之后，顾客当面拒绝的反应。例如，一位女顾客提出："我的面部皮肤很好，就像小孩一样，不需要用护肤品。""我们根本不需要它。""这种产品我们用不上。""我们已经有了"等。这类异议有真有假。真实的需求异议是成交的直接障碍。汽车销售顾问如果发现顾客真的不需要产品，那就应该立即停止营销。虚假的需求异议既可表现为顾客拒绝的一种借口，也可表现为顾客没有认识或不能认识自己的需求。汽车销售顾问应认真判断顾客需求异议的真伪性，对虚假需求异议的顾客，设法让他觉得推销产品提供的利益和服务，符合顾客的需求，使之动心，再进行营销。

（2）财力异议

财力异议是指顾客认为缺乏货币支付能力的异议。例如，"产品不错，可惜无钱购买。""近来资金周转困难，不能进货了"等。一般来说，对于顾客的支付能力，汽车销售顾问在寻找顾客的阶段已进行过严格审查，因而在营销中能够准确辨认真伪。真实的财力异议处置较为复杂，汽车销售顾问可根据具体情况，或协助对方解决支付能力问题，如答应赊销、延期付款等，或通过说服使顾客觉得购买机会难得而负债购买。对于作为借口的异议，营销人员应该在了解真实原因后再做处理。

（3）权力异议

权力异议是指顾客以缺乏购买决策权为理由而提出的一种反对意见。例如，顾客说："做不了主。""领导不在。"等。与需求异议和财力异议一样，权力异议也有真实或虚假之分。汽车销售顾问在进行寻找目标顾客时，就已经对顾客的购买资格和决策权力状况进行过认真的分析，也已经找准了决策人。面对没有购买权力的顾客极力推销商品是营销工作的严重失误，是无效营销。在决策人以无权作为借口拒绝营销人员及其产品时放弃营销更是营销工作的失误，是无力营销。营销人员必须根据自己掌握的有关情况对权力异议进行认真分析和妥善处理。

（4）价格异议

价格异议是指顾客以推销产品价格过高而拒绝购买的异议。无论产品的价格怎样，总有些人会说价格太高、不合理或者比竞争者的价格高。例如，"太贵了，我买不起。""我想买一种便宜点的型号。""我不打算投资那么多，我只使用很短时间。""在这些方面你们的价格不合理。"以及"我想等降价再买。"顾客提出价格异议，表明他对推销产品有购买意向，只是对产品价格不满意，而进行讨价还价。当然，也不排除以价格高为拒绝营销的借口。在实际营销工作中，价格异议是最常见的，营销人员如果无法处理这类异议，营销就难以达成交易。

（5）产品异议

产品异议是指顾客认为产品本身不能满足自己的需要而形成的一种反对意见。例如："我不喜欢这种颜色。""这个产品造型太古板。""新产品质量都不太稳定。"还有对产品的设计、功能、结构、样式、型号等提出异议。产品异议表明顾客对产品有一定的认识，但了解还不够，担心这种产品能否真正满足自己的需要。因此，虽然有比较充分的购买条件，就是不愿意购买。为此，营销人员一定要充分掌握产品知识，能够准确、详细地向顾客介绍产品的使用价值及其利益，从而消除顾客的异议。

（6）营销人员异议

营销人员异议是指顾客认为不应该向某个营销人员购买推销产品的异议。有些顾客不肯买推销的产品，只是因为对某个营销人员有异议，他不喜欢这个营销人员，不愿让其接近，也排斥此营销人员的建议。但顾客肯接受自认为合适的其他营销人员。比如："我要买老王的。""对不起，请贵公司另派一名营销人员来"等。营销人员对顾客应以诚相待，与顾客多进行感情交流，做顾客的知心朋友，消除异议，争取顾客的谅解和合作。

三、处理顾客异议的原则

1. 做好准备工作

"不打无准备之仗"，这是销售顾问面对顾客拒绝时应遵循的一个基本原则。销售前，销售人员要充分估计顾客可能提出的异议，做到心中有数。这样，即使遇到难题，到时候也能从容应对。事前无准备，就可能不知所措，顾客得不到满意答复，自然无法成交。可以说，良好的准备工作有助于消除顾客异议的负面性。

2. 选择恰当的时机

对于顾客提出的异议，推销人员不一定立即答复，应选择适当的时机。有的异议是推销人员必须答复的，而且能够给消费者一个圆满答复的，应立即处理，称为"热处理"；有的异议是推销人员不能自圆其说或是异议偏离主题，可不必马上答复，甚至不予理睬，称为"冷处理"；有的异议已在预料之中，推销人员应做好准备，先发制人，在顾客提出异议之前及时解答，消除顾客的疑虑，争取顾客的信任。

根据美国对几千名销售顾问的研究，优秀销售员所遇到的顾客严重反对的机会只是其他

人的十分之一，原因就在于优秀销售员往往能选择恰当的时机对顾客的异议提供满意的答复。在恰当时机回答顾客异议，便是在消除异议负面性的基础上发挥了其积极的一面。

3．忌与顾客争辩

不管顾客如何批评，销售顾问永远不要与顾客争辩，"占争论的便宜越多，吃销售的亏越大"。与顾客争辩，失败的永远是销售员。

4．给顾客留"面子"

顾客的意见无论是对是错、是深刻还是幼稚，销售员都不能给对方留下轻视的感觉。销售员要尊重顾客的意见，讲话时面带微笑、正视顾客，听对方讲话时要全神贯注，回答顾客问话时语气不能生硬。"你错了""连这你也不懂""你没明白我说的意思，我是说……"这样的表达方式抬高了自己，贬低了顾客，挫伤了顾客的自尊心。

四、处理顾客异议的方法

1．转折处理法

转折处理法是推销工作的常用方法，即销售顾问先承认客户的看法有一定道理，然后根据有关事实和理由来间接否定客户的异议。应用这种方法是首先承认顾客的看法有一定道理，也就是向顾客做出一定让步，然后再讲出自己的看法。此法一旦使用不当，可能会使顾客提出更多的意见。在使用过程中要尽量少使用"但是"一词，而实际交谈中却包含着"但是"的意见，这样效果会更好。只要灵活掌握这种方法，就会保持良好的洽谈气氛，为自己的谈话留有余地。顾客提出营业员推销的服装颜色过时了，营业员不妨这样回答："小姐，您的记忆力的确很好，这种颜色几年前已经流行过了。我想您是知道的，服装的潮流是轮回的，如今又有了这种颜色回潮的迹象。"这样就轻松地反驳了顾客的意见。

2．转化处理法

转化处理法是利用顾客的反对意见自身来处理。顾客的反对意见是有双重属性的，它既是交易的障碍，同时又是一次交易机会。销售人员要是能利用其积极因素去抵消其消极因素，未尝不是一件好事。

这种方法是直接利用顾客的反对意见，转化为肯定意见，但应用这种技巧时一定要讲究礼仪，而不能伤害顾客的感情。此法一般不适用于与成交有关的或敏感性的反对意见。

3．以优补劣法

以优补劣法又叫补偿法。如果顾客的反对意见的确切中了产品或公司所提供服务中的缺陷，千万不可以回避或直接否定。明智的方法是肯定有关缺点，然后淡化处理，利用产品的优点来补偿甚至抵消这些缺点。这样有利于使顾客的心理达到一定程度的平衡，既打消了顾客的疑虑，又有利于使顾客做出购买决策。

4．委婉处理法

销售人员在没有考虑好如何答复顾客的反对意见时，不妨先用委婉的语气把对方的反对意见重复一遍，或用自己的话复述一遍，这样可以削弱对方的气势。有时转换一种说法会使问题容易回答得多，但只能减弱而不能改变顾客的看法，否则顾客会认为你歪曲他的意见而产生不满。销售人员可以在复述之后问一下："你认为这种说法确切吗？"然后再继续下文，以求得顾客的认可。比如顾客抱怨"价格比去年高多了，怎么涨幅这么高。"销售人员可以这样说："是啊，价格比起前一年确实高了一些。"然后再等顾客的下文。

5. 合并意见法

合并意见法是将顾客的几种意见汇总成一个意见，或者把顾客的反对意见集中在一个时间讨论。总之，是要起到削弱反对意见对顾客所产生的影响。但要注意不要在一个反对意见上纠缠不清，因为人们的思维有连带性，往往会由一个意见派生出许多反对意见。摆脱的办法，是在回答了顾客的反对意见后马上把话题转移开。

6. 反驳法

反驳法是指销售人员根据事实直接否定顾客异议的处理方法。理论上讲，这种方法应该尽量避免。直接反驳对方容易使气氛僵化而不友好，使顾客产生敌对心理，不利于顾客接纳销售人员的意见。但如果顾客的反对意见产生于对产品的误解，而你手头上的资料可以帮助你说明问题时，你不妨直言不讳。但要注意态度一定要友好而温和，最好是引经据典，这样才有说服力，同时又可以让顾客感到你的信心，从而增强顾客对产品的信心。反驳法也有不足之处，这种方法容易增加顾客的心理压力，弄不好会伤害顾客的自尊心和自信心，不利于推销成交。

7. 冷处理法

对于顾客一些不影响成交的反对意见，推销员最好不要反驳，采用不理睬的方法是最佳的。千万不能顾客一有反对意见，就反驳或以其他方法处理，那样就会给顾客造成你总在挑他毛病的印象。当顾客抱怨你的公司或同行时，对于这类无关成交的问题，都不予理睬，转而谈你要说的问题。顾客说："啊，你原来是××公司的推销员，你们公司周围的环境可真差，交通也不方便呀！"尽管事实未必如此，也不要争辩。你可以说："先生，请您看看产品……"

国外的推销专家认为，在实际推销过程中80%的反对意见都应该冷处理。但这种方法也存在不足，不理睬顾客的反对意见，会引起某些顾客的注意，使顾客产生反感。且有些反对意见与顾客购买关系重大，推销员把握不准，不予理睬，会有碍成交，甚至失去推销机会。因此，利用这种方法时必须谨慎。

8. 强调利益法

这种方法是指销售顾问通过反复强调产品能给顾客带来的利益来化解顾客的异议，适用于具有某种缺点又能为顾客带来某种突出利益的产品。

9. 比较优势法

这种方法是指销售顾问将自己的产品与竞争产品相比较，从而突出自己产品的优势来处理顾客的异议。

10. 价格对比法

这种方法是指顾客提出相关价格异议时，销售顾问进行横向或纵向的对比来化解顾客的异议。

11. 价格分解法

这种方法是当顾客提出有关价格的异议时，销售顾问可以化解计量单位，以此来改变顾客的错误看法，以化解顾客异议的方法。

12. 反问法

这种方法是指销售顾问对顾客的异议提出反问来化解顾客异议。常用于销售顾问不了解顾客异议的真实内涵，即不知是寻找借口还是有异议时，进行主动了解顾客心理的一种策略。采用反问法时，应注意销售利益和保持良好的销售气氛。

第八节 签约成交

销售最终的目的就是为了成交，销售顾问要抓住一切机会促成交易。掌握提出交易建议的时机可以说是一门艺术。大部分客户在成交时不会主动表示购买，所以汽车营销人员应主动提出成交。这样做的好处是：第一，可以确认客户的要求；第二，帮助客户做决定。但是如果太早就提出交易，很有可能激起客户的抗拒心态，一旦被客户拒绝，与客户的关系可能会出现一定程度上的倒退。

一、促成交易的信号

1. 消除心理障碍

销售顾问在促成交易的时候要消除两种心理障碍：害怕被拒绝、坐等客户先开口。由于害怕遭到客户的拒绝，哪怕时机成熟也不敢诱导客户做出购买决定，生怕被拒绝后客户走了，所有的努力都前功尽弃，他们只希望在洽谈时，客户会打断他的话，兴高采烈地表示愿意购买，如果客户不提出来，销售顾问就不知所措，以为时机没有到，本应该是趁热打铁的时候，却没有勇气了，白白错过交易的时机。而作为客户是很少主动提出成交要求的，97%的人都需要别人请求他们购买，而且由于汽车交易的复杂性，很多交易是销售人员经过多次的异议处理、多次请求成交，最后才达成的。所以临门一脚是需要有勇气的。

2. 捕捉购买信号

多数情况下，客户不会主动表示购买，但如果他们有了购买欲望，通常会不自觉地流露出购买意图，而且是通过其语言或行为显示出来，这种表明其可能采取购买行动的信息，就是客户的购买信号。尽管购买信号不必然会导致购买行为，但营销人员可以把购买信号的出现，当作促使购买协议达成的有利时机。

购买信号的表现形式是复杂多样的，一般可以把它分为行为信号、表情信号和语言信号。购买信号一旦出现，就要及时抓住机会，促进成交。

（1）行为信号

① 对车辆表现出浓厚的兴趣，非常关注，面带微笑，频频点头，并主动操作。仔细观看产品说明书。坐进车里，感觉车辆的空间、视野、舒适度等，并仔细询问行李舱、油箱等如何操作，具体功能怎么使用。

② 客户突然主动靠近销售顾问，态度从冷漠怀疑变为亲切随和。表示防备心理下降，信任感上升。

③ 突然沉默，陷入沉思，处于考虑阶段。不要打扰，让他有充分时间思考做决定。

④ 主动要求试乘试驾。

⑤ 再次到店，主动和销售顾问打招呼，并热情地将销售顾问介绍给同行的亲友。

⑥ 仔细查看付款方案，用纸笔、计算器计算价格。

⑦ 趁销售顾问不注意时，旁听或打探别的客户的价格。

⑧ 到售后去问其他车主的使用情况。

（2）表情信号

① 表情由凝神深思转为轻松愉悦。由思考时的凝重，转为下决定时的坚定眼神。

② 由开始时的索然无味、毫无反应变得饶有兴趣，眼睛转动也由慢变快，突然放光。

③ 由开始的双手抱胸，到双手自然放下，由不安变得高兴、友好。

（3）语言信号

① 大肆评论你的产品，无论正面、负面。

② 寻求随同人员的认同。说出"我觉得还行，你们觉得怎么样？"之类的话。寻找认同，说明心中已经认同了。

③ 要优惠，杀价格，问近期有无优惠活动，还能优惠多少，还有什么东西送，你们什么时候还有活动？

④ 问付款细节，订金要交多少，刷卡还是付现金，你们公司账户是哪个银行？

⑤ 问及按揭方式，具体哪个银行，利息是多少。

⑥ 问车辆的库存情况。这个车还有什么颜色，有没有现货，几天可以交货，订车要等多久。

⑦ 到处挑车辆的毛病，并一直夸赞竞品。如果竞品真的那么好，那他干吗还要来看？

⑧ 问市场反馈、维修保养、售后服务、上牌等细节。质保期是多久？保养一次要多少钱？自己家附近有无分店、维修保养点。

⑨ 在你回答或解决了他的异议之后，提出还要再考虑一下。"你说的是不错，但是我还要再考虑一下。"

二、促成交易的方法

汽车销售成交就像足球比赛的临门一脚，决定着成败，因此提高成交水平，对于汽车销售人员尤为关键。在销售的最后阶段，销售顾问除应密切注意成交信号，做好成交的准备外，还要学会运用不同的促成交易的方法。

促成交易的方法是指在最后成交环节中，当客户对产品没有异议、比较满意时，销售顾问抓住适当的时机促使顾客尽快做出购买决定的方法。经过了前面销售顾问的各种工作和努力，客户虽已对产品和服务比较满意，但有时往往在买与不买、现在买还是将来买之间犹豫不决。因此，如何引导客户做出决定，尽快促成交易，也是销售顾问必须掌握的一项技能。下面我们来介绍几种促成交易的方法。

1. 直接促成法

直接促成法指销售顾问在充分肯定客户意向的前提下，解决了客户主要的异议与问题之后，顺势向客户提出成交建议的方法。这种方法的优点是快速高效，尤其适用于有丰富购车经验、善于理性思考的客户；缺点在于如果运用的时机不当，容易给客户造成压力，破坏成交气氛。

直接促成法使用时可以分成明显的三段式：首先确认客户对车辆的看法和满意度，例如，"您对这款车还满意吗？"接着询问客户存在的异议和问题，例如，"您现在还有什么顾虑吗？"最后，提出成交建议，例如，"您是打算一次性付款还是分期付款？"

2. 假定促成法

假定促成法指客户意向明显并且不存在重大异议时，汽车销售顾问先假定客户一定会购买，在此基础上与客户讨论一些具体的交易细节，从而推动购买。假定促成法应用技巧如下。

1）巧妙转换用词。让客户真正把自己当成汽车的主人，例如，不使用"这款车"而使用"您的爱车"；不说"我建议您"而说"您打算"。这样一种转换，对客户心理是一种积极的暗示。

2）在提出假设成交建议时，销售顾问应注意保持自然态度，不要让客户感到是在催促其做出购买决定。

假设促成法常用的话术："您打算为您的爱车选什么风格的内饰呢？""您是打算分期付款吧？我给您算一下……"

3. 选择促成法

选择促成法是提供给客户三个可选择的成交方案，任其自选一种。这种办法是用来帮助那些没有决定力的客户进行交易。这种方法是将选择权交给客户，没有强加于人的感觉，利于成交。

客户在进入最后成交阶段后，往往在买与不买、现在买还是以后买之间犹豫不决。这就需要销售顾问能够主动提出成交细节的若干方案，让客户可以轻松地做出选择。

选择促成法应用技巧如下。

1）销售顾问要保持自然的态度，交流时充分尊重客户意见，让客户感觉是在自由、自主地做决定，愉悦地做出选择，而不是被圈在某个范围内被动地选择。

2）销售顾问要通过前期的沟通不断缩小客户的选择范围和意向。使用选择促成法时不要给予客户太多的选择，否则只会让犹豫的客户更加犹豫。

选择促成法常用的话术："您想为您的爱车选择深色调的内饰呢，还是浅色调的？""您希望分期几年呢？一年、两年，还是三年？"

4．利益促成法

利益促成法是指销售顾问以汽车的价值和利益来打动客户，促使对方采取购买行动的方法。从根本上说，客户购车是因为车辆能满足自己的某些关键需求，所以，让客户不断重温、体验汽车带来的利益，是引导成交的一种好方法。

销售顾问为客户做产品介绍时，已经推介过了汽车的大部分卖点和优势，因此，在促成交易阶段，销售顾问只需提炼车辆的 1~3 个最主要的卖点向客户说明即可。

5．激将促成法

激将促成法是指销售顾问利用客户的自尊心理或逆反心理，以刺激的方式激起对方不服输的情绪，从而快速做出决断的方法。

激将促成法的应用技巧如下。

1）刺激性的话题要选准，必须是客户关心的、注重的、有兴趣的，不能选择与客户没有太大关系的话题。

2）运用时要把握尺度。不能过急，也不能过缓。过急，很容易引起客户反感；过缓，客户很可能无动于衷。因此，要根据环境、对象和条件来斟酌运用。

6．让步促成法

让步促成法是指销售顾问以价格上的让步或者给出某些优惠条件，促使客户立即做出购买决定的办法。

让步促成法的应用技巧如下。

1）明确自己的折扣权限，不能滥用折扣。

2）在客户做出购买承诺前，不要轻易让步。

3）沟通过程中让客户感受到销售顾问是做出了巨大努力才争取到的让步。

7．紧张促成法

紧张促成法是指汽车销售顾问利用或者营造出紧张的成交气氛，如这是促销的最后机会，"机不可失，时不再来"，以此来刺激客户的购买欲望和热情，变客户的犹豫为购买。

销售顾问如果能确定客户喜欢一款车，那么可以在适当时机搬出其他买家，客户感受到竞争压力后，其购买欲望会被激发出来。这时销售顾问提出成交建议，客户很可能放弃犹豫的态度，快速做出决定。

紧张促成法常用的技巧如下。

1）利用销售报表或库存表，明确告知客户所选择的车型的销售和库存情况。

2）明确告知客户优惠折扣的截止日期，报出具体的差价，提醒客户在优惠活动结束前做出购买决定。

3）安排意向明确的客户在同一天的某一时段来签单或提车，大大鼓励和刺激现场其他准客户。

4）与同事或上级相互配合，与竞争买家进行对比，强调库存有限，促使客户快速做出决定。

三、价格协商的方法

1. 报价的内容

目前常见的报价内容主要包括以下三个方面。

（1）按照厂商统一指导价报价

目前，我国汽车 4S 店的汽车销售价格通常由汽车生产厂家统一指导，汽车经销企业自我调节的空间不大，汽车销售价格的透明度相对较高。汽车销售顾问按照生产厂家统一的规定报价，既可以满足厂家的要求，又能显示出诚恳的态度。

（2）结合厂家规定的优惠金额进行优惠报价

为增加汽车经销企业销售的灵活性，汽车生产厂家会给予经销商一定的价格优惠额度。同时客户对于汽车的标价也不会完全认可，他们一定会要求销售顾问给予一定的价格优惠。这时汽车销售顾问应该适当满足客户要求，提出一定的报价优惠。

（3）根据客户需求说明自己的权限及申请的范围

对于汽车销售顾问首次给予的价格优惠，客户很可能会提出更多的要求。为了维护公司的利益，销售顾问应当适当拒绝，但是不能过于直白地拒绝，否则会损害客户的自尊心。合理的做法是表明理解客户的要求，但是说明自己的权力有限，争取客户的理解。如果客户一再坚持，可以向客户说明需要向上级申请，以表示最后的让步。

2. 报价的技巧

（1）制作报价单

为了显示公司规范的工作流程，提高客户信任度，增加价格的透明度，销售顾问应在报价时根据顾客要购买车辆的型号、配置等所有情况，并且弄清楚顾客希望包括哪些特殊装备之后制作报价单并向客户出示。不要想当然地认为顾客和销售顾问一样了解汽车产品的整个装备情况，以免产生误会。

制作和出示报价单时应注意以下几点。

① 制作的报价单应将所有商谈的内容列入。

② 详尽计算各种费用，并向客户解释所有消费项目和金额，如购车的费用、增值税、车辆购置税等项目。

③ 让客户了解交车时间及各项手续办理的流程和周期。

（2）"三明治"报价法

当销售工作进入成交阶段，销售顾问应当对价格进行说明。报价是促进客户购买决定的关键环节。如何做好报价，是销售顾问必须掌握的基本技能。

汽车价格是汽车价值的货币表现，因此销售顾问在向客户报价时，不能仅仅说明车辆的销售价格，而要在报价的同时，说明车辆带给客户的利益和产品的价值。这在汽车销售中被称为"三明治"报价法。

"三明治"报价法是指在报价时将产品利益、产品后续价值和附加价值、产品价格同时向客户说明，使客户心中建立价格与价值的平衡，进而认可产品的报价。具体做法为：销售顾问根据前面与客户的沟通内容，总结出最能满足客户需求、激发客户购买热情的产品"利益"，然后报出价格，同时强调产品的后续价值及附加价值，如保养服务费用低、车辆保值率高，或随车附送某加装配置等。这个方法让客户感觉到自己得到的价值高于价格，物有所值。

例如："这款车是我们目前动力性能最好的车型，0—100km 的加速时间仅有 7.5s，非常符合您对动力性的追求，现在的报价是 25.78 万元。最近这款车正在做新车上市推广，现在购买还可以赠送您一份车辆保险。您看怎么样？"

3. 价格商谈的原则

客户在绝大多数情况下都会进行价格商谈，也就是俗称的"砍价"。与客户进行价格商谈时，要注意把握下面几条原则。

1）让客户先报价。鼓励对方先开价，把对方想达到的目标挖掘出来，以便后面继续洽谈。尤其当客户提及其他竞争对手的价格时，销售顾问一定要把这个报价问明白。一是便于向客户详细分析与竞争对手产品和服务的区别；二是通过客户可以了解竞争对手的价格底牌，便于以后接待其他客户时使用。

2）不能轻易让价。每一步让价都要让客户感到不容易，不要因为让步太容易而提高客户的砍价期望。客户频频进行砍价有时并不是真的付不出砍掉的几千元，很多时候是通过砍价获得的这种来之不易的优惠，增加心理满足感。

3）面谈报价，得到签单承诺后再报底价。与客户在电话中谈价格时，可以按照"不承诺，也不拒绝"的原则邀请客户来店当面洽谈。客户如果没有做出当场签订单的承诺，销售顾问不可进行实质性的价格谈判。有的客户经常会与销售人员砍价，当销售人员暴露底价后，客户再拿着这个底价进行新一轮压价或去压其他经销商的价格。所以，销售顾问在得到客户的购买承诺之前，只需要报一个比较合理的价格即可，不要把底价报出来。

第九节　交车服务

在汽车销售的过程中，每个环节的服务都要注意体现对客户关怀备至。销售顾问经过了前面那么多的销售环节，做了那么多的努力，到了交车的阶段，可以说是历经千辛万苦。交车是客户最兴奋的时刻，在这个环节，按约定交给客户一辆满意的车，对于提高其满意度有着重要的作用。在交车环节与客户巩固朋友关系实际也是进入了新一轮的客户开发。

一、交车前的准备

1. 文件准备

交车前要对车辆的相关文件进行仔细、全面的检查，确认无误后装入文件袋，以便交给客户。这些文件包括发票、完税证明、保险卡、交车确认表、临时行车牌照、使用说明手册、保修手册、产品合格证等。

2. PDI 检查

PDI（Pre Delivery Inspection）检查是一项售前检测证明，按照正规的程序，车辆交接的时候要填写一张至少四十多项的 PDI 检测表，它是新车在交车前必须通过的检查。

因为新车从生产厂到达经销商处经历了上千千米的运输路途和长时间的停放，为了向客户保证新车的安全性和原厂性能，PDI 检查必不可少。越是高档车辆，其电子自动化程度越高，PDI 检查的项目也就越多。例如，未做 PDI 的新车，会始终保持在运输模式。这种模式只能简单行驶，很多系统没有被激活，强行使用会导致功能不全，甚至会严重损害车辆，给车辆及驾驶人的安全造成极大的危害。正常情况下，各种车辆在使用过程中都要进行正规的维护保养。

PDI 检查项目范围很广，其中一些细微的检查也许车主连想都想不到，如电池是否充放电正常、钥匙记忆功能是否匹配、舒适系统是否激活、仪表灯光功能是否设置到原厂要求等。

PDI 检查时要注意以下事项：检查前，应先将车辆清洗干净，装配好约定的选装件，并添加一定量的燃油。检查时，应按 PDI 检查单进行检查，防止漏检任何项目。检查完成后，检查人员必须在检查单上签字，并于交车前在保修手册检查栏中签字。如果检查有项目不合格，检查人员应把所需维修项目填写在检查单上，修理完毕并确认后填写"已修复"。

3. 预约客户

车辆到达 4S 店并经过 PDI 检查确认无问题后，销售顾问应及时和客户联系预约交车时间。与客户电话沟通，恭喜客户可以提车，告知客户交车的流程和时间（可询问客户最关注哪个步骤并记录或与客户确认"一条龙"服务及衍生服务的需求和完成状况）。征得客户同意，与客户约定交车时间及地点，提醒客户带齐必要的文件、证件和尾款。询问客户交车时将与谁同来，并鼓励客户与亲友同来。

约定时间前 15min 再次确认，以便做好接待的准备。

约定交车日期发生延迟时，第一时间主动向客户说明原因及提出解决方案。

4. 其他准备

预定交车区，检查并确认交车区的各项设施无故障；必须保证店堂内交车区域明亮整洁，要备有桌椅、饮料点心，方便销售顾问将各种车辆资料在轻松愉悦的气氛下慎重地交给客户，以提高客户对交车过程的满意度。预先将交车事项通知企业的其他相关员工，做好交车前的各项准备工作。

二、交车流程

1. 接待

交车日客户来店的接待要点有：在展厅门口设"欢迎"立牌，祝贺客户提车。销售顾问

（主管或经理有空也可参与）到门口迎接并祝贺，为客户挂上交车贵宾的识别标志。4S店每位员工见到带有交车贵宾识别标志的客户均应热情道贺。销售顾问引领客户至商谈桌坐下，并提供饮料。

2．收款

对于尚未结清款项的客户，销售顾问需用准备好的各项清单与客户结算各项费用。常用的收款方式有现金支付、银行转账支付、银行卡支付、支票支付、移动支付、分期付款。

3．移交文件物品

客户结清款项之后，邀请客户回到洽谈区，向客户移交有关物品、文件，如用户手册、保修手册、购车发票、保险手续、合格证等，并请客户签字确认。请客户填写《新车客户满意度打分问卷》。

4．点交车辆

将车钥匙郑重地交给客户，并予以恭喜、祝贺，分享客户欣喜的心情。将客户带到新车旁，利用交车确认单陪同客户绕车检查，确认车辆并点交原厂配件、工具、备胎、加装件等。根据用户使用手册和保修手册向客户介绍新车使用常识、装备情况、保养维修知识和解答客户提出的各种问题。同时携带一块毛巾及清洗剂，随时替客户清除交车检查过程中新车上出现的印记。点交完车辆后，与客户核对一遍交车检查表上的项目，并请客户在上面签名，形成书面文件存档，提醒客户后续手续办理的时间和地点。

5．介绍售后服务

介绍售后服务流程及注意事项、产品保修的内容和范围，强调车辆首次保养的时间，为客户引荐售后服务人员并交换名片，介绍售后服务接待区的位置，以及其他特色服务。

6．交车仪式

为了增加客户对交车的满意度，一般要在交车结束前进行交车仪式。交车仪式上除了销售顾问还可以邀请销售经理、展厅经理、服务经理等人员出席，现场有空闲的工作人员均可以到席并向车主道贺。所交新车可以附上红色绸带，为客户奉上鲜花、纪念品等小礼物。全体现场人员与新车合影留念，影毕全体鼓掌表示祝贺。

三、送别客户

客户将要离开时，再次恭喜并感谢客户。告知客户可能会收到电话回访，请客户多给予支持。请客户推荐其他亲友前来赏车、试车。

1）客户离开时，汽车销售顾问应再次确认与客户的联系方式，并简述后续跟踪回访内容。提醒客户在回访时予以配合。

2）汽车销售顾问恭送客户后，第一时间发送祝贺短信。同时销售顾问及时整理好客户资料并交给相关部门。

3）预估客户到达目的地的时间，致电确认安全到达。24小时再次回访客户车辆使用情况及新车注意事项、首保提醒。

第十节　售后跟踪服务

交车结束后,一般汽车销售顾问会认为销售工作已经告一段落,其实不然,因为客户成为车主之后相当长一段时间内都需要销售企业继续提供服务。保持客户的满意度,可以通过老客户介绍更多新客户。因此,没有售后服务的销售,是没有信用的销售;没有售后服务的商品,是一种没有保障的商品;而不能提供售后服务的汽车销售人员,也不能使顾客真正满意。

一、客户回访

客户回访是企业用来进行产品或服务满意度调查、客户消费行为调查、客户维系的常用方法;客户回访是汽车销售服务企业维系老客户、寻找新的潜在客户、培养忠诚客户的重要环节。客户回访是为了更好地维系客户资源,是提升企业竞争潜力的一项重要工作。这项工作主要由销售顾问和客服专员分工完成。

1. 销售顾问回访的主要任务

1)核实交易事项。客户回访开始于客户交纳定金之后。有时由于多种原因会出现延迟交车或其他意外情况,销售人员必须及时与客户进行沟通。

2)减少可能产生的客户投诉。汽车在使用过程中,由于客户使用不当或车辆本身质量问题,都会导致客户的不满或投诉。在此之前,若销售顾问主动与客户联系,能够有效缓解客户的不满情绪,减少投诉率,在处理客户抱怨的工作中取得主动地位,从而防止由于负面影响给企业形象带来损失。

3)提供咨询服务。有些客户是首次购车,虽然在售车环节销售人员已经对车辆的操作与维护等做了详细的说明,但客户仍可能存在疑问,希望能得到更多的帮助。回访有利于双方信任关系的进一步确立。

4)建立忠诚客户群。一位客户的满意,往往会影响其周围的相关群体。主动联系有利于与客户建立互信的关系,从而利用其人际关系,获得更多新客户。

2. 客服专员回访的主要任务

1)保养提醒。客户购车后及时提醒客户车辆保养的里程和日期,告知营业时间和所需文件,为客户提供汽车首保的预约服务。

2)节日、季节性关怀。在客户生日送上祝福;重大节日(如新年、中秋节等)时送上节日的问候;提醒客户近期天气变化,关注身体健康;在每年换季时节,主动告知客户车辆使用的季节性注意事项,提醒客户企业可提供的免费检测项目。

3)通知客户参加车主活动。汽车经销公司会定期组织车友交流会、俱乐部等活动,包括用车方式、服务流程讲解、维修处理程序、紧急事故的处理等内容的交流。

4)通知客户公司活动。及时向客户通报公司的车展或优惠促销活动;当有新车型上市时,通报公司的新车信息,发送新车资料,使客户及时了解公司销售活动动态,利于客户为亲朋好友推荐及二次购买。

5）提供用车信息。通过对客户资料的分析，系统地收集与客户利益相关的信息，如当地路况信息、新车型、新的交通法规以及与客户职业相关的信息等，增进双方的了解，培养忠诚客户。

3．客户回访的方法

1）电话回访。通过打电话或发送手机短信等方式，询问客户新车的使用情况，帮助客户解决可能出现的问题，增进彼此间的交流。

2）信函回访。在客户生日、重大节日，寄上一张明信片或问候其家庭、工作等方面的信函，以便增进双方的了解和感情。

3）登门回访。一般应在客户协助完成较大订单或客户产生较大抱怨情绪时登门拜访。在拜访之前，销售人员要制订拜访计划，明确拜访目的，有效地配置时间和其他销售资源。

4）网络信息回访。随着信息技术的应用，现在越来越多的联系方式转移到网络中，因此可以通过微信等社交软件或电子邮件等方式与客户进行沟通和交流。

4．客户回访的注意事项

为了在客户回访过程中取得良好的效果，要尽量做到以下几点。

1）交车过程中提前告知客户会有回访及回访的价值，让客户觉得回访是有意义的。

2）交车之后联系客户，确认客户一切是否满意，并了解客户对购车体验的反馈。

3）与客户建立友好的关系，使客户感到公司始终欢迎他们。

4）注意回访的频次和内容，确保每次回访对于客户是有价值或利益的，尽可能不要让客户反感。

二、客户投诉

1．投诉的种类

当客户对企业的汽车产品或服务感到不满意时，通常会有两种表现：一是显性不满，即客户直接将不满表达出来，告诉经销商；二是隐性不满，即客户不说，但从此以后再也不会选择这个品牌。这样会失去一个客户，甚至是一个客户群。

按照投诉的原因不同，可以把投诉分为以下几种。

（1）产品质量投诉

产品质量投诉是指因汽车产品本身存在缺陷或其他原因车辆出现性能故障，而使客户产生不满情绪，由于没有得到及时的处理，而引起的客户投诉。

（2）服务质量投诉

汽车产品服务是长时间、多人员、多项目的服务，在这个复杂的服务过程中即使是在一个环节出现沟通不够或服务态度不良，也会导致客户投诉。如由于汽车销售人员的说明不够、没履行约定、态度不诚实等原因所引起的投诉，就属于服务质量投诉。

（3）维修技术投诉

汽车是技术含量很高的消耗性产品，需要专门的技术人员提供服务，由于维修技术不到

位使故障不能一次性排除，甚至多次都不能解决，就会导致客户投诉。

（4）配件质量投诉

汽车产品的配件门类多、品种多，如因配件质量不稳定而出现索赔，却不能及时处理，会导致客户投诉。

（5）服务价格投诉

由于客户对市场行情不甚了解，维修、保养等服务价格高于客户的预期，而接待人员没有提前做好沟通工作，会导致客户投诉。

（6）另有企图的恶意投诉

这是少部分客户单方面恶意扩大事态或被竞争对手利用，企图获得更多利益或达到其他目的的投诉。

2．处理投诉的原则

企业对客户投诉的处理结果直接关系到企业的经营能力。在投诉处理过程中，要把握如下原则。

1）先处理心情，再处理事情。客户在开始陈述其不满时，往往都是一腔怒火，这时候如果马上处理事情，可能并不利于问题的解决。应在倾听过程中不断地表达歉意，同时允诺事情将在最短时间内解决，从而使客户逐渐平静下来。等客户的情绪稳定后，再平心静气地了解事情的具体情况，进行处理。

2）不回避。发生问题后不能回避，因为回避只会将问题搁置而得不到解决，还有可能发生其他的意外而更不利于事情的解决。

3）第一时间处理。当发生投诉后，应该以最快的响应速度处理投诉。

4）找出原因，控制局面。企业要针对客户投诉，迅速查找出引起他们不满的真实原因，防止事态扩大，最终给出客户满意的处理结果。

5）必要时请上级领导参与，运用团队的力量解决问题。

6）在解决过程中，不做过度的承诺，应寻求共识，争取双赢。

3．处理投诉的方法

（1）正确对待客户投诉

大多数客户确实是因为对企业的产品或服务感到不满而投诉的，认为企业的工作应该改进，其出发点并无恶意，不满情绪完全是企业工作失误或客户与企业之间沟通不畅造成的，企业若能认真处理，则可以增加客户的满意度。

客户的不满情绪是企业创新的源泉。客户是企业的生存之本，利润之源，他们表现出不满情绪时恰恰给了企业与客户深入沟通的机会。只要通过对客户的抱怨、投诉等不满意举动进行分析，就能发现其新的需求，做到比竞争对手快一步推出新的服务项目，不仅可以增进客户的满意度，同时还能为企业创造新的增长空间。

（2）与投诉客户交谈的技巧

① 以诚恳、专注的态度来听取客户对汽车产品、服务的意见。

② 确认自己理解的事实是否与对方所说的一致。

③ 倾听时不可有防范心理，不要认为客户吹毛求疵，应认同客户的情感，对其不满情

绪表示理解。

4. 投诉的处理流程

恰当地处理投诉是最重要的售后服务，应按照有效的投诉处理程序进行，做好记录，分析原因，吸取教训。客户投诉处理的工作流程如图 8-5 所示。

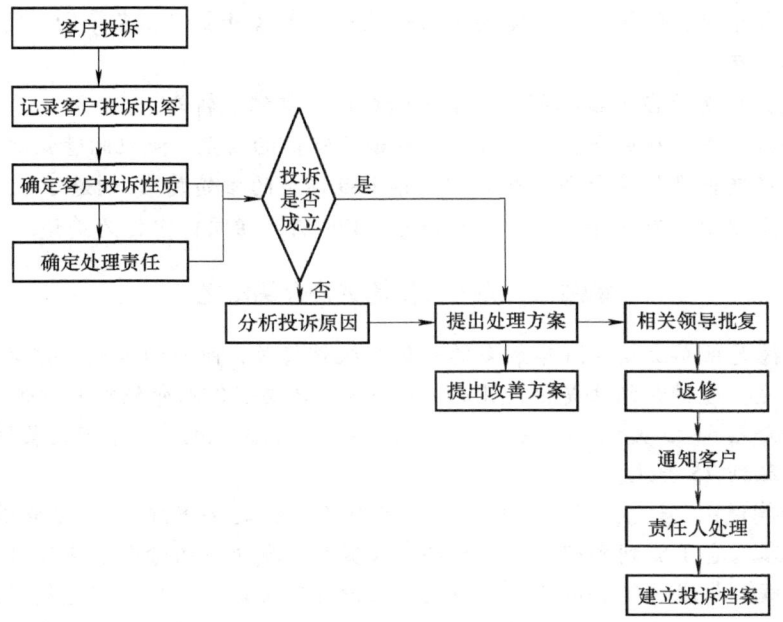

图 8-5 客户投诉处理工作流程

营销案例

案例一 乔·吉拉德的生日鲜花

乔·吉拉德被认为是"世界上最伟大的推销员"。他是如何成功的呢？

乔·吉拉德认为，卖汽车，人品重于商品。一个成功的汽车销售商肯定有一颗尊重普通人的爱心。他的爱心体现在他的每一个细小的行为中。

有一天，一位中年妇女从对面的福特汽车销售商行走进了吉拉德的汽车展销室。

她说自己很想买一辆白色的福特车，就像她表姐开的那辆，但是福特车行的经销商让她过一个小时之后再去，所以先过这儿来瞧一瞧。

"夫人，欢迎你来看我的车。"吉拉德微笑地说。

妇女兴奋地告诉他："今天是我 55 岁的生日，想买一辆白色的福特车送给自己作为生日礼物。"

"夫人，祝你生日快乐！"吉拉德热情地祝贺道。随后，他轻声地向身边的助手交代了几句。

吉拉德领着这位女士从一辆辆新车面前慢慢走过，边看边介绍。在来到一辆雪佛兰车前时，他说："夫人，你对白色情有独钟，瞧这辆双门式轿车，也是白色的。"

就在这时，助手走进来，把一束玫瑰花交给了吉拉德。他把这束漂亮的花送给这位女士，再次对她的生日表示祝贺。

那位夫人感动得热泪盈眶，非常激动地说："先生，太感谢你了，已经很久没有人给我送过礼物。刚才那位福特车的经销商看到我开着一辆旧车，一定以为我买不起新车，所以在我提出要看一看车时，他就推脱说需要去收一笔钱，我只好上这儿来等他。现在想一想，也不一定非买福特车不可。"

后来，这位妇女就在吉拉德那儿买了一辆白色的雪佛兰轿车。

正是这许许多多细小的行为，为吉拉德创造了空前的效益，使他的营销取得了辉煌的成功，他被《吉尼斯世界纪录大全》誉为"世界上最伟大的推销员"，创造了12年推销13000多辆汽车的最高纪录。有一年，他曾卖出汽车1425辆，在同行中传为美谈。

案例二　乔·吉拉德客户介绍法之一

乔·吉拉德是世界上销售汽车最多的一位超级销售员，他平均每天要销售5辆汽车，他是怎么做到的呢？连锁介绍法是他使用的一个方法，只要任何人介绍客户向他买车，成交后，他会付给每个介绍人25美元。25美元在当时虽不是一笔庞大的金额，但也足够吸引一些人，举手之劳即能赚到25美元。

乔·吉拉德说："首先，我一定要严格规定自己'一定要守信''一定要迅速付钱'。例如，当买车的客人忘了提到介绍人时，只要有人提及'我介绍约翰向您买了部新车，怎么还没收到介绍费呢？'我一定告诉他'很抱歉，约翰没有告诉我，我立刻把钱送给您，您还有我的名片吗？麻烦您记得介绍客户时，把您的名字写在我的名片上，这样我可立刻把钱寄给您。'有些介绍人，并无意赚取25美元的金额，坚决不收下这笔钱，因为他们认为收了钱心里会觉得不舒服，此时，我会送他们一份礼物或在好的饭店安排一次免费大餐。"

哪些人能当介绍人呢？当然每一个人都能当介绍人，可是有些人的职位更容易介绍大量的客户。乔·吉拉德指出，银行的贷款员、汽车厂的修理人员、处理汽车理赔的保险公司职员，这些人几乎天天都能接触到有意购买新车的客户。

因此，汽车销售顾问不能只是局限于直接顾客，要善于运用广泛的社会关系。

案例三　乔·吉拉德让顾客参与操作

"我们卖的不是牛排，而是卖牛排在铁板上所发出的嗞嗞声。"

——乔·吉拉德

因为我（指乔·吉拉德，下同）的客户大都已经拥有汽车，他们几乎每天都必须用到车子，而且街上也有几近1亿辆的车子在跑。因此，我如果只单纯推销雪佛兰汽车，可以想象绝对无法完成交易。

"究竟有什么方法可以让客户心甘情愿地购买呢？"首先，所推销的车子必须是有触感的、坐起来舒适的、令人产生拥有欲望的新车。然后即使是眼睛被蒙起，坐上去后任何人也能马上知道这是新车的那种气味，一旦坐上新车闻到那个气味，相信每一个人都会觉得飘飘然，而心想无论如何都要得到这辆车。我让客户试车的主要目的便在于此。

不过，会有很多推销员不同意这种做法，认为："这样做并没有效果，他们又不是第一次开车，其实最重要的是价格的问题"。说这种话的人可以说一点都不了解人性。

我直到今日仍未忘记我生平第一次手上拿着电钻时的那种兴奋之情，那是邻居小朋友收到的圣诞礼物。当那位小朋友打开包装拿出崭新的电钻时，我从他手里一把抢过来，接上电源，随即迫不及待地寻找各种东西来打洞。此外，我也曾记得初次开新车时的愉悦情绪，虽然当时我已经是个大人了，不过以前我所开的全都是破旧的车，而那一次，是在战后不久，我的一位邻居买了新车，刚开回家的当天，便应我的要求让我试开，一直到现在，我仍然没有忘记内心的深刻感触，也即属于新车的那种气味。

基于此，我一定会让客户试车，因为我确信他们在试过车后，绝对无法抗拒新车所散发出来的味道，即使当时没有决定购买，数日后也一定会因希望能再闻那个气味，而再度到我这里来。

人经常会不按常理出牌。

当客户上车之后，我就静坐一旁不发一语，只让他全心地试车。或许某些所谓的推销专家会认为这个时候正是推销商品特征的大好机会，但是我决不那么想，我不说话便能充分地闻气味，并享受开新车所带来的快感，而当他主动开口说话时，我就能知道他有什么感受，喜欢什么，担心的又是什么，如果客户告诉我他工作的地方、家人的事及居住处所等，我便能立即做各种判断，从而获得该客户的信用所必要的消息。

客户希望自己试车、希望用手触摸的心态，只需看加油站中的保险杆展示便可明白。这种展示是让测验者先拉已经磨损的保险杆把手，然后再拉新的保险杆把手，几乎所有的驾驶人都曾经试过这个东西，毕竟人是有好奇心的，无论购买何种物品，大多数人均会要求看实物，不过，没有比让顾客亲自试用更好的了，因为若能以客户的感觉为诉求，就能够动其感情而引起他的购买欲望。我认为，针对人性的感情来贩卖东西，比只靠理论贩卖更能成功。

如果抓着转向盘的客户问："要到哪里去呢？"我应回答："到你想去的地方。"但假如客户的住处在附近，我就建议他到他家去，这样一来，他能够给自己的太太或孩子看那辆车子，而要是碰巧他的邻居在门外，那就更好了，只要看到大家你一言我一语地谈论那部车，他就能体会到自己买了之后向大家炫耀的心情，以致不得不下定决心购买，不过这时候必须注意到一点，千万不可让顾客花费太多时间。

另外，让客户开到太远的地方也不好，因为推销员的时间是非常宝贵的，但一般情况下是试车的客户实际上并没有开那么远，而他们却很容易误以为跑了很远的距离，所以，我的做法是让他们尽情地开，等到他自己认为有点过久了，他就会觉得我的服务态度是那么良好，对他是那么亲切，进而对我产生谢意。

对我来说，新车的气味是一种让我心里感到相当兴奋的经验。或许有人会说："我最近也买了新车，怎么内心没有那种感觉？"那是因为这些人已经购买过多次，新奇感已消失了，可是对于包括我在内的许多人来说，买了新的东西，即使那是一件衬衫，也总是高兴地想一回家就马上穿上给别人看看，而假如买的是新车，那种高兴的程度则更是无法形容。

事实上，我认为只要让客户产生了这样的感觉就能够卖出车子，但许多推销员却不明白这一点，以致时常错失成交的良机，因此，必须把握造成客户闻气味而心里感觉舒适的推销机会。

复习思考题

1. 汽车销售流程包括哪些环节?
2. 简述汽车销售人员应掌握的礼仪。
3. 需求分析的方法有哪些?
4. 简述六方位绕车介绍法和FAB法。
5. 什么是"三明治"报价法?

参 考 文 献

[1] 陈聪,窦肖菲. 汽车市场营销[M]. 北京:电子工业出版社,2009.
[2] 戚叔林. 汽车市场营销[M]. 2版. 北京:机械工业出版社,2010.
[3] 李茜,祁艳丽,王亚维. 汽车市场营销与实务[M]. 2版. 北京:电子工业出版社,2012.
[4] 麦冬玲,程艳. 汽车市场营销[M]. 北京:机械工业出版社,2013.
[5] 散小燕. 汽车营销[M]. 2版. 北京:人民邮电出版社,2014.
[6] 马丽,李志. 汽车营销一体化教程[M]. 北京:人民邮电出版社,2015.
[7] 付慧敏,欧阳娜. 汽车市场营销[M]. 北京:人民交通出版社,2015.
[8] 谢忠辉. 汽车营销与服务[M]. 北京:机械工业出版社,2016.
[9] 陈修齐. 汽车市场营销实务[M]. 北京:电子工业出版社,2017.
[10] 何宝文. 汽车营销学[M]. 北京:机械工业出版社,2017.
[11] 徐向阳. 汽车市场销售学[M]. 北京:机械工业出版社,2018.
[12] 程国元,储骏. 汽车销售服务接待[M]. 北京:化学工业出版社,2019.
[13] 唐馨. 汽车销售基础与实务[M]. 北京:人民邮电出版社,2020.